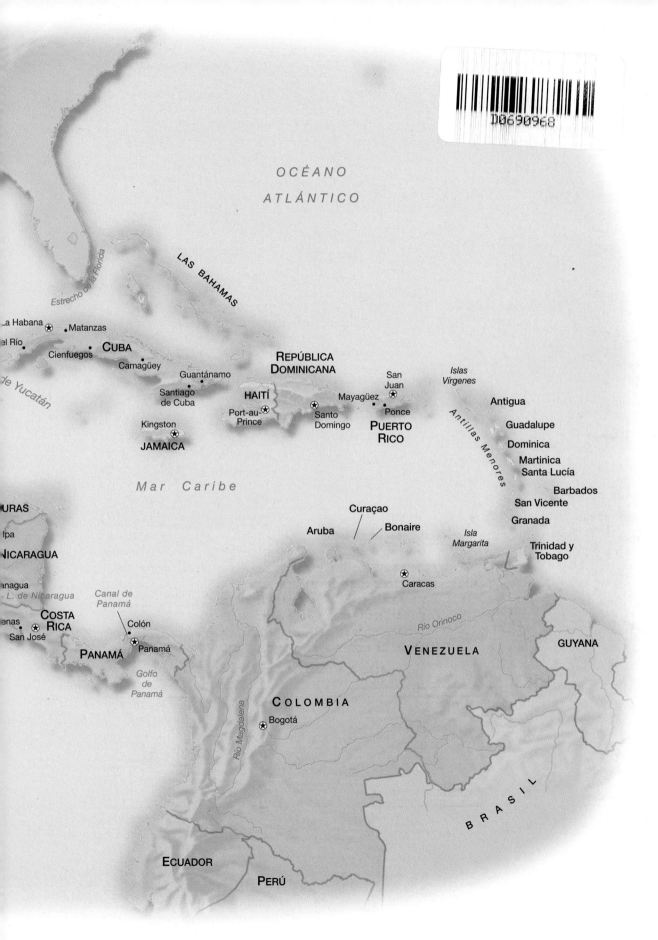

OCÉANO

ATLÁNTICO

Estrecho de la Florida

LAS BAHAMAS

La Habana ✪ • Matanzas

el Río •
Cienfuegos •   **CUBA**

Camagüey •

de Yucatán   Guantánamo •

Santiago
de Cuba •   **HAITÍ**

Kingston •   Port-au- ✪
                   Prince

JAMAICA ✪

**REPÚBLICA
DOMINICANA**

                                    San
                                    Juan
              Mayagüez •   ✪
Santo   • Ponce
Domingo   **PUERTO
                  RICO**

*Islas
Vírgenes*

Antigua

Guadalupe

Dominica

Martinica
Santa Lucía

Barbados
San Vicente

Granada

Antillas Menores

Mar Caribe

Curaçao

Aruba   Bonaire

*Isla
Margarita*

**Trinidad y
Tobago**

URAS

lpa

NICARAGUA

anagua
L. de Nicaragua

*Canal de
Panamá*

enas •
• San José ✪ **COSTA
            RICA**

PANAMÁ

Colón •

Panamá ✪

*Golfo
de
Panamá*

✪
Caracas

Río Orinoco

VENEZUELA

GUYANA

Río Magdalena

COLOMBIA

✪ Bogotá

ECUADOR

PERÚ

B R A S I L

Identidades

Exploraciones e interconexiones

Second Edition

Judith E. Liskin-Gasparro
University of Iowa

Paloma Lapuerta
Central Connecticut State University

Elizabeth Guzmán
University of Iowa

**Matilde Olivella de Castells
(Late)**

PEARSON

Prentice
Hall

Upper Saddle River, NJ 07458

Library of Congress Cataloging-in-Publication Data
Identidades: exploraciones e interconexiones /
Liskin-Gasparro, Judith E . . . [et al.].—2nd ed.
    p. cm.
    Includes index.
    ISBN-13: 978-0-13-513633-1
    1. Spanish language—Textbooks for foreign
speakers—English. I. Liskin-Gasparro, Judith E.
PC4129.E5I33 2008
468.2'421—dc22
                        2008004112

Acquisitions Editor: Donna Binkowski
Editorial Assistant: Gayle Unhjem
Senior Marketing Manager: Denise Miller
Marketing Coordinator: Bill Bliss
Director of Editorial Development: Julia Caballero
Development Editor: Elizabeth Lantz
Senior Managing Editor (Production): Mary Rottino
Associate Managing Editor (Production): Janice Stangel
Development Editor for Assessment: Melissa Marolla Brown
Composition/Full-Service Project Management: Michael
    Ryder, ICC Macmillan Inc.

Media/Supplements Editor: Meriel Martinez
Editorial Coordinator/Assistant Developmental Editor:
    Jennifer Murphy
Senior Media Editor: Samantha Alducin
Production Liaison: Janice Stangel
Senior Operations Supervisor: Brian Mackey
Operations Specialist: Cathleen Petersen
Senior Art Director: Pat Smythe
Art Director: Miguel Ortiz
Interior and Cover Design: Lisa Delgado, Delgado and
    Company, Inc.
Art Manager: Gail Cocker-Bogusz
Illustrator: Peter Bull/Mari Isabel Rodriguez Martin
Director, Image Resource Center: Melinda Patelli
Manager, Rights and Permissions: Zina Arabia
Manager, Visual Research: Beth Brenzel
Manager, Cover Visual Research & Permissions: Karen
    Sanatar
Image Permission Coordinator: Fran Toepfer
Photo Researcher: Diane Austin
Publisher: Phil Miller
Printer Binder: Quebecor Printing/Dubuque
Cover Printer: Phoenix Color Corp./Hagerstown

Credits and acknowledgments borrowed from other sources and reproduced, with permission, in this textbook appear on
page 348.

Pearson Education Ltd., London
Pearson Education Singapore, Pte. Ltd
Pearson Education, Canada, Inc.
Pearson Education–Japan

Pearson Education Australia PTY, Limited
Pearson Education North Asia Ltd
Pearson Educación de Mexico, S.A. de C.V.
Pearson Education Malaysia, Pte. Ltd

10 9 8 7 6 5 4 3 2

ISBN-10   0-13-513633-4
ISBN-13 978-0-13-513633-1

We dedicate this book to the memory of Matilde Olivella de Castells, our friend and mentor. *Identidades* is infused with her vision of Spanish language teaching and learning, and her strength and passion remain with us.

BRIEF CONTENTS

Scope&Sequence

THEMATIC CONTENT

Scope&Sequence

Scope&Sequence

Welcome to the second edition of *Identidades*

The title *Identidades* reflects the multi-faceted nature of the Hispanic world and its people as well as the central goal of this program: to bring students to a level of language acquisition at which they are able to explore and experience many of the historical, cultural, and artistic manifestations of the Spanish-speaking world. Students may begin the program with a narrow idea of what it means to be Hispanic, but by the end of the program, they will understand that the Spanish-speaking world is made up of many races, ethnic groups, and cultures.

Identidades is a two-semester intermediate Spanish program that puts the Cultures, Connections, and Comparisons goals of the National Standards on virtually every page of the text and its ancillary components. *Identidades* provides a much-needed balance in intermediate Spanish programs by presenting and treating the cultures of the Hispanic world in ways that are both appealing and appropriate for the intellectual level of college students and by simultaneously maintaining reasonable expectations for the understanding and productive use of grammatical concepts and structures. Communicative and rich in cultural content, *Identidades* engages the student, supports the language-learning process, and prepares students for the more challenging courses beyond the second year.

Key features of the *Identidades* Program

The second edition of *Identidades* builds on the strengths of the first edition, retaining and enhancing the core features within a flexible new organization. Exciting new content and a more manageable length enhance the learning experience.

- A **reorganization of the content** of *Identidades* provides for greater coherence, as the ten chapters are now organized into five thematic areas: *Nuestros orígenes* (Chapters 1 and 2), *Nuestra cultura* (Chapters 3 and 4), *Nuestras costumbres y pasatiempos* (Chapters 5 and 6), *Nuestra sociedad* (Chapters 7 and 8), and *Nuestro entorno* (Chapters 9 and 10). **Two new chapters** on *Los deportes y las actividades de ocio* and *La comida* bring new aspects of Hispanic cultures, both current and past, into the classroom.

- Engaging and varied readings draw on expository and literary texts from a variety of sources. **Ten new readings** have been added and several others from the first edition have been modified to make them more accessible to students at the intermediate level. **Vocabulary boxes** precede each reading to enhance comprehension of the text and reinforce the meanings of key words and phrases they have learned and practiced in the *Presentación* section. Authentic texts continue to make up about half of the readings, and the focus on reading strategies has been retained.

- An **interactive, student-centered approach** provides many opportunities for students to collaborate in pair and group activities and thus improve their interpersonal skills in Spanish. Through an approach that combines problem-solving, open-ended inquiry, and transfer of strategies that students use in other areas of their academic lives, the *Identidades* program makes possible the learning of significant content within the parameters of students' linguistic level.

- A **strategy- and process-oriented approach to reading and writing** guides students to apply their well-developed cognitive skills to communication in a second language. Reading strategies and tips, which draw students' attention to key ideas or unfamiliar words or phrases in the passages of each chapter, help students develop their reading comprehension skills in Spanish, applying techniques and skills that they use automatically when reading in their native language. Writing tasks provide guidance for students to produce descriptions, narrations, and explanations in writing. Research-oriented writing activities prepare students for courses beyond the second year.

- A **straightforward approach to grammar** explanations is combined with carefully sequenced activities. The scope, sequence, and approach to grammar in *Identidades* respond to the linguistic readiness of students at the intermediate level. The program emphasizes linguistic functions and structures that are within students' developmental range—comparison, explanation, narration, description, and expression of opinions—and also approaches these functions in ways markedly different from the first year: paradigms and explanations are unelaborated and the chapters move immediately into open-ended activities.

- **Superior integration of the 5 Cs** of the *National Standards for Foreign Language Learning* helps students to integrate and synthesize learning across the curriculum. Marginal annotations to the instructor in every chapter point out how specific activities in the *Identidades* program reflect one of the eleven National Standards.

- The **revised culture-based video program is integrated into the textbook.** The video segment for each chapter is placed at the midpoint of the chapter, accompanied by activities for previewing, viewing, and post-viewing, to support comprehension and promote understanding of the content through interaction.

Organization of the text

This second edtion of *Identidades* consists of ten chapters, all of which share an identical structure and balance of activities. Each chapter opens with a list of its communicative goals, thematic and cultural content, and the content of each section. A photo spread, ***Vista panorámica,*** showcases aspects of the chapter content, providing context for brainstorming and the activation of background knowledge. A list of active vocabulary ends the chapters.

The **A leer, Aclaración y expansión,** and **Ventanas al mundo hispano** sections that comprise the **Primera parte** of each chapter contain the following parts:

Preparación. This section introduces students to the general topic of the reading selection through exercises aimed at activating their knowledge at several levels: (a) general background knowledge about the thematic area, (b) specific topical knowledge related to the content of the text, and (c) linguistic knowledge of vocabulary key to comprehension of the text.

Estrategias de lectura. Pre-reading activities direct students' attention to features of the text (e.g., title, headings, first sentence of each paragraph, key words, or proper nouns). Using such techniques as skimming and scanning, students familiarize themselves with the text before beginning to read it closely.

Lectura. The readings are designed to enhance students' reading skills in Spanish as well as their knowledge related to the chapter theme. The texts either are authentic, intended for an audience of native speakers, or are adapted from Web or print sources. Glosses, which are used sparingly, are presented in Spanish wherever possible.

Reading tips. Marginal notations are placed strategically throughout each reading text to help students maintain concentration, focus on the main ideas of each paragraph, and anticipate and solve linguistic difficulties. The tips are designed to counteract the tendency of many intermediate students to read for words, rather than for ideas, and to help them develop their reading fluency.

Comprensión y ampliación. Post-reading activities are designed to further comprehension of the text both locally and globally through vocabulary building, understanding textual content, making connections with related disciplines, and applying the ideas in the text to students' lives and cultural contexts.

Aclaración y expansión. The philosophy that underlies the presentation of grammar in *Identidades* is that students, as adult language learners, benefit from straightforward explanations and examples, as well as from opportunities to use structures in controlled and open-ended activities that embed the targeted structures in meaningful communicative contexts. Coherence is maintained by contextualizing the example sentences and the activity content with the chapter theme.

Ventanas al mundo hispano. Between the two main sections of the chapter, **Video** previewing, viewing, and post-viewing activities are presented in the **Ventanas al mundo hispano** section, guiding students' comprehension and analysis of the culture-oriented video segments.

In the **Segunda parte, A leer** and **Aclaración y expansión** sections are followed by *Algo más* boxes that present supplementary structures and other linguistic forms that fit thematically or grammatically with the chapter content.

A escribir sections then engage students in a process of analyzing texts and using them as models to produce their own texts, a teaching strategy used in English-language writing courses in many colleges and universities.

Finally, **A explorar** sections guide students through mini-research projects using Web sources that are maintained on the *Identidades* Companion Website™. The mini-projects are designed so that students expand their knowledge and deepen their understanding of the history, art, public institutions, and important individuals of the Spanish-speaking world and develop their presentation skills in Spanish.

Components of the *Identidades* program

In addition to the student textbook, the *Identidades* program has the following components:

For the instructor

- **Annotated Instructor's Edition, 0-13-813075-2/978-0-13-813075-6.** The AIE has ample marginal notes for the instructor on how to approach activities and expand on them as appropriate for one's students. Notes, called *Vínculos*, are included to show how the Activities Manual and Companion Website coordinate with grammar activities in the text.

- **Instructor's Resource Manual, 0-13-813073-6/978-0-13-813073-2.** The Instructor's Resource Manual presents instructors with timely information on such topics as the acquisition of Spanish by students at the intermediate level and strategies for assessing language skills using the framework of the National Standards. It also includes complete syllabi and lesson plans, audio scripts, a testing program, and video activities for use before, during, and after viewing video segments.
- **Testing Program on CD.** These electronic files contain the testing program in Microsoft Word format, which allows instructors to customize exams.

For the student

- **Student Activities Manual, 0-13-513622-9/978-0-13-513622-5.** The Activities Manual includes language practice exercises for listening, reading, grammar, and writing.
- **Answer Key to Accompany Student Activities Manual, 0-13-515632-7/ 978-0-13-515632-2.** The answer key is intended for use in conjunction with the paper version of the Student Activities Manual. Instructors may wish their students to use the Answer Key to self-correct their homework.
- **DVD Video Program, 0-13-813074-4/978-0-13-813074-9.** This Student Video consists of mini-documentaries on topics that reflect the cultural themes in each chapter along with comprehension activities.

Online supplements

- **MySpanishLab.** Our online program features everything you and your students need for out-of-class work, conveniently organized to match your syllabus. An online version of the Student Activities Manual is included, along with the complete audio program and video program and an automated grade book for instructors. Testing materials and other instructor resources are available in a separate section that can be accessed by instructors only.
- Companion Website, **http://www.prenhall.com/identidades**. The Companion Website includes interactive exercises, Web-based reading and writing activities, links to various sources of information, the complete audio program, and interactive games and flashcards.

Acknowledgments

Identidades is the result of a collaborative effort between the authors, our publisher, and our colleagues. We are especially indebted to many members of the Spanish teaching community for their time, candor, and insightful suggestions as they reviewed the first edition of *Identidades*. Their critiques and recommendations helped us to sharpen our pedagogical focus and improve the overall quality of the program. We gratefully acknowledge the contributions of Ninon Larché for her assistance in the preparation of the manuscript, and those of the following reviewers:

María Laura Bocaz, *University of Iowa*
Au Chung Cheng, *University of Toledo*
Richard Curry, *Texas A&M University*
Mark Del Mastro, *The Citadel*
Celia Esplugas, *West Chester University*
Leland Guyer, *Macalester College*
Mark Harpring, *University of Puget Sound*
Robert Kniseley, *Northwest Arkansas Community College*
Catherine Wood Lange, *Boston College*
Jeff Longwell, *New Mexico State University*
Gillian Lord, *University of Florida*
Frank Nuessel, *University of Louisville*
Mary E. O'Donnell, *Purdue University*
Teresa Perez-Gamboa, *University of Georgia*
Inmaculada Pertusa, *Western Kentucky University*
Michelle Christine Petersen, *Arizona State University*
Elizabeth A. Ellyson Peterson, *University of Iowa*
Fernando Sánchez-Gutiérrez, *Illinois State University*
Emily E. Scida, *University of Virginia*
Alicia Tabler, *University of Colorado at Boulder*
Maria Gladys Vallieres, *Villanova University*
Hilde Votaw, *University of Oklahoma*
Mark K. Warford, *Buffalo State College*
Bruce Williams, *William Paterson University*
Joy Woolf, *Westminster College*

Objetivos comunicativos

- Identifying characteristics and facts about Hispanic communities
- Describing people and their activities
- Comparing and contrasting people's customs and beliefs

Contenido temático y cultural

- Hispanic identity and diversity
- Ethnic groups
- Diversity in customs, beliefs, and language

VISTA PANORÁMICA

1

¿Quiénes somos y de dónde venimos?

VISTA PANORÁMICA

Hay una gran diversidad en la población del Caribe hispano, con personas de origen europeo o indígena, y un número importante de negros y mulatos (descendientes de la unión de blancos y negros). La presencia de varias culturas en el Caribe se refleja en la lengua, la comida, la música y las prácticas religioso-paganas de algunos miembros de su población. ▶

En México y Centroamérica también hay una gran variedad étnica y racial, y no es difícil encontrar, además de indígenas, mestizos, negros, chinos, árabes, españoles, rusos, alemanes, italianos, etc. En Las Castas, una pintura del siglo XVIII, están representados los diversos grupos étnicos que convivían en México en la época colonial. ▶

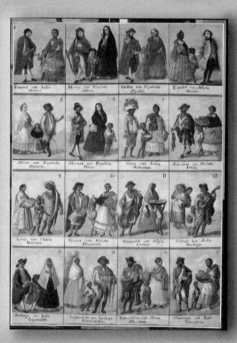

◀ Penélope Cruz, actriz española, ha triunfado en Estados Unidos.

La población de Perú está representada por varias comunidades étnicas. Además de los indígenas quechuas y aimaras, entre otros, hay un número significativo de peruanos de origen africano, chino y japonés. También se puede ver a un gran número de mestizos, es decir, descendientes de la unión de europeos blancos e indígenas. ▶

▲ Dentro del contexto latinoamericano, Argentina y Uruguay son los países que tienen una población de origen mayoritariamente europeo (alrededor del 80%).

Muchos jugadores del béisbol americano son originarios del Caribe hispano. ▶

A leer

Preparación

1-1 ¿Qué significa? Usted puede encontrar las siguientes expresiones en un texto sobre el origen e identidad de los pueblos. ¿Cuánto sabe usted sobre este tema? Asocie cada expresión de la columna de la izquierda con su significado en la columna de la derecha.

1. _____ heterogéneo/a
2. _____ latino/a
3. _____ sangre
4. _____ lengua
5. _____ costumbres
6. _____ frontera
7. _____ mestizo/a

a. en Estados Unidos, una persona que tiene raíces en un país de habla española o portuguesa
b. persona de padre y madre de raza diferente
c. variado/a
d. rutinas, tradiciones
e. línea divisoria, límite territorial
f. líquido rojo que corre por el cuerpo de un individuo
g. idioma

1-2 Clasificación. Clasifique las siguientes palabras y expresiones en la columna correspondiente. Algunas pueden ir en más de una columna.

africano
comer con la familia
castellano
adorar a un dios
griego

indígena
español
dormir la siesta
portugués
adorar al sol

latín
comer hamburguesas
inglés
ir a la iglesia
latino

Comunidad cultural	Lengua	Costumbre

1-3 Su herencia. Primera fase. Prepárese para hablar sobre la herencia cultural en su comunidad o país. Siga las siguientes instrucciones.

1. Indique dos grupos étnicos o culturales que han dejado huellas (*have left traces*) significativas en la vida de su comunidad o país.
2. Escriba una costumbre proveniente (*from*) de cada grupo étnico o cultural que ha elegido.
3. Haga una lista de adjetivos que usted asocia con cada costumbre.
4. Escoja la costumbre que más le gusta, indicando su origen.

Segunda fase. Compartan con la clase sus respuestas para la *Primera fase*.

MODELO: Beber chocolate caliente es una costumbre que procede de la cultura azteca. En general, los norteamericanos beben chocolate caliente con frecuencia. Es bueno/saludable beberlo, especialmente cuando hace frío. Mi compañero/a y yo lo bebemos durante el invierno.

Estrategias de lectura

1. Antes de leer un texto, infórmese sobre el tema.
   a. Cuando piensa en el título "Los hispanos", ¿en quiénes piensa?
   b. Hable con un compañero/una compañera sobre quiénes son considerados hispanos en Estados Unidos en la actualidad (*present time*).
   c. Piense en los antecedentes históricos de los hispanos actuales. ¿Qué importancia tiene la fecha 1492 para la historia de los hispanos?

2. Examine el texto antes de leerlo.
   a. ¿Hay material gráfico (mapas, fotos, dibujos [*drawings*])? ¿Qué relación hay entre estos materiales y lo que usted ya sabe acerca del tema?
   b. Las fechas y nombres (de personas, lugares, pueblos, etc.) en un texto nos ayudan a anticipar el contenido. Pase su marcador por las fechas y los nombres de pueblos o lugares que usted reconoce.

Note to the student:
As you will see in the following reading, the present tense sometimes is used in Spanish to refer to past actions in a narrative. If you would like to review the present tense indicative of regular and irregular verbs, see the Apéndice, p. 321.

Expresiones clave

¿Comprende estas expresiones? Si tiene dudas, revise *Preparación* antes de leer el siguiente texto.

costumbres	indígena
español	latín
étnico/a	latino/a
fronteras	lengua
herencia	mestizo/a
huella	sangre

LECTURA

Los hispanos

¿Quiénes somos los hispanos? ¿De dónde venimos?

Lo que en Estados Unidos se conoce bajo el común denominador de *hispanos* es un grupo heterogéneo de personas que proceden de diversos países en los cuales se habla el español. A veces se prefiere el término *latinos*. La mayoría de los
5 hispanos que vive actualmente en Estados Unidos procede de México y de Centroamérica.

Desde el punto de vista étnico los hispanos somos un grupo mestizo: en nuestras venas hay sangre europea, africana e indígena en distintas proporciones. Por ejemplo, en Perú, Bolivia, Ecuador y Guatemala, la población indígena
10 sobrevivió en gran número a los ataques de los conquistadores y a las plagas y enfermedades que éstos trajeron consigo. Por el contrario, en los países del Cono Sur de América (Argentina, Chile, Uruguay, Paraguay) la población indígena murió en grandes cantidades y la repoblación de la tierra fue principalmente de origen europeo. En el Caribe es abundante la población de
15 origen africano ya que muchos de los barcos que trajeron esclavos al continente americano hacían su entrada en los puertos de Cuba, Puerto Rico o la antigua Española, hoy dividida entre Haití y República Dominicana.

Si el autor de un texto hace preguntas, es evidente que las va a contestar. Al leer este texto, busque la respuesta a estas dos preguntas.

Según el párrafo que acaba de leer, ¿quiénes son los hispanos? Exprese el término con sus propias palabras.

En este párrafo se define el término *mestizo*. Al leerlo, note cuáles son los grupos étnicos predominantes de cada país o región que se menciona.

¿Cuáles son las dos causas principales de la desaparición de la población indígena en algunas regiones?

El año 1492 marca el punto de encuentro entre dos mundos: el europeo y el americano. Los españoles, grandes aventureros y navegantes, se encontraron por casualidad con un continente desconocido para Europa mientras buscaban 20 nuevas rutas para el comercio con Asia. En sus primeros viajes los españoles no se dieron cuenta de que era un "mundo nuevo" y pensaron que sus habitantes eran asiáticos. En realidad no era Asia pero este mundo tampoco era nuevo. En él había civilizaciones muy antiguas y muy avanzadas, como la de los incas en Perú o la de los aztecas en México. A este gran continente se le llamó América en 25 honor a un navegante italiano, Américo Vespucio. 💬

Los españoles introdujeron en América su lengua, el castellano, que procede del latín, su arquitectura, la religión católica y muchas de sus costumbres. Aunque la española no es la única herencia que poseen los latinoamericanos, el dominio español, que duró tres o cuatro siglos dependiendo de las regiones, dejó su 30 huella por todo el continente americano. Los nombres geográficos como Florida, California, Nevada, San Francisco y San Diego indican que dichos territorios fueron españoles hasta que fueron conquistados o comprados por Estados Unidos entre los siglos XVIII y XIX. 💬

💬 Por lo tanto, no todos los hispanos en Estados Unidos son inmigrantes recientes 35 puesto que muchos de ellos vivían ya en esos territorios antes de la formación de Estados Unidos como país. Sin embargo, al igual que las corrientes migratorias europeas, muchos latinoamericanos llegaron a este país y siguen haciéndolo en busca de oportunidades económicas y laborales. Hoy en día hay más de cuarenta millones de hispanos en Estados Unidos. Muchos de ellos viven en Los Ángeles, la 40 tercera ciudad del mundo donde más se habla español, después de la Ciudad de México y Buenos Aires. Por lo tanto, los hispanos constituyen una fuerza económica y política importante en este país. Por otro lado, se calcula que a mediados del siglo XXI la mitad de la población de Estados Unidos hablará español. A pesar de las distintas variedades regionales de la lengua, las distintas costumbres y 45 las diferencias entre sus países de origen, se continúa formando en Estados Unidos una nueva identidad hispana, o latina, que va más allá de las fronteras de origen.

💬 ¿Cuál es la actitud del autor hacia el término *mundo nuevo* con referencia al continente americano? Si no sabe, vuelva a leer el párrafo.

💬 En este párrafo se mencionan algunos aspectos del impacto cultural que tuvieron los españoles en las Américas. ¿Cuáles son? Si no se acuerda, vuelva a leer el párrafo.

💬 Al leer este párrafo, busque dos estadísticas sobre la población hispana en Estados Unidos.

Comprensión y ampliación

1-4 ¿Cierto o falso? Indique si las siguientes afirmaciones son ciertas (**C**) o falsas (**F**) de acuerdo con la información de la lectura. Si son falsas, indique en qué línea(s) del texto están las respuestas correctas.

1. _____ Los hispanos forman un grupo homogéneo en Estados Unidos.
2. _____ En Estados Unidos los latinos proceden principalmente de México y de Centroamérica.
3. _____ La mezcla de culturas y grupos étnicos diversos es una característica de Hispanoamérica.
4. _____ En el Cono Sur hay muchas personas de origen africano.
5. _____ Los españoles dan el nombre de Hispania al continente americano.
6. _____ En Sudamérica había civilizaciones antiguas muy importantes.
7. _____ Los inmigrantes hispanos en Estados Unidos son una fuerza económica y política importante.
8. _____ La mayoría de los hispanos en Estados Unidos no habla español.

1-5 Asociación. Asocie los lugares de la columna de la izquierda con las afirmaciones de la columna de la derecha, de acuerdo con el texto y sus propios conocimientos.

1. _____ San Diego
2. _____ Cono Sur
3. _____ Perú
4. _____ Caribe
5. _____ México
6. _____ Brasil

a. región situada en las islas frente a América Central
b. ciudad del sur de California
c. región que incluye a Argentina, Chile, Uruguay y Paraguay
d. país de Latinoamérica donde los incas tenían su gobierno central
e. país donde se habla el portugués
f. país de América del Norte donde hay restos de la civilización azteca

1-6 Cronología. *Primera fase.* Pongan en orden cronológico (1 = más remoto; 5 = más reciente) los siguientes acontecimientos históricos mencionados en el texto.

1. _____ Los incas tenían una civilización muy avanzada en lo que ahora es Perú.
2. _____ Barcos con esclavos africanos llegaron al Caribe.
3. _____ Los españoles llegaron al continente americano.
4. _____ Los americanos negocian o compran tierra a los españoles.
5. _____ Muchos indígenas murieron y las tierras fueron repobladas.

Segunda fase. Ahora añadan un detalle para cada evento en la *Primera fase*, de acuerdo con la información en el texto. Después, compartan estos detalles con otra pareja.

1-7 Ampliación. Busquen en **http://www.prenhall.com/identidades** una foto de un monumento, artefacto u objeto de arte característico de uno de los grupos que forman parte del origen cultural de los hispanos: españoles, indígenas americanos o africanos. Llévenla a la clase y hagan lo siguiente.

1. Indiquen qué cultura representa.
2. Describan el monumento, artefacto u objeto de arte.

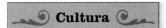

Cultura

En español los nombres de países se escriben generalmente sin artículo, por ejemplo: Colombia, México, España. Sin embargo, en algunos casos se usa el artículo por razones diversas. El nombre *la Argentina* indica que el nombre completo del país es la República Argentina; *el Perú* es una forma que se ha mantenido desde los tiempos en que Perú era un virreinato y su nombre completo era el Virreinato del Perú. Lo mismo ocurre con otros países que constituyen una unidad histórica, como la India o los Estados Unidos. Los hispanohablantes usan indiferentemente estas formas.

3. Finalmente, compartan sus impresiones personales sobre los monumentos, artefactos u objetos de arte. Pueden usar las siguientes expresiones u otras de su elección.

En nuestra opinión…	Creemos que…	Nos gusta…	Nos interesa…

MODELO: Estas mantas representan la cultura inca. Las mantas son de lana y tienen muchos colores. Nos gustan porque sirven mucho en el invierno.

Aclaración y expansión

Uses of *ser* and *estar*

Uses of *ser*

Ser has various functions in communication. Here are the most common:

● To identify people, places, or objects.

Perú y Bolivia **son** países latinoamericanos.	*Peru and Bolivia **are** Latin American countries.*

● To tell time and to say when an event occurs.

Son las tres de la tarde.	***It is** three o'clock in the afternoon.*
La reunión **es** a las cinco.	*The meeting **is** at five o'clock.*

● To express the nationality and place of origin of a person or object.

Ella **es** mexicana y su amiga **es** de Cuba.	*She **is** Mexican and her friend **is** from Cuba.*

● To state a person's profession or occupation.

Alicia **es** escritora y su hermano **es** antropólogo.	*Alicia **is** a writer and her brother **is** an anthropologist.*

● To express possession, with the preposition **de**.

¿De quién **es** este libro de historia?	***Whose** history book **is** this?*
Es de Marta.	***It is** Marta's.*

● To identify the material of which something is made, with the preposition **de**.

Muchas joyas antiguas **son de** oro.	*A lot of antique jewelry **is made of** gold.*

● To say where an event takes place.

La conferencia sobre la civilización azteca **es** en el auditorio.	*The lecture on the Aztec civilization **is** (takes place) in the auditorium.*

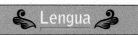

Lengua

Remember that Spanish does not use an indefinite article when referring to professions or occupations, except when they are accompanied by an adjective.

Alicia es escritora.
Alicia es **una escritora excelente**.

Uses of *estar*

● To express the location of persons, animals, or objects.

Los estudiantes **están** en Toledo ahora.	*The students **are** in Toledo now.*

● To comment on or describe states of health.

Uno de los estudiantes **está** enfermo, pero los demás **están** bien.	*One of the students **is** sick, but the rest **are** fine.*

● To emphasize that an action or event is in progress (**estar** + present participle).

Ella **está leyendo** un artículo sobre la inmigración.	*She **is reading** an article about immigration.*

In certain expressions, with the preposition **de.**

estar de acuerdo	*to be in agreement*
estar de buen/mal humor	*to be in a good/bad mood*
estar de espaldas	*to have one's back turned away (not facing)*
estar de frente	*to be facing*
estar de pie	*to be standing*
estar de rodillas	*to be kneeling*
estar de vacaciones	*to be on vacation*
estar de viaje	*to be away/traveling*

Ser and *estar* with adjectives

Ser and **estar** convey different meanings when they are used with adjectives.

The adjective **contento/a** is always used with **estar.**

Ellos **están** muy **contentos** con la noticia.
They are very happy with the news.

● **Ser** + *adjective* describes what someone or something is like, what is characteristic of that person, object, or event.

Ella **es vieja.**	*She **is elderly**.*
El agua del lago **es fría** y muy **clara.**	*The water of the lake **is cold** and very **clear**.* (These are characteristics of the water in the lake.)

● **Estar** + *adjective* expresses a condition, a change from the norm, or how one feels about the person, object, or event being discussed.

Ella **está vieja.**	*She **looks old**.* (This is her appearance, not her actual age.)
El agua del lago **está fría** y muy **clara** hoy.	*The water in the lake **is cold** and very **clear** today.* (These are the conditions of the lake today.)

● The meaning of a sentence can differ depending on the use of **ser** or **estar** with the adjective.

Su amigo **es aburrido.**	*His friend **is boring**.*
Su amigo **está aburrido.**	*His friend **is bored**.*
Ellos **son** muy **interesados.**	*They **are** very **selfish/self-interested**.* (They always put their own interests first.)
Ellos **están** muy **interesados** en el proyecto.	*They **are** very **interested** in the project.*
Las alumnas **son listas.**	*The students **are smart**.*
Las alumnas **están listas.**	*The students **are ready**.*
Ese señor **es malo.**	*That man **is bad/evil**.*
Ese señor **está malo.**	*That man **is ill**.* (He is feeling bad.)
Las manzanas y las uvas **son verdes.**	*The apples and the grapes **are green**.* (color)
Las manzanas y las uvas **están verdes.**	*The apples and the grapes **are green**.* (not ripe)

1-8 Un encuentro con la historia. Túrnense para describir la siguiente escena en unas ruinas mayas. Expliquen quiénes son las personas, cómo son y qué están haciendo.

 1-9 Un concierto en el Club de Estudios Hispánicos. Usted y su compañero/a de cuarto recibieron una invitación para un concierto. Su compañero/a está fuera de la ciudad y lo/la llama para pedirle información sobre el concierto. Conteste sus preguntas de acuerdo con la información que aparece en la invitación.

Información que necesita	Invitación
1. lugar del concierto	
2. hora del concierto	
3. tipo de música	
4. cantantes	
5. bailarines	

1-10 ¡Me muero de curiosidad! Hágale preguntas a su compañero/a, usando los verbos **ser** o **estar,** para obtener la siguiente información. Después comparen sus respuestas para ver qué semejanzas y diferencias existen entre ustedes.

1. Lugar donde nació

   _____

2. Descripción de su lugar de nacimiento

   _____

3. Detalles sobre su personalidad

   _____

4. Sus actividades favoritas

   _____

5. Oficio o profesión de su padre/madre

   _____

6. Localización de la casa de su familia

   _____

7. Nombre de su mejor amigo/a

   _____

8. Detalles sobre la personalidad de su amigo/a

   _____

1-11 Lugares impresionantes. Cada uno de ustedes debe escoger uno de los siguientes edificios, puentes, esculturas o ruinas. Después, busque la información que se pide más abajo en Internet y compártala con su compañero/a.

El Puente Verrazano	La Estatua de la Libertad
El Museo del Prado	El Templo de Tenochtitlán
La Misión de San Juan Capistrano	Las ruinas de Machu Picchu

1. Nombre del lugar
2. Su localización
3. Su origen (español, árabe, etc.)
4. Material de su construcción
5. Condiciones actuales
6. Su importancia

La presencia de los hispanos en Estados Unidos

Antes de ver

1-12 Acerquémonos a los protagonistas. En este segmento del video, usted conocerá a dos chicos hispanos, Denis e Itandehui. ¿Cuánto sabe usted de su mundo?

Denis

❶ Denis vivió en Colombia gran parte de su vida. Marque (✓) las ciudades que están en este país. Hay más de una respuesta correcta.

___ a. Cali ___ c. Bogotá
___ b. Medellín ___ d. Caracas

❷ La música es muy importante en Colombia. En la siguiente lista hay tres ritmos que provienen de este país. ¿Puede identificarlos? Márquelos (✓).

___ a. el vallenato ___ c. el flamenco
___ b. la salsa ___ d. la cumbia

Itandehui

❸ Itandehui es de Oaxaca. ¿Sabe usted en qué país está esta ciudad? Marque (✓) la respuesta correcta.

___ a. en Chile ___ c. en México
___ b. en España ___ d. en Guatemala

❹ Itandehui trabaja en una academia de mariachi. ¿Sabe usted qué es el mariachi? Marque (✓) la respuesta correcta.

___ a. un deporte
___ b. un grupo musical
___ c. un plato típico de Oaxaca
___ d. una escuela de teatro

Mientras ve

1-13 ¿Cierto o falso? Indique si las siguientes afirmaciones son ciertas (**C**) o falsas (**F**) según la información que aparece en el video. Si la respuesta es falsa, dé la información correcta.

❶ Con respecto a la población hispana en Estados Unidos:

___ a. Es numerosa y por eso tiene cierto poder.
___ b. Es muy homogénea.

❷ Con respecto a Denis:

___ a. Es un periodista cubano.
___ b. Ahora vive en Jackson Heights, en Nueva York.
___ c. Cree que la vida en Colombia y en Nueva York es muy diferente.

___ d. Su sueño es tener un programa de televisión.

❸ Con respecto a Itandehui:

___ a. Es de México.
___ b. Trabaja en una academia en Nueva York.
___ c. Cree que en Nueva York la gente tiene más tiempo para todo.
___ d. Piensa que ser bilingüe abre nuevas posibilidades de trabajo.

Después de ver

1-14 Cosas en común. Primera fase. Señale (✓) las cosas que tienen en común Denis e Itandehui. Si la información no es correcta, corríjala.

___ 1. Son de México.
___ 2. No les gusta vivir en Nueva York.
___ 3. Les gusta la música.
___ 4. Trabajan en el mismo lugar.
___ 5. Creen que la vida en Estados Unidos y México o Colombia es similar.

A leer

 **Preparación**

1-15 Requisitos para el éxito. Primera fase. Marque (✓) las características que usted asocia con una persona triunfadora. Luego, compare sus respuestas con las de un compañero/una compañera.

1. _____ exitosa (*successful*)
2. _____ perdedora
3. _____ ganadora
4. _____ perseverante
5. _____ autodidacta (*self-taught*)
6. _____ estrella

Segunda fase. Identifique a su cantante favorito/a y descríbaselo/la a su compañero/a. Use por lo menos tres palabras de la *Primera fase*.

1-16 El camino a la fama. Indique (✓) si las siguientes afirmaciones describen las experiencias de los cantantes que buscan el éxito.

1. _____ Demuestran grandes dotes o talento artísticos desde su infancia.
2. _____ Vislumbran (*catch a glimpse of*) las dificultades en su carrera y se retiran.
3. _____ Al comienzo de su carrera generalmente no participan en certámenes o concursos con otros famosos.
4. _____ Con frecuencia, los cantantes con poca fama trabajan en centros nocturnos (*nightclubs*).
5. _____ Todos son compositores, es decir, escriben la letra (*words*) y/o música de sus propias canciones.
6. _____ Ven en la música la posibilidad de tener una carrera profesional.
7. _____ Los premios (*awards*) o galardones les permiten el ascenso a la fama.
8. _____ A veces se convierten en una revelación (*sensation*) artística cuando lanzan (*launch*) su primer disco.

 1-17 ¿Cómo son? De la siguiente lista, escojan dos artistas o grupos musicales con características diferentes. Luego, expliquen de qué manera son diferentes. Usen las expresiones de la caja de vocabulario u otras. Hagan los cambios necesarios.

Jennifer López, cantante bilingüe puertorriqueña

Christina Aguilera, artista norteamericana que canta en inglés y español

Jennifer López	Beyoncé
Whitney Houston	James Blunt
Christina Aguilera	Ashley Simpson
The Backstreet Boys	Panic at the Disco

Vocabulario útil

blanco/a	exitoso/a	mulato/a	revolucionario/a
comprometido/a	exótico/a	negro/a	romántico/a
controvertido/a	independiente	popular	sensible
dedicado/a	latino/a	rebelde	talentoso/a
excéntrico/a	mestizo/a	religioso/a	temperamental

MODELO: Luis Miguel y Shakira son artistas latinos famosos. Luis Miguel es un cantante mexicano exitoso. Sus canciones son románticas y melódicas. Sin embargo, hay varias diferencias entre ellos. Shakira es una joven cantante libanesa-colombiana. Ella escribe sus propias canciones y probablemente es más rica que Luis Miguel.

Estrategias de lectura

1. Infórmese sobre el tema antes de leer.

   a. ¿Qué significa el título? ¿Se refiere a la pintura, a la música, al teatro? ¿Cómo lo sabe? ¿Qué palabras en el título lo/la ayudan a anticipar el contenido de la lectura?

   b. ¿Qué sabe ya acerca de Shakira? Con su compañero/a, hagan una lista de todo lo que saben acerca de su vida y su música.

   c. Con su compañero/a, lean el último párrafo del texto. ¿De qué actividad de Shakira se trata? ¿Conocen ustedes otros artistas que trabajen por el bienestar (*well-being*) de los niños pobres?

2. Examine el texto antes de leerlo.

   a. Pase su marcador por la primera oración de cada párrafo del texto. ¿Cómo comienzan los párrafos? ¿Las primeras oraciones le dicen algo acerca de la organización del texto?

   b. Lea las primeras cuatro o cinco palabras de cada párrafo. ¿Qué párrafo marca el cambio del pasado de Shakira a sus actividades actuales?

> **Expresiones clave**
>
> ¿Comprende estas expresiones? Si tiene dudas, revise *Preparación* antes de leer el siguiente texto.
>
> | | |
> |---|---|
> | autodidacta | galardón |
> | cantante | ganador/a |
> | carrera | lanzar |
> | centros | nocturnos |
> | compositor/a | premio |
> | concurso | revelación |
> | dotes | triunfador/a |
> | estrella | vislumbrar |

LECTURA

Pop latino: una artista colombiana triunfa en Estados Unidos

Shakira

Su nombre completo es Shakira Isabel Mebarak Ripoll. Nacida el 2 de febrero de 1977 en Barranquilla (Colombia), Shakira muestra desde muy pequeña una gran afición[1] a la música y al baile.

A los diez años de edad, Shakira empieza a escribir canciones. Sus padres, William Mebarak y Nidia Ripoll, la inscriben en un concurso del canal de la televisión colombiana Telecaribe, *Buscando la artista infantil en el año 1988*. Allí alcanza la fama al ganar por tres años consecutivos el premio a la mejor cantante. Cuando tiene catorce años de edad, la compañía discográfica *Sony Music* se interesa por

5

10

> En este párrafo se habla del comienzo de la carrera de Shakira como cantante. Al leer, note bien su edad y sus actividades musicales.

---

[1] *fondness, enthusiasm*

ella y le concede una audición. Inmediatamente se le ofrece un contrato en
15 exclusiva y comienza a trabajar en la producción de su primer álbum. 🗨

Shakira cuenta con el apoyo de Miguel E. Cubillos y Pablo Tedeschi en la
dirección artística de este primer álbum, que se publica en 1991 con el título
Magia. La cifra de ventas no es extraordinaria, pero sí consigue, a su corta edad,
ser conocida como una revelación artística. Su carrera musical se vislumbra ya
20 con una enorme proyección de futuro. Empieza a recibir contratos para
ofrecer conciertos y actuaciones[2] en centros nocturnos de diversas ciudades de
su país. 🗨

🗨 El año siguiente es seleccionada para cantar en el Festival OTI en España
representando a Colombia, pero aún no ha cumplido los dieciséis años
25 reglamentarios para participar en este evento y no le permiten inscribirse. En
1993, dos años después de la aparición de su primer álbum, sale su segundo
trabajo discográfico, producido por el argentino Eduardo Paz. Su título:
Peligro. Pese a su juventud, a Shakira se la considera ya una artista consagrada[3]
y una cantante especialmente dotada para el género de la balada pop. A partir
30 de ahí comienza su imparable[4] proyección internacional. El año 2001 se lanza
en Estados Unidos su álbum *Laundry Service*, con el que empieza su triunfal
carrera en este país, y alcanza la cifra de más de 13 millones de ejemplares
vendidos en todo el mundo. En 2005 gana tres premios de música *Billboard*:
mejor canción latina, mejor artista de pop latino y mejor álbum de pop latino.
35 Gana también el *American Music Award* y el galardón *MTV Video Music*. A estos
premios hay que sumar cinco *Grammys* conseguidos por la triunfadora artista
colombiana. 🗨

Sus últimos trabajos, *Fijación Oral Volumen 1* y *Fijación Oral Volumen 2*, han
consagrado a esta artista como la más importante cantante en inglés y castellano
40 de la historia. Su canción más conocida, la que más tiempo ha permanecido en la
lista de las diez principales canciones en Estados Unidos, suena hoy en todo el
mundo: "Hips Don't Lie". Pertenece a su álbum *Fijación Oral Volumen 2*, que ha
vendido un millón de copias sólo en Estados Unidos. 🗨

Cantante y compositora, y con grandes dotes para el baile y un dominio de
45 cinco idiomas, Shakira es hoy una estrella internacional de reconocido
talento, con más de 30 millones de discos vendidos en todo el mundo.
Aunque goza de[5] fama mundial, esta música autodidacta suele preocuparse
personalmente por que el precio de las entradas de sus conciertos sea siempre
asequible[6] al bolsillo de sus fans. Además, no ha dedicado su vida únicamente
50 a cantar y vender discos. Desde el año 1994, Shakira contribuye a mejorar la
situación de los niños pobres de su país desde su propia fundación Pies
Descalzos (**http://www.fundacionpiesdescalzos.com**). A través de esta
fundación ha donado más de 2.000 equipos escolares[7] a los niños en su ciudad
natal, Barranquilla. También colabora como Embajadora de Buena Voluntad
55 en UNICEF desde 2003. 🗨

---

[2]*performances* [3]*acclaimed* [4]*unstoppable* [5]*enjoys* [6]*accessible* [7]*sets of school supplies*

🗨 Piense en lo que acaba de leer. ¿Qué le pasa a Shakira cuando tiene catorce años?

🗨 ¿Cómo se llama el primer álbum de Shakira? ¿Cuál fue el impacto de la producción del álbum en la carrera musical de Shakira?

🗨 En este párrafo va a leer sobre otro álbum de Shakira y sobre un festival musical en España. ¿Por qué no puede ir al festival?

🗨 En este párrafo se da una lista de premios que Shakira ha ganado. No es necesario comprender todas las palabras para captar la idea central. ¿Cuál es la idea central de este párrafo?

🗨 ¿Qué ha aprendido? Este párrafo trata de los logros (*accomplishments*) de Shakira. ¿Cuántos logros ve en el párrafo? Márquelos.

🗨 ¿Qué ha aprendido? Este párrafo trata de las obras caritativas (*charity*) de Shakira. ¿Cuántos ejemplos ve en el párrafo? Márquelos.

Comprensión y ampliación

1-18 ¿Cuánto comprende usted? Primera fase. Lea otra vez el texto para contestar las siguientes preguntas sobre Shakira.

1. ¿De dónde es?
2. ¿Cuál es su verdadero nombre?
3. ¿Cuántos años tiene?
4. ¿A qué edad empezó a escribir sus canciones?
5. ¿Cómo se llamaba el primer concurso en el que participó?
6. ¿Cuál es el título de su primer álbum?
7. ¿Con qué álbum comenzó su lanzamiento en Estados Unidos?
8. ¿Cuáles son algunos de los premios más importantes que ha recibido?
9. ¿Cuántos idiomas habla?
10. ¿Qué otras cosas hace además de cantar?

Segunda fase. Utilizando las respuestas de la *Primera fase*, escriba una descripción de Shakira para una persona que no sabe nada de ella.

 1-19 Reflexionen y conversen. Primera fase. Respondan a las siguientes preguntas, según su experiencia personal.

1. ¿Conoce usted la música de Shakira? ¿Conoce algún otro cantante o músico hispano? ¿Qué tipo de música le interesa a usted?
2. ¿Qué sabe usted de la música colombiana? ¿Sabe usted lo que es la cumbia o el vallenato? ¿Qué tipos de música cree usted que son típicos de Estados Unidos? ¿Puede dar algún ejemplo de canciones típicas de la música norteamericana?
3. ¿Sabe usted qué instrumentos se usan más en la música latinoamericana? ¿Toca usted algún instrumento? ¿Qué instrumento/s le gustaría tocar? ¿Por qué?
4. ¿Le gusta a usted bailar? ¿En qué ocasiones baila? ¿Conoce alguno de estos bailes: el merengue, la salsa, el tango? Describa el baile que más le gusta.

entrada **marc anthony** en gira por europa **SIGO SIENDO YO** 3 de mayo 2007 GIRA EUROPEA Plaza de Las Ventas, Madrid

Segunda fase. Observen el tiquete anterior y contesten a las preguntas.

1. ¿Conoce al cantante? ¿Sabe de dónde es? ¿Qué tipo de música hace?
2. ¿Cómo se dice tiquete en España? ¿Conoce otras palabras en español que signifiquen lo mismo?
3. ¿Qué es una gira? ¿Qué ciudades visitará probablemente Marc Anthony en esta gira?
4. ¿Sabe qué es la Plaza de Las Ventas? ¿Qué tipo de espectáculo se produce normalmente en esta plaza?

 1-20 Ampliación. Primera fase. Además de la música, la cultura latina se manifiesta de diversas maneras en Estados Unidos. Conversen entre ustedes sobre los siguientes puntos.

1. Los productos hispanos que pueden comprarse en los supermercados
2. Los distintos tipos de restaurantes hispanos que hay en su ciudad
3. Los deportistas hispanos que están jugando en las grandes ligas
4. Los actores hispanos que trabajan en Estados Unidos y las películas que hacen
5. Otros personajes hispanos públicos conocidos en Estados Unidos

Segunda fase. Con su compañero/a, investiguen uno de los temas de la *Primera fase* para compartir con la clase. Incluyan la siguiente información en su presentación:

1. Lugar de origen (de la persona, restaurante, productos, etc.)
2. Por qué es famoso/a, popular, conocido/a
3. Su opinión sobre esta persona/restaurante/producto

Aclaración y expansión

Adverbs

● You have used Spanish adverbs and adverbial phrases to express time (**después, a veces**) and place (**aquí, muy cerca**). You have also used them to describe how people feel and how things are done (**bien, muy mal, regular**).

> **A veces** ellos pasan sus vacaciones con sus abuelos **aquí**.
>
> *Sometimes they spend their vacation with their grandparents **here**.*
>
> Son bilingües y hablan **muy bien** los dos idiomas.
>
> *They are bilingual and speak both languages **very well**.*

● Spanish may also use adverbs ending in **-mente**. This ending corresponds to English *-ly*. To form these adverbs, add **-mente** to the feminine singular form of the adjective. If the adjective has the same form for masculine and feminine, simply add **-mente**.

> lento/a   Ellos hablan **lentamente**.   *They speak **slowly**.*
> constante   La lengua cambia **constantemente**.   *Language changes **constantly**.*

● Adjectives with a written accent retain the accent mark when forming adverbs ending in **-mente**.

> lógico   Siempre piensan **lógicamente**.   *They always think **logically**.*

● When two or more adverbs are used in a series, only the last one ends in **-mente**.

> Camina **tranquilamente**.   Camina **lentamente**. →   Camina **tranquila** y **lentamente**.

● Some commonly used adverbs ending in **-mente** are:

básicamente	generalmente	regularmente
correctamente	normalmente	relativamente
difícilmente	perfectamente	simplemente
fácilmente	realmente	tradicionalmente
frecuentemente	recientemente	tranquilamente

Lengua

The following expressions may be used instead of the adverbs ending in **-mente**:

frecuentemente → *con frecuencia*

realmente → *en realidad*

generalmente → *en general/por lo general*

1-21 Las actividades de un profesor de música. Primera fase. Complete esta narración usando la forma apropiada de los adverbios que corresponden a los adjetivos entre paréntesis.

Marcos Echeveste es profesor de música. Es un profesor muy metódico y trabajador. (1) _____ (General) se levanta temprano todos los días. Hace ejercicio (2) _____ (regular) en su cuarto mientras escucha la música que enseña en sus cursos y después se baña. Enseguida recoge el periódico y lo lee (3) _____ (tranquilo) mientras toma una taza de café y unas tostadas en la cocina. Cuando termina, prepara sus libros y papeles (4) _____ (cuidadoso). Después de su primera clase, (5) _____ (frecuente) va a la

biblioteca de música. A él le interesan muchos tipos de música latina, y estudia
(6) _____ (especial) la influencia de la música africana en la música del
Caribe. Siempre escucha las últimas canciones de los grupos caribeños y las
discute con sus alumnos. Éstos dicen que el profesor Echeveste sabe explicar
(7) _____ (claro) y (8) _____ (perfecto) los temas más difíciles.
(9) _____ (Normal), el profesor Echeveste regresa a su casa cerca de las
seis, descansa un rato, cena (10) _____ (ligero) y lee un rato.

Segunda fase. Ahora complete el siguiente texto sobre su propia rutina con
adverbios y otras palabras lógicas. ¿Es semejante o diferente su rutina de la del
profesor Echeveste?

Yo soy un/a estudiante muy (1) _____ y (2) _____. Yo
(3) _____ (general/nunca) me levanto (4) _____. Hago ejercicio
(5) _____ (regular/ocasional) en (6) _____ mientras escucho
(7) _____ (música/las noticias) y después me baño. Enseguida reviso las
notas para mis clases (8) _____ (tranquilo/lento/rápido) mientras
(9) _____ una taza de café en (10) _____. Después de arreglarme
(11) _____ (cuidadoso/rápido), salgo para la universidad. Después de mi
primera clase, (12) _____ (frecuente/regular) voy a la biblioteca. A mí me
interesan (13) _____. Siempre consulto (14) _____ y artículos de
periódicos o de Internet y los discuto con (15) _____. Mis compañeros/as
dicen que yo sé explicar (16) _____ (claro/detallado) y (17) _____
(perfecto/eficiente) los temas más difíciles.

Tercera fase. Ahora túrnese con su compañero/a para hacerse preguntas
sobre sus actividades rutinarias y la frecuencia con la que las realizan. Use las
actividades que aparecen más abajo u otras de su elección. Hagan una pregunta
adicional para obtener más detalles.

MODELO: Hacer ejercicio
          E1: ¿Haces ejercicio frecuentemente?
          E2: Sí, hago ejercicio los martes, los jueves y los sábados.
          E1: ¿Qué deportes prefieres?
          E2: Prefiero el tenis.

1. Mirar programas de televisión
2. Ir de compras
3. Ver películas
4. Comer en restaurantes hispanos
5. Escuchar música
6. Leer novelas o revistas

1-22 ¿Buenas o malas estrategias? Primera fase. Para reflexionar sobre las estrategias más efectivas para conocer mejor la cultura hispana en Estados Unidos, indique la frecuencia con que usted hace lo siguiente.

Estrategias	nunca	a veces	frecuentemente	generalmente	siempre
1. Practico español con amigos hispanos.					
2. Miro canales de televisión hispanos.					
3. Escucho música popular latinoamericana.					
4. Veo películas en español.					
5. Busco información sobre los hispanos en Internet.					
6. Leo periódicos o revistas en español.					
7. Socializo con amigos hispanos.					
8. Compro en tiendas hispanas.					

 Segunda fase. Compare sus respuestas de la *Primera fase* con las de su compañero/a. ¿Quién de ustedes tiene mejores estrategias para conocer más la cultura hispana en Estados Unidos? ¿Por qué?

Comparisons of equality

● When comparing two entities (objects/people/events) using adjectives and adverbs, Spanish signals equality using **tan... como**.

La música del Caribe es **tan** popular **como** la música colombiana.	*Music from the Caribbean is **as** popular **as** Colombian music.*
Esa orquesta toca **tan** bien **como** la otra.	*This orchestra plays **as** well **as** the other one.*

● To compare two nouns, Spanish signals equality with **tanto(s)/tanta(s)... como**.

Bogotá produce **tanto** vallenato **como** Cali.	*Bogota produces **as much** vallenato music **as** Cali.*
Hay **tanta** música en las calles de Buenos Aires **como** en las de Santiago.	*There is **as much** music on the streets of Buenos Aires **as** in those of Santiago.*
Hay **tantos** tesoros prehispánicos en Perú **como** en México.	*There are **as many** pre-Hispanic treasures in Peru **as** in Mexico.*
Hay **tantas** ruinas interesantes en Perú **como** en México.	*There are **as many** interesting ruins in Peru **as** in Mexico.*

- To indicate that two actions are equal or equivalent, Spanish uses **tanto como**.

Los arqueólogos trabajan **tanto como** los científicos para saber más sobre las culturas antiguas.

*Archeologists work **as much as** scientists to learn more about ancient cultures.*

Comparisons of inequality

- To express comparisons of inequality between nouns, adjectives, verbs, or adverbs, Spanish uses **más/menos... que**.

Hay **más** hispanohablantes en Colombia **que** en Panamá.

*There are **more** Spanish speakers in Colombia **than** in Panama.*

Este baile es **menos** rápido **que** ese.

*This dance is **less** fast **than** that one.*

Los moros conquistaron la Península Ibérica **más** fácilmente **que** los romanos.

*The Moors conquered the Iberian Peninsula **more** easily **than** the Romans did.*

- Spanish uses **de** instead of **que** before numbers.

Hay **más de** 400 millones de hispanohablantes en el mundo.

*There are **more than** 400 million Spanish speakers worldwide.*

España tiene **menos de** 50 millones de habitantes.

*Spain has **fewer than** 50 million inhabitants.*

- The following adjectives have both regular and irregular forms.

bueno	**más bueno/mejor**	*better*
malo	**más malo/peor**	*worse*
pequeño	**más pequeño/menor**	*smaller*
joven	**más joven/menor**	*younger*
grande	**más grande/mayor**	*bigger*
viejo	**más viejo/mayor**	*older*

- The regular forms **más bueno** and **más malo** usually refer to a person's moral qualities, whereas **mejor** and **peor** refer to quality and performance.

Ricky Martin es **más bueno que** Marc Anthony.

*Ricky Martin is **better** (a nicer person) **than** Marc Anthony.*

Esta casa de discos es **mejor que** la otra.

*This record company is **better** (records better music) **than** the other one.*

Lengua

To talk about a person's age, Spanish speakers usually use **mayor**. **Más viejo** is used to refer to old objects, buildings, etc.

Ella es **mayor que** Pepe.
*She is **older than** Pepe.*
Su teléfono celular es **más viejo que** el mío.
*Her cell phone is **older than** mine.*

1-23 Unas excavaciones. Primera fase. Usted y su compañero/a participaron en dos expediciones arqueológicas para investigar dos culturas desconocidas. Usted fue a la ciudad de la Cultura A y su compañero/a fue a la de la Cultura B. Comparen los descubrimientos de estas dos expediciones.

MODELO: Hay más templos en la Cultura B que en la Cultura A.

Descubrimientos	Cultura A	Cultura B
pirámides	6	6
templos	5	8
tumbas	10	10
esculturas	7	7
pinturas	2	2
caminos	2	4
armas	30	5

Segunda fase. Determinen cuál de las dos culturas representa mejor lo que se dice en las siguientes afirmaciones. Justifiquen su respuesta.

1. Probablemente es más religiosa.
2. Probablemente puede comerciar más y en mejores condiciones.
3. Considera la guerra más importante que el arte.
4. ...

 1-24 Comparaciones. **Primera fase.** Piense en dos cantantes que usted conoce o dos actores cuyas (*whose*) películas ha visto. Después, diga quiénes son y compárelos/las considerando los siguientes puntos. Su compañero/a debe hacerle preguntas para obtener más información.

MODELO: E1: Las dos cantantes que me gustan son Shakira y Gloria Estefan. Las dos tienen muchos discos, pero Gloria Estefan tiene más que Shakira.
   E2: ¿Y quién tiene canciones mejores?
   E1: En mi opinión, las canciones de Shakira son tan buenas como las de Gloria Estefan.

1. Número de discos/películas (cuatro, muchas, pocas, etc.)
2. Temas de las canciones/películas (interesantes, aburridos, absurdos, etc.)
3. Visión de la vida (real, optimista, pesimista, etc.)
4. Cualidades humanas (generoso/a, egoísta, trabaja por la justicia, etc.)

Segunda fase. Su compañero/a debe averiguar qué cantante o qué actor/actriz le gusta más a usted y por qué.

The superlative

● To talk about the highest/utmost or lowest degree of a quality, Spanish uses *definite article* + *noun* + **más/menos** + *adjective* + **de.** You may delete the noun when it is clear to your reader or listener to what you refer.

La lengua es **el elemento más importante de** una cultura.	*Language is the **most important element of** a culture.*
Muchas expresiones artísticas son parte de una cultura pero, para muchos, **la más importante** es la música.	*Various elements make up a culture, but for many, **the most important** of all is music.*

● **Más** or **menos** is not used with **mejor, peor, mayor,** and **menor.**

Las mejores palabras de cualquier lengua son las que expresan amor.	*The best words in any language are those that express love.*
La mejor carne se encuentra en Argentina.	*The best meat comes from Argentina.*

1-25 Los/Las mejores o los/las peores. Háganse preguntas para averiguar las preferencias u opiniones de cada uno. Digan por qué.

MODELO: La mejor comida: la italiana, la mexicana o la japonesa

E1: En tu opinión, ¿cuál es la mejor comida?
E2: Para mí, es la mexicana. Es muy variada y deliciosa.

> **Lengua**
>
> To express the idea of *extremely* + *adjective,* Spanish may use an adjective ending in **-ísimo.** If the adjective ends in a consonant, add **-ísimo** directly to the singular form of the adjective. If it ends in a vowel, drop the vowel before adding **-ísimo.**
>
> muy fácil → **facilísimo**
> muy caro → **carísimo**

1. El lugar histórico más visitado por los turistas: las pirámides de Egipto, las pirámides mayas de Guatemala o la Casa Blanca

_____

2. La ciudad hispana más interesante para los norteamericanos: Madrid, Cancún o Buenos Aires

_____

3. La lengua más difícil para los norteamericanos: el español, el chino o el francés

_____

4. La ciudad con el peor clima en el invierno: San Francisco, Key West o Chicago

_____

5. La mejor comida rápida en Estados Unidos: los tacos, las papas fritas o las hamburguesas

_____

6. El peor lugar para aprender español rápidamente: Caracas, Miami o la ciudad donde usted vive

_____

7. El mejor vino: el español, el francés o el californiano

_____

8. La ciudad más visitada por los europeos: la Ciudad de México, Ciudad de Panamá, La Paz

_____

1-26 Los países hispanos. Primera fase. Cada uno de ustedes debe escoger un país hispano diferente y buscar la siguiente información en Internet. Después hablen sobre la información que obtuvieron y comparen sus resultados.

Datos	el país de su elección	el país de su compañero/a
Países		
Extensión territorial	_____	_____
Número de habitantes del país	_____	_____
Nombre de la capital	_____	_____
Número de habitantes de la capital	_____	_____
Datos económicos		
Exportaciones (valor en dólares)	_____	_____
Importaciones (valor en dólares)	_____	_____

Segunda fase. Comparen los resultados obtenidos y decidan cuál es el país que tiene mayor población, tamaño, etc. Después infórmenle al resto de la clase sobre los resultados finales.

Algo más

Nominalization

- Both English and Spanish use adjectives and adjective phrases and clauses as nouns. English often adds the word *one(s)*; Spanish simply drops the noun.

Esa chica y **las que están junto a la puerta** son estudiantes de intercambio chilenas.	*That girl and **the ones by the door** are Chilean exchange students.*
La costumbre de tomar té a las 5:00 y **la de fumar** tabaco no son del mismo origen.	*The customs of having tea at 5:00 o'clock **and that of smoking** do not have the same origin.*
El tango clásico y **el** contemporáneo son parecidos	*Classic and contemporary tango are similar.*

1-27 En un pequeño pueblo. Usted está pasando el verano con una familia en un pequeño pueblo de un país hispano. Usted va a la plaza con un miembro de la familia para conocer a algunas personas del pueblo. Hágale preguntas para obtener información sobre estas personas. Después cambien de papel.

MODELO: E1: ¿Quién es la chica que está jugando con el niño? ¿Cómo es?

E2: La que está jugando con el niño es su hermana. Está en mi clase y es muy simpática y estudiosa.

Persona	Identificación	Descripción
el niño rubio	el hijo de la vecina	simpático
la señora alta y morena	la dueña del restaurante	muy agradable
la chica de la falda roja	Ann, una estudiante canadiense	lista y trabajadora
el chico de los pantalones azules	Felipe, un compañero de clase	inteligente y divertido
el señor que está junto al árbol	don Esteban, un amigo de su padre	abogado muy conocido
la señora que está sentada en el banco	la profesora Jiménez	seria y competente

A escribir

Estrategias de redacción

LA DESCRIPCIÓN

¿Qué características tiene una buena descripción?

Describir es como pintar un cuadro. Al describir, les damos vida a los personajes, los objetos, los eventos y las experiencias en un ambiente (*setting*).

Las siguientes son algunas características básicas de una buena descripción.

1. Presenta el objeto, el individuo, el evento o la experiencia en un tiempo y espacio apropiados. Una casa de campo, por ejemplo, se ve diferente en verano y en invierno.
2. Crea el efecto deseado para que el lector/la lectora u oyente pueda sentir, disfrutar, ver o imaginar lo que se describe.
3. Usa apropiadamente las imágenes, el color, la textura, la intensidad, etc.
4. Contiene adjetivos y frases para presentar las imágenes. Emplea colores (rojo/a, anaranjado/a), formas (redondo/a, ovalado/a, rectangular), sonidos (estridente, silencioso/a, callado/a), sabores (dulce, amargo/a, agrio/a), etc.
5. Usa la comparación o el contraste para destacar (*highlight*) las características únicas del individuo, objeto, evento o experiencia.

Describir por escrito (*in writing*) en otra lengua es semejante a hacerlo en su lengua materna. Es un proceso en el que se siguen muchos pasos mientras se piensa en el lector/la lectora, el propósito de la descripción, etc. Por lo tanto, es importante planear el texto, organizar bien la información y usar la lengua y el tono apropiados. En suma, para lograr una buena descripción hay que escribir, revisar y escribir de nuevo cuantas veces sean necesarias.

En la siguiente sección usted reconocerá y practicará algunas estrategias básicas de la descripción en español. Luego, usted escribirá una descripción. Recuerde que su experiencia con la descripción en su lengua materna lo/la ayudará a describir en español.

1-28 Análisis. Primera fase. Lea la siguiente descripción y contexto.

Contexto: El señor Roberto Durán, un ejecutivo del Banco Central en Buenos Aires, necesita tomar una decisión sobre una candidata al puesto de secretaria ejecutiva. Él le pide información específica al ex-jefe de ella. Esto es lo que el ex-jefe escribe.

Segunda fase. Ahora marque la alternativa apropiada en la caja.

Banco Regional de Santa Fe
Avenida La Reforma 1682
Santa Fe
República Argentina

Estimado Señor Durán:

Con mucho gusto le doy la información que necesita. La señorita María José Fernández trabajó con nosotros durante cinco años. Por razones familiares, se muda a Buenos Aires.

En lo profesional, María José es muy responsable y dedicada. Trabaja mucho y siempre termina su trabajo puntual y eficientemente. Como secretaria, tiene habilidades especiales. Escribe a máquina rápidamente y sabe usar muchos programas computacionales que facilitan el trabajo en una oficina moderna. También es bilingüe. Habla y escribe inglés perfectamente, lo cual es ideal para las transacciones internacionales.

Finalmente, María José es muy simpática y amigable. Mantiene excelentes relaciones con sus colegas y clientes.

Si usted quisiera más información sobre ella, por favor, hágamelo saber.

Atentamente,

J. Paredes

Josefina Paredes

1. El grado de interés de la descripción para el lector	____interesante	____aburrida
2. La organización de la información	____lógica y coherente	____pobre
3. El efecto de la descripción	____buen uso de imágenes	____pocas imágenes
4. El uso del vocabulario y las expresiones	____uso eficiente del vocabulario	____ términos ambiguos o imprecisos
5. Aspectos formales del texto	____muchos errores (puntuación, acentuación, uso de mayúsculas, etc.)	____pocos/sin errores

1-29 Preparación. Primera fase. Seleccione uno de los siguientes temas sobre el cual a usted le gustaría escribir.

1. Un lugar ideal en Estados Unidos para una familia hispana de inmigrantes con hijos pequeños. Desean encontrar una ciudad o pueblo seguro y con buenas escuelas para sus hijos.

Lector:	Padres de familia que hablan un poco de inglés
Propósito (*Purpose*):	Usted desea convencer a los padres de que existe el lugar que ellos buscan.

2. Un personaje público norteamericano o de otra nacionalidad que, según usted, todos debemos conocer por su vida ejemplar (*exemplary*).

Lector:	Los jóvenes hispanos que acaban de emigrar a Estados Unidos
Propósito:	Usted quiere destacar la vida, el carácter y los logros de un personaje público norteamericano o extranjero que los jóvenes emigrantes hispanos probablemente no conocen bien.

Segunda fase. Lea nuevamente las estrategias de la redacción en la página 28 y prepare un bosquejo (*outline*).

1. Planifique el texto.
   - Consulte diversas fuentes (*sources*) tales como libros, revistas, periódicos, enciclopedias e Internet.
   - Tome notas y seleccione la información necesaria.
   - Organice la información para lograr su propósito.
2. Prepare el vocabulario. Escriba las palabras clave (de uso obligatorio y frecuente).
   - Para variar su vocabulario, haga una lista de sinónimos o antónimos que lo/la ayuden a expresar sus ideas con precisión.
3. Planifique las estructuras gramaticales.
   - Piense en el tiempo/los tiempos que va a utilizar en su texto: ¿Va a usar el presente, el pasado, el futuro, etc.?
4. Revise su bosquejo: Verifique si su planificación cumple el propósito de su texto.

1-30 ¡A escribir! Ahora escriba su descripción paso a paso.

- A medida que usted escribe, consulte sus notas y evalúe su mensaje leyéndolo varias veces.
- Aclare las ideas confusas o el vocabulario impreciso.
- Elimine la información innecesaria o tediosa para su lector/a.
- Verifique si las estructuras gramaticales que usó son correctas.
- Mejore el estilo de su descripción variando el vocabulario.
- Use sinónimos y antónimos.

1-31 ¡A editar! Lea su texto al menos una vez más con una actitud crítica.

- Analice el contenido (cantidad, calidad de información para el lector/la lectora) y forma del texto (ortografía, puntuación, acentuación, mayúsculas, minúsculas, uso de la diéresis, etc.).
- Si es necesario, consulte la *Guía gramatical* en la página 321 y haga los cambios necesarios para lograr una buena descripción.

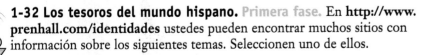

1-32 Los tesoros del mundo hispano. *Primera fase.* En **http://www. prenhall.com/identidades** ustedes pueden encontrar muchos sitios con información sobre los siguientes temas. Seleccionen uno de ellos.

1. Un lugar donde se puede aprender más sobre la historia de un país hispano: ruinas, fuertes militares, museos, etc.
2. Una persona hispana famosa en las siguientes áreas: la pintura, la composición de música popular, las ciencias, la arquitectura, los deportes, la política, etc.

Segunda fase. Usen la siguiente guía para describir el lugar o la persona que escogieron en la *Primera fase.*

1. Nombre
2. Información sobre el país donde se encuentra el lugar o el origen de la persona
3. Descripción detallada del lugar o la persona. Hablen de sus características (físicas, psicológicas, sociales) y su función en la comunidad donde existe
4. Comparación con algo/alguien similar en la cultura de ustedes

Tercera fase. **Presentación.** Compartan con sus compañeros/as la información de la *Segunda fase.* Para crear más interés, usen dibujos, fotos u objetos.

1-33 Símbolos culturales. *Primera fase.* Busquen información en Internet sobre uno de los siguientes objetos de un país hispano de su elección.

1. Un billete (*paper currency*)
2. Sellos postales (estampillas)
3. Un escudo nacional (*coat of arms*)

Segunda fase. Hagan lo siguiente.

1. Identifiquen el país de origen del objeto.
2. Descríbanlo: ¿Qué ven ustedes? ¿Hay números, figuras humanas o animales, letras, oraciones? ¿Cuáles? ¿De qué colores?
3. ¿Qué dicen los colores, las palabras, las figuras sobre la cultura de origen? ¿Cuáles son los valores (*moral values*) que representan estos símbolos: la justicia, el amor, la solidaridad, la democracia, la fuerza, etc.? ¿Qué elementos materiales se asocian con estos símbolos en el objeto que ustedes estudiaron?
4. Busquen un símbolo similar en su cultura y analicen las semejanzas o diferencias físicas o espirituales con el símbolo de la cultura extranjera.

Tercera fase. Compartan la información con el resto de la clase.

Expresiones útiles para describir o clasificar un objeto o símbolo

Descripción o clasificación física

Tamaño: grande, pequeño/a, mediano/a, gigantesco/a
Forma: redondo/a, cuadrado/a, rectangular, ovalado/a
Color: rojo/a, azul, verde, naranja, oscuro/a, claro/a, transparente, etc.
Localización con respecto a otros elementos: al lado de, detrás de, entre, cerca de, en el ángulo inferior/superior de, en el centro de

Descripción espiritual

Características espirituales y morales: arrogante, modesto/a, valiente, puro/a, majestuoso/a, fuerte, débil, etc.

Expresiones útiles para dar una opinión personal

En mi/nuestra opinión...
Para mí/mi compañero/a, él o ella...

Según yo/mi compañero/a...
Yo creo/Nosotros creemos que...

VOCABULARIO DEL CAPÍTULO

Grupos étnicos, pueblos y civilizaciones

el/la aimara	*Aymara*
el/la azteca	*Áztec*
el español/la española	*Spaniard*
el hispano/la hispana	*Hispanic*
el/la inca	*Inca*
el/la indígena	*indigenous person*
el latino/la latina	*Latino/a*
el mestizo/la mestiza	*person of mixed race*
el mulato/la mulata	*mulatto*
el peruano/la peruana	*Peruvian*
el portugués/la portuguesa	*Portuguese*
el/la quechua	*Quechua*

Conceptos que se asocian con una cultura y su historia

los antecedentes	*background*
el artefacto	*object; artifact*
el billete	*paper currency; ticket*
la costumbre	*custom*
la diversidad	*diversity*
el escudo nacional	*coat of arms*
el español	*Spanish (language)*
la frontera	*border*
la herencia	*heritage*
la huella	*trace, mark*
el latín	*Latin (language)*
la lengua	*language*
la manta	*poncho; blanket*
el objeto de arte	*piece of art*
el puerto	*port, harbor*
los restos	*remains*
las ruinas	*ruins*
la sangre	*blood*
el sello postal	*postage stamp*
el valor/los valores	*(moral) value/values*

Éxito y reconocimiento

el/la autodidacta	*self-taught person*
el bienestar	*well-being, welfare*
el/la cantante	*singer*
la carrera	*profession*
el centro nocturno	*nightclub*
el compositor/la compositora	*composer*
el concurso	*contest, competition*
las dotes	*gift, talent*
la estrella	*star*

el galardón	*award, prize*
el ganador/la ganadora	*winner*
el lanzamiento	*launching; promotion*
el logro	*achievement, accomplishment*
el perdedor/la perdedora	*loser*
el premio	*award, prize*
la revelación	*sensation*

Características

estridente	*strident, sharp*
heterogéneo/a	*heterogeneous*
homogéneo/a	*homogenous*
majestuoso/a	*majestic*
melódico/a	*melodious, harmonious*
ovalado/a	*oval*
redondo/a	*round*
saludable	*healthy*
triunfador/a	*triumphant, victorious*

Verbos

adorar	*to worship*
comparar	*to compare*
compartir	*to share*
conquistar	*to conquer*
destacar (q)	*to emphasize*
encontrar (ue)	*to find*
escoger (j)	*to choose*
explicar (q)	*to explain*
intercambiar	*to exchange*
lanzar (c)	*to launch*
mantener (ie, g)	*to maintain*
nacer (zc)	*to be born*
vislumbrar/vislumbrarse	*to glimpse; to project oneself; to become visible*

Palabras y expresiones útiles

al alcance	*within reach*
antes	*before*
propio/a	*own*
la semejanza	*similarity*
el significado	*meaning*
sin duda	*no doubt*

* For expressions with **estar + de**, see page 10.

** For adjectives that change meaning when used with **ser** and **estar**, see page 10.

*** For a list of commonly used adverbs, see page 20.

Objetivos comunicativos

- Narrating in the past
- Discussing language variation and language use
  - Describing events, people, and objects in the past

Contenido temático y cultural

- Diversity and identity as expressed through language
  - *Spanglish* as a cultural and linguistic phenomenon
    - The Spanish-speaking community in the United States

VISTA PANORÁMICA

2
Nuestra lengua

VISTA PANORÁMICA

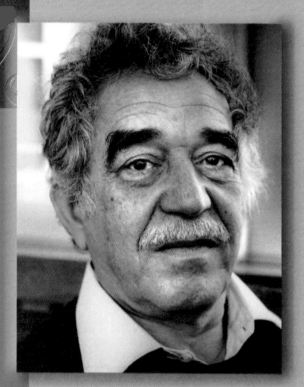

Gabriel García Márquez, un escritor colombiano, es autor de *Cien años de soledad*, la historia de una familia del imaginario pueblo de Macondo a lo largo de varias generaciones. Recibió el Premio Nobel en 1982. ◄

Lucha Corpi, escritora nacida en México, llegó a Estados Unidos a los diecinueve años y desde entonces vive en California. Escribe poesía, novelas y libros para niños tanto en español como en inglés. Ha recibido numerosos premios. ►

◄ Rosario Ferré es una de las escritoras puertorriqueñas más conocidas. Ha escrito numerosas novelas, ensayos y poesía.

Elio Antonio de Nebrija es el autor de *Gramática castellana*, la primera gramática de la lengua española, publicada en 1492. Unos años después, Nebrija escribe también *Reglas de ortografía castellana*. ◄

▼ Miguel de Cervantes, 1547–1616.

EL INGENIOSO
HIDALGO DON QVI-
XOTE DE LA MANCHA,

Compueſto por Miguel de Ceruantes
Saauedra.

DIRIGIDO AL DVQVE DE BEIAR,
Marques de Gibraleon, Conde de Benalcaçar, y Bañares, Vizconde de la Puebla de Alcozer, Señor de las villas de Capilla, Curiel y Burguillos.

Año, 1605.

CON PRIVILEGIO,
EN MADRID, Por Iuan de la Cueſta.

Vendeſe en caſa de Franciſco de Robles, librero del Rey nro ſeñor.

▲

El ingenioso hidalgo don Quijote de la Mancha de Miguel de Cervantes Saavedra es uno de los grandes libros de la literatura universal.

Isabel Allende es una escritora chilena muy conocida por su novela *La casa de los espíritus*, que fue llevada al cine por el director danés Billie August. Ella vive en Estados Unidos. ▼

El mexicano Carlos Fuentes, poeta, novelista y ensayista, es uno de los escritores más influyentes de Latinoamérica. Su novela *Gringo viejo* fue llevada al cine en 1989 y protagonizada por Jane Fonda y Gregory Peck. ►

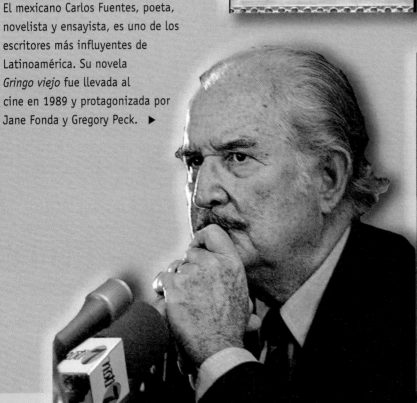

PRIMERA PARTE

A leer

Preparación

 2-1 Asociación. A continuación, hay una breve lista de lenguas. Asocien cada lengua de la columna de la izquierda con el lugar o la comunidad donde se habla hoy en la columna de la derecha.

1. _____ griego
2. _____ maya
3. _____ árabe
4. _____ hebreo
5. _____ guaraní
6. _____ náhuatl

a. países del norte de África y del sudoeste de Asia
b. Israel y otras comunidades judías del mundo en ritos religiosos
c. indígenas del Yucatán, Guatemala y regiones adyacentes
d. centro-sur de México y algunos países de Centro América
e. Grecia y áreas vecinas
f. Paraguay y regiones vecinas

 2-2 Percepción sobre las lenguas. ¿Cuánto saben ustedes sobre las lenguas en general? Lean las siguientes afirmaciones y marquen (✓) su opinión. Prepárense para justificarla.

De acuerdo	En desacuerdo	
1. _____	_____	La lengua es homogénea, es decir, posee un sistema que permite que las personas que la hablan se entiendan entre sí.
2. _____	_____	Los hablantes de una lengua, es decir, las personas que la hablan, siempre saben escribirla.
3. _____	_____	Hablar una lengua extranjera conlleva (implica) ventajas culturales.
4. _____	_____	El inglés no adopta palabras de otros idiomas, es decir, no tiene préstamos (*loans*) de otras lenguas.
5. _____	_____	El dialecto o variedad de inglés que se habla en una región es igual al que se habla en otras regiones de un país.
6. _____	_____	Algunos hispanos en Estados Unidos mezclan el inglés y el español cuando hablan entre ellos, lo cual resulta en una lengua franca que les permite comprenderse.

2-3 ¿Tiene ventajas hablar una lengua extranjera? Primera fase. Las siguientes son algunas de las ventajas de hablar una lengua extranjera. Escriban un ejemplo en cada caso. Luego, seleccionen la ventaja más importante para ustedes y digan por qué.

Ventajas	Ejemplos
a. laborales:	
b. culturales:	
c. económicas:	

Segunda fase. Compartan sus conclusiones de la *Primera fase* con otro grupo. Tomen apuntes para compartir la información con el resto de la clase. ¿Sus grupos coinciden en la selección de la ventaja más importante? Expliquen.

Estrategias de lectura

1. Infórmese sobre el tema antes de leer.

   a. Al leer el título, "El español en contacto con otras lenguas", ¿en qué piensa? ¿Bajo qué circunstancias se ponen en contacto dos lenguas? Piense en algunas posibilidades.

   b. Examine rápidamente el texto para descubrir unos ejemplos del español en contacto con otra lengua. ¿Qué lengua es?

   c. ¿Qué sabe usted acerca del *espanglish*? Si no sabe mucho, vaya a **http://www.prenhall.com/identidades**, tome unos apuntes y después comente con un compañero/una compañera lo que descubrió.

2. Examine el texto antes de leerlo.

   a. Piense en la organización del texto. Cada párrafo de un texto tiene una idea principal que generalmente está al comienzo o a veces en otro lugar del párrafo. En conjunto, estas oraciones forman un resumen del texto. Pase su marcador por la primera oración de cada párrafo de este texto. Después lea estas oraciones en conjunto para tener una idea del texto en su totalidad.

   b. Mire el primer párrafo. Primero, lea la primera oración. Luego, pase su marcador por las frases que contienen cifras. Ahora lea todo lo que ha marcado. Comente con un compañero/una compañera lo que aprendió acerca de la situación de la lengua española en el mundo.

3. Anticipe el contenido del texto. Lea las oraciones a continuación y, basándose en lo que ya sabe acerca del español en contacto con otras lenguas, trate de adivinar (*guess*) qué temas van a aparecer en el texto.

Cultura

La Península Ibérica fue colonizada por los romanos en el siglo II aC, y por eso, la lengua española procede del latín. Sin embargo, en ella hay muchas palabras y formas lingüísticas de colonizaciones anteriores, como la fenicia y la griega. Después de los romanos, llegaron a la península varios pueblos de origen germánico que también dejaron sus huellas en la lengua. Los árabes vivieron ocho siglos en lo que ahora es España, enriqueciendo el español con más de tres mil palabras.

Tema	Sí	No
a. Se habla de la globalización del español.	_____	_____
b. Se explica cómo el español tomó palabras nuevas de otras lenguas.	_____	_____
c. Se da información sobre el origen de las lenguas indígenas de las Américas.	_____	_____
d. Se explica la definición del *espanglish*.	_____	_____
e. Se habla de la polémica acerca del *espanglish*.	_____	_____

Ahora lea todo el texto. Después de leerlo, vuelva a esta lista de temas para ver si sus predicciones fueron correctas.

Expresiones clave

¿Comprende estas expresiones? Si tiene dudas, revise *Preparación* antes de leer el siguiente texto.

árabe	hablantes
conllevar	hebreo
dialecto	homogéneo/a
griego	maya
guaraní	préstamos

L E C T U R A

El español en contacto con otras lenguas

🗨 En la primera frase, se dice que el español es "una lengua bastante homogénea". ¿Qué significa esta idea? Lea las dos primeras oraciones para comprender el significado de la frase.

Comparado con el inglés, el español es una lengua bastante homogénea, según el lingüista Humberto López Morales.[1] Esta homogeneidad facilita el entendimiento entre los hablantes de español y hace que esta lengua, con más de cuatrocientos millones de hablantes nativos, sea tan atractiva para los estudiantes que desean estudiar una segunda lengua y para comunicarse en 5 muchos países diferentes. En Estados Unidos, por ejemplo, un 60% de los estudiantes universitarios que estudian una lengua optan por el español. López Morales también afirma que dentro de veinticinco años el 7,5% de la población mundial hablará español como lengua nativa. Aunque no se espera que de momento el español sustituya al inglés como lengua franca en el mundo, esta 10 globalización del español conlleva, según López Morales, grandes ventajas culturales y económicas para sus hablantes. 🗨

🗨 ¿Qué ha comprendido? En este párrafo se habla de la globalización del español. Busque en el párrafo unos ejemplos de este fenómeno.

Las implicaciones lingüísticas de esta globalización del español también son interesantes porque, al extenderse por diversas regiones, las lenguas entran en contacto unas con otras, lo cual provoca en ellas cambios y enriquece su 15 vocabulario. En el caso del español, hay palabras de origen griego, godo, celta, árabe y hebreo; también hay otras procedentes de lenguas indígenas de América, como el guaraní, el náhuatl y el maya. Además, hay palabras procedentes del francés y más recientemente del inglés, sobre todo las que se refieren a la tecnología, como *software*, *CD-ROM*, etc. El contacto entre las lenguas es 20 inevitable y los préstamos de palabras resultan del contacto entre las lenguas y culturas diversas. Un buen ejemplo de este fenómeno son las palabras *tomate* y *chocolate*, alimentos desconocidos para los europeos hasta el momento del contacto con las civilizaciones del continente americano. Es comprensible entonces que los españoles tomaran estas palabras de las lenguas indígenas para 25 nombrar una nueva realidad. En el siglo XVIII el escritor español Benito Jerónimo Feijoo defendía en su artículo "Voces nuevas" la necesidad de tomar

[1]López Morales, H. (2006). *La globalización del léxico hispánico*. Madrid: Espasa.

del francés palabras que describían nuevos conceptos científicos y filosóficos. Hoy en día el inglés es la lengua universal de la ciencia y la tecnología y por eso 30 muchas palabras del inglés se están incorporando a otras lenguas, a pesar de los esfuerzos oficiales por evitar lo que algunos consideran "contaminación" de las lenguas. 🗨

🗨 El contacto entre las lenguas produce a veces otros fenómenos polémicos, como el del *espanglish* o *Spanglish*, un híbrido entre el inglés y el español que se da 35 principalmente en Estados Unidos. Algunos aseguran que el *espanglish* es una nueva lengua que va unida a la identidad latina en Estados Unidos, otros lo ven más como un dialecto o simplemente como el ejercicio voluntario o involuntario de cambiar de código lingüístico, es decir, de alternar entre dos lenguas cuando se habla o se escribe. Algunos lingüistas tienen una opinión negativa del 40 *espanglish* porque piensan que se produce involuntariamente cuando los hablantes de español en Estados Unidos no son capaces de mantener su propia lengua, sea por pereza o por ignorancia, frente al dominio de la cultura americana y la lengua inglesa en que están inmersos. Sin embargo, otros han demostrado que el *espanglish* no es un fenómeno único de los que hablan 45 mayoritariamente español sino también de aquellos latinos que hablan principalmente inglés y de forma voluntaria introducen expresiones en español cuando hablan para reivindicar su identidad latina. En cualquier caso, el *espanglish* puede ser muy creativo; es así como hay muchos cantantes y escritores que lo utilizan como forma de expresión artística. Además, ya forma parte del 50 lenguaje publicitario, lo cual demuestra que el poder económico de los latinos en Estados Unidos ha aumentado considerablemente y que las empresas publicitarias saben que el *espanglish* está de moda. Si no, fíjense en los siguientes ejemplos:

"Twenty million hijas are covered by AFLAC. Is yours?"[2]

55 "¡¡¡Alerta!!! Carpinteros y window professionals. Deben tener 10 años de experiencia y traer tools.[3] 🗨

🗨 Según el párrafo ¿qué pasa cuando el español entra en contacto con otras lenguas? En el párrafo se mencionan algunos ejemplos. Vuelva a leer el párrafo y pase su marcador por dos de esos ejemplos.

🗨 En este párrafo se habla del *espanglish*. Al leer, apunte por lo menos dos comentarios positivos y dos comentarios negativos acerca de este fenómeno.

🗨 Lea los dos ejemplos de *espanglish* en los anuncios publicitarios. ¿Puede pensar en otros ejemplos? ¿A quiénes están dirigidos estos anuncios?

[2]Luna, D., & Peracchi, L. A. (2005). Advertising to bilingual consumers: The impact of code-switching on persuasion. *Journal of Consumer Research*, 31, p. 760.

[3]Stavans, I. (2003). *Spanglish: The making of a new American language*. New York: Harper Collins, p. 3.

Comprensión y ampliación

2-4 ¿Cierto o falso? Indique si las siguientes afirmaciones son ciertas (**C**) o falsas (**F**) de acuerdo con la información de la lectura anterior. Si son falsas, indique en qué línea(s) del texto están las respuestas correctas.

1. _____ El español que se habla en todo el mundo es muy similar.
2. _____ El 60% de los estudiantes universitarios en Estados Unidos eligen el español como lengua extranjera.
3. _____ El español pronto va a sustituir al inglés como lengua franca.
4. _____ Al entrar en contacto las lenguas enriquecen su vocabulario.
5. _____ Los préstamos de palabras suelen ser innecesarios.
6. _____ El francés es actualmente la lengua preferida por los científicos.
7. _____ El *espanglish* es un fenómeno único de los que hablan español.
8. _____ El lenguaje publicitario utiliza el *espanglish* pero los escritores no.

2-5 ¿Y ustedes, qué opinan? Hablen entre ustedes de los siguientes temas relacionados con la lectura. Las preguntas pueden ayudarlos/las.

1. El bilingüismo. ¿Cuántas lenguas hablan ustedes? ¿Qué lenguas hablan? ¿Dónde las hablan? ¿Conocen a alguien que hable más de dos lenguas? ¿Piensan que es más fácil aprender otras lenguas cuando uno es bilingüe? ¿Por qué?
2. La variedad del español. ¿Conocen muchas variedades del español? ¿Cuáles son las diferencias entre unas y otras? ¿Es distinto el acento? ¿Cómo es? ¿Conocen palabras distintas en una y otra variedad?
3. El *espanglish*. ¿Conocen algún ejemplo de *espanglish*? ¿Tienen amigos o conocidos que hablen *espanglish*? ¿Conocen la letra de alguna canción en *espanglish*? ¿Algún poema?

2-6 Ampliación. **Primera fase.** Lea el anuncio y conteste las siguientes preguntas.

1. ¿Qué palabras se usan en el anuncio en inglés? ¿Y en español?
2. ¿Por qué se utiliza el *espanglish*? ¿Es un uso voluntario o un error? Si es voluntario ¿cuál es, en su opinión, el propósito?

Segunda fase. Busquen ejemplos de *espanglish* en revistas, carteles de anuncios o en Internet. Analicen esos anuncios teniendo en cuenta las preguntas de la *Primera fase*. Lleven sus ejemplos a clase y compartan su análisis.

Lengua

When the **u** in **gue** and **gui** has a dieresis (¨), the **u** is pronounced. Compare the pronunciation of **gui** in **guitarra** with **güi** in **bilingüismo**. How would you pronounce these words: **nicaragüense, guerra, agüero** (*omen*), **pingüino, guía**?

Aclaración y expansión

The preterit

Spanish has several tenses to express the past. This chapter reviews the preterit and the imperfect.

- Use the preterit to talk about past events, actions, and conditions that are viewed as completed or that have ended, regardless of the time they lasted (an instant, a short while, or a long period of time).

Los europeos **encontraron** el tomate y el chocolate en las Américas.	*Europeans **found** the tomato and chocolate in the Americas.*
El contacto entre el español y el francés **cambió** ambas lenguas.	*Contact between Spanish and French **changed** both languages.*

- Use the preterit when narrating a sequence of events, actions, and conditions seen as completed in the past. Such a sequence of actions denotes a forward movement of narrative time.

Hernán Cortés **nació** en Extremadura, al oeste de España, en 1485.	*Hernán Cortés **was born** in Extremadura, in western Spain, in 1485.*
De joven, **estudió** en la Universidad de Salamanca. Pero después de dos años **salió** para buscar aventuras en las Américas.	*As a young man, he **studied** at the University of Salamanca. But after two years he **left** to seek adventure in the Americas.*
Después de un largo viaje, **llegaron** a Mesoamérica.	*After a long journey, they **arrived** in Mesoamerica.*
Algunos grupos **se establecieron** cerca de la costa, y otros **continuaron** hacia las tierras altas.	*Some groups **settled** near the coast, and others **continued** toward the highlands.*

- The preterit may also indicate the beginning of an event or a feeling.

Después de un viaje largo, **se sintió** muy feliz cuando **vio** la costa a lo lejos.	*After a long journey, he **felt** (started to feel) very happy when he **saw** the coast in the distance.*

Regular verbs

	hablar	comer	vivir
yo	habl**é**	com**í**	viv**í**
tú	habl**aste**	com**iste**	viv**iste**
Ud., él, ella	habl**ó**	com**ió**	viv**ió**
nosotros/as	habl**amos**	com**imos**	viv**imos**
vosotros/as	habl**asteis**	com**isteis**	viv**isteis**
Uds., ellos/as	habl**aron**	com**ieron**	viv**ieron**

Irregular verbs

● Stem-changing **-ir** verbs

Stem-changing **-ir** verbs change **e → i** and **o → u** in the **usted, él, ella** and **ustedes, ellos, ellas** forms in the preterit.

e → i		o → u	
pedir	pidió, pidieron	dormir	durmió, durmieron
sentir	sintió, sintieron	morir	murió, murieron

● The verb **dar**

Dar uses the endings of **-er** and **-ir** verbs.

    dar   di, diste, dio, dimos, disteis, dieron

● The verbs **ir** and **ser**

Ir and **ser** have identical forms in the preterit. Context will determine the meaning.

    ir
    ser   } fui, fuiste, fue, fuimos, fuisteis, fueron

Verbs that do not stress the last syllable in the *yo* and the *usted, él, ella* forms

Remember that the preterit form of **hay** is **hubo** (*there was, there were*) and that it is invariable: **Hubo un terremoto terrible. Hubo muchos muertos y heridos.**

u in the stem	
andar	anduve, anduviste, anduvo, anduvimos, anduvisteis, anduvieron
estar	estuve, estuviste, estuvo, estuvimos, estuvisteis, estuvieron
poder	pude, pudiste, pudo, pudimos, pudisteis, pudieron
poner	puse, pusiste, puso, pusimos, pusisteis, pusieron
saber	supe, supiste, supo, supimos, supisteis, supieron
tener	tuve, tuviste, tuvo, tuvimos, tuvisteis, tuvieron
i in the stem	
hacer	hice, hiciste, hizo, hicimos, hicisteis, hicieron
querer	quise, quisiste, quiso, quisimos, quisisteis, quisieron
venir	vine, viniste, vino, vinimos, vinisteis, vinieron

The verbs **decir, traer,** and all verbs ending in **-ducir** (e.g., **producir**) have a **j** in the stem and use the ending **-eron** instead of **-ieron** in the **ustedes/ellos/ellas** form. **Decir** also has an **i** in the stem.

j in the stem	
decir	dije, dijiste, dijo, dijimos, dijisteis, dijeron
producir	produje, produjiste, produjo, produjimos, produjisteis, produjeron
traer	traje, trajiste, trajo, trajimos, trajisteis, trajeron

2-7 Los preparativos. Los medios de comunicación informaron que en las próximas horas se espera un terrible huracán, acompañado de fuertes lluvias. Los precavidos (*cautious people*) tomaron medidas para sobrevivir. Los imprudentes no les prestaron atención a las noticias y siguieron su vida normal. Basándose en el folleto sobre medidas de protección contra los huracanes, indique, al lado de cada número, lo que hicieron los precavidos (**P**) y los imprudentes (**I**).

1. _____ Compraron agua y comida en lata (*canned food*).
2. _____ Fueron a la playa a ver las olas.
3. _____ Alquilaron una película para verla con unos amigos por la noche.
4. _____ Cubrieron los cristales de las ventanas para protegerlos.
5. _____ Pusieron los muebles de la terraza dentro de la casa.
6. _____ Salieron a pasear en barco por la bahía.
7. _____ Programaron su teléfono celular con los números de teléfono de los refugios de la zona.
8. _____ Invitaron a unos amigos a cenar fuera.

2-8 ¡Auxilio! Observen las siguientes escenas y después túrnense para narrar detalladamente lo que ocurrió. Las palabras que aparecen más abajo pueden ayudarlos/las para dar más detalles en su narración.

Guía de prevención para la temporada de huracanes

Hacer un plan para proteger a su familia.

☑ Identificar un lugar seguro fuera de la zona peligrosa: la casa de un amigo en otra ciudad, un hotel o un refugio.

☑ Preparar una lista de los números de teléfono de estos lugares, además de los teléfonos de sus amigos y familiares.

☑ Guardar en el auto mapas de las carreteras de su ciudad y del estado.

☑ Saber localizar las emisoras de radio o canales de televisión locales que emiten instrucciones oficiales en caso de huracanes u otras emergencias.

☑ **Preparar un kit de suministros para catástrofes naturales.**

☐ Botiquín de primeros auxilios y medicamentos esenciales.

☐ Agua embotellada (3 litros por persona por día) para tres días.

☐ Comida enlatada y un abrelatas, galletas y otros alimentos similares.

☐ Higiene: Papel higiénico, toallas de mano, jabón, bolsas de plástico para basura, desinfectantes.

Cuando se aproxime la tormenta

☑ Cubrir todas las ventanas de su vivienda.

☑ Llenar el tanque de gasolina de su auto.

☑ Traer al interior todas las pertenencias que están afuera, como muebles de jardín, bicicletas, contenedores de basura y plantas colgadas.

☑ Averiguar que tiene pilas suficientes para sus linternas, radios portátiles, etc.

Expresiones útiles			
Sustantivos		**Verbos**	
ambulancia	llamas	apagar	reanimar
coche/carro de bomberos	mangueras	auxiliar	rescatar
enfermeros/as	paramédicos	inhalar humo	respirar
escaleras	sirena	pedir auxilio	tener pánico
incendio/fuego	víctimas	prestar ayuda	tranquilizar(se)

2-9 Las noticias. Primera fase. Un equipo de reporteros debe entrevistar a uno de los sobrevivientes del incendio. Escriban una lista de preguntas para la entrevista usando **qué, quién(es), cómo, cuándo, cuánto/a(s), dónde** y **por qué**.

Segunda fase. Con un compañero/una compañera de otro grupo hagan los papeles de reportero/a y sobreviviente. Intercambien roles. Después preparen una noticia por escrito para dar por televisión.

a.

b.

c.

d.

e.

f.

2-10 Mis orígenes. Primera fase. Escriba en una secuencia lógica los orígenes probables o imaginarios de uno/a de sus parientes o antepasados/as.

Verbos útiles			
casarse	establecerse	quedarse	viajar
crecer	llegar	salir	vivir
emigrar	mudarse	trabajar	volver

MODELO: Mi abuelo **llegó** de Italia con sus padres a este país en el año 1935. **Se establecieron** en Nueva York. Unos años más tarde, mi abuelo **conoció** a mi abuela. La familia de mi abuela también **emigró** de Italia a Estados Unidos. Después de un tiempo **se casaron** y **se mudaron** a Chicago. Mi abuelo **empezó** a trabajar como mecánico, **compraron** una casa y **se quedaron** en Chicago.

Segunda fase. Sin usar sus notas, explíquele a un compañero/una compañera la historia de su pariente. Él/Ella debe hacerle al menos tres preguntas para obtener más detalles.

2-11 ¿La vida es un sueño o una pesadilla? Piense en el mejor o peor día que ha tenido este mes/esta semana. Dígale a su compañero/a todo lo que le sucedió. Su compañero/a debe hacerle preguntas para obtener más detalles.

2-12 Una crisis. Recuerde un acontecimiento difícil que usted vivió en el pasado: un huracán, un terremoto, una advertencia de peligro, un corte de la electricidad, etc. Haga una lista de lo que usted hizo desde el comienzo hasta el fin de la crisis o problema. Después, cuéntele a su compañero/a su experiencia.

MODELO: Por la radio, supimos que íbamos a tener una tormenta muy fuerte. Cerramos las ventanas y apagamos las computadoras. Desenchufamos (*We unplugged*) los teléfonos...

Nuestra lengua

Antes de ver

2-13 ¿Cuánto sabe usted sobre el español? Marque (✓) la respuesta correcta.

❶ El español comenzó a hablarse en el continente latinoamericano aproximadamente en el siglo...

___ a. XVI.   ___ b. XIX.   ___ c. XX.

❷ Además del español, en España se habla también... (Hay más de una respuesta correcta.)

___ a. gallego.   ___ b. catalán.
___ c. galés (*Welsh*).

❸ Otros idiomas oficiales de algunos países latinoamericanos son... (Hay más de una respuesta correcta.)

___ a. guaraní.   ___ b. valenciano.
___ c. quechua.

❹ El español es el idioma oficial de...

___ a. algunos países de América del Sur, todos los países de América Central, México y España.
___ b. todos los países de América del Sur, todos los países de América Central, México y España.

❺ Hoy en día el número de hablantes nativos y no nativos de español en el mundo es aproximadamente...

___ a. 100 millones de personas.
___ b. 300 millones de personas.
___ c. 500 millones de personas.

Mientras ve

2-14 ¿Cierto o falso? Indique si las siguientes afirmaciones son ciertas (**C**) o falsas (**F**), según la información que aparece en el video. Si la respuesta es falsa (**F**), dé la información correcta.

❶ Con respecto a los hablantes de español:

___ a. El español se habla en todos los países de América del Sur.
___ b. En Estados Unidos hay más de 30 millones de hispanohablantes.

❷ Con respecto a las características del español:

___ a. El español es una lengua de gran uniformidad aunque tiene diferencias regionales.
___ b. Las lenguas indígenas del continente americano no han influido en el español.

❸ Con respecto al origen de algunas palabras:

___ a. Las palabras *chocolate*, *cacao* y *maíz* provienen de lenguas indígenas.

❹ Con respecto a las diferencias regionales para expresar *autobús:*

___ a. La palabra *guagua* se utiliza en Puerto Rico y Cuba.
___ b. La palabra *camión* se utiliza en México.
___ c. La palabra *góndola* se utiliza en Colombia.
___ d. La palabra *ómnibus* se utiliza en Uruguay.

Después de ver

2-15 ¿Cuánto recuerda usted? Marque (✓) los temas que se mencionan en este segmento del video.

___ a. el número aproximado de hablantes de español en la actualidad
___ b. la presencia de hispanos en Estados Unidos
___ c. el origen del español en España
___ d. el comienzo del español en América
___ e. las variantes regionales del español

A leer

Preparación

2-16 Percepciones. Indique si las siguientes afirmaciones son ciertas (**C**) o falsas (**F**) con respecto a las lenguas en general. Si son falsas, diga por qué.

1. _____ Los términos *lengua* e *idioma* se consideran sinónimos.
2. _____ La lengua les permite a los seres humanos expresar o describir experiencias, sentimientos, eventos, etc.
3. _____ Un grupo de personas que se comunica en una lengua específica se llama una comunidad lingüística.
4. _____ En general, cada lengua se asocia con un solo territorio.
5. _____ Las lenguas no tienen historia.
6. _____ La manera de ser y pensar de un pueblo o una nación se expresa a través de su lengua.
7. _____ Las lenguas evolucionan.
8. _____ Todas las personas que hablan una lengua hablan de la misma manera.
9. _____ Las lenguas tienen reglas que los hablantes deben respetar cuando hablan o escriben.
10. _____ El español se habla solamente en España e Hispanoamérica.

2-17 Descripción. Primera fase. Describan cada escena: el lugar, las personas y la relación entre las personas.

Segunda fase. Asociación. Digan qué fenómeno(s) lingüístico(s) ocurre(n) entre las personas en cada escena. En algunos casos más de una respuesta es posible.

1. _____ la madre y su hijita
2. _____ los hombres en la parada del autobús
3. _____ la abuela y su nieto

a. El significado de las palabras cambia con el tiempo.
b. Los gestos son una parte importante de la lengua.
c. Dos nativos de una lengua a veces no se entienden entre sí.
d. El significado de una palabra puede variar de una región a otra.
e. Las personas mayores en general son más conservadoras en el uso de la lengua.
f. La comunicación no es exclusivamente verbal.

2-18 Enfóquense en la lengua. Antes de leer el artículo sobre el español, busquen lo siguiente en un diccionario, en Internet, o consúltenle a una persona hispanoparlante (*Spanish-speaking*). Luego compartan la información con sus compañeros.

1. El equivalente en español de la palabra inglesa *poet*
2. Palabras que se usan en español para expresar *couple*
3. Palabras que significan *potato* y *orange* en español y dónde se usan

Estrategias de lectura

1. Infórmese sobre el tema antes de leer.

   a. ¿Qué significa el título? ¿Qué otra palabra se usa en lugar de *castellano*?
   b. ¿Dónde se habla la lengua española? Haga rápidamente una lista de estos países.
   c. ¿De qué lengua proviene (*comes*) el castellano? Si no lo sabe, busque el nombre de una lengua antigua en el texto.

2. Examine el texto antes de leerlo.

   a. Las fechas y nombres (de personas, lugares, pueblos, etc.) en un texto nos ayudan a anticipar el contenido. Pase su marcador por las fechas y los nombres de pueblos o lugares que usted reconoce.
   b. Ahora, piense en uno o dos posibles temas para el texto. Comparta sus ideas con un compañero/una compañera.

LECTURA

El castellano: Breve historia de una lengua universal

Las lenguas unen y separan a la vez. Unen, porque los hablantes de una misma lengua forman parte de una comunidad lingüística en la que comparten un modo de comunicar conceptos, emociones y experiencias. Separan porque hay tantas comunidades lingüísticas diferentes que, en la torre de Babel que es nuestro mundo, siempre hay quienes se apoderan de[1] las lenguas como si tuvieran derechos de propiedad sobre ellas. Como afirma el escritor mexicano Octavio Paz, ningún pueblo tiene derechos de exclusividad sobre su lengua: "la lengua es de todos y de nadie".[2]

El castellano es una lengua universal. La comunidad lingüística de los castellanohablantes es mucho más amplia que la de una nación. Es una comunidad de aproximadamente 400 millones de hablantes nativos de distintas procedencias y culturas. El origen de esta lengua es el latín, y si nos remontamos[3] aún más en el tiempo, encontramos el fértil tronco de un árbol que ha dado lugar a muchas lenguas del mundo: la antigua lengua indoeuropea.

Expresiones clave

¿Comprende estas expresiones? Si tiene dudas, revise *Preparación* antes de leer el siguiente texto.

comunidad lingüística
evolucionar
idioma
lengua
nación
pueblo
variaciones

En este párrafo se habla de cómo una lengua une (*unites*) a las personas que hablan esa lengua. También se habla de cómo una lengua puede separar a grupos de personas. Al leer el párrafo, preste atención a lo que dice el autor sobre este punto.

Las citas (*quotations*) generalmente expresan ideas importantes. ¿Qué significa la cita de Octavio Paz? ¿Por qué es una idea importante en el párrafo?

La primera frase da la idea central, y en el párrafo se explica cómo el castellano es una lengua universal. A leer, preste atención a este punto.

[1] *take control of* [2] Octavio Paz, "Nuestra lengua", *La Jornada*, México, 8 de abril de 1997. [3] *go back*

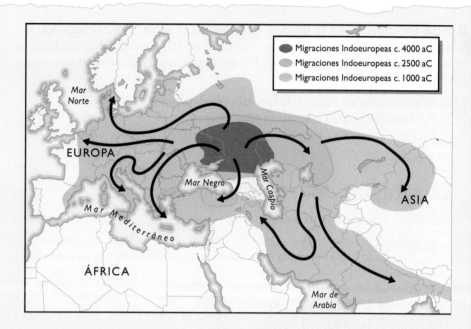

Migraciones Indoeuropeas c. 4000 aC
Migraciones Indoeuropeas c. 2500 aC
Migraciones Indoeuropeas c. 1000 aC

❓ Se mencionan dos lenguas antiguas que están conectadas con el español. ¿Cuáles son? ¿Cuál de las dos lenguas es la más antigua?

❓ En los dos párrafos siguientes se habla de los indoeuropeos y de su lengua. ¿Existe este pueblo ahora? ¿Por qué es importante su lengua?

❓ ¿Qué ha aprendido sobre la historia de las lenguas indoeuropeas en estos dos párrafos? Mencione algunas lenguas que derivan del protoindoeuropeo. ¿Qué lenguas europeas **no** están relacionadas con el protoindoeuropeo?

❓ ¿Qué es el latín vulgar? Lea el párrafo con cuidado para comprender lo que es y cómo es diferente del latín clásico.

❓ ¿Qué ha aprendido sobre el latín vulgar? ¿Dónde se conserva hoy en día?

❓ Los dos párrafos siguientes tratan de la historia de la lengua española en España. Al leer, tome apuntes sobre la información más importante.

💬 Los indoeuropeos habitaron hace 4.000 años la región entre el Mar Negro y el 15 Mar Caspio. A partir de esa fecha realizaron migraciones hacia el sureste, donde actualmente se encuentran Irán, Afganistán, Pakistán e India, y hacia el oeste, extendiéndose por toda Europa. Así, se cree que el antiguo idioma de los indoeuropeos, llamado *protoindoeuropeo*, dio lugar a lenguas como el persa y el sánscrito, por un lado, y a casi todas las lenguas europeas por el otro lado. 20

En la Europa de hoy, todas las lenguas son de origen indoeuropeo, excepto las ugrofinesas (lapón[4], finés[5], estoniano y húngaro) y el vascuence o *euskara*, la lengua de los vascos. Encontramos en Europa distintas familias lingüísticas que derivan del protoindoeuropeo: la familia báltica, la eslava, la germánica, la céltica, la griega, la romance. Al grupo de las lenguas romances pertenecen el 25 castellano, el francés, el italiano, el portugués y el rumano, además de otras lenguas regionales. 💬

💬 Todas las lenguas romances provienen del latín vulgar. A diferencia del latín clásico que hablaban los romanos cultos, el latín vulgar era el idioma de las personas iletradas[6] del imperio romano, que eran la mayoría. La literatura latina 30 está escrita en latín clásico, pero del latín vulgar tenemos algunas fuentes, como las inscripciones (o *graffiti*) de las paredes de Pompeya. 💬

💬 Este latín vulgar evolucionó lentamente hacia el castellano en España, que era entonces una provincia romana llamada Hispania. Pero antes de la llegada de los romanos a la Península Ibérica se hablaban allí la lengua céltica, también de 35 origen indoeuropeo, y otras lenguas de origen diferente, como el ibero o el vascuence. Después de la conquista árabe de la península en el siglo VIII, el latín vulgar evolucionó en Al-Andalus[7] hacia un dialecto romance conocido como mozárabe.

[4]*Lapp* [5]*Finnish* [6]que no sabían leer ni escribir [7]el nombre árabe para Andalucía, región del sur de España

40 Si la historia hubiera ido[8] por otros caminos, cualquiera de estas lenguas ocuparía el lugar del castellano en la actualidad. Pero del siglo VIII al XV el Reino[9] de Castilla se impuso a los árabes en la Reconquista, extendiendo el poder de los reyes de Castilla y del castellano por casi todo el territorio peninsular. Así es que el castellano, que apareció en el norte de la península

45 como un dialecto del latín, con el tiempo se convirtió en la lengua popular del Reino de Castilla. Por ello, además de conocerlo como *español*, hoy día lo denominamos *castellano*. 💬

❓ ¿Hay una diferencia entre los términos *español* y *castellano*? ¿Cuál es el origen del término *castellano*?

La lengua castellana rompió fronteras con la llegada a América de los conquistadores. A partir de 1492, los españoles llevaron su lengua tan lejos como

50 pudieron por el nuevo mundo. Durante los siglos siguientes, muchas lenguas amerindias cedieron ante el español debido al proceso de mestizaje. Por eso podemos decir que el español o castellano es patrimonio[10] común de los hablantes de muchas naciones. 💬

❓ ¿Qué ha aprendido sobre el español en las Américas? ¿Qué es el mestizaje? ¿Cuál es la relación entre el mestizaje y la lengua castellana?

El castellano es hoy una lengua internacional. Se habla en España, en

55 Latinoamérica, en Estados Unidos, en la antigua colonia española de Filipinas. La hablan también los judíos sefardíes, cuyos antepasados vivieron en España. Además, es una de las lenguas más importantes de la Unión Europea y la aprenden miles de estudiantes por todo el mundo. Su comunidad de hablantes es mucho más amplia y diversa hoy que en sus modestos orígenes. Y es una lengua bastante

60 homogénea que, a pesar de sus variaciones dialectales, une más que separa.

[8]*had gone*   [9]*kingdom*   [10]*heritage*

Comprensión y ampliación

2-19 ¿Cuánto comprende usted? Responda a las siguientes preguntas según la información del artículo.

1. ¿Por qué se dice en el artículo que las lenguas unen y separan a la vez?
2. ¿Cuál es el origen del español?
3. La mayoría de las familias lingüísticas de Europa tienen una fuente (*source*) común. ¿Cuál es?
4. ¿Qué lenguas pertenecen al grupo romance?
5. ¿Quiénes hablaban el latín vulgar?
6. ¿Por qué se le llama también castellano al idioma español?
7. ¿Cuándo llegó el español a América?
8. Lea la última frase del artículo. ¿Cómo interpreta usted la frase "es una lengua bastante homogénea... a pesar de sus variaciones dialectales"?

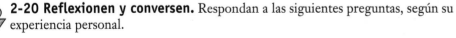

2-20 Reflexionen y conversen. Respondan a las siguientes preguntas, según su experiencia personal.

1. ¿Qué quiere decir lo de "pertenecer a una comunidad lingüística"? ¿Conoce usted otras comunidades lingüísticas además de la del español? ¿A qué comunidad(es) lingüística(s) pertenece usted?

2. ¿Conoce usted el origen de su propia lengua? ¿En qué países se habla? ¿Se habla de manera muy diferente de un lugar a otro? ¿Cuáles son algunas de esas diferencias: el acento, el vocabulario, otras? ¿Puede dar algún ejemplo?

3. ¿Piensa usted que todas las personas de una comunidad lingüística hablan de la misma manera? ¿Utilizan sus padres y sus abuelos las mismas palabras y expresiones cuando conversan sobre un tema específico? ¿Usa usted las mismas palabras y expresiones cuando habla con sus profesores, con el supervisor en su trabajo o con sus amigos? ¿Qué diferencias nota usted?

4. ¿Conoce usted a gente cuya (*whose*) lengua materna es el español? ¿Hablan *espanglish* de vez en cuando (*from time to time*)? En su opinión, ¿es el *espanglish* una manifestación de la evolución de una lengua (como la del latín vulgar hace cientos de años) o de la contaminación entre el español y el inglés?

5. Utilizando un color, señale en el mapa los países de América en las que se habla el español. Con otro color marque los lugares donde se habla el inglés u otra lengua.

 2-21 Ampliación. Primera fase. El español es una lengua que hablan varios millones de hispanos y algunos norteamericanos en Estados Unidos. Discutan entre ustedes los siguientes puntos y tomen apuntes.

1. Los medios de comunicación (*media*) en los que se usa el español en este país
2. Los lugares públicos donde se habla español en este país
3. Los lugares públicos que ofrecen servicios a los clientes en español o donde los clientes pueden hablar y/o leer documentos en español (instrucciones, folletos, etc.)
4. Consigan un ejemplo de un texto (folleto, formulario, menú, etc.) escrito en español.

 Segunda fase. Compartan la información de la *Primera fase* con sus compañeros. Expliquen qué tipo de texto consiguieron, dónde lo encontraron y por qué, según ustedes, está en español.

Aclaración y expansión

The imperfect

● The imperfect is another tense that you may use when talking about the past. Contrary to the preterit, which expresses the beginning or end of a past event, action, or condition, the imperfect describes the nature of an event, action, or condition while it was going on but does not make reference to its beginning or end.

In Spanish, the imperfect is used to:

● express habitual or repeated actions in the past

> Antes más estudiantes **estudiaban** francés que español en las universidades. No **viajaban** al extranjero tanto. Pero ahora la situación es diferente.

> *Previously more students **used to study** French than Spanish. They **didn't travel** abroad as much. But now the situation is different.*

● describe characteristics and conditions in the past

> Los romanos iletrados **eran** la mayoría en el imperio romano. No **sabían** leer ni escribir.

> *Illiterate Romans **were** the majority in the Roman Empire. They **didn't know** how to read or write.*

> España **era** una provincia romana que **llevaba** el nombre de Hispania.

> *Spain **was** a Roman province that **had** the name Hispania.*

● express an action, event, or state that was in progress in the past

> Nosotros **mirábamos** unas fotografías de las ruinas de Pompeya durante la conferencia de la profesora.

> *We **looked** at some photographs of the ruins of Pompeii during the professor's lecture.*

● express two actions that occur simultaneously in the past

> Mientras la profesora nos **leía** un artículo, nos **mostraba** un mapa de Europa.

> *While the professor **read** us an article, she **showed** us a map of Europe.*

● tell time in the past

> **Eran** las cuatro de la tarde cuando terminó la clase.

> *It **was** four o'clock in the afternoon when the class ended.*

● mention age in the past

> Octavio Paz **tenía** ochenta y cuatro años cuando murió.

> *Octavio Paz **was** eighty-four years old when he died.*

Lengua

To express habitual or repeated actions in the past, you may also use the imperfect of the verb **soler** + *infinitive*.
Los romanos cultos **solían** hablar el latín clásico.
*Educated Romans **used to** speak Classical Latin.*

● express intent or future time in relation to a past time

La profesora nos dijo que **íbamos** a hablar de las lenguas romances en la próxima clase.	*The professor told us that we **were going** to talk about Romance languages in the next class.*

Imperfect of regular and irregular verbs

<table>
<tr><th colspan="4">Regular verbs</th></tr>
<tr><th></th><th>hablar</th><th>comer</th><th>vivir</th></tr>
<tr><td>yo</td><td>habl**aba**</td><td>com**ía**</td><td>viv**ía**</td></tr>
<tr><td>tú</td><td>habl**abas**</td><td>com**ías**</td><td>viv**ías**</td></tr>
<tr><td>Ud., él, ella</td><td>habl**aba**</td><td>com**ía**</td><td>viv**ía**</td></tr>
<tr><td>nosotros/as</td><td>habl**ábamos**</td><td>com**íamos**</td><td>viv**íamos**</td></tr>
<tr><td>vosotros/as</td><td>habl**abais**</td><td>com**íais**</td><td>viv**íais**</td></tr>
<tr><td>Uds., ellos/as</td><td>habl**aban**</td><td>com**ían**</td><td>viv**ían**</td></tr>
<tr><th colspan="4">Irregular verbs</th></tr>
<tr><td>**ir:**</td><td colspan="3">iba, ibas, iba, íbamos, ibais, iban</td></tr>
<tr><td>**ser:**</td><td colspan="3">era, eras, era, éramos, erais, eran</td></tr>
<tr><td>**ver:**</td><td colspan="3">veía, veías, veía, veíamos, veíais, veían</td></tr>
</table>

Lengua

You may also use the imperfect progressive if you want to emphasize the ongoing nature of a past action, event, or state.

Pedro **estaba hablando** de los diferentes nombres para la palabra *banana* en español con su hermano.

*Pedro was **talking** with his brother about the various names for the word banana in Spanish.*

Lengua

Remember that the imperfect form of **hay** is **había** (*there was, there were, there used to be*) and that it is invariable: **Había un puente muy moderno. Había unos puentes muy modernos.**

2-22 El escritor más importante. Complete esta narración usando la forma correcta del imperfecto. Miguel de Cervantes es considerado hoy en día el mejor escritor de la lengua española. Cervantes vivió entre los siglos XVI y XVII. El padre de Cervantes (1) _____ (ser) un médico pobre y (2) _____ (tener) muchos hijos de quienes ocuparse. Por eso, el pequeño Miguel no recibió muchos estudios pero (3) _____ (ser) tan inteligente y le (4) _____ (gustar) tanto aprender que (5) _____ (leer) todo lo que encontraba a mano, incluso los papeles rotos que (6) _____ (encontrar) por las calles. Tampoco (7) _____ (perder) la ocasión de ver todas las comedias que se (8) _____ (representar) en su ciudad. Miguel de Cervantes (9) _____ (vivir) en Alcalá de Henares, cerca de la capital de España. En aquella época las compañías teatrales (10) _____ (ir) de un pueblo a otro ofreciendo sus espectáculos en las plazas públicas y en las corralas, que (11) _____ (ser) unos patios interiores rodeados de casas humildes. De este modo Cervantes se aficionó al teatro. Cuando Cervantes (12) _____ (tener) veintiún años (13) _____ (escribir) poemas y empezó a escribir teatro. Por aquel entonces conoció a un prelado amigo del Papa

que reconoció su ingenio y le propuso ir a Italia. En esa época Italia
(14) _____ (estar) en pleno Renacimiento y a Cervantes le
(15) _____ (atraer) mucho la idea de viajar. Cervantes se
(16) _____ (sentir) feliz en Italia entre tanto arte y tanta belleza.
Pero Cervantes (17) _____ (tener) un temperamento aventurero y
pronto se cansó de esa vida placentera que (18) _____ (llevar) y se hizo
soldado. En la guerra perdió la movilidad de la mano izquierda y luego fue
prisionero en Argel durante muchos años. Después de una vida muy agitada
escribió su obra maestra, *El ingenioso hidalgo Don Quijote de la Mancha*, la novela
más conocida de la literatura española.

Miguel de Cervantes, 1547 a 1616

2-23 La casa de Cervantes. Primera fase. Miren la fotografía de la casa de
Cervantes y describan cómo era probablemente una casa del siglo XVII en
España. Hablen de lo siguiente: el estilo (moderno, clásico, rústico, español,
colonial, europeo, etc.), el tamaño, el número de cuartos, el color y la decoración
interior, etc.

Vocabulario útil		
alto/a	claro/a	jardín
arcos	columnas	oscuro/a
ático	cuarto/habitación	planta/piso
atractivo/a	elegante	portal
bajo/a	escaleras	terraza
balcón	fachada (*façade*)	ventanas/ventanales

Segunda fase. Ahora, piensen en la casa de la infancia de ustedes. Descríbansela a
su compañero/a.

Casa de Cervantes en Alcalá de
Henares, España

2-24 Mi escritor favorito/escritora favorita y yo. Primera fase. Su escritor
favorito/escritora favorita probablemente hacía las siguientes actividades en su
infancia. ¿Qué hacía usted? Escríbalo.

Para divertirse, mi novelista favorito/a...   **Para divertirme, yo...**

1. conversaba con sus amigos y su familia.   _____

2. a veces jugaba con amigos en el parque.   _____

3. leía libros de cuentos fantásticos.   _____

4. creaba palabras nuevas.   _____

5. escribía cuentos en su diario de vida.   _____

Para aprender más, él/ella...   **Para aprender más, yo...**

6. siempre les hacía preguntas a sus
   profesores.   _____

7. le pedía libros a su padre.   _____

8. iba a la biblioteca frecuentemente.   _____

9. en la radio, escuchaba las entrevistas a
   escritores famosos.   _____

10. pasaba horas pensando en nuevos
    proyectos.   _____

 Segunda fase. Ahora, compare sus respuestas con las de un compañero/una compañera. ¿Usted y su compañero/a se divertían y aprendían de la misma manera? En la opinión de ustedes, ¿quién solía divertirse más y aprender más: su escritor/a favorito/a, usted o su compañero/a?

 2-25 ¡Qué años aquéllos! Descríbale a un compañero/una compañera lo que usted solía hacer en las siguientes circunstancias cuando tenía quince años. Él/Ella le va a hacer preguntas para obtener más información. Luego, intercambien roles.

1. Cuando usted se levantaba con el pie izquierdo (*got off to a bad start*)
2. Cuando tenía ganas de pasarlo bien
3. Cuando quería impresionar a alguien importante para usted
4. Cuando quería hacer algo que a sus padres no les gustaba

 2-26 Una persona inolvidable. Primera fase. Individualmente, piensen en una persona que cada uno de ustedes conocía y/o admiraba, pero que ya murió. Luego, intercambien la siguiente información con su compañero/a.

1. Características físicas y de personalidad de esa persona: ¿Cómo era?
2. La vida de esa persona: ¿A qué se dedicaba? ¿Qué cosas hacía?
3. Algunos detalles interesantes de esa persona: ¿Qué cosas decía? ¿Qué anécdotas recuerda usted de esa persona?

Segunda fase. Comparen a las personas de quienes hablaron en la *Primera fase*, teniendo en cuenta las características de cada una, la vida que tenían y algunos detalles interesantes.

Expresiones útiles para comparar
al contrario de
a diferencia de
al igual que
como
de la misma manera/forma (que)
del mismo modo
tanto en... como en...

The preterit and the imperfect

● Since both the preterit and the imperfect express past time, Spanish speakers must decide which tense to use when talking about the past. In general terms, the preterit refers to actions or situations that the speaker views as completed within a specific time period, whereas the imperfect views actions or situations as ongoing in the past.

● In this section, you will learn to use the imperfect to provide background information when telling a story, and the preterit to tell what happened. With the imperfect, descriptive information is given and there is no forward movement of time; with the preterit, there is forward movement of time, since normally one action is over before the next action starts.

Era una mañana muy calurosa de julio y **había** mucha gente en la plaza. En los numerosos puestos, los colores de los objetos de cerámica **parecían** más brillantes.
(descriptive information)

*It **was** a very hot afternoon in July and **there were** a lot of people in the plaza. In the many stalls, the colors of the ceramic objects **seemed** even brighter.*

Era una convención hispanoamericana y **había** representantes de todos los países. En los salones, **brillaban** los colores de las banderas nacionales.
(descriptive information)

*It **was** a Hispanic convention and **there were** representatives from every country. In the meeting rooms, the colors of the national flags **shone** brightly.*

Después de la primera sesión, los asistentes **comieron** algo ligero, **compraron** unos recuerdos y **regresaron** a la convención.
(forward movement of time)

*After the first session, the attendees **ate** a light meal, **bought** some souvenirs, and **returned** to the convention.*

2-27 ¡Menudo susto! (*What a scare!*) Primera fase. Complete esta narración
con el pretérito o el imperfecto, según el contexto.

Un día, cuando Maribel (1) _____ (ser) pequeña, su madre la
(2) _____ (llevar) al colegio. (3) _____ (Ser) un día agradable y
soleado. La gente (4) _____ (caminar) sin prisa por las calles para disfrutar
del primer calorcito de la primavera. En una esquina alquien (5) _____
(vender) jugos y café, las tiendas (6) _____ (empezar) a abrir sus
escaparates, los hombres y las mujeres (7) _____ (dirigirse) a sus trabajos,
los niños (8) _____ (ir) de la mano de sus padres o en grupos de dos o tres
charlando animadamente. (9) _____ (Ser) realmente un día normal. Pero,
de pronto, todo (10) _____ (cambiar). El cielo (11) _____
(ponerse) oscuro, (12) _____ (escucharse) un ruido sordo y tenebroso
como un rugido (*roar*). La gente (13) _____ (empezar) a correr y a gritar
desesperadamente. El suelo (14) _____ (temblar) y (15) _____
(empezar) a caer una lluvia de ceniza (*ashes*). Maribel y su madre
(16) _____ (refugiarse) en un portal abierto donde (17) _____
(encontrarse) con otras personas asustadas. Por suerte no (18) _____
(pasar) nada más. Un poco más tarde ellas (19) _____ (salir) otra vez a la
calle. Después (20)_____ (saber) por las noticias que (21)_____
(haber) una enorme explosión en una fábrica cercana pero, por suerte, no
(22)_____ (haber) heridos graves.

 Segunda fase. Cuéntele a su compañero/a algún episodio de susto que le ocurrió
durante la infancia. Él/Ella debe hacerle preguntas para obtener más detalles.
Luego intercambien roles.

 2-28 En una playa del Caribe. Observen los siguientes dibujos y después
túrnense para describir las escenas y narrar detalladamente lo que ocurrió.

a.

b.

c.

d.

¡Auxilio! ¡Socorro!

e.

f.

2-29 Un viaje inolvidable. Primera fase. Piense en un viaje real o imaginario que ocurrió hace unos años (*a few years ago*) y hable con su compañero/a sobre el viaje cubriendo los puntos siguientes.

1. Lo que usted sabía sobre el lugar antes de visitarlo
2. Algo nuevo que descubrió después de llegar
3. Lo que quería hacer allí
4. Lo que hizo y lo que no hizo
5. La(s) persona(s) que conoció allí
6. Algunas palabras que usted aprendió de la cultura que visitó

Segunda fase. Decidan entre ustedes cuál fue el viaje más interesante y por qué. Compartan esta información con sus compañeros.

2-30 ¡Un plan de viaje frustrado! Primera fase. Recuerde o imagínese un plan de viaje frustrado que usted o alguien que usted conoce tenía pero no pudo realizar. Tome apuntes que incluyan la siguiente información.

1. Explique el plan del viaje.

   a. Describa el lugar adonde pensaba(n) ir.
   b. Describa el ánimo (*mood*) de las personas antes del viaje.

2. Explique el problema que arruinó el plan.

   a. Diga cómo supo del problema.
   b. Dé por lo menos tres detalles de lo que ocurrió.

3. Describa las reacciones.

   a. ¿Cómo reaccionaron las otras personas?
   b. ¿Cómo reaccionó usted?

4. Indique la solución.

   a. ¿Cómo se resolvió la situación?
   b. ¿Cómo se sintió usted? ¿Cómo se sintieron los otros?

 Segunda fase. Su compañero/a debe escuchar sus planes frustrados y hacerle preguntas para obtener más información. Después, cambien de papel.

Algo más

Hace with time expressions

● **Hace** + *length of time* + **que** + *preterit* indicates the time that has passed since an action was completed. This idea is expressed as *ago* in English. Note in the sentences below that you can change the order of the words. If you begin the sentence with the preterit tense of the verb, do not use **que**.

> **Hace** tres meses **que** leí ese libro sobre el *espanglish*.
>
> Leí ese libro sobre el *espanglish* **hace** tres meses.

I read that book about Spanglish three months ago.

● **Hace** + *length of time* + **que** + *present tense* indicates that an action began in the past and continues into the present. If you begin the sentence with the present tense of the verb, do not use **que**.

> **Hace** una hora que estamos en la conferencia.
>
> Estamos en la conferencia **hace** una hora.

We have been in the lecture for one hour.

2-31 ¿Cuánto tiempo hace? Primero, complete la siguiente tabla de acuerdo con sus experiencias personales, usando **hace** y el pretérito. Después, entreviste a su compañero/a según el modelo.

MODELO: visitar el mercado de la Plaza Mayor/el año pasado
   E1: ¿Cuánto tiempo hace que visitaste el mercado de la Plaza Mayor?
   E2: Hace un año que visité el mercado de la Plaza Mayor.

Acciones	Fechas
asistir a un evento artístico	_____
comprar un libro en español	_____
leer un artículo sobre el *espanglish*	_____
ver un anuncio en español por primera vez	_____
tomar una foto para tu clase de español	_____
ir a una feria del libro	_____

2-32 Una entrevista. Primera fase. Complete las siguientes oraciones con información personal.

1. Mi programa favorito de televisión es... Veo ese programa hace...
2. Mis escritores favoritos son... Leo sus obras hace...
3. El nombre de mi profesor favorito/profesora favorita de español es... Lo/La conozco hace...
4. El deporte que yo practico es... Lo practico hace...

Segunda fase. Ahora háganse preguntas para obtener información sobre los gustos de su compañero/a.

MODELO: ¿Cuál es tu programa favorito? ¿Cuánto tiempo hace que miras el programa?

A escribir

Estrategias de redacción

LA NARRACIÓN

¿Qué es la narración? La narración oral y escrita es sin duda uno de los géneros más utilizados por los hablantes de una lengua. La narración es simplemente contar, relatar, presentar unos personajes y secuencia de eventos ficticios o verdaderos. Puede tener diversos propósitos: entretener, informar, instruir, explicar, etc.

Asimismo, la narración puede ser larga o corta y tener una gran variedad de formas: épica (para relatar la vida y hazañas (*deeds*) de un héroe), anécdota (para entretener), fábula (para enseñar una lección importante), cuento o novela, biografía o autobiografía.
Consideraciones fundamentales de una buena narración incluyen las siguientes.

1. La manipulación eficiente de los personajes (sus cualidades, sentimientos), la acción (rápida, lenta), el ambiente (rural, cosmopolita, misterioso, exótico, etc.), el tiempo (presente, pasado) y el orden (cronológico, retrospectivo, etc.)
2. Las diversas perspectivas de una experiencia o evento: la del narrador protagonista, que participa (yo, nosotros/as) o la del narrador testigo, que observa (él, ella, ellos/as)
3. La estructura tripartita:
   a. la introducción y descripción de los personajes, la descripción de éstos y del ambiente y el comienzo de la acción
   b. el desarrollo de la acción principal y las tensiones alrededor de la acción
   c. el desenlace, en el cual los conflictos se resuelven (fin cerrado) o son resueltos por el lector (fin abierto)
4. Las estrategias lingüísticas que determinan la agilidad o movimiento de la narración. Un paso ágil se consigue con el uso abundante de verbos (acción) y el uso de expresiones adverbiales de tiempo (anoche, ayer, más tarde, a menudo, etc.), pocos detalles y oraciones breves. Una narración lenta, por el contrario, tiene más descripción (adjetivos), muchos detalles y oraciones más largas.

Narrar por escrito en otra lengua es muy semejante a narrar en su propia lengua. Implica una tarea con varias fases:

• planificación del texto en general: ideas, cantidad y tipo de información
• preparación del vocabulario y estructuras necesarias
• redacción del texto
• revisión constante y, a veces, simultánea del contenido y forma del texto
• reescribir algunas oraciones para lograr el objetivo deseado y editar los aspectos formales del texto

En la siguiente sección, usted podrá reconocer y practicar algunas estrategias básicas de la narración comunes a todas las lenguas. Luego, escribirá su propia narración. No olvide que la experiencia que usted tiene narrando en su lengua materna le será muy útil al escribir un relato en español.

2-33 Análisis. Primera fase. Lea la siguiente narración.

Un día inolvidable

Todo ocurrió un fin de semana de invierno mientras nuestros padres estaban de vacaciones en Argentina. Llovía y hacía frío. Después de cenar, mis hermanos y yo decidimos ver un partido de fútbol en la televisión, mientras abuela Rosario lavaba los platos en la cocina. Ella se veía un poco cansada, pero ninguno de nosotros le dio importancia. Después de todo, eran las diez de la noche. Inusualmente, ese día, tan pronto terminó de lavar los platos, la abuela se sentó en un sillón al lado de la ventana de la sala. Tomó una revista y se puso a leer. Mientras leía, se reía, protestaba, suspiraba.... Exactamente a las diez y veinticinco de la noche, y con una rapidez increíble, algo horrible ocurrió. Escuchamos gritos— ¡niños, niños! Pensamos que quería mostrarnos alguna foto de la revista que leía. Pablo, mi hermano menor, y yo corrimos a la sala. La voz de abuelita Rosario parecía diferente esta vez. Cuando llegamos cerca de su sillón, ella susurró (*whispered*)— La botica; necesito... Pablo, con angustia, le preguntó— ¿Qué te pasa, abueli? Por favor, ¡dime qué necesitas! Abuela Rosario se puso pálida como un papel. Ya casi no podía hablar. Al verla, yo estaba segura de que abuelita tenía una baja de presión y necesitaba sus medicamentos de la farmacia. Rápidamente llamé al farmacéutico, le pregunté qué podíamos hacer para ayudarla y corrí por los medicamentos. Mientras corría, lloraba y rezaba por mi querida abuelita. Tardé diez minutos en ir a la farmacia y volver a casa. Le di sus medicamentos a la abuela y en quince minutos ella estaba mejor. Fue un día tan impactante que mis hermanos y yo jamás vamos a olvidar.

Segunda fase. Ahora, marque (✓) la respuesta correcta.

1. El ambiente es: _____ rural _____ exótico _____ cosmopolita
2. El tiempo de la narración es: _____ el presente _____ el pasado
3. La perspectiva del narrador es la de: _____ protagonista _____ observador
4. La narración tiene: _____ presentación _____ desarrollo _____ desenlace
5. La narración es: _____ rápida _____ lenta

¿Por qué? Explique su respuesta con ejemplos de la narración.

2-34 Preparación. Primera fase. Seleccione uno de los siguientes eventos o experiencias para su narración.

1. Un evento especial (cómico o extraño, etc.) en la primera clase de español que tomé
2. Una experiencia hermosa en mi vida o en la vida de alguien importante para mí
3. Un desastre/evento/una experiencia que me enseñó algo
4. Una historia imaginada (no vivida)

Segunda fase. Ahora, prepárese para escribir su narración.

1. Planifique el texto en general. Haga un bosquejo (*outline*) con la información básica y los párrafos donde la usará.
2. Prepare:
   a. el vocabulario necesario: palabras clave (de uso obligatorio y frecuente), sinónimos o antónimos para crear un ambiente interesante y describir a sus personajes, hablar de sus acciones, reacciones, sentimientos, etc.
   b. las estructuras necesarias: ¿va a usar el pasado para narrar (el pretérito, el imperfecto, o una combinación de ellos)?
3. Revise su bosquejo: el éxito de su narración depende de la eficacia con la que usted manipuló los elementos básicos de la redacción. Lea nuevamente "Consideraciones fundamentales de una buena narración" en la página 62.

2-35 ¡A escribir! Ahora escriba su narración paso a paso. A medida que usted escribe, consulte sus apuntes y evalúe el contenido de su texto leyéndolo varias veces. Aclare las ideas confusas o poco claras, elimine los detalles innecesarios. Asegúrese de que usó las estructuras gramaticales correctas. Mejore el estilo de su narración evitando la repetición de vocabulario. Use sinónimos y antónimos.

Expresiones útiles relacionadas con la cronología de las acciones	
al (día, mes, año) siguiente	en aquel entonces
al final	finalmente
al + *infinitivo*	luego (de que)
al mismo tiempo	más tarde
al principio/al comienzo	mientras
antes (de)/después (de)	por fin
cuando	posteriormente
entonces	tan pronto como

2-36 ¡A editar! Lea su texto críticamente por lo menos una vez más. Analice el contenido y forma del texto y escriba nuevamente lo necesario para lograr el objetivo deseado. Revise los aspectos formales del texto: la ortografía, la puntuación, la acentuación, las mayúsculas, las minúsculas, el uso de la diéresis, etc.

A explorar

2-37 ¿De qué otra manera se dice? Primera fase. Seleccionen una de las siguientes áreas de interés más abajo. Luego, vayan a **http://www.prenhall.com/identidades** e investiguen qué palabras existen en español para expresar el mismo concepto. Tomen apuntes de la fuente (*source*) y las variaciones.

- ropa: *shirt, dress, jacket*
- productos de comida: *stew, banana, peas*
- medios de transporte: *bus, car, elevator*
- personas del campo: *peasant, farmer*

Segunda fase. Preparen una presentación sobre las variaciones de estas palabras en algunos dialectos del español. Sigan el siguiente esquema.

1. Indiquen las palabras que investigaron y busquen fotos que las representan.
2. Busquen información sobre los países donde se usan las diferentes expresiones: localización geográfica, grupos étnicos del lugar, lengua(s) que se habla(n) aparte del español, etc.
3. Usen las palabras en un breve texto (anuncio publicitario, chiste, anécdota) de su propia creación.

Tercera fase. **Presentación.** Compartan con sus compañeros/as la información de la *Segunda fase* en una presentación con *PowerPoint*. Incluyan dibujos o fotos para hacer más interesante su presentación.

2-38 Todo el mundo tiene algo que contar. Primera fase. Si vive cerca de una comunidad hispana o tiene amigos hispanohablantes, prepare un pequeño cuestionario en español para entrevistar a una persona. En esta entrevista debe obtener la siguiente información.

1. Origen de la persona
2. Alguna anécdota o episodio importante de la vida de esta persona

Segunda fase. Comparta con el resto de la clase la información obtenida. Las siguientes expresiones pueden serle útiles.

Expresiones útiles para reportar

> ...dice/cuenta que...
> ...me dijo/contó que...
> ...recuerda que...

VOCABULARIO DEL CAPÍTULO

Lenguas/idiomas

el árabe	*Arabic*
el castellano	*Spanish*
el celta	*Celtic*
el espanglish	*Spanglish*
el francés	*French*
el godo	*Gothic*
el griego	*Greek*
el guaraní	*Guarani*
el hebreo	*Hebrew*
el inglés	*English*
la lengua franca	*lingua franca*
el/la maya	*Maya*
el náhuatl	*Nahautl*

La lengua hablada o escrita

el ambiente	*atmosphere*
el anuncio	*advertisement*
el autor/la autora	*author*
el borrador	*draft*
el bosquejo	*outline*
la comunidad lingüística	*linguistic community*
el desenlace	*outcome, ending*
el dialecto	*dialect*
el ensayo	*essay*
la entrevista	*interview*
el escritor/la escritora	*writer*
la fábula	*fable, tale*
el folleto	*brochure*
el formulario	*form*
el genio	*genius; spirit*
el gesto	*gesture*
la gramática	*grammar*
el/la hablante	*speaker*
el idioma	*language*
los medios de comunicación	*media*
el modismo	*idiomatic expression*
la novela	*novel*
la poesía	*poetry*
el préstamo	*loan*
el significado	*meaning*
el uso	*use*
la variación	*variation*
la variedad	*variety*

Fenómenos naturales

el auxilio	*help*
la ceniza	*ash*
la guerra	*war*
la hazaña	*deed; achievement*
el huracán	*hurricane*
el incendio	*fire*
la lluvia	*rain*
el/la sobreviviente	*survivor*

Características

capaz	*capable*
cosmopolita	*cosmopolitan*
distinto/a	*different*
extranjero/a	*foreign*
homogéneo/a	*homogeneous*
imprudente	*unwise*
precavido/a	*cautious*
semejante	*similar*

Verbos

asociar	*to associate*
cambiar de código lingüístico	*to code-switch*
conllevar	*to entail, to imply*
conseguir (i, i)	*to get, to obtain*
encontrar (ue)	*to find*
entenderse (ie)	*to communicate, to understand each other*
establecer (zc)	*to establish, to settle*
evolucionar	*to evolve*
explicar (q)	*to explain*
llegar	*to arrive, to reach*
mantener (ie, g)	*to maintain*
ocurrir	*to occur*
optar por	*to choose*
regresar	*to return*
relatar	*to tell, to report*
respirar	*to breathe*
sentirse (i, i)	*to feel*
soler (ue)	*to be accustomed to, to have the habit of*
tardar	*to take a certain amount of time to do something*
traer (g)	*to bring*
tratar	*to be about; to handle*
variar	*to vary*

Palabras y expresiones útiles

a través de	*through*
cambiar de código lingüístico	*to code-switch*
la nación	*nation*
pasarlo bien	*to have a good time*
el portal	*vestibule, entrance hall*
el pueblo	*people; town*
la propiedad	*ownership*
la regla	*rule*
el territorio	*territory*
el ventanal	*large window*

* For expressions to make comparisons, see page 57.

** For expressions related to the chronology of actions, see page 64.

*** For expressions to tell stories or make reports, see page 65.

Objetivos comunicativos

- Talking about legends and traditions
- Narrating in the past (summary)
- Analyzing past and present cultural practices

Contenido temático y cultural

- Legends and traditions
- Regional festivities
- Personal changes and cultural trends

3
Las leyendas y las tradiciones

VISTA PANORÁMICA

VISTA PANORÁMICA

Una leyenda cuenta que La Atlántida era un maravilloso continente, cuyos habitantes tenían una cultura muy avanzada. También dice que el continente fue destruido por un terremoto y que algunos habitantes pudieron escapar en barcos y llegar a Mesoamérica.
◄

Estas niñas vestidas con trajes regionales participan en la Guelaguetza, uno de los festivales más tradicionales de México.
►

Los *moai* son esculturas de piedra volcánica que sólo se encuentran en la Isla de Pascua o *Rapa Nui*, isla que está en el Océano Pacífico a 3.600 km al oeste de Chile. Estas esculturas han dado lugar a muchas leyendas. Algunos estudiosos piensan que fueron talladas (*sculpted*) por los habitantes de la isla entre los siglos XII y XVII en honor a los antepasados muertos.
◄

En Teotihuacan, cerca de la Ciudad de México, se encuentra el templo de Quetzalcóatl, a quien representaban como una serpiente cubierta de plumas. El templo tiene forma de pirámide y está adornado con esculturas de este dios. ▶

Las fallas de Valencia es un festival anual que atrae a cientos de miles de turistas. Se construyen monumentos —de madera, cartón y otros materiales— que tienen un tono satírico. Algunos son grandes (fallas) y otros pequeños (ninots). Todos se queman la última noche de la fiesta. ◀

Muchos piensan que la leyenda de El Dorado, que llevó a tantos conquistadores a lo que es hoy Colombia, tiene su origen en una ceremonia tradicional de la cultura chibcha. Según ellos, cuando los chibchas tenían un nuevo jefe o cacique, lo cubrían de oro y lo llevaban en una balsa (raft) al centro de la laguna de Guatavita, donde este se bañaba. ▶

A leer

Preparación

3-1 Asociación. Piense en las teorías que intentan explicar la existencia de nuestro planeta y, luego, asocie cada palabra de la columna de la izquierda con su sinónimo correspondiente en la columna de la derecha.

1. _____ relatos	a. mar, océano
2. _____ pobladores	b. suelo
3. _____ adelantos	c. temblor de tierra
4. _____ tierra	d. demostración
5. _____ agua	e. habitantes
6. _____ terremoto	f. avances
7. _____ prueba	g. narraciones, historias

3-2 Grandes civilizaciones. Según el contexto, seleccione la expresión apropiada y complete el siguiente texto.

los aztecas	los incas
los egipcios	los mayas
los griegos	los romanos

Cuando los españoles llegaron a lo que hoy es México se encontraron con un pueblo guerrero (*warlike*) de cultura muy avanzada. Eran (1) _____. Tenían calendarios muy sofisticados para medir el tiempo y templos donde celebraban sacrificios. En México también se encuentran restos de una civilización anterior, la de (2) _____, que construían pirámides, al igual que otras culturas avanzadas como la de (3) _____, al norte de África.

En la América del Sur también existieron civilizaciones importantes. La ciudad de Machu Picchu es un ejemplo de los adelantos de (4) _____, los cuales eran arquitectos y agricultores muy hábiles (*skillful*) que cultivaban la papa, desconocida en Europa hasta que los españoles la llevaron en el siglo XVI.

Entre las grandes civilizaciones antiguas europeas tenemos a (5) _____, grandes filósofos, estudiosos de la aritmética y la astronomía y creadores de las Olimpiadas. Otra gran civilización fue la de (6) _____, quienes llegaron a tener un gran imperio. Aún hoy se conservan teatros y acueductos de esta civilización que, además, impuso su lengua, el latín, de la que se derivan el español, el francés y el italiano, entre otras.

Cultura

Según la leyenda, Quetzalcóatl era un dios blanco con barba (*beard*) que enseñó a los pueblos indígenas la agricultura, el trabajo de los metales y las artes. Era adorado por los aztecas, quienes lo representaban como una serpiente con plumas, símbolos de la tierra y del aire. Cuando los españoles llegaron a lo que es hoy México causaron gran asombro porque los indígenas nunca habían visto (*had never seen*) ni armas de fuego ni caballos. Los aztecas creyeron al principio que Hernán Cortés era Quetzalcóatl. Por eso, Moctezuma, el emperador de los aztecas, lo recibió como a un dios en la capital de su imperio, Tenochtitlán, facilitando así la conquista de México por los españoles.

3-3 Nuestra gente. Sigan las instrucciones a continuación para hablar sobre un grupo originario de su país (los indios apaches, los sioux, los anasazi, etc.) u otro grupo o comunidad étnica importante (los italianos, los alemanes, los chinos, etc.). Apunten algunos datos (*data*) para después compartir sus ideas con otra pareja.

1. Seleccionen un grupo e indiquen el lugar donde viven/vivían.
2. Describan este lugar.
3. Hablen de su vivienda.
4. Mencionen una costumbre tradicional o antigua que aún mantienen hoy en día.

Estrategias de lectura

1. Infórmese sobre el tema antes de leer.

   a. Al leer el título, "La leyenda de la Atlántida", ¿en qué piensa? ¿Cuál es la diferencia entre una leyenda y un cuento? Si no lo sabe, busque la palabra *leyenda* (o *legend* en inglés) en un diccionario monolingüe.
   b. ¿Qué sabe usted acerca de la leyenda de la Atlántida? Si no sabe mucho sobre este tema, vaya a **http://www.prenhall.com/identidades**, tome unos apuntes, y después comente con un compañero/una compañera lo que averiguó.

2. Examine el texto antes de leerlo.

   a. Mire el mapa que acompaña el texto. ¿Qué relación hay entre el mapa y lo que usted ya sabe sobre la leyenda de la Atlántida?
   b. Piense en la organización del texto. Cada párrafo de un texto tiene una idea principal, que está generalmente al comienzo del párrafo. En conjunto, estas oraciones forman un resumen del texto. Pase su marcador por la primera oración de cada párrafo del texto. Luego, lea las oraciones para tener una idea del texto en su totalidad.

3. Anticipe el contenido del texto. Lea las oraciones a continuación y, basándose en lo que ya sabe acerca de la leyenda de la Atlántida que se presenta en el texto, trate de adivinar qué temas van a aparecer.

	Sí	No
a. Se mencionan algunas características de la cultura de los habitantes de la Atlántida.	____	____
b. Se explica cómo la Atlántida fue destruida.	____	____
c. Se da información sobre los argumentos de los investigadores a favor de la existencia de la Atlántida.	____	____
d. Se mencionan otras leyendas, además de la leyenda de la Atlántida	____	____
e. Se habla de la conexión entre la leyenda de la Atlántida y la llegada de los españoles a Mesoamérica.[1]	____	____

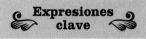

Expresiones clave

¿Comprende estas expresiones? Si tiene dudas, revise *Preparación* antes de leer el siguiente texto.

adelantos · prueba
aritmética · relatos
astronomía · terremoto
avanzado/a · tierra
habitantes

Después de leer el texto, vuelva a esta lista de temas para ver si acertó (*were right*) en sus predicciones.

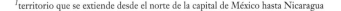

[1]territorio que se extiende desde el norte de la capital de México hasta Nicaragua

La leyenda de la Atlántida

Las leyendas y los mitos forman parte de la cultura de los pueblos. Se transmiten de generación en generación y la imaginación popular las hace variar y enriquecerse. A veces sirven para explicar ciertos misterios incomprensibles para la gente.

La Atlántida es una leyenda que habla de un maravilloso continente 5 desaparecido cuyos habitantes tenían una cultura muy avanzada, con grandes adelantos científicos, pues conocían el calendario, la aritmética y la astronomía, y además construían edificios prodigiosos, podían transportar pesados monolitos, cultivaban la tierra, y practicaban la escultura, la orfebrería[1] y otras artes.

Sin embargo, nadie ha podido comprobar si el origen de esta leyenda es popular 10 o si el filósofo griego Platón se inventó la existencia de este continente ideal para ilustrar sus teorías políticas. En cualquier caso, esta leyenda ha dado lugar a muchas especulaciones y, aún hoy en día, hay investigadores que acumulan evidencias para demostrar que la Atlántida se encontraba en un lugar o en otro hace miles de años. 15

Algunos defensores de la existencia de la Atlántida dicen que este gran continente se encontraba donde actualmente está el océano Atlántico, y que por el este llegaba hasta lo que hoy son las islas Canarias, al suroeste de España, y por el oeste hasta Honduras, en el Caribe.

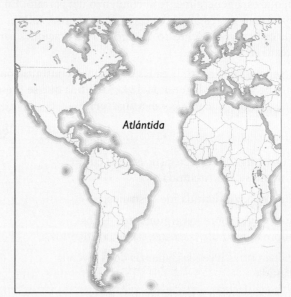

Atlántida

La leyenda cuenta que, con el paso del tiempo, la conducta de los atlantes 20 cambió y entre ellos comenzó la corrupción. Entonces, los dioses decidieron castigar a los habitantes de la Atlántida e hicieron desaparecer su civilización con un terremoto que destruyó e hizo desaparecer el continente.

[1]*goldsmithing*

Según este párrafo, ¿cuál es el propósito de las leyendas en la cultura de los pueblos?

*Según la primera oración de este párrafo, los habitantes de la Atlántida tenían una civilización muy avanzada. Al leer el párrafo, fíjese en los logros (*accomplishments*) de esta civilización.*

*El imperfecto. En este párrafo se describe el continente de la Atlántida con estos verbos: **tenían, conocían, construían, podían, cultivaban, practicaban.** Estas son formas del imperfecto, que se usa para hacer descripciones en el pasado.*

En este párrafo se mencionan dos ejemplos de personas que hablan de la existencia de la Atlántida, uno del pasado y el otro del presente. ¿Quiénes son?

*En este párrafo se habla de cómo la leyenda explica la destrucción de la Atlántida. Fíjese en **quiénes** causaron su destrucción, **por qué** lo hicieron, y **cómo** fue destruida.*

*Aquí se cuenta la destrucción de la Atlántida con estos verbos: **cambió, comenzó, decidieron, hicieron, destruyó, hizo.** Estas son formas del pretérito, que se usa para narrar una serie de eventos en el pasado.*

Otros relatos indican que ciertos pobladores de la Atlántida pudieron escapar en
25 barcos a través de las aguas y llegaron hasta Mesoamérica. Esto explicaría el
origen de algunos pueblos como los mayas, los olmecas, los mixtecas y otros.
También ayudaría a explicar algunos de los misterios que aún intentan descifrar
los historiadores sobre las antiguas civilizaciones de América: sus calendarios,
sus conocimientos de astronomía, hidráulica, física y mecánica, su capacidad de
30 trasladar enormes piedras y construir altos edificios, etc. Además, muchos
asocian la palabra *atl*, que significa *agua* en náhuatl, con la Atlántida, y
consideran esto como una prueba más de la llegada de los atlantes a este
continente. ◆

◆ ¿Qué ha comprendido? Según
la leyenda ¿sobrevivieron algunos
atlantes? ¿Cómo? ¿Qué conexión
posiblemente hay entre los atlantes
y las civilizaciones indígenas de
Mesoamérica?

Comprensión y ampliación

3-4 ¿Cierto o falso? Indique si las siguientes afirmaciones son ciertas (**C**) o falsas
(**F**) de acuerdo con la información de la lectura. Si son falsas, indique en qué
línea(s) del texto está la respuesta correcta.

1. _____ A veces las leyendas sirven para explicar cosas que la gente no entiende.
2. _____ Se sabe con seguridad dónde se encontraba la Atlántida antes de su
destrucción.
3. _____ Platón describe la Atlántida en algunos de sus escritos.
4. _____ Los atlantes cultivaban las artes y tenían conocimientos científicos
avanzados.
5. _____ La conducta de los atlantes fue siempre excelente.
6. _____ La Atlántida desapareció como consecuencia de un terremoto muy
fuerte.
7. _____ Según una interpretación de la leyenda, los dioses castigaron a los
habitantes de la Atlántida.
8. _____ Algunos habitantes de la Atlántida pudieron escapar en barcos y llegar
al continente americano.
9. _____ Según algunos, los grandes adelantos de las culturas mesoamericanas
tienen su origen en los conocimientos que trajeron los atlantes a este
continente.
10. _____ La palabra *atl* quiere decir *tierra* en la lengua de los aztecas.

3-5 El orden correcto. Diga en qué orden sucedieron estas cosas, de acuerdo con
la lectura.

_____ Ocurrió un terrible cataclismo.
_____ Escaparon de la Atlántida en barcos.
_____ Llevaron su cultura y sus conocimientos a sus nuevas tierras.
_____ El continente desapareció en el mar.
_____ Algunas personas pudieron sobrevivir.
_____ Llegaron a las costas de Mesoamérica.
_____ Se asentaron (*settled*) en tierras americanas.
_____ Los dioses decidieron castigar a los atlantes.

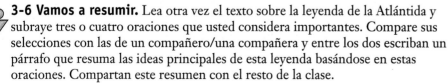

3-6 Vamos a resumir. Lea otra vez el texto sobre la leyenda de la Atlántida y
subraye tres o cuatro oraciones que usted considera importantes. Compare sus
selecciones con las de un compañero/una compañera y entre los dos escriban un
párrafo que resuma las ideas principales de esta leyenda basándose en estas
oraciones. Compartan este resumen con el resto de la clase.

Aclaración y expansión

The preterit and the imperfect

Both the preterit and the imperfect express past time in Spanish. When talking about the past, Spanish speakers must choose which tense to use. In general terms, the preterit is used to refer to actions or situations that the speaker views as completed within a specific time period, whereas the imperfect views actions or situations as ongoing in the past. Following are guidelines to decide whether to use the preterit or the imperfect when referring to past events or situations.

● When telling a story, use the imperfect to provide the background information and the preterit to tell what happened. With the imperfect, descriptive information is given and there is no forward movement of time; with the preterit, there is a forward movement of time, since normally one action is over before the next action starts.

Era una mañana muy calurosa de julio. **Hacía** viento y el cielo **estaba** casi amarillo. **Había** mucha gente en la plaza. No **prestaban** atención al tiempo porque **hacían** sus compras. **Iban** de puesto en puesto y **hablaban** con los vendedores. (*background/descriptive information*)	*It **was** a very hot afternoon in July. It **was** windy and the sky **was** almost yellow. **There were** a lot of people in the plaza. They **were not paying attention** to the weather because they **were doing** their shopping. They **were going** from one stall to another and they **were talking** with the vendors.*
De repente **empezó** a llover muy fuerte. Mis amigos **salieron** corriendo de la plaza y **entraron** a un restaurante. **Pidieron** una bebida, y **esperaron** por media hora. Por fin, **dejó** de llover. (*forward movement of time*)	*Suddenly it **started** to rain very hard. My friends **ran out** of the plaza and **entered** a restaurant. They **ordered** a drink and **waited** for half an hour. Finally it **stopped** raining.*

● An ongoing past action or condition is expressed with the imperfect, and the completed action that interrupts it is expressed with the preterit.

En el restaurante, **tomaban** sus bebidas y **conversaban** cuando **oyeron** un ruido. Un camarero que **caminaba** con unos platos **tropezó** con una silla y todos los platos **se cayeron** al piso. (*sudden action [preterit] interrupts ongoing action or situation [imperfect]*)	*In the restaurant, they **were drinking** their beverages and **were talking** when they **heard** a noise. A waiter who **was walking** with some dishes **bumped** into a chair and all the plates **fell** to the floor.*

Verbs with different English equivalents in the preterit and imperfect

● When certain Spanish verbs are used in the preterit, the English equivalents are different from those of their imperfect forms.

	imperfect	preterit
conocer	Los campesinos **conocían** su tierra.	Los campesinos **conocieron** al forastero que llegó a su pueblo.
	*The peasants **knew** their land.*	*The peasants **met** the foreigner who arrived in their village.*
	(were familiar with)	(met for the first time)
saber	Los campesinos **sabían** que el volcán era una amenaza constante.	Cuando el volcán entró en erupción, todos los habitantes lo **supieron** inmediatamente por el ruido y el humo.
	*The peasants **knew** that the volcano was a constant threat.*	*When the volcano erupted, all of the inhabitants of the region **found out** immediately by the noise and the smoke.*
	(knew, had information/ knowledge)	(learned, discovered)
poder	La gente que vivía lejos del volcán **podía** ver el humo, pero no **podía** hacer nada para ayudar a los que vivían cerca de él.	Algunas familias **pudieron** huir de los fuegos, pero perdieron todas sus pertenencias.
	*The people who lived far from the volcano **could** see the smoke, but they **could** not do anything to help those who lived close to it.*	*Some families **managed** to flee the fire, but they lost all of their belongings.*
	(were able; it was possible to see it but not to do anything; no specific action implied)	(succeeded in; accomplished/ did it)
querer	Todos los campesinos **querían** salvar a sus animales.	Un niño **quiso** salvar a su cordero favorito, pero no **pudo**.
	*All of the peasants **wanted** to save their animals.*	*A child **tried** to save his favorite lamb, but he **couldn't**.*
	(wished, had a desire to)	(tried to save it, but he was not successful)

Los volcanes Ixtaccihuatl y Popocatépetl

3-7 La leyenda de los novios. Primera fase. Completen esta narración con el pretérito o el imperfecto, según el contexto.

Hace muchos años (1) _____ (haber) un emperador azteca que (2) _____ (vivir) en México. Este emperador (3) _____ (tener) una hija muy buena y muy hermosa que (4) _____ (llamarse) Ixtaccíhuatl.

Un día el emperador (5) _____ (recibir) la noticia de que sus enemigos (6) _____ (ir) a atacar la ciudad. El emperador (7) _____ (decidir) preparar una contra-ofensiva. Primero, él (8) _____ (buscar) al guerrero (*warrior*) más fuerte de la ciudad para servir de jefe de sus guerreros. También (9) _____ (anunciar) que ese hombre se casaría (*would marry*) con su hija, la hermosa Ixtaccíhuatl. Al día siguiente, Popocatépetl, el mejor guerrero de la ciudad, (10) _____ (ir) al palacio y (11) _____ (ofrecerse: *to offer oneself*) como líder de los guerreros. El emperador no (12) _____ (saber) que Popocatépetl (13) _____ (ser) el novio secreto de su hija Ixtaccíhuatl.

Cuando Ixtaccíhuatl (14) _____ (saber) que su novio iba a ser el jefe de los guerrilleros, (15) _____ (empezar) a llorar, porque (16) _____ (temer: *to be afraid*) perderlo en la batalla. Pero Popocatépetl le (17) _____ (decir): —No te preocupes, mi amor. Después de la batalla, vamos a casarnos. Y con estas palabras (18) _____ (salir) a la batalla.

Los guerreros del emperador (19) _____ (atacar) a sus enemigos, y (20) _____ (ganar) la batalla. Pero un guerrero celoso (*jealous*), que también (21) _____ (amar) a Ixtaccíhuatl, (22) _____ (volver) a la ciudad con el anuncio falso de que Popocatépetl había muerto (*had died*) en la batalla. El emperador (23) _____ (dar) la mano de su hija Ixtaccíhuatl a este guerrero mentiroso (*lying*).

Pero durante la celebración del matrimonio, de repente Ixtaccíhuatl
(24) _____ (gritar): —¡Mi pobre Popocatépetl! y (25) _____
(caer) muerta al suelo. Unos pocos minutos después, Popocatépetl, que
(26) _____ (estar) vivo, no muerto, (27) _____ (entrar) al palacio.
Al ver a su novia muerta, (28) _____ (hacer) esta declaración: —Hasta el
fin del mundo voy a estar a tu lado, mi princesa.

Popocatépetl (29) _____ (llevar) el cuerpo de su amante a las montañas
más altas de México y lo (30) _____ (poner) entre las flores. Después de
muchos años (31) _____ (formarse) dos volcanes. Los mexicanos los
llaman Ixtaccíhuatl y Popocatépetl. Están juntos para la eternidad.

Segunda fase. Uno/a de ustedes va a hacer el papel de Popocatépetl y el otro/la
otra el papel del emperador. Popocatépetl debe explicar lo que ocurrió en la
batalla. El emperador debe hacerle preguntas para obtener más detalles.

3-8 En una playa del Caribe. Observen las siguientes escenas y después
túrnense para describir y narrar detalladamente lo que ocurrió.

beber agua de coco	meterse en el agua
construir castillos de arena (*sand*)	practicar el esquí acuático
darse cuenta de (*to realize*)	tomar el sol
gritar	vender sombreros de paja (*straw*)

a.

b.

c.

d.

e.   f.

3-9 Un momento inolvidable. Primera fase. Piense en una festividad o evento tradicional de su región o país en que usted participó hace algún tiempo. Tome apuntes sobre los puntos siguientes.

1. Lugar donde ocurrió la festividad o el evento
2. Dos datos que usted sabía sobre la festividad/el evento antes de participar
3. Razones por las que usted quería participar
4. Dos actividades que usted pudo hacer y una que no pudo hacer
5. Alguna información sobre la(s) persona(s) que conoció
6. El aspecto de esta festividad/evento que le gustó más

 Segunda fase. Túrnense para intercambiar la información de la *Primera fase* y tomen notas. Luego, cada uno de ustedes debe informar a la clase sobre el evento en que participó su compañero/a.

 3-10 Recuerden lo que pasó. Primera fase. Imagínense que usted y su compañero/a asistieron al evento de una de las fotos. Para recordar los detalles, tomen notas que incluyan la siguiente información.

Una corrida de toros en España

Un rodeo en México

1. Hablen del plan del viaje.

    a. Indiquen la fecha o época del año cuando ustedes decidieron ir.
    b. Describan el ánimo de ustedes antes del viaje.

2. Expliquen un problema que ocurrió durante el evento.

    a. Digan qué ocurrió.
    b. Den por lo menos tres detalles de lo que ocurrió.

3. Describan las reacciones de ustedes y de otras personas.

    a. ¿Cómo reaccionaron las otras personas?
    b. ¿Cómo reaccionó usted? ¿Y su acompañante?

4. Indiquen la solución.

    a. ¿Cómo se resolvió la situación/el problema?
    b. ¿Cómo se sintió usted? ¿Cómo se sintieron los otros?

Segunda fase. Su compañero/a debe escuchar sus planes y los problemas que encontró y hacerle preguntas para obtener más información. Después, cambien de papel.

La Guelaguetza

Antes de ver

3-11 ¿Cuánto sabe sobre La Guelaguetza? Basándose en sus propios conocimientos o capacidad de adivinar, lea las ideas incompletas a continuación y marque (✓) la respuesta que usted considera correcta. Después de ver el video, verifique sus respuestas.

❶ La Guelaguetza es

___ a. un festival popular.

___ b. una celebración política.

❷ La palabra *guelaguetza* es

___ a. española.

___ b. indígena.

❸ La Guelaguetza se celebra en Oaxaca, una región de

___ a. México.

___ b. Puerto Rico.

Mientras ve

3-12 ¿Cierto o falso? Indique si las siguientes afirmaciones son ciertas (**C**) o falsas (**F**). Si la respuesta es falsa, dé la información correcta.

___ 1. La palabra *guelaguetza* significa regalo.

___ 2. La Guelaguetza se celebra el tercer y cuarto lunes de julio.

___ 3. La Guelaguetza es un famoso festival de Centroamérica.

___ 4. En Oaxaca hay cinco regiones tradicionales.

___ 5. Cada región ofrece sus artesanías y productos típicos.

Después de ver

3-13 ¿Recuerda lo que pasó? Ordene la siguiente información según el orden cronológico en el que ocurre en el video.

___ 1. Mientras la reina caminaba por el escenario, las personas del público la aplaudían.

___ 2. También los niños participaron en este famoso festival mexicano.

___ 3. Una mujer presentó a su grupo en zapoteco y en español.

___ 4. La Guelaguetza comenzó con la reina del festival.

___ 5. La reina del festival se sentó con los miembros del jurado para ver el espectáculo.

___ 6. Una mujer cantó la canción "La Sandunga".

___ 7. Los diferentes grupos que participaron en el festival mostraban sus muñecos.

SEGUNDA PARTE

A leer

Preparación

3-14 ¿Qué tipo de tradiciones son? Primera fase. Durante el año, se celebran algunas fiestas y tradiciones en muchas ciudades hispanas. De la siguiente lista, marque con **R** las celebraciones religiosas, con **S** las seculares.

1. _____ la Navidad
2. _____ Mardi Gras
3. _____ Semana Santa
4. _____ el Desfile de las Rosas
5. _____ La Virgen de la Candelaria (*patron saint of Puno, Peru*)
6. _____ el rodeo
7. _____ Noche de los Muertos
8. _____ Jánuca
9. _____ las Posadas
10. _____ moros y cristianos

 Segunda fase. Cuéntele a su compañero/a sobre la última vez que usted celebró o asistió a alguna de las festividades de la *Primera fase* u otra. Déle la siguiente información.

1. Dónde fue la festividad y con quién fue/la celebró usted
2. Cómo era el ambiente durante la festividad: el lugar, las personas, las actividades
3. Su opinión sobre la festividad o algún aspecto que lo/la impresionó positiva o negativamente

3-15 Tradiciones basadas en leyendas. Primera fase. Como usted verá en la próxima lectura, algunas festividades hispanas se basan en leyendas en que se mezclan elementos de la naturaleza, humanos y divinos. Imagínese que alguien va a describir una festividad pagano-religiosa que proviene de un evento que ocurrió en una mina. Marque (✓) las ideas que es probable o improbable que se mencionen en el relato. Explique por qué.

	Probable	Improbable

1. Un ladrón (*thief*), manipulado por las fuerzas del mal (*evil*), intentó cometer un acto de compasión. _____ _____

2. Alguien cayó en un pozo (*mine shaft*), pero por un acto divino no murió. _____ _____

3. Una persona que cayó en un pozo resultó malherida, es decir, sufrió heridas graves. _____ _____

4. Un buen samaritano, guiado por las fuerzas del bien (*good*), atendió (ayudó) a alguien que estaba en peligro. _____ _____

5. Mientras un buen samaritano atendía al malherido, éste trató de atacarlo. _____ _____

6. Después de recibir un acto de compasión, un delincuente mato a un buen samaritano. _____ _____

7. Agradecido (*thankful*) por el gesto de compasión, un delincuente malherido desahogó (liberó) su conciencia y confesó lo que hizo. _____ _____

Segunda fase. Trate de recordar una leyenda que usted ha leído o escuchado. Tome apuntes de lo siguiente:

a. El lugar y el ambiente: ¿Dónde tenía lugar la leyenda: en el campo, en las montañas, en el mar? ¿Qué había en el lugar: naturaleza, animales, objetos?
b. Los personajes: ¿Cuántos personajes había? ¿Eran buenos o malos?
c. La trama(*plot*): Escriba algunas oraciones que lo/la ayuden a narrar los eventos que ocurrieron.

Tercera fase. Ahora intercambien entre ustedes la información sobre la leyenda de la *Segunda fase.* Luego, decidan cuál de las dos leyendas ha sido más leída en la comunidad donde ustedes viven. ¿Pueden explicar por qué?

3-16 Fotos del carnaval. Primera fase. En su viaje por Hispanoamérica, usted vio un carnaval y tomó algunas fotos. Prepárese para describirle las fotos a su compañero/a. Asocie las palabras de la columna izquierda con las de la derecha.

1. ____ danzarines
2. ____ adornados
3. ____ verbena
4. ____ challas
5. ____ convite
6. ____ ensayan
7. ____ cofradías

a. festividad
b. grupos de devotos religiosos
c. practican antes de una presentación
d. personas que danzan o bailan
e. una ceremonia indígena en la que se invoca a la Madre Tierra
f. decorados
g. invitación

Segunda fase. Descríbale las fotos a su compañero/a. Hable del escenario, las personas, la decoración, etc.

Palabras/Frases importantes	¿Qué significa?
1. _____ La Diablada	a. un demonio b. un baile
2. _____ La Virgen de la Candelaria	a. una aparición de la Virgen que se celebra en Oruro b. una diosa indígena de la época precolombina
3. _____ El Socavón de la Virgen	a. el nombre de una mina b. el nombre de una iglesia
4. _____ El Segundo Convite a la Virgen	a. una ceremonia antes del comienzo del carnaval b. una ceremonia al final del carnaval
5. _____ La Entrada del Carnaval	a. una obra de teatro b. un desfile
6. _____ Pachamama	a. una mujer de Oruro b. una diosa indígena que representa la Tierra
7. _____ La Gran Verbena Popular	a. un evento musical b. una comida especial

Estrategias de lectura

1. Infórmese sobre el tema antes de leer.

   a. Por el título sabemos que el texto trata de un festival en Oruro. ¿Dónde está Oruro? Si no sabe, mire el mapa.
   b. Piense en lo que ya sabe acerca de la región andina de América Latina. ¿Qué países están incluidos? Con un compañero/una compañera o solo/a, escriba(n) una lista de todo lo que sabe(n) acerca de Bolivia y los países vecinos.

2. Busque en el texto las siguientes palabras y frases importantes y pase su marcador por ellas. Luego, busque el significado de cada una y marque la respuesta correcta.

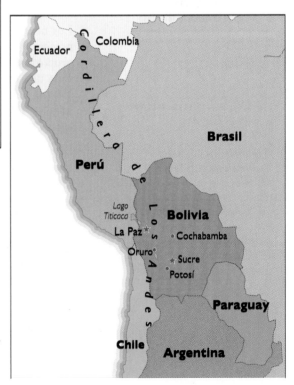

3. Piense en la organización del texto. La primera oración de cada párrafo presenta una idea importante del texto. En conjunto, estas oraciones forman un resumen del texto. Pase su marcador por la primera oración de cada párrafo. Ahora, lea estas oraciones para tener una idea del texto en su totalidad.

LECTURA

Fiesta de Carnaval en Oruro

En la ciudad de Oruro se celebra una de las festividades de Carnaval más espectaculares de Sudamérica. En esta localidad del altiplano sur de Bolivia, los habitantes exhiben cada año sus sofisticados trajes de Carnaval para recrear mitos y tradiciones tanto cristianas como indígenas. Los festejos[1] duran una semana y entre ellos destaca el homenaje que los orureños brindan a la Virgen de 5 Candelaria. Otro de los elementos más populares del carnaval es la danza de los demonios, conocida como "La Diablada", en la que los participantes representan el triunfo del bien sobre el mal.

Según una leyenda local, la Virgen de la Candelaria se le apareció a un ladrón malherido en una mina del cerro Pie del Gallo y le atendió en sus últimos 10 minutos de vida. Al encontrar el cadáver del ladrón, los mineros pudieron ver una imagen de la Virgen sobre su cabeza. Desde entonces, la mina es un santuario conocido como el Socavón de la Virgen. Como los trabajadores de esta mina solamente disponían de un día de fiesta al año, eligieron el día de la aparición de la Virgen para hacerle un homenaje dedicándole sus bailes y desahogando[2] sus 15 penas ante ella. Éste fue el origen del Carnaval de Oruro.

Los orureños empiezan cada año a ensayar las danzas el primer domingo de noviembre, varios meses antes de la celebración del carnaval. Existen numerosos grupos conocidos como *Diabladas*, en las que participan de 40 a 300 personas, cada una de las cuales viste un sofisticado traje cuyo diseño y confección es 20 todo un arte. Cada traje puede llegar a valer varios cientos de dólares, un precio que las Diabladas pueden asumir gracias al patrocinio[3] de los empresarios locales.

Durante los meses previos al carnaval, los sábados y domingos se realizan unas reuniones frente a la cueva de la Virgen en las que se preparan las danzas del 25 carnaval. El domingo anterior a la celebración se realiza el ensayo de la Entrada del Carnaval ante la expectación del numeroso público que acude a presenciarlo. Ese mismo día se considera que todos los preparativos han concluido y se realiza el Segundo Convite a la Virgen, un saludo oficial de las cofradías y los danzarines de las Diabladas. El jueves y el viernes previos a la Entrada se celebran las *challas*, 30 unas antiguas ceremonias rituales de invocación a Pachamama (Madre Tierra), que son complementadas con música nacional y con todo tipo de comida y bebida. Se celebran en los mercados y en las minas, fábricas, oficinas y escuelas. Ese viernes por la noche tiene lugar la Gran Verbena Popular en el mercado Campero, una fiesta que se extiende a lo largo de la Avenida del Folklore, antes 35

[1]*festivities* [2]*venting* [3]*support*

Expresiones clave

¿Comprende estas expresiones? Si tiene dudas, revise *Preparación* antes de leer el siguiente texto.

adornado/a	ensayar
atender	festividad
challas	ladrón
convite	malherido/a
danzarines	mina
el bien	pozo
el mal	verbena

El primer párrafo de un texto generalmente introduce el tema del texto. Al leer el párrafo, fíjese en lo que se dice acerca del significado principal del Carnaval de Oruro. ¿Qué celebra?

¿A quién se celebra en este festival? Dos tradiciones religiosas están incluidas en las celebraciones. ¿Cuáles son?

Anticipe lo que va a leer. En este párrafo se explica la leyenda de la Virgen de la Candelaria. Fíjese bien en los detalles de la historia.

¿De qué aspecto del carnaval se habla en este párrafo?

Organice la información. En este párrafo se habla de varias actividades que pasan antes del comienzo formal del carnaval. Al leer, marque con los números 1, 2, 3, etc. las actividades que encuentre. Piense en qué tipo de actividad son: preparación, comida, celebración, etc.

conocida como Avenida 6 de Agosto. Allí participan las bandas musicales que acompañarán el día de la Entrada a las cofradías y a otras organizaciones en el desfile del carnaval.

40 El sábado anterior al Miércoles de Ceniza es cuando comienza de manera oficial la festividad del Carnaval. Es el día de la gloriosa Entrada, el gran desfile del carnaval, que es encabezado por una persona ataviada con un traje de brillo y colores espectaculares representando al Arcángel Miguel. Tras la figura del Arcángel bailan los demonios, a los que se suman danzarines con trajes de osos y 45 cóndores. También tienen su lugar en el desfile el diablo Lucifer, que luce el traje más extravagante del carnaval, y Supay, el dios andino del mal, que vive en los pozos de las minas. Otros personajes que cada año salen desfilando son los incas y los conquistadores, entre los que se hallan Francisco Pizarro y Diego de Almagro. No pueden faltar unos vehículos adornados con joyas y monedas que recrean las ofrendas que los incas hacían de sus tesoros a Inti (el sol) en los ritos 50 Achura. Paralelamente, los mineros ofrecen el metal de mejor calidad del año a El Tío, una figura que simboliza al propietario de las explotaciones mineras. Una vez la cabeza del desfile llega al estadio de fútbol, una danza escenifica la batalla final entre el bien y el mal. La batalla de la Diablada concluye con el triunfo del bien, y los danzarines se retiran en procesión al Socavón de la Virgen 55 para proclamar el feliz desenlace de la contienda[4].

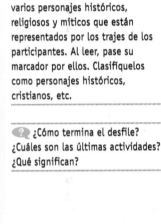

En este párrafo se mencionan varios personajes históricos, religiosos y míticos que están representados por los trajes de los participantes. Al leer, pase su marcador por ellos. Clasifíquelos como personajes históricos, cristianos, etc.

¿Cómo termina el desfile? ¿Cuáles son las últimas actividades? ¿Qué significan?

Francisco Pizarro (1475–1541) fue un conquistador español que después de muchas luchas dominó al imperio inca y fundó la ciudad de Lima, hoy capital de Perú.

Diego de Almagro (1479–1538), también español, fue compañero, y después rival de Francisco Pizarro. Participó en la conquista de Perú y luego fue el primer explorador europeo en llegar a Chile.

[4]lucha

Comprensión y ampliación

3-17 Completar. Elimine la frase que no tenga relación con las ideas expresadas en la lectura.

1. El Carnaval de Oruro se relaciona con...

    a. la Virgen de la Candelaria.
    b. la última moda indígena.
    c. las tradiciones indígenas y cristianas.

2. La Diablada es una danza...

    a. que recrea el triunfo del bien sobre el mal.
    b. donde la gente sale a la calle disfrazada.
    c. que se celebra cada mes.

3. La leyenda que originó este carnaval cuenta que la Virgen...

    a. ayudó a un ladrón.
    b. mató a un ladrón.
    c. ayudó a los mineros.

4. Los trajes del carnaval...

    a. los fabrican empresarios locales.
    b. son muy poco artísticos.
    c. cuestan mucho dinero.

5. Los preparativos del festival...

    a. empiezan en noviembre.
    b. coinciden con la llegada de los turistas.
    c. consisten en reuniones y ensayos.

6. Las challas son ceremonias rituales donde...

    a. se termina la festividad.
    b. se invoca a la Madre Tierra.
    c. se come y se bebe.

7. Al comienzo del festival se organiza...

    a. una verbena popular.
    b. un desfile.
    c. una exposición de metales preciosos.

3-18 Sinónimos. Elija el sinónimo más apropiado para reemplazar los verbos en negrita en las siguientes citas tomadas del texto.

1. "los habitantes **exhiben** cada año sus sofisticados trajes..."

    a. llevan
    b. muestran
    c. decoran

2. "los trabajadores de esta mina solamente **disponían** de un día de fiesta al año..."

    a. tenían
    b. preparaban
    c. participaban

3. "Los orureños empiezan cada año a **ensayar** las danzas el primer domingo de noviembre..."

   a. recordar
   b. practicar
   c. intentar

4. "Ese mismo día se considera que todos los preparativos **han concluido**..."

   a. han empezado
   b. han terminado
   c. han ensayado

5. "Ese viernes por la noche **tiene lugar** la Gran Verbena Popular en el mercado Campero..."

   a. se abre
   b. se extiende
   c. se celebra

6. "Otros personajes que cada año salen desfilando son los incas y los conquistadores, entre los que **se hallan** Francisco Pizarro y Diego de Almagro."

   a. se encuentran
   b. se despiden
   c. se mueren

7. "Una vez la cabeza del desfile llega al estadio de fútbol, una danza **escenifica** la batalla final entre el bien y el mal."

   a. comienza
   b. representa
   c. proclama

3-19 Ampliación. Primera fase. Indique si las siguientes oraciones de la lectura expresan hechos (**H**) u opiniones (**O**). Busque e indique el lugar donde se encuentran en el texto.

1. _____ En la ciudad de Oruro se celebra una de las festividades de Carnaval más espectaculares de Sudamérica.
2. _____ Otro de los elementos más populares del carnaval es la danza de los demonios, conocida como *La Diablada*.
3. _____ Existen numerosos grupos conocidos como *Diabladas*, en las que participan de 40 a 300 personas.
4. _____ Cada traje puede llegar a valer varios cientos de dólares, un precio que las Diabladas pueden asumir gracias al patrocinio de los empresarios locales.

 Segunda fase. Ahora comparen sus respuestas a la *Primera fase* e indiquen si en el texto predominan los hechos o las opiniones y por qué.

 Tercera fase. Busquen en **http://www.prenhall.com/identidades** más información sobre el Carnaval de Oruro y escriban un párrafo expresando su opinión personal sobre esta festividad.

Aclaración y expansión

The present perfect

◉ Use the present perfect to refer to a past action, event, or condition that has some relation to the present. Both Spanish and English use an auxiliary verb (**haber** in Spanish and *to have* in English) and a past participle to form the present perfect.

El Carnaval de Oruro **ha sido** siempre uno de los más espectaculares de Sudamérica.

*The Carnival of Oruro **has** always **been** one of the most spectacular in South America.* (and continues to be)

Los residentes **han trabajado** mucho para mantener la celebración tradicional.

*The residents **have worked** hard to maintain the traditional celebration.* (they still do)

◉ Place object and reflexive pronouns before the conjugated form of **haber**.

Muchos turistas **se han divertido** en Oruro durante el carnaval porque hay mucho que ver y hacer.

*Many tourists **have enjoyed themselves** during the carnival because there is a lot to see and do.*

◉ To form the present perfect, use the present tense of the verb **haber** and the past participle of the main verb. All past participles of **-ar** verbs end in **-ado**, while past participles of most **-er** and **-ir** verbs end in **-ido**.

Present perfect		
	haber	past participle
	(present tense)	
yo	he	
tú	has	
Ud., él, ella	ha	hablado
nosotros/as	hemos	comido
vosotros/as	habéis	vivido
Uds., ellos/as	han	

Lengua

The present perfect of **hay** is **ha habido** (*there has been, there have been*) and it is invariable. **Ha habido** un problema por la falta de recursos. **Ha habido** muchos problemas por la falta de recursos.

● If the stem of an **-er** or **-ir** verb ends in a vowel, use a written accent on the **i** of **-ido**.

Hemos **leído** descripciones del Carnaval de Oruro, pero no lo hemos visto todavía.

*We **have read** descriptions of the Carnival of Oruro, but we have not seen it yet.*

Verbs that end in **-uir** do not add the written accent since **ui** is considered a diphthong.

construir → construido

● Some common **-er** and **-ir** verbs that have irregular past participles are:

Irregular past participles			
abrir	**abierto**	poner	**puesto**
cubrir	**cubierto**	resolver	**resuelto**
decir	**dicho**	romper	**roto**
escribir	**escrito**	ver	**visto**
hacer	**hecho**	volver	**vuelto**
morir	**muerto**		

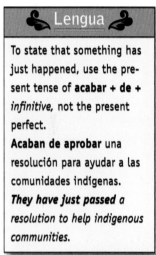

Lengua

To state that something has just happened, use the present tense of **acabar + de +** *infinitive*, not the present perfect.

Acaban de aprobar una resolución para ayudar a las comunidades indígenas.

*They **have just passed** a resolution to help indigenous communities.*

● Compounds of verbs with an irregular past participle follow the same pattern.

descubrir (*like* cubrir) → **descubierto**

describir (*like* escribir) → **descrito**

componer (*like* poner) → **compuesto**

3-20 ¿Qué cambios ha experimentado (*experienced*) en su vida en los últimos años? Primera fase. Haga una lista de cuatro cambios que ha experimentado en su vida en los últimos años en las siguientes áreas. Agregue otra área, si es necesario.

● En su vida académica: ¿Ha empezado una nueva carrera? ¿Se ha matriculado en una clase interesante?, etc.

● En su apariencia física: ¿Se ha puesto algún *piercing*? ¿Se ha teñido (*dyed*) el pelo? ¿Se ha puesto lentes de contacto?, etc.

● En sus relaciones interpersonales (con su familia, amigos, compañeros de trabajo, etc.): ¿Se ha independizado de su familia? ¿Se ha mudado a un apartamento o casa con su mejor amigo/a o pareja? ¿Ha roto su relación con alguien importante para usted?, etc.

● En sus hábitos o costumbres: ¿Ha dejado de fumar (*quit smoking*)? ¿Ha comenzado a estudiar más/menos? ¿Ha decidido consumir comida sana?, etc.

● ¿Otra área?

Ahora escoja los **dos** cambios más significativos para usted. Tome nota de por qué son importantes estos cambios.

 Segunda fase. Comparta los **dos** cambios más importantes de su vida con un compañero/una compañera. Háganse preguntas para obtener información adicional.

MODELO: E1: En los dos últimos años he experimentado un cambio importante en mi vida. He dejado la casa de mis padres para vivir en una residencia.

E2: ¿Cuál es la experiencia más difícil que has tenido lejos de tus padres?

E1: He tenido que aprender a cocinar, lavar mi ropa. También he aprendido a ser más responsable.

E2: ¿Y qué ventajas/desventajas ha tenido vivir independiente?

E1: ...

Tercera fase. Ahora compartan con la clase las lecciones que cada uno de ustedes ha aprendido como resultado de estos cambios.

3-21 Rompiendo con las tradiciones. Primera fase. Las tradiciones evolucionan a través del tiempo. Indique (✓) si la evolución de las tradiciones en los últimos 20 años en las siguientes áreas ha sido positiva (P) o negativa (N). Escriba algunas razones que sustenten (*support*) su opinión.

Cambios	¿Positivo o Negativo?	¿Por qué?
1. Los medios de comunicación		
2. Las guerras		
3. Los medios de transporte		
4. La medicina		
5. La forma de vestir		
6. La universidad		

Segunda fase. Comparta su opinión sobre estos cambios con su compañero/a. Su compañero/a le debe hacer preguntas para continuar la conversación sobre el tema.

MODELO: la mujer y el trabajo
E1: Tradicionalmente muchas mujeres estaban destinadas al trabajo doméstico. En mi opinión, la incorporación de más mujeres a la fuerza laboral ha cambiado mucho la vida de las familias. Por un lado, el padre ya no es la única persona que mantiene a la familia. Por otro lado, la mujer se siente más independiente, pero los hijos han tenido que ir a guarderías.
E2: Y en tu opinión, ¿el número de divorcios ha aumentado por/a causa de esto?
E1: Sí,... /No,...

3-22 Para mejorar el festival de la primavera.
En su universidad se organiza un festival todos los años para celebrar la llegada de la primavera. Este año se han tomado ciertas medidas para mejorar el festival. Túrnense para comentar estas medidas y expresar su opinión.

MODELO: Aumentar el número de vendedores de comida
E1: La universidad ha aumentado el número de vendedores de comida en las calles.
E2: Me parece una idea excelente porque así no tenemos que esperar en colas largas.

1. Invitar a un conjunto musical famoso
2. Extender las horas del festival
3. Pedir la opinión de los estudiantes sobre sus eventos favoritos
4. Formar más comités estudiantiles para colaborar en la planificación sobre el festival en la ciudad
5. Ofrecer más eventos
6. Hacer más publicidad
7. Vigilar más las calles, sobre todo por las noches
8. Poner más recipientes para basura

3-23 A analizar unos eventos.
Primera fase. Preparen una lista de cuatro eventos o celebraciones que se dan en su universidad. Después, escojan los dos eventos o celebraciones que les parezcan más importantes o que tengan más valor para los participantes.

Segunda fase. Comenten entre ustedes lo siguiente y hagan recomendaciones para que estos eventos o celebraciones sean aun mejores de lo que son.

1. Qué se ha hecho para producir eventos tan exitosos
2. Qué aspectos han sido los más importantes
3. Qué no se ha hecho todavía que ustedes creen que puede hacerse para mejorar los eventos

Algo más

Past participles used as adjectives

● The past participle is invariable in form when it is used as part of the verb in a perfect tense, but when it is used as an adjective, it agrees with the noun it modifies.

El comité organizador **ha finalizado** sus informes sobre el festival de este año.

*The organizing committee **has finalized** its reports on this year's festival.*

Los **informes finalizados** están en la Oficina de Asuntos Estudiantiles.

*The **finalized reports** are in the Office of Student Affairs.*

● Use **estar** + *past participle* to express a state or condition which is the result of an ongoing or previous action.

Los administradores se preocupan por la cantidad de alcohol que se consume en los festivales.

The administrators worry about the amount of alcohol that is consumed at the festivals.

Los administradores **están preocupados**.

*The administrators **are worried**.*

Unos administradores escribieron un informe sobre la situación.

Some administrators wrote a report about the situation.

El informe **está escrito**.

*The report **is written**.*

3-24 La salud pública. El Ministerio de Salud ha establecido centros de salud en la región sur del país para atender a los campesinos y a sus familias. Complete la siguiente noticia publicada en el periódico *El Espectador* para saber qué se ha hecho para mejorar la asistencia médica en el campo. Debe elegir entre la forma apropiada del pretérito perfecto (*present perfect*) o del participio pasado (*past participle*) de los verbos entre paréntesis.

El Ministerio de Salud (1) _____ (anunciar) un nuevo programa para proveer asistencia médica a los campesinos de la región sur del país. Ésta es una de las zonas más (2) _____ (aislar) del territorio nacional, y durante años sus habitantes no (3) _____ (recibir) los servicios que se ofrecen en otras zonas del país. Ya se (4) _____ (construir) tres centros donde se van a prestar servicios de emergencia. Para casos en los que sea necesario una atención más especializada, helicópteros del ejército, debidamente (5) _____ (preparar) para transportar enfermos, van a poder aterrizar junto a los centros. El Ministerio (6) _____ (contratar) a dos médicos para atender a los pacientes en cada uno de los centros y a varios enfermeros y enfermeras. Las enfermeras (7) _____ (contratar) ya (8) _____ (comenzar) a vacunar a los niños de la zona inmediata. La Dra. Maribel Zárate, Ministra de Salubridad, piensa viajar el próximo viernes 12 de agosto para inaugurar el primer centro y explicar los planes del gobierno para continuar mejorando la asistencia médica en el campo.

3-25 La mujer en la microempresa (*small business*). En los últimos años, el Banco Interamericano de Desarrollo (BID) ha ayudado a unas cien mil mujeres hispanoamericanas de bajos ingresos a través de varios programas. Lean lo que el BID ha hecho y discutan qué efectos ha tenido esta ayuda en la vida de estas mujeres. Pueden usar los verbos que aparecen más abajo u otros de su elección.

ayudar	dar	facilitar	garantizar	ofrecer	prestar

MODELO: Programas de entrenamiento para las mujeres en los negocios
E1: ¡Qué bueno! Han entrenado a las mujeres, y ahora ellas saben trabajar mejor.
E2: Y seguramente las mujeres entrenadas también han ayudado a otras mujeres.

1. Préstamos (*loans*) pequeños para los negocios
2. Garantía de asistencia técnica a las mujeres
3. Facilidades para pagar el alquiler
4. Oportunidad para vender sus productos
5. Ayuda para pagar las deudas
6. Independencia económica

 **A escribir**

Resumen de estrategias de redacción

LA NARRACIÓN

A continuación se encuentra un resumen de las estrategias de la narración. Para explicaciones más detalladas, vaya a la página 62.

1. Planifique cuidadosamente los personajes, la acción, el ambiente, el tiempo y el orden en que ocurre la historia.
2. Decida la perspectiva desde la cual va a relatar la historia: la del narrador protagonista o la del narrador testigo.
3. Estructure bien el relato.

   a. Primero, presente a los personajes, determine el ambiente y comience la acción.
   b. Luego, presente y desarrolle la acción principal y cree las tensiones que provocan la acción.
   c. Finalmente, presente un desenlace apropiado.

4. Planifique las estrategias lingüísticas que le permitan manipular la agilidad o movimiento de la narración.

   a. Para lograr una narración ágil, use verbos, dé pocos detalles y construya oraciones breves.
   b. Para lograr una narración lenta, use adjetivos para describir, incluya muchos detalles y construya oraciones más largas.

3-26 Análisis. Un viajero que trabaja en el periódico *El Sur* escribió la siguiente narración para captar el interés de viajeros potenciales. Léala y determine lo siguiente.

1. El grado de agilidad o movimiento:
   La narración es _____ rápida _____ lenta.

2. La descripción:
   La escena y los personajes son descritos _____ bien _____ pobremente. ¿Por qué?

3. El tiempo:
   Se narra en el _____ presente _____ pasado _____ presente y el pasado.

4. El tipo de narrador:
   Quien narra es el _____ protagonista _____ observador.

5. La estructura de la narración:
   Hay _____ una presentación _____ un desarrollo _____ un desenlace.

El Sur

Sección Viajeros

¿Una fiesta o una guerra de tomates? ¿Alguna vez asistió a una fiesta de tomates? Si esto le parece una fantasía, aquí le contamos lo que un colega y yo vimos en nuestro viaje.

Partimos de Lima, Perú, a fines de agosto. Hacía mucho viento y frío. Cuando llegamos a Buñol, una pintoresca ciudad en Valencia, España, hacía mucho calor y estábamos cansados. Por eso, nos fuimos a descansar al hotel. El día de la festividad, nos despertamos a las 7:00 de la mañana; hacía un sol esplendoroso. Salimos a tomar un café, pero nos llevamos una gran sorpresa: el café pagado en euros nos costó más caro que en Perú. Desde temprano se veía mucha agitación y alegría por la ciudad. Muchos camiones repletos de tomates circulaban por las calles; algunas personas preparaban un ¡palo jabón", un poste cubierto de jabón, que varios jóvenes intentarían escalar para obtener su trofeo, un jamón. Después de unas horas, empezaron a llegar grandes multitudes a la plaza. Había españoles y extranjeros que esperaban con ansia el evento. Sin excepción, todos los participantes, vestidos de camisetas y pantalones, parecían listos para empezar esta guerra.

Los camiones del municipio transportaban tomates y a algunos de los jóvenes participantes. Nos dimos cuenta de que a pesar del calor nadie bebía en las calles ni llevaba botellas. Nos dijeron que las botellas estaban prohibidas para evitar accidentes. De repente escuchamos un cohete y todo el mundo comenzó a pisar los tomates que caían de los camiones. Luego, todos recogieron los tomates y se los lanzaron a otras personas. Empezaba *La tomatina*. Durante este loco juego, todos reían, gritaban, saltaban, se caían, se levantaban, lanzaban tomates y también intentaban evadirlos. De repente sonó un segundo cohete y todos pararon de lanzar tomates. Lentamente, los participantes se miraron a la cara y descubrieron rostros bajo el jugo y la pulpa del tomate. La tomatina llegaba a su fin, por esta vez. Al término de la guerra de tomates todos se sentían diferentes; también contaban con un nuevo grupo de amigos. Todos pensaban encontrarse el año siguiente.

3-27 Preparación. En preparación para *¡A escribir!* elija una de las siguientes opciones y haga lo que se indica.

Opción #1

1. Mencione una festividad o celebración nacional, regional o personal de su infancia que a usted le gustaba.

2. Escriba algunas razones para explicar por qué le gustaba.

3. Piense en la última vez que usted participó en esta festividad o celebración.

   a. Describa el lugar donde se celebró.

   b. Describa a las personas que asistieron (su apariencia, sus sentimientos, etc.).

4. Haga una lista de actividades que ocurrieron desde el comienzo hasta el fin.

Opción #2

1. Busque en Internet algunos festivales hispanos y lea la información. Diga cuál le gustó más. En **http://www.prenhall.com/ identidades** usted también podrá encontrar festivales hispanos.

2. Escriba algunas razones para explicar por qué le gustó más.

3. Tome notas sobre los siguientes aspectos del evento:

   a. la descripción que se hace del lugar donde éste se celebra

   b. la descripción que se hace de los participantes y el ambiente de este festival (la apariencia y sentimientos de los participantes, etc.)

4. Haga un informe de lo que ocurre desde el comienzo hasta el fin, según el artículo que usted leyó en Internet.

3-28 ¡A escribir! Primera fase. Primero, escoja al lector con quien desea compartir su narración de la lista a continuación. Luego, diga por qué quiere contarle esta historia a este lector, y después determine desde qué perspectiva va a narrar su historia.

1. Un amigo/una amiga
2. El público del Club de español de su universidad
3. Su profesor/a de español

Segunda fase. Ahora escriba su narración. Use las notas que tomó en la actividad **3-27**. Evalúe la efectividad de su narración (el grado de agilidad o movimiento, la calidad de la descripción del ambiente, los personajes, los eventos, el tiempo); asegúrese que narra desde la perspectiva correcta; analice la estructura de su narración (presentación, desarrollo, desenlace).

3-29 ¡A editar! Después de unas horas, vuelva a leer su narración, pensando en su lector. Haga lo siguiente.

• Aclare las ideas confusas y el vocabulario impreciso.

• Agilice el ritmo de la narración, si es necesario.

• Mejore el estilo de su narración variando el vocabulario. Use sinónimos y antónimos.

• Verifique si las estructuras gramaticales que usó son apropiadas. Revise la ortografía, los acentos, la puntuación, etc. Las reglas de acentuación están en el Apéndice, página 321.

A explorar

3-30 Algunas leyendas hispanas. *Primera fase.* En **http://www.prenhall .com/identidades** encontrarán enlaces sobre algunas leyendas de distintos países hispanos. Seleccionen una leyenda y léanla.

Segunda fase. Preparen un informe sobre la leyenda para compartir con la clase.

1. ¿Cuál es el título de la leyenda?
2. ¿Cuándo y dónde nació la leyenda? ¿Cómo se llama la comunidad donde se originó? ¿Es una comunidad indígena, negra, europea, mestiza?
3. ¿Cuáles son los elementos fundamentales que predominan en la leyenda? ¿Son de la naturaleza, son seres humanos, o algunas fuerzas o espíritus o una mezcla de ellos? ¿Qué características tienen estos elementos? ¿Cuáles representan el bien/el mal?
4. ¿Cómo comienza la leyenda? ¿Qué conflicto(s) ocurre(n)? ¿Cómo se resuelve el conflicto? ¿Qué ocurre al final de la leyenda?

Tercera fase. Ahora presenten la leyenda a la clase, utilizando ayudas visuales.

3-31 ¿Antes era mejor o peor que hoy? *Primera fase.* Entrevisten juntos a alguien mayor en su familia o en su comunidad y obtengan la siguiente información sobre él/ella.

1. Lugar y fecha de nacimiento
2. Dónde creció y dónde vive en la actualidad
3. Festividad que más le gustaba cuando era joven
4. Cuatro actividades que se hacían durante esta celebración cuando esta persona era joven
5. Algunos cambios que esta persona ha observado en la celebración de esta festividad a través de los años
6. Su opinión sobre la manera en que se celebra la festividad hoy

Segunda fase. Preparen una presentación para la clase incluyendo una comparación entre la manera en que se celebraba la festividad de la *Primera fase* en el pasado y la manera en que se celebra hoy.

VOCABULARIO DEL CAPÍTULO

3

Las leyendas y la historia

la balsa	raft
el bandido/la bandida	bandit, thief
el bien	good
el cacique	chief, boss
el cadáver	corpse
la conquista	conquest
el danzarín/la danzarina	dancer
el diablo	devil
el dios/la diosa	god
el emperador	emperor
la emperatriz	empress
el guerrero/la guerrera	warrior
el/la habitante	inhabitant
el imperio	empire
el ladrón/la ladrona	thief, robber
el mal	evil
el mito	myth
el personaje	character (in a story)
la pluma	feather
los pobladores	dwellers, inhabitants
el relato	story
el sacrificio	sacrifice
la trama	plot

La naturaleza

el cataclismo	cataclysm, catastrophe
la colina	hill
la erupción	eruption
el mar	sea
el océano	ocean
el temblor de tierra	earth tremor
el terremoto	earthquake
el volcán	volcano

Conocimientos y oficios

la aritmética	arithmetic
la astronomía	astronomy
la escultura	sculpture
la física	physics
la hidráulica	hydraulics
la mecánica	mechanics
la orfebrería	goldsmithing

Construcciones y materiales

el acueducto	aqueduct
la arena	sand
el metal	metal
la mina	mine
el monolito	monolith
el oro	gold

la paja	straw
la piedra	stone
el pozo	mine shaft
el socavón	shaft, tunnel
el templo	temple

Las festividades

el carnaval	carnival
las challas	ancient ritual in the Carnaval de Oruro
la cofradía	religious brotherhood
el convite	roving dancers announcing festivities
el desfile	parade
la procesión	procession
el teatro	theater
la verbena	night festival

Características

adornado/a	adorned, decorated
agradecido/a	grateful
avanzado/a	advanced
celoso/a	jealous
guerrero/a	warlike
imborrable	unforgettable
malherido/a	badly wounded
mentiroso/a	lying

Verbos

agradecer (zc)	to thank, to be grateful for
atender (ie)	to help
celebrar	to celebrate
desahogar	to give vent to, to express
desaparecer (zc)	to disappear
destruir (y)	to destroy
ensayar	to rehearse
mentir (ie, i)	to lie
morir (ue, u)	to die
ofrecerse (zc)	to offer oneself; to volunteer
representar	to represent
temer	to fear, to be afraid

Palabras y expresiones útiles

el adelanto	advance
así	so, in this way, thus
cualquier/a	any
el dato	fact, piece of information
hoy en día	nowadays
la prueba	proof; sign

Objetivos comunicativos

- Describing the origins, purposes, and features of cultural products
- Expressing preferences and tastes
- Talking about artistic expression

Contenido temático y cultural

- Ancient and modern architecture
- Handicrafts, calendars
- Sculpture, painting, music

4
La cultura y el arte

VISTA PANORÁMICA

▲ La Piedra del Sol, también conocida como el Calendario Azteca, es uno de los tesoros del Museo de Antropología de la Ciudad de México. En esta escultura, los aztecas expresaron su concepto del universo y muchos de sus conocimientos astronómicos.

▲ En algunos países hispanos han convertido palacios, castillos o monasterios antiguos en hoteles. En otros casos, han combinado edificios nuevos con construcciones antiguas como el Hotel Quinta Real de Zacatecas, México, construido alrededor de una plaza de toros del siglo XVII y junto a un acueducto del siglo XVI.

▼ Este edificio tan moderno es el Museo Guggenheim de Bilbao, España. Su arquitecto es el norteamericano Frank Gehry.

▲ Pirámide de piedra de Chichén Itzá.

▲ El Parque Güell es uno de los muchos diseños del arquitecto catalán Antoni Gaudí en Barcelona. Sus edificios tienen estructuras irregulares y están elaborados con adornos de cerámica y hierro (*iron*).

◄

La Catedral de Lima, Perú, fue fundada en 1543. A finales del siglo XVIII comenzó la renovación del edificio, donde se observa una mezcla de estilos arquitectónicos. En el Museo de Arte de esta catedral se encuentran numerosos tesoros artísticos.

◄ Estación de ferrocarril del aeropuerto de Satolas, Lyon, Francia, diseñada por Santiago Calatrava.

▶ Machu Picchu, que en la lengua quechua significa Pico viejo (*Old Peak*) es una ciudad inca cuyas ruinas están bien conservadas porque durante siglos se ignoró su existencia hasta que fue redescubierta por el arqueólogo Hiram Bingham en 1911. Es el símbolo más ampliamente asociado con el antiguo imperio inca.

PRIMERA PARTE

A leer

Preparación

 4-1 ¿Cierto o falso? Basándose en el conocimiento que ustedes tengan de las culturas indígenas de América precolombinas (antes de la llegada de Cristóbal Colón), indiquen si las siguientes afirmaciones generales son ciertas (**C**) o falsas (**F**). Si son falsas, ¿pueden corregir la información?

1. _____ Los mayas precolombinos tenían una sola deidad, es decir, solamente un dios.
2. _____ Los indígenas eran principalmente agricultores, es decir, cultivaban la tierra.
3. _____ Antes de la llegada de Colón, los mayas no conocían la rueda (*wheel*).
4. _____ En las carretas (*carts*) los indígenas mesoamericanos arrastraban (*pulled*) o transportaban sus alimentos y cosechas (*crops*).
5. _____ Para hacer sus hermosas joyas de metal los mayas, por ejemplo, utilizaban herramientas (*tools*) de piedra o de hueso (*bone*).
6. _____ Los indígenas construían viviendas permanentes (de materiales sólidos como piedras y adobe) y también construían viviendas perecederas (de materiales que se destruían con el clima y el paso de los años).
7. _____ En la actualidad, los grandes avances de la civilización también forman parte de la vida de los indígenas.

4-2 Asociación. Mire las siguientes fotografías relacionadas con las culturas indígenas de Mesoamérica y, luego, escoja la descripción apropiada para cada una de ellas.

a. Esta vasija es un ejemplo de la hermosa alfarería (*pottery*) de los indígenas mayas. Hacían sus vasijas de arcilla o barro, como se observa en esta fotografía.
b. Esta pieza de metalistería (obra hecha de metal) es la máscara del dios maya Xipe-Totec. Fue descubierta en las ruinas de Monte Albán, cerca de Oaxaca, México.
c. La vivienda perecedera de esta fotografía muestra el estilo y algunos de los materiales que los indígenas utilizaban en la construcción. Esta casa tiene un techo de paja y paredes de junco. También usaban las esteras (*reeds*) o fibras naturales.
d. La majestuosa pirámide de Chichén Itzá, construida de piedra, representa un magnífico ejemplo de la sofisticación de la arquitectura maya.
e. Este tejido, hecho de lana y fibras naturales, en el que predominan los colores café, rojo y blanco, muestra una escena de la vida diaria.

Cultura

El calendario maya se compone realmente de tres calendarios diferentes. Uno tiene 260 días divididos en veinte grupos de trece días cada uno; el segundo tiene un año de 365 días, con veinte grupos de dieciocho días y un grupo de cinco días. El tercer calendario, que se llama "la cuenta larga", permite contar los días a partir de una fecha mítica que se corresponde con el 11 de agosto de 3114 aC.

De otra parte, el calendario azteca se compone de dos calendarios, uno de 260 días y otro de 365, distribuidos de la misma manera que en los calendarios mayas. La combinación de estos dos calendarios permitía a los aztecas nombrar un máximo de 52 años.

Vaya a **http://www. prenhall.com/identidades** para más información sobre este tema.

Junco y paja

Figurillas de barro y arcilla

Tejido de Paracas (Perú)

Metalistería moderna en
Mesoamérica

Pirámide de piedra de Chichén Itza

4-3 Nuestra gente. Sigan las instrucciones a continuación para hablar sobre un grupo originario de su país (los indios apaches, los sioux, los anasazi, etc.) u otro grupo o comunidad importante (los italianos, los alemanes, los chinos, etc.). Apunten algunos datos para después compartir sus ideas con otra pareja.

1. Seleccionen un grupo.
2. Indiquen el lugar donde viven/vivían. Por ejemplo: _____ vivían en _____.
3. Describan este lugar. Por ejemplo: El lugar donde vivían era _____; tenía _____; había _____.
4. Hablen de su vivienda. Por ejemplo: Sus viviendas/casas/chozas (*huts*) tenían _____; eran de _____.
5. Mencionen una costumbre tradicional o antigua que aún mantienen hoy en día.

Estrategias de lectura

1. Infórmese sobre el tema antes de leer.

   a. Por el título, es evidente que el texto trata de la arquitectura y del arte de los pueblos de las Américas antes de la llegada de los europeos. Cuando piensa en las palabras *arquitectura* y *arte*, ¿qué imágenes le vienen a la mente?

   b. Piense en lo que ya sabe acerca de la arquitectura y del arte de la América precolombina. Mire las fotos en la actividad **4-2**. ¿En qué consistía el arte de esos pueblos? ¿Cómo eran sus edificios? ¿De qué materiales hacían sus esculturas? ¿Sus viviendas?

   c. Piense en los lugares importantes. Lea las dos oraciones al comienzo del segundo párrafo del texto. Se mencionan dos regiones: Mesoamérica y la zona andina. ¿Dónde están estas regiones? Localícelas en el mapa.

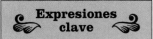
Expresiones clave

¿Comprende estas expresiones? Si tiene dudas, revise *Preparación* antes de leer el siguiente texto.

alfarería	metalistería
barro	paja
carreta	perecedero/a
cosechas	rueda
herramienta	tejidos
junco	vasija

2. Familiarícese con el texto. La primera oración de cada párrafo expresa la idea central del párrafo. Pase su marcador por la primera oración de cada párrafo. Luego, lea las oraciones que ha marcado. Haga una lista (oralmente o por escrito) de los temas que aparecen en el texto.

Arquitectura y arte en la América precolombina

Las poblaciones nativas de América alcanzaron un nivel de civilización comparable al de las grandes civilizaciones de la región mediterránea y de Mesopotamia, de India y de China. Antes de que comenzara la exploración y colonización del Nuevo Mundo por parte de los europeos, las culturas
5 precolombinas ya habían desarrollado importantes logros tecnológicos y artísticos; lo más sorprendente es que éste fue un desarrollo independiente, sin influencia alguna de las civilizaciones europeas o asiáticas, puesto que los indígenas americanos no pudieron conocer estas tecnologías hasta después de la llegada de los europeos. La rueda la utilizaban en Mesoamérica sólo como un
10 elemento de los juguetes, pero no la aplicaron a la alfarería ni a la construcción de carretas ni como sistema de arrastre[1]. Las herramientas de metal aparecieron en las últimas etapas de la historia precolombina, pero ya para entonces los nativos americanos eran capaces de construir grandes edificios y realizar complejas esculturas, algunas de ellas tan sofisticadas como las de los mayas, que
15 usaban elaborados ornamentos de jade.

Las culturas precolombinas eran básicamente agrícolas. En Mesoamérica el cultivo principal fue el maíz, mientras que en las zonas andinas de Perú y Bolivia se cultivó sobre todo la papa o patata. Las creencias y los ritos religiosos de estas sociedades estaban muy relacionados con las preocupaciones habituales de los
20 pueblos agrícolas, como son la climatología, la fertilidad de la tierra y la productividad de las cosechas. También era importante el calendario, pues debían asegurarse cuáles eran las épocas más adecuadas para realizar la siembra[2] y la cosecha. Por esta razón, la astronomía tenía un gran interés para ellos, y así se refleja en la arquitectura y el arte de estas culturas.

25 En el arte precolombino destacan la escultura, la pintura mural, las artes decorativas, (como la cerámica, la metalistería y los tejidos) y, por supuesto, la impresionante arquitectura. Hacían construcciones permanentes con piedra y adobe que se han conservado hasta hoy, tanto en Mesoamérica como en la zona central andina, aunque la mayor parte de los edificios se construían con
30 materiales perecederos, como juncos trenzados[3] y esteras de fibra o paja.

Algunas culturas precolombinas construían pirámides. Tenían una función distinta a las pirámides egipcias, pues no se usaban como monumentos funerarios sino como residencia de los dioses, aunque recientes excavaciones han revelado la presencia de tumbas en muchas pirámides precolombinas.

35 De las esculturas precolombinas se conservan principalmente las figurillas de barro y arcilla y efigies con forma de vasija. La escultura de piedra se desarrolló principalmente en Mesoamérica, y en menor grado en los Andes, pero en esta región apareció antes la metalurgia.

---

[1]*dragging* [2]*sowing* [3]*intertwined, braided*

(Notas al margen)

¿? Anticipe lo que va a leer. En este párrafo se habla de la rueda. ¿Usaban la rueda en la Mesoamérica precolombina? Al leer el párrafo, trate de responder a esta pregunta.

¿? ¿Se conocía la rueda en Mesoamérica antes de la llegada de los españoles? ¿Para qué se usaba?

¿? En este párrafo se habla de las conexiones que hacían los pueblos de Mesoamérica entre la agricultura, la religión y la astronomía. Al leer el párrafo, fíjese en estas conexiones.

¿? ¿Por qué era importante la astronomía en las culturas de Mesoamérica?

¿? Trate de comprender la idea principal, aunque probablemente hay palabras que usted no conoce. Al leer el párrafo, pase su marcador por las palabras desconocidas.

¿? ¿Ha comprendido la idea central? Vuelva a leer el párrafo. Se habla de dos tipos de edificios, los edificios permanentes y los edificios hechos de materiales perecederos. ¿De que materiales están hechos los permanentes y los perecederos?

¿? ¿Cuáles eran las dos funciones de las pirámides precolombinas?

¿? ¿Con qué región se asocian las esculturas de piedra? ¿Con qué región se asocia el uso de los metales?

El códice Grolier se encontró en el siglo XX. Muestra escenas de héroes y dioses de la cultura maya.

Las pinturas murales siguen apareciendo hoy día en las excavaciones arqueológicas. En Teotihuacán, México, los edificios monumentales eran 40 cubiertos, tanto por dentro como por fuera, de una gruesa capa de estuco sobre la que pintaban escenas narrativas y motivos decorativos. ✎

Pero donde mejor se muestra la gran habilidad que desarrollaron estas culturas en el dibujo y la pintura es en la escritura pictográfica, que podemos apreciar en los códices mayas, mixtecas y aztecas. En estos códices se registraban[4] hechos 45 históricos o mitológicos con dibujos detallados de figuras y símbolos de gran riqueza cromática. Se conservan pocos de estos libros: tres códices mayas, el Códice Nuttall de los mixtecos y algunas obras aztecas. En la Biblioteca Nacional de Madrid se puede ver uno de los códices mayas; el Códice Nuttall se exhibe en el Museo Británico de Londres. 50

❓ Trate de comprender el vocabulario importante. Pase su marcador por la frase *capa gruesa de estuco*. Ahora vuelva a leer el párrafo. ¿Qué significa la frase? Sin buscarla en el diccionario, trate de adivinar el significado. ¡No tenga miedo de usar la imaginación!

[4]*recorded*

Comprensión y ampliación

4-4 ¿Cierto o falso? Indique si las siguientes afirmaciones son ciertas (**C**) o falsas (**F**) según la lectura. Si son falsas, indique en qué línea(s) del texto está la respuesta correcta.

1. _____ Las civilizaciones precolombinas no eran tan avanzadas como las de Asia y Europa.
2. _____ Los mayas trabajaban las piedras preciosas con herramientas de metal.
3. _____ La papa fue el alimento principal en las regiones de los Andes.
4. _____ La astronomía influyó mucho en el arte y la arquitectura precolombinos.
5. _____ Los edificios precolombinos más antiguos eran de piedra.
6. _____ La pirámide precolombina servía como residencia de un dios.
7. _____ En la zona de los andes se usaron los metales para hacer esculturas.
8. _____ En México se han descubierto muchas pinturas murales.
9. _____ Los códices son libros sobre la naturaleza.

4-5 A resumir. *Primera fase.* Resuma por escrito la información de los dos primeros párrafos de la lectura en un párrafo mucho más breve. Incluya las siguientes expresiones: la exploración y la colonización, las civilizaciones de la América precolombina, la agricultura, la religión, la astronomía.

Segunda fase. Compare su resumen escrito con el de un compañero/una compañera y comenten las diferencias.

4-6 Diga lo que sabe. *Primera fase.* Basándose en la información del texto y en sus propios conocimientos, escriba para cada uno de estos lugares una idea que complete su descripción. Asegúrese de que sus ideas contengan las respuestas de al menos dos de las siguientes preguntas: ¿Qué es/son? ¿Cómo es/son? ¿Dónde está/están?

MODELO: Teotihuacán: Es una ciudad en México donde se encuentran unas antiguas ruinas precolombinas.

1. Mesopotamia
2. El Mediterráneo
3. Mesoamérica
4. Perú
5. Bolivia
6. Los Andes

Segunda fase. Elijan una de las zonas geográficas de la *Primera fase* y hagan pequeña investigación en Internet para ampliar sus conocimientos y hacer una breve presentación en clase. Deben cubrir los siguientes puntos u otro que les interese:

1. Nombres de la(s) comunidad(es) o grupos étnicos que viven allí
2. Lengua(s) que hablan
3. Algún antecedente histórico, cultural o político interesante: una guerra, un invento, un movimiento migratorio, un edificio o monumento importante que construyeron, una ruina, etc.
4. Alguna manifestación artística importante de la zona: edificio, objeto, pintura, arte popular, música, etc.

Aclaración y expansión

Se + *verb* for impersonal and passive expressions

- Spanish uses **se** + *singular verb* in impersonal statements—those in which the subject is not expressed. An infinitive, a clause, or sometimes an adverb follows the singular verb. Impersonal statements in English are expressed with indefinite subjects such as *they, you, people,* or *one.*

Se puede cruzar la cordillera de los Andes en el verano.	*You/One can cross the Andes mountain range in the summer.*
Se dice que las minas de estaño de Bolivia son las más grandes del mundo.	*People say that the tin mines in Bolivia are the largest in the world.*
Se trabaja mucho en las minas.	*They work a lot in the mines.*

Spanish uses **se** + *singular or plural verb* + *noun* in statements that emphasize the occurrence of an action rather than the person(s) responsible for that action. The noun (what is sold, exported, offered, etc.) usually follows the verb, and who does the action is not expressed. This is normally expressed in English with the passive voice (*is/are/was/were* + *past participle*). The verb agrees with the noun (singular or plural) that follows it.

Se vende artesanía peruana en muchos países del mundo.	*Peruvian handicraft is sold in many countries around the world.*
Se exportan flores colombianas a Estados Unidos durante todo el año.	*Colombian flowers are exported to the United States year round.*

4-7 ¿Dónde se hacía esto? Asocie las siguientes actividades con los lugares de la América precolombina donde normalmente ocurrían. En algunos casos, más de una respuesta es posible.

1. _____ Se usaba la rueda en los juguetes en...
2. _____ Se cultivaban muchos tipos de papa en...
3. _____ Se desarrollaban civilizaciones tan avanzadas como las de China y de India en...
4. _____ Se cultivaba maíz de varias maneras en...
5. _____ Se pintaban murales en las paredes de los edificios en...
6. _____ Se hacían esculturas de piedra en...
7. _____ Se construían edificios de piedra y adobe principalmente en...

a. Teotihuacán, México
b. la zona andina de Perú y Bolivia
c. Mesoamérica

Un edificio colonial de estilo español en California

4-8 ¡Alguien precavido vale por diez! Escriban una lista de lo que normalmente se hace antes y durante la construcción de una casa de estilo colonial. Después compartan su lista con otra pareja. Pueden usar las siguientes expresiones.

Sustantivos		Verbos	
adobe	metal	buscar	instalar
arquitecto	obreros	comprar	limpiar
cemento	piedras	contratar	mezclar
constructor	plano	cortar	pegar
herramientas	roca	diseñar	preparar
junco	terreno	hacer	poner
madera	tejas (*roof tiles*)		

MODELO: Antes de construir se contrata a los obreros. Durante la construcción se prepara el terreno.

Antes de construir

1. _____

2. _____

3. _____

4. _____

Durante la construcción

1. _____

2. _____

3. _____

4. _____

4-9 Para ganar un viaje. *Primera fase.* Hay un concurso en su universidad para ganar un viaje de estudios a uno de los lugares que aparecen más abajo. Los dos estudiantes que presenten la mejor propuesta (*proposal*) ganarán el premio. Preparen una propuesta que cubra los siguientes puntos.

La fortaleza de San Felipe de Barajas se empezó a construir en el siglo XVII en Colombia para proteger Cartagena de Indias de los piratas que la asediaban (*besieged it*).

La Alhambra de Granada es una de las maravillas de la arquitectura árabe en España.

El Teatro Colón de Buenos Aires se inauguró en 1908. Elegante y espectacular, ofrece excelentes programas de música clásica y ópera.

La Catedral de Lima, Perú, fue fundada en 1543. A finales del siglo XVIII se comenzó la renovación del edificio, donde se observa una mezcla de estilos arquitectónicos. En el Museo de Arte de esta catedral se encuentran numerosos tesoros artísticos.

1. La localización geográfica y la moneda que se usa en el lugar
2. Información sobre otros lugares que se pueden visitar allí u otras actividades que se pueden hacer
3. Más información sobre el edificio de la foto
4. Lo que se debe llevar para este viaje
5. El presupuesto (*budget*) que se necesita para el viaje

Segunda fase. Presenten la propuesta a la clase. Después, decidan entre todos qué propuesta ganará el premio.

4-10 Algunas controversias. Primera fase. Algunos temas relacionados con el arte y la arquitectura provocan opiniones controvertidas. Escoja uno de los siguientes temas.

1. Construir mega tiendas como Wal-Mart en barrios residenciales
2. Destruir edificios o lugares históricos para construir zonas residenciales
3. Pintar las paredes de las casas o edificios con graffiti
4. Exponer esculturas modernas en lugares públicos
5. Reducir los fondos para el arte (la pintura, el ballet, la música) en las escuelas públicas

Ahora anote algunas ideas basándose en las siguientes preguntas.

1. ¿Qué se dice en los periódicos, las revistas, la televisión, etc. sobre este tema?
2. ¿Cuáles son algunos ejemplos concretos de este tema que usted conoce?
3. ¿Qué opina el público sobre el tema?
4. ¿Cuál es la opinión de usted?

 Segunda fase. Formen grupos de acuerdo al tema que escogieron. Después, comparen sus notas e ideas y hablen sobre el tema.

 Tercera fase. Hagan una presentación oral o escrita basándose en la información que tienen.

Machu Picchu

Antes de ver

4-11 ¿Cuánto sabe usted sobre los incas? Marque (✓) la(s) respuesta(s) que considera correcta(s).

❶ Los incas fueron una de las civilizaciones prehispánicas más importantes. ¿Qué otras civilizaciones prehispánicas importantes de esta lista reconoce usted? (Hay más de una respuesta correcta.)

___ a. los aztecas   ___ c. los andaluces
___ b. los mayas   ___ d. los galápagos

❷ Los incas hablaban...

___ a. español.   ___ c. maya.
___ b. quechua.   ___ d. náhuatl.

❸ La capital del imperio inca era...

___ a. Cuzco.
___ b. Machu Picchu.
___ c. Teotihuacán.
___ d. Lima.

❹ Uno de los productos básicos más importantes de la alimentación de los incas era...

___ a. el maíz.
___ b. la carne de cerdo.
___ c. el pan.
___ d. el grano de soja.

Mientras ve

4-12 ¿Cierto o falso? Indique si las siguientes afirmaciones son ciertas (**C**) o falsas (**F**) según la información que aparece en el video. Si la respuesta es falsa, dé la información correcta.

_____ 1. Machu Picchu fue una importante ciudad inca.

_____ 2. Machu Picchu está en los Andes.

_____ 3. El imperio inca ocupaba una vasta región en la costa este de América del Sur.

_____ 4. Los incas tenían avanzados conocimientos de ingeniería.

_____ 5. Los incas usaban cemento para unir las piedras de sus construcciones.

_____ 6. Los chasquis eran los responsables del cultivo del maíz.

_____ 7. Machu Picchu estuvo abandonada por más de 300 años.

_____ 8. Hiram Bingham fue el último emperador inca.

_____ 9. Hay numerosos testimonios escritos sobre Machu Picchu.

_____ 10. Hoy en día se sabe con seguridad que Machu Picchu fue una ciudad universitaria para los hijos de la nobleza inca.

Después de ver

4-13 ¿Qué aprendió usted sobre Machu Picchu y los incas?

Ubicación	Arquitectura	Conocimientos de ingeniería
1. Costa este de América del Sur	1. Casas de un solo cuarto	1. Diseño de caminos
2. Costa oeste de América del Sur	2. Templos	2. Diseño de puentes
3. Costa este de América Central	3. Pirámides	3. Creación de terrazas para el cultivo
4. Costa oeste de América Central	4. Fortalezas	4. Creación de sistemas de irrigación

SEGUNDA PARTE

A leer

Preparación

4-14 Creaciones maestras. Asocie los artistas de la columna de la izquierda con las creaciones artísticas de la columna de la derecha. En algunos casos, más de una respuesta es posible.

1. _____ músico/a
2. _____ arquitecto/a
3. _____ pintor/a
4. _____ escultor/a

a. pintura
b. edificio
c. retrato (*portrait*)
d. puente
e. ópera
f. escultura
g. dibujo
h. arco inclinado
i. paisaje
j. canción

4-15 ¿Cómo son los artistas y qué hacen? Marquen (✓) los estereotipos que, según ustedes, se usan para describir o definir a un artista y su trabajo. Luego expliquen por qué descartaron alguno(s).

1. En nuestra sociedad clasificamos como artistas a los...

   a. —— profesores universitarios.
   b. —— escultores.
   c. _____ músicos.
   d. _____ pintores.
   e. _____ muralistas.
   f. _____ arquitectos.

2. En general, la gente piensa que los artistas...

   a. _____ son bohemios.
   b. _____ son personas fuera de lo común.
   c. _____ siempre mantienen la tradición.
   d. _____ no tienen educación formal.
   e. _____ son polifacéticos (*multifaceted*).

3. También piensan que la creación de un/a artista...

   a. _____ es siempre el resultado de un caos emocional.
   b. _____ siempre es fácil de entender.
   c. _____ casi siempre provoca controversia.
   d. _____ debe representar la visión que la sociedad tiene de una idea o concepto.

4. Para realizar un proyecto, un arquitecto/una arquitecta...

   a. _____ nunca se deja influenciar por las ideas de un/a gran maestro/a.
   b. _____ hace un plano.
   c. _____ a veces fabrica maquetas (*scale models*).
   d. _____ no dibuja antes lo que desea construir.

4-16 Los grandes artistas. Primera fase. Investiguen los siguientes hechos sobre la vida y la obra de uno de estos artistas:

Pintores: Francisco de Goya, Fernando Botero, Frida Kahlo

Arquitectos: Antoni Gaudí, Luis Barragán, Rafael Moneo, Ricardo Bofill

Músicos: Claudio Arrau, Teresa Berganza, Plácido Domingo, María Elena García Rivera, Rolando Villazón

1. Lugar y fecha de nacimiento
2. Estudios y lugar donde los realizó
3. Arte que cultivó y posible influencia de otros artistas famosos
4. Obra(s) que lo/la hicieron famoso/a
5. Descripción de una de sus obras
6. Su opinión personal y la del grupo sobre el artista y su obra

Segunda fase. Sin leer sus notas, compartan con la clase la información que consiguieron. Sus compañeros deben hacerle al menos tres preguntas.

Estrategias de lectura

1. Lea el título para anticipar el contenido.
   a. ¿Comprende todas las palabras? ¿De qué verbo viene la forma *rompiendo*?
   b. ¿Qué significa la frase *fronteras del arte*? ¿Qué tipo de fronteras son?
2. Lea rápidamente el primer párrafo para orientarse. ¿Qué fechas ve? ¿Qué ciudades se mencionan? ¿Qué tipo de artista es Santiago Calatrava?
3. Piense en lo que sabe acerca del tema. ¿Qué sabe acerca de la arquitectura y los arquitectos? Apunte los nombres de los arquitectos que conoce. De los edificios y otras construcciones que usted conoce, ¿cuáles tienen fama como obras arquitectónicas importantes?

Expresiones clave

¿Comprende estas expresiones? Si tiene dudas, revise *Preparación* antes de leer el siguiente texto.

arco · influenciar
arquitecto/a · obra
dibujo · polifacético/a
escultura · puente
inclinado/a · realizar

¿Qué ha aprendido usted sobre Calatrava en el primer párrafo? Anote tres datos.

LECTURA

Santiago Calatrava: Rompiendo las fronteras del arte

Santiago Calatrava es uno de los arquitectos españoles más originales y reconocidos del mundo. Nació en Valencia en 1951, donde, desde los ocho años, estudió en la Escuela de Artes y Oficios. Posteriormente se graduó en Arquitectura y tomó también cursos de urbanismo en esa misma ciudad. En 1975 decidió hacer estudios de posgrado en ingeniería civil y se matriculó en la Universidad Técnica Helvética de Zurich, donde se doctoró en el año 1981. Con una formación tan académica, no se puede decir que Santiago Calatrava sea un autodidacta, como tantos de sus contemporáneos. Además, Calatrava habla a la perfección varias lenguas y es un hombre polifacético cuya obra traspasa las fronteras de la arquitectura, del arte y de la ingeniería.

El Puente de la Barqueta en Sevilla, España, del arquitecto español Santiago Calatrava.

El Museo de Arte de Milwaukee de Santiago Calatrava.

El arquitecto valenciano Santiago Calatrava junto a la foto de una de sus obras

Durante sus estudios de doctorado en Zurich conoció a su esposa, que era estudiante de leyes, y allí instaló su primer taller de arquitectura, en una casa que le sirve igualmente de residencia. En esta antigua casa remodelada en su interior con un aspecto moderno y espacioso, Calatrava se dedica a hacer esculturas, 15 dibujos y diseños de muebles, además de sus proyectos arquitectónicos. La influencia de su talento artístico se ve claramente en sus edificios, que parecen esculturas. "A veces, me dedico a hacer composiciones estructurales; si se quiere, también se pueden denominar esculturas", dice Santiago Calatrava*. 💬

En las entrevistas que concede y en sus artículos, las referencias de Calatrava 20 al arte son constantes y lo ayudan a explicar su obra, como la comparación entre los arcos inclinados de un puente y los bañistas de Cézanne[1]. "El arte del siglo XX —dice— se ha visto fuertemente influenciado por el concepto marxista-leninista del arte para todos. Esta idea se ha pasado ya. Estamos volviendo a encontrar la libertad de creación, lo que implica un nuevo puesto para el 25 arquitecto en tanto[2] artista, y para la arquitectura en tanto arte".** 💬

Después de completar sus estudios de posgrado, Calatrava hizo algunos trabajos de ingeniería y empezó a presentarse a concursos. En 1983 ganó el concurso

💬 Este párrafo trata de la casa de Calatrava. ¿Qué artes practica Calatrava?

💬 ¿Qué dice Calatrava acerca del arte del siglo XX? ¿Cómo difiere el arte del siglo XX del arte de hoy?

*Philip Jodidio, *Santiago Calatrava*, (Köln: Taschen, 1998), 6–8.
**Ibid., 8.
[1]Pablo Cézanne, pintor impresionista francés (1839–1906). Pintó muchos cuadros de personas bañándose.
[2]como

¿Qué tres grandes proyectos hizo Calatrava entre 1983 y 1991? ¿En qué ciudades europeas hizo estos proyectos?

¿Qué ha aprendido? Lea otra vez este párrafo. ¿Qué dos épocas (historical periods) se identifican en la historia de los puentes? ¿Qué estilo se asocia con cada época?

para reconstruir la estación de Zurich, y en 1984 lo contrataron para hacer el puente de Bach de Roda en Barcelona. En 1989 abrió un segundo taller de arquitectura en París, Francia. En este país es muy apreciado y ha construido la estación del aeropuerto Satolas en Lyon. Su tercer taller lo abrió en Valencia, su ciudad natal, en 1991, para dedicarse a la construcción de un gran complejo arquitectónico, La Ciudad de las Artes y las Ciencias.

Según Calatrava, el puente no debe tener únicamente un valor funcional. De hecho, a lo largo de la historia, los puentes han estado cargados de significados simbólicos: "Si se observa la historia de los puentes durante los siglos XIX y XX —declara Calatrava— se verá que muchos tienen una estructura muy particular, cargada de significado. Unos estaban recubiertos de piedra, otros tenían esculturas en forma de león o barandillas[3]; en el puente de Alejandro III de París, incluso hay lámparas sostenidas por ángeles. Esta actitud desapareció al finalizar la Segunda Guerra Mundial. Fue necesario reconstruir con rapidez cientos de puentes en toda Europa. Por pura necesidad surgió una escuela de diseño funcional. Un buen puente era un puente simple y, sobre todo, económico." Sin embargo, hoy en día la arquitectura funcional tiene también su propósito estético, y es por eso que el puente se ha revalorizado como símbolo de identidad. Entre los puentes más famosos de Calatrava están el del Alamillo, en Sevilla, el puente de Campo Volantín en Bilbao y el de la estación del metro de Valencia***.

El Museo de Arte de Milwaukee es uno de los primeros trabajos de Calatrava en Estados Unidos. Situado a la orilla del Lago Michigan en Milwaukee, el edificio parece un cisne[4] con las alas abiertas, y la revista *Time* lo declaró el mejor diseño arquitectónico del año 2001. Los visitantes acceden al museo por un puente peatonal[5] diseñado también por Calatrava. Recientemente, Calatrava ha sido elegido para realizar la estación terminal de trenes del conjunto de la Zona Cero en Manhattan. Esto demuestra la importancia que tiene este español universal en la arquitectura mundial.

***Philip Jodidio, *Santiago Calatrava*, (Köln: Taschen, 1998), 26–28.
[3]*railing* [4]*swan* [5]*pedestrian*

Comprensión y ampliación

4-17 ¿Cierto o falso? Indique si las siguientes afirmaciones son ciertas (**C**) o falsas (**F**) de acuerdo con la información de la lectura. Si son falsas, indique en qué línea(s) del texto está la respuesta correcta.

1. _____ Santiago Calatrava nació en Suiza.
2. _____ El famoso arquitecto es autodidacta.
3. _____ Santiago Calatrava vive en Valencia hoy en día.
4. _____ En su estudio, Calatrava también hace esculturas y pinturas.
5. _____ Las obras arquitectónicas de Calatrava se basan en sus propias esculturas.
6. _____ Calatrava cree que la arquitectura y el arte no tienen ninguna relación.
7. _____ Según Calatrava, el único propósito del puente hoy en día es funcional.
8. _____ El Museo de Arte de Milwaukee tiene la forma de un ave con alas abiertas.
9. _____ Este museo recibió un premio importante en 2001.
10. _____ Calatrava fue elegido para realizar una obra muy importante en Nueva York.

4-18 Agrupaciones. Vuelva a leer el texto y busque la información que se pide más abajo. Debe subrayar las palabras en el texto y después escribirlas.

1. Un pintor importante según Calatrava
2. Tres edificios de Calatrava
3. Tres países donde Calatrava ha trabajado
4. Un material de construcción
5. Dos formas de expresión artística

 4-19 Para pensar y comentar. Lean las siguientes citas (*quotations*) textuales y, luego, túrnense para preguntar y responder.

Calatrava habla a la perfección varias lenguas y es un hombre polifacético cuya obra traspasa las fronteras de la arquitectura, del arte y de la ingeniería.

1. ¿Qué lenguas cree usted que habla Santiago Calatrava? ¿Por qué lo cree?
2. Y usted, ¿qué lenguas habla? ¿Qué ventajas tiene hablar distintas lenguas?
3. ¿Puede explicar la expresión "es un hombre polifacético"?
4. ¿Qué significa la palabra *fronteras* en este contexto?
5. ¿Qué otro tipo de fronteras se pueden cruzar?

"El arte del siglo XX —dice— se ha visto fuertemente influenciado por el concepto marxista-leninista del arte para todos. Esta idea se ha pasado ya. Estamos volviendo a encontrar la libertad de creación, lo que implica un nuevo puesto para el arquitecto en tanto artista, y para la arquitectura en tanto arte."

1. ¿Qué quiere decir *el arte para todos*? ¿Conoce algún ejemplo de este tipo de arte?¿Cuál?
2. En su opinión, ¿qué es más importante, la libertad de creación o la utilidad del arte? ¿Por qué?
3. ¿Conoce algún ejemplo de arquitectura que pueda ser considerado arte? ¿Cuál?
4. ¿Cree usted que el verdadero artista es siempre independiente? ¿Por qué?
5. ¿Conoce alguna obra de arte (pintura, escultura, arquitectura, etc.) que sirva a intereses políticos, económicos o religiosos?

Según Calatrava, el puente no debe tener únicamente un valor funcional. De hecho, a lo largo de la historia, los puentes han estado cargados de significados simbólicos: "Si se observa la historia de los puentes durante los siglos XIX y XX —declara Calatrava— se verá que muchos tienen una estructura muy particular, cargada de significado. Unos estaban recubiertos de piedra, otros tenían esculturas en forma de león o barandillas; en el puente de Alejandro III de París, incluso hay lámparas sostenidas por ángeles. Esta actitud desapareció al finalizar la Segunda Guerra Mundial. Fue necesario reconstruir con rapidez cientos de puentes en toda Europa. Por pura necesidad surgió una escuela de diseño funcional. Un buen puente era un puente simple y, sobre todo, económico."

1. ¿Conoce alguna ciudad con un puente importante? ¿Por qué es importante el puente?
2. ¿Es un puente sólo funcional o es también famoso por otra razón?
3. Imagínese la ciudad sin ese puente. ¿Qué efectos va a tener esto en la ciudad?
4. ¿Ha visto fotos de algún puente de Calatrava? Describa el puente.
5. Explique en otras palabras la cita de Calatrava sobre el puente.

Aclaración y expansión

Indirect object nouns and pronouns

Indirect object pronouns			
me	*to/for me*	**nos**	*to/for us*
te	*to/for you* (familiar)	**os**	*to/for you* (familiar)
le	*to/for you* (formal), *him, her, it*	**les**	*to/for you* (formal), *them*

● Indirect object nouns and pronouns express *to whom* or *for whom* an action is done.

> El guía **me** mostró el puente.　　*The guide showed **me** the bridge.*

● Use indirect object pronouns even when the indirect object noun is stated explicitly. Note that **a** always precedes the indirect object noun.

> Yo **le** mandé la foto del puente **a Carolina**.
>
> *I sent the photo of the bridge **to Carolina**.*

> El arquitecto **les** mostró **a los clientes** una maqueta del edificio que esperaba diseñar.
>
> *The architect showed **the clients** a model of the building he hoped to design.*

● Because **le** and **les** can refer to *him, her, it, you* (singular or plural), or *them*, a sentence like **Yo le(s) mandé una foto del puente** can be ambiguous if the context does not make it clear to whom **le(s)** refers. To eliminate ambiguity in these cases, **le** and **les** are often clarified with the preposition **a** + *noun*, as you saw above, or the preposition **a** + *pronoun*. This structure may also be used for emphasis.

> El guía **le** habla **a usted**.
>
> *The guide is talking **to you** (not to him).*

> **Les** dio las entradas **a ellos**.
>
> *He gave the tickets **to them** (not to you).*

● For emphasis, use **a mí, a ti, a nosotros/as**, and **a vosotros/as** with the corresponding indirect object pronouns.

> Pedro **me** regaló la entrada **a mí**.
>
> *Pedro gave the ticket **to me**.* (not to someone else)

● Indirect object pronouns are placed either before a conjugated verb or after an infinitive or present participle. When placed after the infinitive or present participle, they are attached to those forms.

> Él **les** va a pintar un mural **a los niños**. Va a pintar**les** un mural **a los niños**.
>
> *He is going to paint a mural **for the children**.*

Les está explicando **a los niños** lo que va a hacer para preparar la pared.

Está explicándo**les a los niños** lo que va a hacer para preparar la pared.

*He is explaining **to the children** what he is going to do to prepare the wall.*

4-20 ¿Qué se hace por alguien? Primero, marque (✓) lo que, según usted, se hace por alguien en estas circunstancias. Luego, compare sus respuestas con las de su compañero/a.

1. Su profesor de música se enfermó y no puede darle clase.

   a. _____ Usted le manda una tarjeta y le pide que se cuide.
   b. _____ Usted le sugiere cancelar la clase para siempre.
   c. _____ Usted le envía a un médico a su casa.

2. La guitarra de su hermana se rompió y ella no tiene dinero para comprar otra.

   a. _____ Sus padres le dicen que lo sienten.
   b. _____ Usted le presta su propia guitarra.
   c. _____ Usted le da dinero para comprar una guitarra nueva.

3. Una persona vende todos los CDs de Plácido Domingo, el cantante de ópera favorito de sus padres.

   a. _____ Mis hermanos y yo les compramos a nuestros padres todos los CDs que esta persona vende.
   b. _____ Nosotros les vendemos nuestros CDs de Plácido Domingo a nuestros padres.
   c. _____ Nosotros no les informamos a nuestros padres que alguien vende estos CDs.

4. Sus tíos viajaron a Colombia y asistieron a una conferencia que dio el pintor Fernando Botero.

   a. _____ Sus tíos les cuentan a ustedes sobre el contenido de la conferencia.
   b. _____ Ellos les niegan (*deny*) que fueron a la conferencia de Botero.
   c. _____ Sus tíos les regalan algunas copias de las pinturas de Botero.

4-21 ¿Qué hago por mi mejor amigo? Primera fase. Imagínese que su mejor amigo va a debutar como pianista; está muy ocupado preparándose para el recital. De la siguiente lista, diga qué hace usted por él para ayudarlo. Después añada dos actividades más y comparta sus ideas con su compañero/a.

MODELO: Prestar mis notas de clase cuando está ausente
Le presto mis notas de clase cuando está ausente.

1. Preparar comida mientras él ensaya (*rehearses*)
2. Lavar la ropa
3. Mandar correos electrónicos para tranquilizarlo
4. Comprar la ropa que necesita para el recital
5. Dar ideas para enfrentar al público en el recital
6. Prestar mi auto si lo necesita para ir al teatro
7. ...
8. ...

Segunda fase. Ahora, hagan una lista de lo que sus mejores amigos/as hacen por ustedes en estas circunstancias.

MODELO: Cuando ustedes pasan por momentos difíciles...
nos envían flores para animarnos.
Cuando...

- ustedes desean tener una copia en CD de una canción que a ustedes les gusta, pero no tienen un quemador de CDs...
- ustedes reciben un premio por un trabajo artístico original...
- ustedes celebran su cumpleaños...
- sus amigos visitan el museo favorito de ustedes en otra ciudad...
- sus amigos tienen billetes gratuitos para ir a un concierto de la música favorita de ustedes...
- ustedes quieren ir a la exposición de arte de su pintor favorito, pero no tienen dinero...

4-22 En un mercado. Primera fase. Ustedes están de compras en un mercado de artesanías en un país hispanoamericano y quieren llevarles regalos a algunos de sus familiares y amigos, incluyendo a su compañero/a. Primero, cada uno de ustedes debe hacer una lista de cuatro personas que conocen. Después, observen las fotos a continuación, escojan el regalo apropiado para cada persona y hablen sobre lo que piensan comprarle.

MODELO: E1: Le pienso comprar un sombrero a mi hermana mayor.
E2: Y yo voy a llevarle un poncho a mi hermano.

a. Ponchos mexicanos

b. Vasija de arcilla peruana

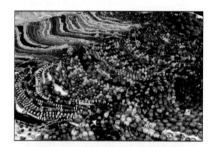
c. Collares ecuatorianos de colores

d. Cinturones de Argentina

e. Piezas decorativas de Guatemala

f. Un traje típico de Paraguay

Personas

1. _____

2. _____

3. _____

4. _____

Segunda fase. Cambien de pareja y cuéntenle a su nuevo compañero/nueva compañera qué le regaló a usted su compañero/a anterior. Añadan algún detalle como, por ejemplo, cuándo lo van a usar, dónde lo van a poner, etc.

 4-23 De compras. Ahora usted está en una tienda artesanal para comprarle un regalo a alguien muy importante para usted. Dígale al dependiente/a la dependienta qué regalos tiene en mente y descríbale cómo es la persona que va a recibir el regalo. El dependiente/La dependienta (su compañero/a) va a describirle la mercancía que tiene y también va a hacerle algunas recomendaciones.

MODELO: E1: Hola, estoy buscando un regalo para una amiga. No sé qué regalarle, hay tantas cosas bonitas. Quizás una bolsa de cuero, o un plato de cerámica o de cobre.

E2: Buenos días, tenemos unas bolsas de cuero muy bonitas y unos platos de cerámica preciosos, pero no tenemos platos de cobre. ¿El regalo es para una persona joven o mayor?

E1: Es joven. Tiene 22 años.

E2: Entonces, ¿por qué no le lleva una bolsa? Son muy prácticas y para la gente joven son perfectas. Le voy a mostrar unas bolsas que recibí ayer.

Gustar and similar verbs

- The verb **gustar** is not used the same way as the English verb *to like*. **Gustar** is similar to the expression *to be pleasing* (to someone).

Me gusta esta escultura.   *I **like** this sculpture.*
                                  (This sculpture is pleasing to me.)

Note that with the verb **gustar,** the subject is the person or thing that is liked, and it normally follows the verb. The indirect object shows to whom something is pleasing.

- Generally, only two forms of **gustar** are used for each verb tense. If one person or thing is liked, use **gusta/gustó/gustaba.** If two or more persons or things are liked, use **gustan/gustaron/gustaban.** To express activities that people like or do not like to do, use **gusta/gustó/gustaba** followed by one or more infinitives.

Les gusta la música popular.   *They **like** popular music.*

Nos gustaron las artesanías que   *We **liked** the handicrafts that*
Berta compró.   *Bertha bought.*

Me gustaba cantar y tocar la   *I **liked** to sing and play the guitar when*
guitarra cuando trabajaba con los   *I worked with the children.*
niños.

● To emphasize or clarify to whom something is pleasing, use **a** + *pronoun* (**a mí, a ti, a usted/él/ella, a nosotros/as, a vosotros/as, a usted/ellos/ellas**) or **a** + *noun*.

> **A mí me gustó** mucho el mural de Diego Rivera, pero **a Claudia le gustaron** más los murales de David Alfaro Siqueiros.

> *I **liked** Diego Rivera's mural a lot, but **Claudia liked** the murals of David Alfaro Siqueiros more.*

● Other verbs that follow the pattern of **gustar** are

caer bien	*to like* (a person)
caer mal	*to dislike* (a person)
disgustar	*to annoy, to displease*
encantar	*to take delight in, to love* (in a general sense; e.g., to love animals, hiking, etc.)
fascinar	*to fascinate*
importar	*to be important to, to matter*
interesar	*to interest*
parecer	*to seem*
quedar	*to fit* (clothing); *to have something left*

> **Me caen bien** los hermanos de Fernando. Son muy cómicos y siempre me divierto cuando estoy con ellos.

> *I **like** Fernando's brothers. They are very funny and I always have a good time when I am with them.*

> A algunos estudiantes no **les importa** llegar tarde a clase. Su comportamiento **les disgusta** mucho a sus profesores.

> *Some students **don't care** if they get to class late. Their behavior really **annoys** their professors.*

 4-24 Mis gustos. Primera fase. Complete la siguiente tabla según sus preferencias. Después compare sus respuestas con las de su compañero/a.

MODELO: Diseños indígenas
E1: A mí me gustan los diseños indígenas. ¿Y a ti?
E2: A mí también me gustan./A mí no me gustan. Prefiero los diseños modernos.

	me fascina(n)	me encanta(n)	me gusta(n)	no me gusta(n)
La arquitectura moderna				
Las pirámides				
La música de piano				
La música digital				
La ópera				
Los rascacielos (*skyscrapers*)				

Segunda fase. Con otra pareja, comenten sobre sus gustos. Si ustedes cuatro tienen gustos similares, compartan esta información con el resto de la clase.

4-25 ¿Qué les gusta hacer? Basándose en las actividades de estas personas, digan qué les gusta/interesa/encanta hacer a ellos. Usen su imaginación y añadan un comentario adicional.

MODELO: Visita muchos países diferentes.
 E1: Le gusta viajar y puede hacerlo porque tiene mucho dinero. ¿Estás de acuerdo?
 E2: Sí, y además siempre viaja en primera./No, no estoy de acuerdo contigo.
 Pienso que es una mujer de negocios. Trabaja en una compañía multinacional y le gusta estar en contacto con sus clientes.

Habla con la cantante de ópera después de la función.

Van a ver los murales de Rivera, Orozco y Siqueiros en México.

Observa a la gente en el café.

Se reúnen los fines de semana.

Pinta murales en edificios del este de Los Ángeles.

Van al parque de la ciudad en los veranos.

4-26 Nuestras opiniones. Primera fase. Den su opinión sobre los siguientes temas y fundaméntenla (*support it*). Las siguientes expresiones les van a ser útiles para expresar su opinión.

¿Qué opinión tienes sobre/de...?	Opino que...
¿Qué opinas sobre/de...	
¿Qué piensas/crees de...	Pienso/Creo que...
¿Qué te parece...?	Me parece que...

MODELO: Los conciertos de música clásica al aire libre
E1: ¿Qué piensas sobre los conciertos de música clásica al aire libre?
E2: Me parece una forma excelente de mostrarle buen arte al público. Y tú, ¿qué opinas?
E1: Pues, no me gustan al aire libre. Yo creo que la música clásica debe tocarse en teatros o lugares cerrados y elegantes.

1. El alto costo de los billetes para ver ópera
2. Las compañías que hacen copias ilegales de las obras de los famosos
3. La pintura que muestra la violencia
4. El uso de fondos del gobierno para realizar proyectos artísticos
5. La construcción de edificios de vidrio (*glass*) en las ciudades
6. Las condiciones en que viven muchos de los artistas poco conocidos

 Segunda fase. Ahora discutan sus opiniones con el grupo y tomen apuntes. ¿Cuántos de ustedes opinan igual/diferente? ¿Qué piensa la mayoría de los miembros del grupo? En caso de un empate (*tie*), presenten los dos puntos de vista.

 4-27 ¡A conocernos mejor! Primero, lea la siguiente lista y anote sus respuestas. Después piense qué puede decir para explicar sus gustos o antipatías. Finalmente, entreviste a su compañero/a para saber su opinión.

1. Algo que le disgusta
2. Alguien que le cae bien
3. Un personaje público que le cae mal
4. Algo que le interesa más en la actualidad

4-28 Los proverbios. Primera fase. Los proverbios son una manifestación de la cultura popular. Lea los proverbios y elija el que más le gusta. Asegúrese de que comprende su significado comprobándolo en un diccionario, en Internet o preguntando a otros compañeros/as. Luego, piense en un contexto en el que se puede aplicar.

Ojos que no ven, corazón que no siente.
Aunque la mona se vista de seda, mona se queda.
Llamar al pan, pan y al vino, vino.
Mientras en mi casa estoy, rey soy.
Estar en el pueblo y no ver las casas.
Quien más tiene, más quiere.

Segunda fase. Comparta con un compañero/una compañera el proverbio que eligió en la *Primera fase* y dígale lo siguiente:

1. Una situación en qué se puede usar
2. Si existe uno semejante en inglés

Algo más

The infinitive

● In Spanish, the infinitive may function as a noun and be used as the subject of a sentence. English uses an *–ing* verb form for this purpose.

Vivir y **estudiar** en un país es la mejor forma de aprender el idioma.

Living and studying in a country is the best way to learn the language.

● In Spanish, the infinitive is also used after a preposition, while English generally uses the *-ing* verb form.

Iremos a Teotihuacán antes de **salir** para la Ciudad de México.

We'll go to Teotihuacan before leaving for Mexico City.

Al **llegar** a la Ciudad de Mexico, llamaremos a nuestros amigos.

Upon arriving in Mexico City, we'll call our friends.

4-29 ¿Qué hacer para entender una pintura? Primera fase. Indiquen si la afirmación es lógica (**L**) o ilógica (**I**), según ustedes.

1. _____ Observar con atención los detalles y la totalidad de la obra
2. _____ Ver si hay equilibrio en la distribución del espacio en la obra
3. _____ Tocar la obra para ver si nos comunica un sentimiento
4. _____ Comprobar si hay armonía en la utilización de los colores
5. _____ Buscar el nombre del pintor
6. _____ Evaluar si los detalles contribuyen a la coherencia de la obra
7. _____ Tomar una clase de pintura con el pintor de la obra
8. _____ Evaluar la fuerza expresiva del pintor, es decir, la manera en que combina la textura, la forma y el color para comunicar algo

Frida reparte armas, por Diego Rivera

Segunda fase. Observen la siguiente obra del famoso pintor y muralista mexicano Diego Rivera y den su opinión sobre lo siguiente.

● ¿Hay equilibrio en la distribución del espacio en la obra?
● ¿Hay un centro principal en el plano de la obra? ¿Cuál es el centro?
● ¿Posee dinámica la composición, es decir, los detalles se adecuan al movimiento del total de la obra?
● ¿Comunica algo el pintor? ¿Qué expresa Rivera en esta pintura?
● ¿Le gusta la obra? ¿Por qué sí? ¿Por qué no?

4-30 Un sueño hecho realidad. Complete esta narración sobre un viaje a Machu Picchu con el infinitivo o el gerundio.

(1) _____ (Visitar) la ciudad de Machu Picchu fue siempre uno de mis mayores deseos. Finalmente, el otoño pasado tuve la oportunidad de (2) _____ (viajar) a Perú y (3) _____ (conocer) ese fascinante lugar. Cuando salí de Miami estaba (4) _____ (llover) mucho, y yo pensé que no era la mejor manera de (5) _____ (comenzar) el viaje, pero después, durante el vuelo, conocí a otros estudiantes que iban en la misma excursión y me encantó (6) _____ (conversar) con ellos. Cuando aterrizamos en Lima, el guía nos estaba (7) _____ (esperar) en el aeropuerto y nos llevó al hotel para (8) _____ (dejar) el equipaje y (9) _____ (descansar) hasta las doce. A esa hora nos reunimos y fuimos a (10) _____ (almorzar) y a (11) _____ (visitar) la ciudad. A la mañana siguiente tomamos un avión para Cuzco. ¡Qué ciudad tan interesante! (12) _____ (Pasear) por la ciudad fue nuestra actividad principal el primer día. En un mercado vimos a unas mujeres que tejían unas mantas preciosas (13) _____ (combinar) lanas de diferentes colores. A la mañana siguiente tomamos el tren para (14) _____ (ir) a Machu Picchu. Parte del recorrido fue al lado del río Urubamba, y cuando llegamos al final del viaje, en medio de los Andes, no se veía la ciudad por ninguna parte. Entonces el guía nos explicó que Machu Picchu estaba entre dos montañas y que íbamos a (15) _____ (subir) en un pequeño autobús para (16) _____ (poder) ver la ciudad. Cuando finalmente llegamos a Machu Picchu, yo no podía (17) _____ (creer) lo que estaba (18) _____ (ver). ¡Era una verdadera maravilla!

4-31 Para embellecer el campus. Primera fase. Su universidad ha organizado un concurso para embellecer (*beautify*) el campus y crear un ambiente más cultural. Preparen un plan que incluya los siguientes aspectos del campus.

MODELO: Las paredes de los edificios administrativos
Pintar murales en las paredes de los edificios administrativos

1. Los pasillos (*corridors*) de los edificios administrativos
2. Los jardines
3. Los salones de clases y/o laboratorios
4. Las residencias estudiantiles
5. ¿Otro?

Segunda fase. Compartan su plan con la clase y, entre todos, decidan cuál es el más artístico.

A escribir

Estrategias de redacción

EL DIÁLOGO EN LA NARRACIÓN

En los capítulos anteriores, se habló de la importancia de la planificación cuidadosa de algunos aspectos clave en una narración. Ahora usted tendrá la oportunidad de usar el diálogo en la narración.

Aparte de ser más interesante para el lector, el diálogo cumple varias funciones en la narración. Primero, le permite al narrador usar un estilo más directo al reproducir las conversaciones entre los personajes. En segundo lugar, el diálogo agiliza la narración; el narrador no reporta lo que dijeron los personajes sino que los personajes lo dicen en sus propias palabras. En tercer lugar, el diálogo le permite al lector descubrir la naturaleza de los personajes y sus circunstancias. A través de su conversación con otros, cada personaje revela sus sentimientos, sus debilidades (*weaknesses*), sus planes, etc.

Las siguientes son algunas convenciones básicas al usar el diálogo:

- Es importante marcar visualmente la diferencia entre la prosa narrativa y las porciones que contienen diálogo. La intervención de cada personaje se escribe en una línea aparte y se separa de la parte narrativa con una raya (—). Por ejemplo:

  El salón de piano tenía una vieja puerta destruida por el intenso sol y el pasar de los años; en el interior, una joven pianista de pelo largo y brillante tocaba enérgica y hábilmente la pieza de música que le indicaba su maestro. El maestro comenzó a grabarla sin que ella se diera cuenta. Al terminar, ella levantó la cabeza y pudo escuchar lo que había tocado.

  > —*¿Y por qué grabó esta pieza, maestro?* —preguntó la joven artista.
  > —*Pero, ¡si usted lo hizo perfecto! ¡No puedo creerlo! ¿Cuánto tiempo practicó esta pieza? ¡Estoy... eh, eh, sin palabras! ¡Ha tocado sin ningún error! ¡Hermoso!*

- El diálogo en la narración escrita debe reflejar una conversación oral, es decir, debe contener pausas, interrupciones, preguntas, exclamaciones, ideas incompletas, etc. El texto anterior muestra que las preguntas se indican con signos de interrogación (¿?) y que los sentimientos tales como sorpresa o admiración, se señalan con los signos de exclamación (¡!).

4-32 Análisis. En la siguiente historia, alguien narra una experiencia para entretener a las personas que disfrutan (*enjoy*) leyendo historias románticas cortas. Lea la historia y, luego, determine lo siguiente.

1. El grado de agilidad o movimiento:
La historia es _____ rápida _____ lenta ¿Por qué?

2. La descripción:
La escena y los personajes están descritos _____ bien _____ pobremente. ¿Por qué?

3. El tiempo:
Se narra en el _____ presente _____ pasado _____ en el presente y el pasado

4. El tipo de narrador:
Quien cuenta la historia es el _____ narrador protagonista _____ el narrador observador.

5. La estructura de la narración:
Hay una _____ presentación _____ un desarrollo _____ un desenlace.

El artista que rompió dos corazones

Al entrar al museo, Carolina y Rafael decidieron separarse para mirar, cada uno por su lado, los famosos cuadros de este nuevo pintor impresionista de quien todos hablaban en la ciudad. A Carolina le hacía ilusión disfrutar del arte en compañía de Rafael. De hecho, pensó ella, ésta era la oportunidad perfecta para motivarlo por la pintura; y nada mejor que esta exposición, que era la gran noticia en todos los periódicos. 5

Ambos comenzaron por lados opuestos de la gran sala de exposiciones. Los cuadros, de varios tamaños y variados colores, estaban iluminados. Al pie de cada uno, aparecía la firma del pintor como bordada en letras de oro.

Al cabo de media hora, se encontraron en el centro de la exposición. 10 Carolina, ansiosa por saber lo que Rafael pensaba, primero trató de adivinar y comenzó a observarlo. Rafael se acercaba y se alejaba de los cuadros como si quisiera descifrar un misterio incomprensible. Sin gran esfuerzo, Carolina se dio cuenta de que Rafael estaba fastidiado. Silenciosamente, Carolina se acercó a él y le preguntó qué le parecían las obras. Rafael la miró con su típica 15 impaciencia y le respondió que la obra del gran pintor era un supremo aburrimiento. Le contó que no entendía nada, que no soportaba un minuto más el lugar y que quería salir de allí. Carolina, sorprendida y un poco molesta por la falta de sensibilidad de Rafael, le respondió que sólo quería ver una obra más que a ella le interesaba. 20

Ambos salieron de la exposición en un rotundo silencio, el cual Rafael rompió al preguntarle a Carolina la hora. De evidente mal humor, Carolina le respondió que era hora de irse a casa. Rafael se excusó y le dijo que tenía algo importante que hacer. Sin pensarlo mucho, Carolina le respondió que ella también tenía otro compromiso. Rafael le dio un beso y se perdió 25 caminando por entre la gente. Carolina, a paso lento y fatigado, volvió a la exposición, como despidiéndose para siempre del hombre a quien tanto había amado.

4-33 Identificación. Primera fase. Lea una vez más el texto en **4-32** y subraye (*underline*) las porciones donde es posible utilizar (1) el diálogo y (2) las aclaraciones sobre el temperamento o la personalidad de los personajes y sus movimientos.

Segunda fase. Escriba de nuevo la narración en la actividad **4-32**, incluyendo el diálogo entre los personajes, las aclaraciones sobre el temperamento o la personalidad de los personajes y (3) sus movimientos.

4-34 Preparación. Primera fase. Lea las situaciones a continuación y escoja una que a usted le interese más.

1. Mientras visitaba una exposición de arte (*art show*) en su campus, usted se acercó a la artista de una obra para hacerle varias preguntas. Esta persona reaccionó agresivamente porque pensó que usted quería criticar su arte. Unos días más tarde, usted escribió una crítica negativa sobre la obra en el periódico de su universidad, sin saber que la obra era de la prima de su pareja (*significant other*). Escríbale un correo electrónico a la prima de su pareja para explicarle las circunstancias de su crítica negativa y para darle su opinión técnica sobre la obra de arte que ella creó.

2. Usted visitó un país hispano donde estaba celebrándose una gran feria de arte. Durante la feria le ocurrió un suceso memorable. Escríbale un correo electrónico a su mejor amigo/a contándole esta experiencia personal.

3. Usted estaba visitando un famoso museo. Mientras disfrutaba del arte de pintores famosos como Diego Velázquez, Salvador Dalí, Frida Kahlo y Fernando Botero, algo inusual le ocurrió a otra persona del público. Comparta por escrito con un compañero/una compañera su experiencia como testigo de lo que ocurrió.

4. Uno de sus vecinos, quien es artista, ha comenzado a pintar un mural en la pared de su casa que da justo frente (*faces*) a la suya (*yours*). A usted no le gusta el mural. Escríbale una carta a su vecino para explicarle por qué no le gusta el mural y para darle algunas sugerencias.

Segunda fase. Ahora haga lo siguiente. Partiendo de una de las situaciones anteriores prepárese para ampliar la narración siguiendo los pasos a continuación:

1. Prepare un bosquejo que incluya: (a) la presentación del evento o experiencia, (b) el desarrollo o la complicación de los eventos y (c) el desenlace de ellos.

2. Escriba un diálogo entre el/los protagonista(s) y otro(s) personaje(s) que se enfoque en la complicación de la historia. Recuerde adaptar el diálogo a la personalidad de los personajes y a sus circunstancias.

3. Haga una lista de palabras que lo/la ayudarán a contar la historia en su totalidad: sustantivos, adjetivos, verbos, adverbios, expresiones idiomáticas, etc.

4-35 ¡A escribir! Ahora escriba su narración. Use las notas que tomó en la *Segunda fase* de la actividad **4-34**. Constantemente evalúe la efectividad de su narración leyéndola varias veces (la agilidad o movimiento, la calidad de la descripción del ambiente, los personajes, los eventos, el tiempo); narre desde la perspectiva correcta; analice la estructura de su narración (presentación, desarrollo, desenlace).

Algunas expresiones útiles en el diálogo

Verbos asociados con...

decir: añadir, comentar, indicar, explicar, expresar, gritar, mencionar, repetir, señalar, susurrar, etc.

contestar: admitir, afirmar, confirmar, indicar, manifestar, replicar, responder, revelar, etc.

4-36 ¡A editar! Después de unas horas, lea su narración pensando en su lector. Haga lo siguiente.

- **Revise la comunicación de ideas.** ¿Son claras o confusas las ideas? ¿El vocabulario es preciso?
- **Verifique el ritmo de la narración.** ¿Es ágil o lenta la narración? ¿El diálogo entre los personajes es interesante o aburrido? ¿Revela el diálogo la naturaleza de los personajes?
- **Mejore el estilo de su narración.** ¿Varió el vocabulario o repitió las mismas palabras varias veces? ¿Usó sinónimos y antónimos?
- **Revise las estructuras gramaticales.** ¿Usó estructuras apropiadas?
- **Revise la mecánica de su texto.** ¿Hay errores de ortografía, acentos o puntuación incorrectos? ¿Escribió los parlamentos (la conversación) de los personajes que dialogan en una línea diferente? ¿Usó una raya (—) para indicar que un personaje dialoga con otro?

A explorar

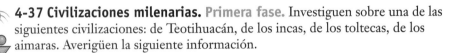

4-37 Civilizaciones milenarias. Primera fase. Investiguen sobre una de las siguientes civilizaciones: de Teotihuacán, de los incas, de los toltecas, de los aimaras. Averigüen la siguiente información.

1. Significado del nombre de la civilización
2. Lugar donde existió
3. Construcciones creadas por ellos
4. Material de las construcciones
5. Un producto artístico que se identifica con ellos
6. Algún aspecto interesante para ustedes de esa civilización: su religión, su organización social, etc.

Segunda fase. Ahora compartan con la clase la información que recogieron en la *Primera fase.* Para hacer su presentación más comprensible, deben preparar un informe con PowerPoint o usar otro material visual.

4-38 Los arquitectos y sus obras. Primera fase. En **http://www.prenhall. com/identidades** encontrarán numerosos edificios famosos. Seleccionen uno de ellos e investiguen sobre sus características, el país y lugar en que se encuentra, el arquitecto que lo construyó y otra información relevante.

Segunda fase. Preparen una explicación sobre este edificio siguiendo el esquema a continuación.

1. Nombre del edificio
2. Información sobre el país y lugar donde se encuentra el edificio
3. Información sobre el arquitecto que lo construyó
4. Historia del edificio, fecha de su construcción y estilo del mismo

Tercera fase. Presentación. Hagan una presentación sobre este edificio, utilizando PowerPoint, un póster con dibujos o fotos.

4-39 El arte de nuestra comunidad. Primera fase. En Internet, busque información sobre alguna exposición de arte u otra atracción artística de su comunidad. Después averigüe la siguiente información.

1. Nombre del autor/de la autora de la obra de arte (pintura, canciones, obra de teatro, etc.)
2. Las características de la obra
3. El valor y significado para la comunidad
4. Su opinión personal de la obra

Segunda fase. Presentación. Comparta con el resto de la clase la información obtenida.

4-40 Haciendo conexiones: el arte y la historia. Algunos pintores, como Velázquez y Goya, trabajaron para la Corte española. Otros artistas reflejaron los problemas sociales de su tiempo en su pintura. Busque información sobre algún pintor/a antiguo y prepare una presentación incluyendo los siguientes puntos.

1. Siglo en que vivió
2. Algunos acontecimientos importantes en su vida personal o artística
3. Los personajes de su obra: ¿quiénes eran, qué hacían, cómo se vestían?
4. Las conexiones entre su obra y la historia

VOCABULARIO DEL CAPÍTULO

La creación artística

la alfarería	*pottery*
la artesanía	*handicrafts*
el calendario	*calendar*
el códice	*codex*
el concierto	*concert*
el dibujo	*drawing*
el diseño	*design*
la escultura	*sculpture*
la exposición de arte	*art show*
la joya	*jewel; piece of jewelry*
la manta	*blanket; poncho*
la metalistería	*metalwork*
la obra	*work (of art)*
el paisaje	*landscape (painting)*
el poncho	*poncho*
el retrato	*portrait*
el taller	*workshop; studio*
el tejido	*weaving*
la vasija	*vessel, pot (container)*

Los materiales

el adobe	*adobe, mud brick*
la arcilla	*clay*
el barro	*clay*
la cerámica	*ceramics, pottery*
el cobre	*copper*
la cosecha	*harvest*
la fibra	*fiber*
el hierro	*iron*
el hueso	*bone*
el junco	*rush (straw-like plant)*
el ladrillo	*brick*
la lana	*wool*
la madera	*wood*
la paja	*straw*
la piedra	*stone*

Los oficios y las profesiones

el agricultor/la agricultora	*farmer*
el arqueólogo/la arqueóloga	*archeologist*
el arquitecto/la arquitecta	*architect*
el escultor/la escultora	*sculptor*
el maestro/la maestra	*master*
el/la muralista	*muralist*
el músico/la música	*musician*
el pintor/la pintora	*painter*

Las construcciones

el adorno	*adornment, decoration*
el arco	*arch*

la carreta	*cart*
el castillo	*castle*
la herramienta	*tool*
la maqueta	*scale model*
el monasterio	*monastery*
el museo	*museum*
el palacio	*palace*
la pared	*wall*
la plaza de toros	*bullfighting ring*
el peldaño	*step, stair*
la pirámide	*pyramid*
el plano	*map, plan*
el puente	*bridge*
la rueda	*wheel*
el techo	*roof*
la teja	*(roof) tile*
la vivienda	*dwelling place*

Características

artístico/a	*artistic*
complejo/a	*complex*
estético/a	*aesthetic*
inclinado/a	*inclined, sloping*
perecedero/a	*perishable*
polifacético/a	*multifaceted*
trenzado/a	*intertwined; braided*

Verbos

apreciar	*to appreciate*
arrastrar	*to pull, to drag*
comenzar (c, ie)	*to begin*
comprobar (ue)	*to check; to verify*
construir (y)	*to build*
criticar (q)	*to critique; to criticize*
cruzar (c)	*to cross*
dibujar	*to draw*
diseñar	*to design*
ensayar	*to rehearse*
influenciar	*to influence*
interesar	*to interest*
mostrar (ue)	*to show*
parecer (zc)	*to seem*
pintar	*to paint*
prestar	*to lend*
quedar	*to remain, to be left (over); to fit (clothing)*
realizar (c)	*to carry out, to execute*
regalar	*to give as a gift*
tocar (q) (un instrumento)	*to play (an instrument)*

* For verbs that follow the pattern of *gustar*, see page 122.
** For useful expressions in a dialogue, see page 130.

Objetivos comunicativos

- Reacting to and commenting on leisure activities
- Describing and interpreting behaviors
- Expressing wishes, hope, emotions, and advice

Contenido temático y cultural

- Sports and leisure activities of today
- Sports of the past

VISTA PANORÁMICA

5
Los deportes y las actividades de ocio

VISTA PANORÁMICA

Tanto los padres como los niños hispanos disfrutan de su tiempo libre con familia y amigos en las plazas y parques. Mientras los adultos conversan, los niños juegan con sus amigos. ▼

▲ Hoy en día aún se practican algunos de los deportes tradicionales prehispánicos.

El fútbol es uno de los deportes más populares del mundo hispano, excepto en los países del Caribe donde el béisbol goza de gran popularidad. ▶

En el México antiguo los mayas eran muy aficionados al juego de pelota. En él representaban el bien y el mal, el día y la noche. Los jugadores tenían que pasar la pelota por un cesto y, si perdían, a veces los decapitaban.

Se han encontrado más de 700 canchas de juego de pelota entre Arizona y el Caribe, lo cual indica la importancia de este juego en la América prehispánica. La cancha principal estaba en el centro político de la ciudad.
◀

▲
A muchas personas les gustan los "deportes de riesgo", como el paracaidismo, el *puenting* o el *bungee jumping*. Estas actividades físicas se practican normalmente en entornos (*surroundings*) naturales.

▲ A los jóvenes hispanos les gusta mucho bailar en las fiestas y en las discotecas. La salsa y el merengue son algunos de los bailes más populares.

En todo el Caribe hay mucha afición al béisbol. Sammy Sosa es uno de los muchos deportistas dominicanos que juegan en Estados Unidos.
▶

PRIMERA PARTE

A leer

Preparación

5-1 Preparación. Primera fase. ¿Cómo percibe usted la vida actual? Para cada una de las siguientes afirmaciones, marque (✓) la columna que refleja su opinión sobre el tema.

	Es cierto	Es falso
1. Tenemos mucho estrés.	____	____
2. Tenemos tiempo suficiente.	____	____
3. Tenemos una vida de mucha agitación.	____	____
4. Nuestras obligaciones son crecientes, es decir, aumentan.	____	____
5. Nos preocupamos por la formación y la capacitación profesional.	____	____
6. Hay muchas exigencias (requerimientos) y poca diversión.	____	____
7. Muchas personas se jubilan temprano, es decir, dejan de trabajar muy jóvenes.	____	____
8. La vida es placentera.	____	____

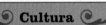

Segunda fase. Ahora comparta sus respuestas con un compañero/una compañera, considerando su vida actual en particular. Den ejemplos para fundamentar sus respuestas.

5-2 Actividades de ocio. Primera fase. Cada persona ocupa su tiempo libre en actividades diferentes. Haga preguntas a sus compañeros y luego indique con una **P,** las actividades que entre ellos son muy populares, con **MP,** las que son medianamente populares y con **PP,** las que son poco o no populares entre las personas de su edad.

1. _____ Los juegos de cartas (naipes, barajas)
2. _____ Los juegos de tableros, como el ajedrez (*chess*), el dominó u otros
3. _____ Los deportes individuales, en parejas o colectivos
4. _____ La dedicación a alguna causa social, por ejemplo, a combatir la pobreza o ayudar a los ancianos
5. _____ Salir a comer
6. _____ Hacer algo relacionado con el arte, como ver películas o teatro, ir a conciertos, visitar una exposición de pintura, etc.
7. _____ Chatear en Internet
8. _____ Leer periódicos y revistas para enterarse (informarse) de los acontecimientos locales o del mundo

Cultura

Antes de la llegada de los europeos los indígenas de América practicaban deportes muy semejantes a los deportes de hoy. Por ejemplo, los mayas jugaban a algo semejante al baloncesto. Se dice también que los araucos, originarios de lo que hoy es Colombia, practicaban algo similar al tenis y que los chibchas eran aficionados a correr. Pero los deportes se jugaban por motivos religiosos y las competencias podían costarle la vida al que perdía. Para saber más sobre esto busque información en **http://www.prenhall.com/identidades.**

9. _____ Pasar tiempo con juegos electrónicos, como *PlayStation* o juegos en la computadora
10. _____ Parrandear (*Party*) con amigos los fines de semana

Segunda fase. Compartan la información de la *Primera fase* y preparen un resumen con la siguiente información.

Número de personas en su grupo que...

- practican juegos de tableros. _____
- practican deportes individuales, en parejas o colectivos. _____
- se dedican a una causa social. _____
- disfrutan del arte: el cine, el teatro, música, etc. _____
- salen a comer. _____
- se enteran de los acontecimientos por los medios de comunicación (periódicos, televisión, radio). _____
- socializan con otras personas usando la tecnología de hoy. _____
- parrandean con amigos los fines de semana. _____

5-3 Tiempo bien gastado. Respondan a las siguientes preguntas y tomen apuntes sobre cómo gastan su tiempo de ocio.

1. ¿Qué actividades de esparcimiento (entretenimiento) personal realizan ustedes? ¿Alguno de ustedes hace alguna actividad de solidaridad con otras personas o instituciones? Por ejemplo, ¿recolectan dinero y alimentos para los pobres o ayudan a los ancianos?
2. ¿Gastan su tiempo libre en actividades de enriquecimiento intelectual? Por ejemplo, ¿van a una charla (*lecture*), leen, toman clases para aprender algo importante para ustedes?

5-4 Los deportes y los deportistas. Primera fase. Los deportes son el pasatiempo de muchas personas. Lea las siguientes listas y asocie cada deporte con el deportista famoso que lo practica.

1. _____ fútbol
2. _____ béisbol
3. _____ tenis
4. _____ ajedrez
5. _____ voleibol
6. _____ ciclismo
7. _____ boxeo
8. _____ natación

a. el sobresaliente beisbolista puertorriqueño Bengie Molina
b. el excepcional ajedrecista José Raúl Capablanca
c. las veloces nadadoras rusas Anastasia Davydova y Anastasia Ermakova
d. la dedicada voleibolista peruana Cecilia Tait
e. el talentoso boxeador Mohammed Alí
f. el descollante (destacado) futbolista, José Armando Maradona
g. la famosa tenista Arantxa Sánchez Vicario
h. el invencible ciclista Lance Armstrong

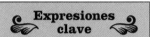

Segunda fase. Conversen entre ustedes sobre el pasatiempo favorito de cada uno. Discutan lo siguiente:

● la persona o el evento que influyó en su preferencia por su pasatiempo favorito

● la cantidad de tiempo que usted le dedica a este pasatiempo

● el efecto de esta actividad en su vida. ¿Lo/la relaja? ¿Lo/la entretiene? ¿Lo/La ayuda a mantenerse informado/a? ¿Lo/la ayuda a olvidar sus preocupaciones?

Estrategias de lectura

1. Infórmese sobre el tema antes de leer.

   a. Lea la primera parte del título. ¿Qué actividades asocia con la frase *tiempo libre*? Piense en sus propias actividades.
   b. Lea la segunda parte del título. Cuando se dice que el tiempo es más precioso que el oro ¿a qué tipo de vida se refiere? ¿Está usted siempre muy apurado/a (*in a hurry*)? ¿Sufre de falta de tiempo libre?
   c. Piense en lo que ya sabe. ¿Qué actividades o deportes asocia con los países hispanos? ¿Qué actividades y deportes se mencionaron en la sección de *Preparación*? Haga una lista de los que recuerde.

2. Examine el texto antes de leerlo.

   a. Piense en la organización del texto. La primera oración de cada párrafo presenta una idea importante del texto. En conjunto, estas oraciones forman un resumen del texto. Pase su marcador por la primera oración de cada párrafo. Luego, lea estas oraciones para tener una idea del texto en su totalidad.
   b. Busque los nombres y términos importantes. Examine el texto rápidamente (no más de dos minutos) para buscar nombres de personas, países y actividades o deportes. ¿Cuáles reconoce?

Expresiones clave

¿Comprende estas expresiones? Si tiene dudas, revise *Preparación* antes de leer el siguiente texto.

ajedrez
barajas
capacitación
creciente
descollante
enterarse
esparcimiento
exigencias
jubilarse
juegos de tableros
naipes
pasatiempo
placentero/a
solidaridad

LECTURA

El tiempo libre: más precioso que el oro

Una de las verdades más claras de nuestro mundo actual es la de sentir que cada día estamos más ocupados y el tiempo no nos alcanza para cumplir con nuestro creciente número de obligaciones. Vivimos en sociedades cada vez más competitivas que exigen que mejoremos constantemente nuestra formación académica y capacitación profesional. Algunas actividades tradicionalmente consideradas como de diversión parecen haberse integrado a nuestra vida como una manera de enfrentar esas exigencias. Así, por ejemplo, muchas personas ven el ejercicio físico y la práctica de deportes ya no como esparcimiento sino como una forma de preparar nuestro cuerpo para que responda a las necesidades de nuestra rutina diaria. Otras personas se dedican totalmente al trabajo, y dejan para un futuro indefinido, para "cuando me jubile", el desarrollo de intereses particulares. ●

Anticipe lo que va a leer. En la primera frase de este párrafo, se encuentran las palabras *ocupados* y *obligaciones*. Al leer el párrafo, observe cómo responden algunas personas a las presiones de la vida moderna.

En el párrafo se mencionan tres reacciones a las presiones del mundo de hoy. ¿Cuáles son estas tres reacciones?

A pesar de que la gran mayoría de personas se quejan de la falta de tiempo, no podemos olvidar el carácter sociable de los hispanos, que disfrutan enormemente
15 del encuentro con amigos en las calles y en los cafés. Sin embargo, en las grandes ciudades el ritmo de vida limita las relaciones sociales y el ocio se comparte principalmente con la familia. En este sentido, algunas encuestas recientes han revelado que uno de los pasatiempos cotidianos más populares de la familia hispana tiene a la televisión como centro. La hora de las noticias y de las
20 telenovelas es el motivo de reunión perfecto al final de un día de trabajo o estudio. Mientras se prepara la cena o se disfruta de ella, no hay nada mejor que enterarse de los acontecimientos políticos nacionales e internacionales y luego mirar una telenovela donde la maravillosa tragedia de un amor imposible vencerá los impedimentos de clase social, las diferencias económicas o aquellas
25 tradiciones sin sentido.

Los juegos de mesa son también una de las formas de diversión favoritas de la familia hispana. Juegos de cartas (naipes, barajas) o de tableros hacen que el tiempo libre sea placentero y divertido. Uno de los juegos de mesa más populares en la República Dominicana, por ejemplo, es el dominó, al que
30 dedican muchas horas personas de todas las edades. En Cuba, uno de los juegos más practicados y de más larga tradición es el ajedrez. De hecho, muchos cubanos han continuado la tradición de su campeón de ajedrez José Raúl Capablanca. Aún hoy en día el ajedrez es sumamente popular en Cuba y son muchos los ajedrecistas cubanos que compiten en campeonatos de primer nivel
35 internacional.

Los deportes como el fútbol, el béisbol o el tenis son también el pasatiempo preferido de muchos hispanos. Los nombres de Diego Armando Maradona, Alex Rodríguez y Rafael Nadal, ampliamente reconocidos como figuras de primer orden, han atraído a multitudes a los campos de deportes. Son atletas que han
40 sobresalido gracias a una actuación descollante en distintas áreas del mundo deportivo, tanto en juegos de equipo como individualmente. La importancia del deporte en la vida social de los países de América Latina y de España ha sido una constante y representa una de sus tradiciones más arraigadas[1]. Aunque muchos consideren que el deporte es un área donde las diferencias sociales se anulan, hay
45 barreras de otro tipo que todavía existen. La extraordinaria popularidad del fútbol o el béisbol y su larga tradición cultural en el mundo hispano no han cambiado el hecho de que ambos deportes sigan siendo practicados casi exclusivamente por jugadores de sexo masculino. Aún hoy en día, a pesar de la enriquecedora presencia de la mujer en tantas áreas de la vida deportiva y profesional, son
50 escasos los equipos femeninos de fútbol o béisbol en el mundo hispano.

Por otro lado, cada vez es más común que deportistas famosos y gente corriente se vinculen con causas sociales. Tal es el caso de la voleibolista peruana Cecilia Tait, quien, durante muchos años, fue reconocida como la jugadora más destacada de América Latina. Sin embargo, por lesiones en una de sus rodillas,
55 tuvo que limitar su participación en este deporte y decidió reorientar su actividad profesional a la promoción del voleibol en niñas de 11 a 15 años. Así creó "A la búsqueda de talentos", una organización no gubernamental que intentaba fomentar la participación de niñas en este deporte. Su inclinación por las causas sociales la llevó a convertirse en Congresista de la República del Perú
60 durante el período de 2000 a 2005.

En este párrafo, se habla del papel de la televisión en la vida de muchas familias hispanas. ¿Piensa que la autora del texto toma una perspectiva positiva o negativa ante la televisión? Formule una respuesta preliminar.

Ahora responda a la pregunta que leyó al principio del párrafo. ¿Adopta la autora una perspectiva positiva o negativa ante el papel de la televisión en la vida familiar?

Se mencionan tres actividades en este párrafo. ¿Cuáles son?

En este párrafo se habla de un problema social en relación con el deporte en América Latina. Al leer, trate de comprender qué problema es y en qué deportes se manifiesta.

¿Qué significa la palabra *escasos* en la última oración del párrafo? Trate de adivinar el significado por el contexto, sin usar su diccionario.

¿A qué causa social se dedica Cecilia Tait? ¿Por qué lo hace?

[1] established

La conciencia sobre las diferencias sociales que todavía afectan negativamente a la realidad del mundo hispano hace que muchos, no solamente los famosos, inviertan su energía y dediquen su tiempo libre a actividades de voluntariado que intentan ayudar a los menos privilegiados o apoyar causas nobles en general. No hay problemas demasiado grandes ni causas pequeñas para quienes han vivido ⁶⁵ inmersos en una cultura que fomenta la solidaridad e incentiva la ayuda mutua. ¿Hay tiempo libre mejor gastado que éste?

Comprensión y ampliación

5-5 Las ideas más importantes. Indique (✓) cuál de las ideas siguientes resume mejor cada uno de los párrafos:

Párrafo 1, líneas 1 a 12

a. _____ No hay que dejar los intereses particulares para cuando se es viejo.
b. _____ Cada vez tenemos más obligaciones y exigencias en el trabajo.
c. _____ Es importante dedicar tiempo a hacer deportes.

Párrafo 2, líneas 13 a 25

a. _____ Mirar la televisión es uno de los pasatiempos preferidos de las familias hispanas.
b. _____ A las familias hispanas les gusta enterarse de los acontecimientos políticos.
c. _____ En las telenovelas a menudo se superan las diferencias sociales.

Párrafo 3, líneas 26 a 35

a. _____ Muchas personas en la República Dominicana juegan al dominó.
b. _____ En Cuba el ajedrez tiene una larga tradición.
c. _____ El dominó y el ajedrez son dos de los juegos de mesa más populares en algunos países hispanos.

Párrafo 4, líneas 36 a 50

a. _____ El fútbol y el béisbol son los deportes más populares en todo el mundo hispano.
b. _____ A pesar de la importancia de los deportes en el mundo hispano no hay muchos equipos femeninos profesionales.
c. _____ Maradona y otros deportistas han popularizado algunos deportes.

Párrafo 5, líneas 51 a 60

a. _____ Algunos deportistas, como Cecilia Tait, se dedican a las causas sociales.
b. _____ Es importante que las niñas participen en los deportes.
c. _____ Cecilia Tait dejó de jugar al voleibol porque se lesionó la rodilla.

Párrafo 6, líneas 61 a 67

a. _____ La solidaridad con los menos privilegiados es una causa noble.
b. _____ La cultura hispana fomenta la ayuda mutua.
c. _____ Las actividades de voluntariado son populares en el mundo hispano.

5-6 Conversación. En pequeños grupos conversen sobre los siguientes temas relacionados con la lectura. Las preguntas les pueden servir de guía.

1. La falta de tiempo. ¿Qué actividades tienen que hacer cada día? ¿Cuáles hacen por obligación y cuáles porque les gustan? De todo lo que tienen que hacer, ¿qué es lo menos placentero? ¿Qué cosas les gustaría hacer si el día tuviera más horas?

2. Las actividades de ocio. ¿Qué tipo de *hobby* tienen? ¿Cuánto tiempo le dedican? ¿Pasan mucho tiempo en la computadora? ¿Para qué la usan? ¿Qué tipo de juegos les gustan?

3. La televisión. ¿Les gusta mirar la televisión? ¿Cuáles son sus programas favoritos? ¿Por qué? ¿Cómo se mantienen informados de lo que ocurre en su comunidad y en el mundo? ¿Qué periódicos leen?

4. Los deportes. ¿Hacen deporte? ¿Qué deporte practican? ¿Les gusta ver deporte en televisión? ¿Cuáles son sus equipos favoritos? ¿Tienen algún jugador o jugadora preferido/a? ¿Por qué es su preferido/a? ¿Conocen algún jugador o jugadora hispano/a? ¿Qué saben de él/ella?

5. Las actividades de voluntariado. ¿Hacen algún trabajo de voluntariado? ¿Qué tipo de trabajo? ¿Cómo está organizado? ¿Cuánto tiempo dedican a este trabajo? ¿Hay algún miembro de su familia o tienen algún conocido que haga este tipo de trabajo?

Aclaración y expansión

Direct object nouns and pronouns

- Direct object nouns receive the action or effect of the verb directly and answer the question *what?* or *whom?* in relation to the verb. When direct object nouns refer to a specific person, a group of persons, or to a pet, the word **a** precedes the direct object. This **a** is called the personal **a** and has no equivalent in English.

  Vamos a ver **el partido** mañana.   *We're going to see **the game** tomorrow.* (What are we going to see? The game.)

  Vamos a ver **a David** mañana.   *We're going to see **David** tomorrow.* (Whom are we going to see? David.)

- Direct object pronouns replace direct object nouns. These pronouns refer to people, animals, or things already mentioned and, as in English, they are used to avoid repeating the noun.

Direct object pronouns	
me	*me*
te	*you* (familiar, singular)
lo	*you* (formal, singular), *him, it* (masculine)
la	*you* (formal, singular), *her, it* (feminine)
nos	*us*
os	*you* (familiar, plural, Spain)
los	*you* (formal and familiar, plural), *them* (masculine)
las	*you* (formal and familiar, plural), *them* (feminine)

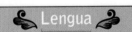

Lengua

Remember that words that stress the next-to-last syllable do not have a written accent if they end in a vowel: **jugando.** If an object pronoun is attached (either direct or indirect), the stress falls on the third syllable from the end and a written accent is needed: **jugándolo.**

- Place the direct object pronoun before the conjugated verb form. In negative sentences, place the direct object pronoun between **no** and the verb.

  —¿Miraron las telenovelas anoche?   *Did you watch the soap operas last night?*
  —Sí, **las** miramos.   *Yes, we watched **them**.*
  —Yo no **las** miré. Estaba demasiado ocupada.   *I didn't watch **them**. I was too busy.*

- With compound verb forms, composed of a conjugated verb and an infinitive or present participle, you may place the direct object pronoun before the conjugated verb, or attach it to the accompanying infinitive or present participle.

  No pude ver la película sobre Cecilia Tait anoche. **La** voy a ver/ Voy a ver**la** esta tarde.   *I couldn't see the film about Cecilia Tait last night. I'm going to see **it** this afternoon.*

Pasear al perro es una actividad muy popular en mi familia. Mis hermanos están paseándo**lo**/ **lo** están paseando ahora.	*Walking the dog is a very popular activity in my family.* *My brothers are walking **it** now.*

5-7 ¿Es usted fanático/a de los deportes? Marque (✓) la respuesta que representa mejor su comportamiento frente a los deportes. Si su comportamiento es diferente, escriba su respuesta en el espacio indicado. Después compare sus respuestas con las de su compañero/a.

1. Si la televisión se descompone cuando va a jugar su equipo preferido…

   a. _____ llamo a un técnico para que la arregle lo antes posible.
   b. _____ la tiro a la basura y compro otra.
   c. _____

2. Si su equipo favorito juega en su ciudad…

   a. _____ voy a verlo, no importa el precio de las entradas.
   b. _____ lo animo desde el salón de mi casa.
   c. _____

3. Si se encuentra usted dos entradas para el partido en un restaurante…

   a. _____ las dejo en el restaurante por si (*in case*) aparece el dueño/la dueña.
   b. _____ las pongo en mi bolsillo y no le digo nada a nadie.
   c. _____

4. Si venden gorros (*caps*) y camisetas con el logo de su equipo…

   a. _____ los compro para regalarlos a todos mis amigos.
   b. _____ los miro pero no los compro si son caros.
   c. _____

5. Si un compañero/una compañera dice que su equipo es peor que el de él/ella…

   a. _____ lo/la llamo por teléfono para decirle que no es verdad.
   b. _____ lo/la invito a cenar para hablar del tema tranquilamente.
   c. _____

5-8 Para pasarlo bien. Marque (✓) lo que usted necesita hacer para pasarlo bien. Después, entreviste a su compañero/a y comparen sus respuestas. Fíjese en el uso del pronombre en la respuesta del segundo estudiante para evitar la repetición.

MODELO: Llamar por teléfono a los amigos frecuentemente
    E1: ¿Necesitas llamar a tus amigos frecuentemente?
    E2: Sí, necesito llamarlos casi todos los días./No, no necesito llamarlos mucho. ¿Y tú?

Para pasarlo bien, necesito…	Sí	No
1. organizar fiestas salvajes todos los fines de semana.	_____	_____
2. escuchar buena música todos los días.	_____	_____
3. escribir correos electrónicos y mensajes de texto a todas horas.	_____	_____
4. leer un buen libro cada semana.	_____	_____
5. ver películas de terror todos los domingos.	_____	_____
6. visitar a los familiares todos los meses.	_____	_____
7. comer comida mexicana una vez al mes.	_____	_____
8. comprar artículos de lujo de vez en cuando.	_____	_____

5-9 Cada uno a lo suyo. Primera fase. Ustedes tienen que hacer un informe para su clase de sociología sobre las actividades de ocio en su vecindario (*neighborhood*). Describan lo que hacen estas personas. Túrnense para hacerse preguntas sobre quién hace estas actividades.

MODELO: E1: Alguien está mirando la televisión.
¿Quién la está mirando?
E2: Carlos la está mirando/está mirándola.

1. Alguien está pintando un cuadro.
2. Alguien está regando las plantas.
3. Alguien está cocinando pasta.
4. ...

Segunda fase. Ahora escriban el informe con sus observaciones. Indiquen si ustedes hacen alguna de estas actividades, cuándo las hacen y con quién las hacen. Indiquen también qué otras actividades hacen ustedes en sus ratos de ocio.

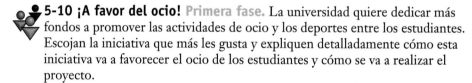 **5-10 ¡A favor del ocio! Primera fase.** La universidad quiere dedicar más fondos a promover las actividades de ocio y los deportes entre los estudiantes. Escojan la iniciativa que más les gusta y expliquen detalladamente cómo esta iniciativa va a favorecer el ocio de los estudiantes y cómo se va a realizar el proyecto.

1. Ofrecerles más fondos a las organizaciones estudiantiles para sus proyectos en la comunidad
2. Remodelar el Centro estudiantil para incluir más lugares para las actividades de ocio
3. Construir cuartos con videojuegos y televisores grandes en las residencias estudiantiles
4. Reducir el precio de las entradas a los partidos deportivos para los estudiantes
5. Limitar el horario de clases a cuatro días, para crear fines de semana más largos
6. Traer a más grupos musicales famosos y otros eventos a la universidad
7. ¿Otro?

Segunda fase. Ahora compartan con otro grupo y comparen sus proyectos. ¿Cuál de ellos es más atractivo? ¿Por qué?

Los deportes y las actividades de ocio

Antes de ver

5-11 Deportes más populares. Primera fase. Haga una lista de los tres deportes que, según usted, son los más populares en Estados Unidos y los tres más populares del mundo hispano.

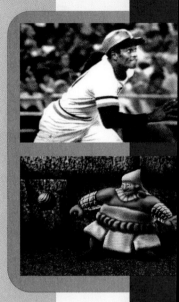

En Estados Unidos

1. _____
2. _____
3. _____

En el mundo hispano

_____
_____
_____

Segunda fase. Comparen sus listas. ¿Coinciden sus apreciaciones?

Mientras ve

5-12 Deportes en el mundo hispano. Complete las siguientes ideas con la información presentada en el video.

❶ Sobre el juego de pelota:

  a. Se practicaba en _____.

  b. Se necesitaba una pelota de _____.

  c. Había _____ jugadores en cada equipo.

❷ Sobre los deportes más populares:

  a. El _____ es el deporte más popular en América del Sur.

  b. Por otro lado, en los países del Caribe, es más popular el _____.

  c. El primer campeonato mundial de fútbol fue en el año _____.

  d. _____ ganó el primer campeonato mundial de fútbol.

❸ Sobre los deportistas más famosos:

  a. _____ es uno de los más famosos beisbolistas de todos los tiempos.

  b. Arantxa Sánchez Vicario es una _____ española.

  c. Gabriela Sabatini es de _____.

Después de ver

5-13 ¿Cierto o falso? Indique si las siguientes afirmaciones son ciertas (**C**) o falsas (**F**) según la información que aparece en el video. Si la respuesta es falsa, dé la información correcta.

_____ 1. La práctica de los deportes en América Latina comenzó con la llegada de los españoles.

_____ 2. En el mundo de habla hispana, los deportes más populares son los de equipo.

_____ 3. En la final del primer campeonato mundial de fútbol, Argentina le ganó a Uruguay 4 a 2.

_____ 4. Roberto Clemente dedicó gran parte de su vida a causas sociales.

_____ 5. En España y América Latina hay muchos equipos femeninos de fútbol.

5-14 ¿Qué dicen ustedes? Al final de este segmento de video, se dice que "el deporte es una marca de nuestra identidad cultural". ¿Están de acuerdo con esta afirmación? ¿Por qué? Den un ejemplo que ilustre su opinión.

A leer

Preparación

 5-15 Asociación. Primera fase. Las siguientes imágenes muestran escenas u objetos relacionados con rituales importantes en la vida de los mayas. Asocie cada imagen con la descripción apropiada.

Escena #1

Escena #2

Escena #3

Escena #4

a. Copal es el nombre náhuatl común de varios árboles de la familia de las burseráceas. De ellos se obtiene una resina con la que hoy en día se purifican o perfuman templos o casas en México. En la antigüedad, algunos de los mayas que jugaban a la pelota llevaban una insignia o manopla (guante) en forma de copal en su mano derecha durante el juego.

b. Para las ceremonias de boda mayas, los novios llevaban atavíos o trajes tradicionales. La mamá del novio le bordaba (*embroidered*) al novio un taparrabo (una especie de calzoncillo) decorado con plumas de perico (*a kind of parrot*), y a la novia, una falda y blusa brocadas. A diferencia del juego de pelota, la boda era un día especial en que los novios iban ataviados con vestimenta de lujo, es decir, de mucha esplendidez.

c. Este es un disco o plato encontrado en Chinkultic, Chiapas, México. El día antes del juego de pelota, los antiguos mayas depositaban en él su equipo de juego: el protector de caderas, las manoplas y la pelota. Oraban frente a ellos y les pedían a los dioses el triunfo en el encuentro del próximo día.

d. El juego de pelota representaba un rito mágico con el cual se intentaba calmar el movimiento de las constelaciones en el cielo y la lucha de los opuestos que hacía posible la existencia del universo. La luminosa cancha en esta escena simbolizaba el cielo; el movimiento de la pelota tenía la función de recrear las fuerzas contrarias en pugna (batalla) y a la vez en armonía: Sol y Luna, Día y Noche, Cielo e Inframundo (*Underworld*), Vida y Muerte.

Segunda fase. Basándose en las imágenes de la escena #1 de la *Primera fase*, escriban una descripción detallada del juego de pelota.

5-16 ¿Le pasa a un vencido/una vencida o a un ganador/una ganadora?

Primera fase. Identifique si los siguientes comportamientos o sentimientos son de un vencido/una vencida (**V**) o de un ganador/una ganadora (**G**).

1. _____ Cuestiona las estrategias del entrenador y le resulta difícil aceptar la realidad.
2. _____ Se siente feliz porque derrotó al equipo contrario.
3. _____ Se preocupa de la opinión negativa de los fanáticos o seguidores.
4. _____ Se siente nervioso/a porque debe continuar ganando para tener la aprobación de los hinchas (fanáticos).
5. _____ Se entristece porque cree que no respondió a las expectativas del entrenador.
6. _____ Se alegra porque sus esfuerzos y los de su equipo dieron buenos resultados.
7. _____ Se siente orgulloso/a (*proud*) de su desempeño (*performance*) y del de su equipo.
8. _____ No se desespera porque piensa que no siempre se puede ganar.
9. _____ Se prepara mentalmente para explicarles a los fanáticos los malos resultados.
10. _____ No se va a casa a descansar; sale a celebrar con todo el equipo.

Segunda fase. Comparta su experiencia en el último partido o competencia en que usted participó. Asegúrese de contestar las siguientes preguntas al contar su experiencia.

1. ¿En qué partido o competencia participó?
2. ¿Qué pasó en el partido o competencia?
3. ¿Quién ganó, usted o su equipo?
4. ¿Cómo reaccionó usted al término de la competencia/partido?
5. ¿Qué hizo usted o su equipo al fin del partido?

5-17 La dialéctica de los deportes. Primera fase. En la época prehispánica, como hoy, la práctica de los deportes presuponía una dialéctica de contrarios. Encuentre las expresiones **opuestas** de la columna izquierda en la columna de la derecha.

1. _____ movimiento	a. brota (nace)
2. _____ luz	b. derrota
3. _____ vida	c. inactividad
4. _____ arrodillado	d. oscuridad
5. _____ vencido	e. estiradas
6. _____ triunfo	f. muerte
7. _____ dobladas	g. ganador
8. _____ muere	h. de pie

Segunda fase. Descríbale a su compañero/a su experiencia en el último partido de algún deporte que usted vio. Use por lo menos cuatro expresiones de la *Primera fase*.

MODELO: La semana pasada fui al partido de… (*deporte*) de… (*nombre de su equipo*). ¡Fue un partido emocionante!… (*Nombre del equipo contrario*) mostró mucha **vida** y energía, pero nuestro equipo fue **ganador.** Los fanáticos de… (*nombre del equipo perdedor*) tuvieron dificultad para aceptar la **derrota.** Pero nosotros celebramos el **triunfo** con una gran fiesta en las calles.

5-18 ¡Cada loco con su tema! Los eventos deportivos y los lugares donde se hacen éstos a veces varían de un país a otro. Respondan el siguiente cuestionario y tomen notas de las respuestas del grupo.

1. En ciertas comunidades indígenas, algunos espectadores se visten con ropa autóctona (*native*), como atavíos emplumados, cuando asisten a un evento deportivo. ¿Cómo se visten ustedes cuando van a un evento deportivo?
2. En algunas competencias deportivas, los hinchas portan (llevan) pancartas (*banners*) con el nombre de su equipo. ¿Llevan ustedes pancartas u otras cosas a los partidos de su equipo? ¿Qué llevan?
3. Algunos deportes individuales o grupales carecen de (no tienen) grandes masas de espectadores. ¿Qué deportes individuales o grupales carecen de hinchas en su ciudad o país? ¿Por qué?

Estrategias de lectura

1. Infórmese sobre el tema antes de leer.

   a. Lea el título. ¿Sabe usted dónde se encuentra Chichén Itzá? Si no, búsquelo en Internet.
   b. Piense en lo que ya sabe. ¿Qué juegos de pelota conoce? ¿En qué juegos se usan las manos principalmente? ¿En qué deportes se usan los pies? Haga una lista con unos ejemplos de cada categoría.

2. Examine el texto antes de leerlo.

   a. Observe las fotos. Describa el juego que ve. ¿Cómo es la cancha donde se juega? ¿Dónde están los espectadores?
   b. Lea la nota cultural sobre el *Popol Vuh*. ¿Qué es?

3. Anticipe el contenido del texto. Pensando en lo que sabe acerca del deporte y en lo que ha observado en las fotos, lea las oraciones a continuación y trate de adivinar si la información va a aparecer en el texto. Podrá averiguar sus respuestas después de leer el texto.

	Sí	No
a. El juego de pelota de Chichén Itzá es antiguo.	_____	_____
b. El juego de pelota tiene significado religioso.	_____	_____
c. La cancha del juego de pelota es pequeña.	_____	_____
d. Hay tres jugadores en cada equipo.	_____	_____
e. Hay decoraciones en la cancha que tienen valor simbólico.	_____	_____

> **Expresiones clave**
>
> ¿Comprende estas expresiones? Si tiene dudas, revise *Preparación* antes de leer el siguiente texto.
>
> | | |
> |---|---|
> | arrodillado/a | muerte |
> | cancha | oscuridad |
> | emplumado/a | pelota |
> | espectadores | portar |
> | ganar | vencido/a |
> | luz | vida |
> | manopla | |

LECTURA

El juego de pelota de los mayas

Uno de los relatos mitológicos más conocidos del *Popol Vuh* es el que cuenta las hazañas[1] de los héroes gemelos Hunahpú e Ixbalanqué. Ambos representaban el lado luminoso del cosmos y tuvieron que enfrentarse a los seres del Inframundo

? ¿Quiénes son Hunahpú e Ixbalanqué? En este párrafo, se menciona a estos personajes. Al leer, trate de comprender quiénes son y por qué son importantes para el juego de pelota.

[1] *deeds*

❓ ¿Qué ha aprendido? En este párrafo, se explica la conexión entre una pugna y el juego de la pelota. ¿Cuál es la conexión? Si no sabe, lea el párrafo otra vez.

en una pugna que resolvieron por medio del juego de pelota. Los héroes gemelos ganaron y tras[2] su victoria, Hunahpú se convirtió en el día e Ixbalanqué en la noche. Se iniciaron así los movimientos cíclicos del día y la noche, la luz y la oscuridad, la vida y la muerte. 🗩

🗩 Cultura 🗩

El *Popol Vuh* ("Libro del Consejo" o "Libro de la Comunidad") es el libro sagrado de los mayas. En él se relata la creación del mundo, las aventuras de Hunahpú e Ixbalanqué, héroes de la mitología, y la fundación de las comunidades. Fue escrito en quiché, una lengua maya, y luego fue traducido al español por Francisco Ximénez, un sacerdote católico, al principio del siglo XVIII.

❓ Anticipe el contenido. En este párrafo se describe la cancha para el juego de pelota en Chichén Itzá. Si usted usa pies en vez de metros para medir distancias, haga la conversión (1 metro = 3 pies) para tener una idea de lo grande que era.

❓ En este párrafo, se describen las decoraciones del interior de la cancha. Lea la descripción otra vez y pase su marcador por las frases que comprende bien. Repita este proceso dos o tres veces, tratando de comprender un poco más con cada lectura.

🗩 Con el fin de conmemorar el triunfo de Hunahpú e Ixbalanqué sobre los seres malignos del Inframundo, los mayas construían canchas para el juego ritual de pelota, denominado *pok a pok* en la lengua maya. La cancha más grande es la de Chichén Itzá, con una longitud de 168 metros y una anchura de 70 metros. Tiene cuatro construcciones en sus lados que limitan el espacio en forma de doble "T" en el que se desarrollaba el juego. Las estructuras más largas son las de oriente y poniente[3], y forman los muros verticales o paramentos donde están situados, a gran altura, los anillos de piedra por los que introducían la pelota, decorados con la imagen de dos serpientes emplumadas entrelazadas que representan el movimiento. Por la parte exterior de estas construcciones se ascendía a las gradas[4] en las que se situaban los espectadores. A lo largo de la parte interior de los muros hay relieves en los que aparecen representados los catorce jugadores que se situaban en la cancha, siete en cada lado; en medio de la escena se puede ver un disco de piedra, la pelota sagrada, con un cráneo humano grabado en su interior de cuya boca sale una vírgula[5] que simboliza la palabra. 🗩

[2]*after*   [3]*west*   [4]*stands, as in a sports stadium*   [5]*graphic representation of speech*

Uno de los equipos lo forman siete hombres ataviados con enormes ornamentos de plumas; es el equipo de los jugadores victoriosos, que van desfilando uno tras
25 otro. Seis de ellos llevan en su mano derecha una insignia con la cabeza de un animal sagrado, un felino o una serpiente. El séptimo hombre, que podría ser el capitán del equipo ganador, es el que encabeza[6] la marcha; en su mano derecha porta un navajón[7], y en la izquierda, sujeta por los cabellos, lleva la cabeza de un jugador decapitado del equipo contrario.

30 En el otro lado de la escena puede verse, arrodillado, al jugador que ha sufrido la decapitación. De su cuello brotan seis serpientes; en medio de ellas, como un séptimo elemento, puede apreciarse una planta con sus frutos y flores. Situados tras él están los seis jugadores restantes de su equipo portando en sus manos un objeto parecido a una bolsa de copal, que se ha interpretado como una manopla
35 para el juego. Los jugadores vencidos no llevan el ornamento de plumas que exhiben los del equipo vencedor.

Sin duda, en estos relieves de Chichén Itzá está presente la mitología del *Popol Vuh*. El juego de pelota aparece representado con su fuerte sentido ritual; en él se contraponen la vida y la muerte, la luz y la oscuridad. La planta que surge del
40 cuerpo del decapitado representa el número siete, que simboliza la fertilidad. El sacrificio era para los antiguos mayas un acto de regeneración de la vida, y daba continuidad a una existencia humana regida por la voluntad[8] de los dioses.

[6]dirige   [7]cuchillo grande   [8]intención

Anticipe el contenido. En este párrafo se describe el desfile del equipo que gana el juego, su ropa y los objetos simbólicos que llevan. Preste atención a los detalles al leer.

¿Por qué lleva un navajón el capitán del equipo? ¿Qué cortó con el navajón?

Anticipe el contenido. En este párrafo se habla del equipo que pierde el juego. Preste atención a los detalles mientras lee el párrafo.

¿Qué sale del cuello del jugador sacrificado? ¿Qué simbolizan?

La conclusión. Es común encontrar información importante en el último párrafo de un texto. Al leer este párrafo, busque información sobre el significado de los símbolos y de la historia representada en las decoraciones de la cancha.

Comprensión y ampliación

5-19 ¿Qué recuerda? Sin mirar el texto recuerde lo que acaba de leer y en sus propias palabras escriba una o varias frases en la tabla de abajo que describan cada uno de los temas que se desarrollan en la lectura. Luego, revise el texto y anote en la última columna de la tabla lo que olvidó después de la primera lectura.

Tema	Lo que recuerda	Lo que olvidó
1. La leyenda sobre el origen del juego de pelota		
2. Estructura de la cancha de Chichén Itzá		
3. Decoración de la cancha		
4. Símbolos del juego		

5-20 En otras palabras, otros contextos. Primera fase. Averigüe por el contexto el significado de las siguientes palabras o expresiones que aparecen en el texto y remplácelas por sinónimos.

1. Los mayas **conmemoraban** el triunfo de Hunahpú e Ixbalanqué sobre las fuerzas de la oscuridad.

2. La **pugna** fue resuelta mediante la práctica del juego de pelota.
3. Al exterior tienen gradas por las que **ascendían** los espectadores.
4. El séptimo hombre **porta** un navajón.

Segunda fase. Ahora piense en otros contextos en que se podrían usar esas expresiones y escriba una oración con cada una de ellas.

MODELO: La **pugna** entre los dos partidos rivales es cada vez mayor.

 5-21 Vamos a comparar. Primera fase. Teniendo en cuenta las siguientes variables, comparen entre ustedes el juego de pelota de los mayas con uno de los deportes de actualidad más populares (fútbol, fútbol americano, baloncesto, béisbol, otro…)

1. Dimensiones de la cancha o del campo de juego
2. Número de jugadores
3. Decoraciones de la cancha o campo de juego
4. Uniforme o ropa de los jugadores

Segunda fase. Ahora, elijan uno de los temas anteriores y escriban un breve párrafo sobre el mismo. Organicen el párrafo de la siguiente manera.

MODELO: En el juego de pelota… Sin embargo, en el fútbol americano…

Aclaración y expansión

Present subjunctive: Wishes, hope, emotions, advice

- In earlier chapters you have practiced the present and past tenses. These tenses belong to the indicative mood, which means that the speaker or writer is stating a fact, or what he or she believes to be a fact.

Pedro no **llamó** a su novia anoche porque ella **estaba** en un partido de béisbol, pero esta noche la va a llamar.

*Pedro **didn't call** his girlfriend last night because she **was** at a baseball game, but he is going to call her tonight.*

- Verbs in the subjunctive mood are usually found in sentences that have two parts (clauses), each with a different subject. When the verb in the first clause expresses wishes, hope, advice, emotional reactions, or doubt, then the verb in the second clause will be in the subjunctive mood. The first part of the sentence is usually the main clause, and the second part is usually the dependent clause.

When the first clause expresses…	with verbs or expressions like these,	the verb in the second clause is in the subjunctive mood. For example:
wishes, hope, advice	querer, aconsejar, desear, esperar, preferir	**Espero que** mi equipo favorito **gane** el campeonato. *I hope that my favorite team wins the championship.*
emotions, likes, or dislikes	alegrarse de, sentir, temer, molestar, gustar, encantar	**Me alegro de que** mi hermana **estudie** español. *I am happy that my sister is studying Spanish.*
impersonal expressions that convey opinions, wishes, emotions, advice	es terrible que… es triste que… es bueno que… es difícil que… es importante que… es necesario que… es raro que…	**Es necesario que hables** con claridad. *It's necessary that you speak clearly.* **Es recomendable que** los jóvenes **terminen** sus estudios antes de casarse. *It is recommended that young people finish their studies before getting married.*

- With the verbs **decir** and **insistir**, use the subjunctive in the dependent clause when the verbs express a wish or an order. When the verbs are used to report information, use the indicative.

Expressing a wish/an order

El entrenador les **dice** a los jugadores que **duerman** ocho horas todas las noches.

*The coach **tells** the players **to sleep** eight hours every night.*

Reporting information

El entrenador **dice** que los jugadores **duermen** ocho horas todas las noches.

*The coach **says** that the players **sleep** eight hours every night.*

⚬ Always use the subjunctive with the expression **ojalá (que),** which comes from Arabic, originally meaning "may Allah grant that…"

Ojalá haga buen tiempo mañana.

*I hope **the weather will be good tomorrow.***

Ojalá que los jugadores **coman** bien también.

*I **hope** that the players **eat** well also.*

⚬ When there is only one subject in the sentence, use an infinitive after the conjugated verb.

El entrenador **quiere hablar** con los jugadores hoy.

*The coach **wants to talk** with the players today.*

Present subjunctive of regular verbs			
	hablar	**comer**	**vivir**
yo	hable	coma	viva
tú	hables	comas	vivas
Ud., él, ella	hable	coma	viva
nosotros/as	hablemos	comamos	vivamos
vosotros/as	habléis	comáis	viváis
Uds., ellos/as	hablen	coman	vivan

Since the present subjunctive is derived from the **yo** form of the present indicative (e.g., **habl-**), note that verbs with irregular **yo** forms have that form in the present subjunctive.

conocer	conozca, conozcas…	salir:	salga, salgas…
decir:	diga, digas…	tener:	tenga, tengas…
hacer:	haga, hagas…	traer:	traiga, traigas…
oír:	oiga, oigas…	venir:	venga, vengas…
poner:	ponga, pongas…	ver:	vea, veas…

Verbs with irregular forms in the present subjunctive	
dar:	**dé, des, dé, demos, deis, den**
estar:	**esté, estés, esté, estemos, estéis, estén**
ir:	**vaya, vayas, vaya, vayamos, vayáis, vayan**
saber:	**sepa, sepas, sepa, sepamos, sepáis, sepan**
ser:	**sea, seas, sea, seamos, seáis, sean**

⚬ Stem-changing **-ar** and **-er** verbs follow the same pattern as in the present indicative.

pensar: **pie**nse, **pie**nses, **pie**nse, pensemos, penséis, **pie**nsen

volver: **vue**lva, **vue**lvas, **vue**lva, volvamos, volváis, **vue**lvan

⊙ Stem-changing **-ir** verbs have two stem changes in the present subjunctive. The stem change in the present indicative appears in the present subjunctive in exactly the same pattern. In addition, there is a second change in the **nosotros/as** and **vosotros/as** forms.

e → ie, i

preferir: prefiera, prefieras, prefiera, prefiramos, prefiráis, prefieran

e → i, i

pedir: pida, pidas, pida, pidamos, pidáis, pidan

o → ue, u

dormir: duerma, duermas, duerma, durmamos, durmáis, duerman

5-22 Necesito ayuda. Una estudiante universitaria que necesita ayuda en sus relaciones con sus amigas le escribe la siguiente carta a la sección de consejos del periódico. Para saber lo que escribió, complete la siguiente narración usando el infinitivo que aparece entre paréntesis o el presente de indicativo o de subjuntivo, según el contexto.

Querida María de los Ángeles:

Le escribo porque me siento muy sola. Yo sé que (1) ——————— (ser) una atleta bastante buena. Me (2) ——————— (gustar) todos los deportes, tanto practicarlos como mirar los partidos en televisión. Cuando estoy con mis amigas, siempre quiero que ellas (3) ——————— (correr) en el parque conmigo o que nosotras (4) ——————— (jugar) al tenis o al baloncesto. Sé que es bueno que ellas (5) ——————— (dejar) de estudiar para hacer ejercicio al aire libre. Sin embargo, últimamente lo estoy pasando muy mal porque he notado cambios en la actitud de mis amigas. Cuando quiero que ellas (6) ——————— (ir) conmigo al parque o al gimnasio, siempre me dan una excusa y ya no me llaman a casa como antes. Para mí, es importante (7) ——————— (tener) personas a mi alrededor y por eso es muy triste que mis amigas no (8) ——————— (querer) acompañarme. Además, tengo la impresión de que cuando nos reunimos en un café, no desean que yo (9) ——————— (hablar) del ejercicio o de los deportes. Son mis amigas de toda la vida y no quiero (10) ——————— (perder) su amistad, pero tampoco quiero dejar las actividades que me gustan. ¿Tiene algún consejo?

Espero que sus consejos me (11) ——————— (ayudar) a resolver esta situación, pues quiero que mis amigas (12) ——————— (participar) en mis actividades deportivas como antes. Ojalá que esta situación (13) ——————— (resolverse) pronto porque necesito (14) ——————— (disfrutar) de la compañía de mis amigas.

Una atleta triste y sola

5-23 ¿Una persona muy tímida? Uno/a de los/las hinchas de su equipo tiene muy pocos amigos y se siente cada vez más solo y aislado/a. Todos ustedes quieren ayudarlo/la. Primero, en parejas combinen los verbos y expresiones con las actividades que aparecen más abajo para decirles a los otros miembros del grupo cómo van a tratar de animarlo/la.

aconsejar	(no) es bueno que
alegrarse de	es importante que
pedir	es triste que
preferir	
recomendar	

MODELO: Ir al cine con el grupo el sábado   Salir los fines de semana

      E1: Vamos a aconsejarle que vaya al cine con el grupo el sábado.

      E2: Nosotros pensamos decirle que es importante que salga los fines de semana.

1. Ir al restaurante con el equipo después de los partidos
2. Sentarse con otras personas en la cafetería
3. Salir con más frecuencia durante su tiempo libre
4. No pasar demasiado tiempo en su cuarto
5. Hablar más con personas que le gustan
6. Obligarse (*force him/herself*) a hacer algo con alguien
7. Invitar a algunos chicos/as a mirar películas con él/ella
8. …

 5-24 Se necesitan fondos. El equipo de fútbol de su universidad necesita dinero para construir un nuevo estadio. Ustedes quieren organizar una reunión-cena con las autoridades y los industriales de su ciudad para conocerse mejor y recolectar fondos. Muchos estudiantes de la universidad les han ofrecido su ayuda. Primero escojan en parejas la tarea adecuada para cada uno de los estudiantes, según sus experiencias y habilidades. Después, digan al resto del grupo qué esperan/quieren/necesitan que cada persona haga y justifiquen su decisión.

MODELO: ESTUDIANTES   TAREAS

          Pilar trabaja en una tienda de flores.   traer flores o plantas
          Alberto cocina muy bien.   preparar un plato

      E1: Esperamos que Pilar traiga flores para decorar el lugar de la reunión. Ella es muy creativa.

      E2: Muy buena idea. Nosotros queremos que Alberto prepare un plato delicioso. Es un cocinero excelente.

Estudiantes

1. Paula y Lidia son hijas de los dueños de un restaurante.
2. Jorge es decorador.
3. Javier trabaja en un restaurante español.
4. La presidenta del Centro de alumnos vive cerca del supermercado.
5. El capitán del equipo de fútbol y el árbitro son fuertes.

Tareas

a. hacer las invitaciones, enviarlas y ayudar a Javier
b. llamar a las tiendas que venden ornamentaciones y pedirlas
c. hacer cuatro paellas
d. comprar los refrescos y traerlos
e. poner las mesas y las sillas en el salón de la reunión
f. limpiar el salón para la reunión

6. Las estudiantes de la Oficina de recepción son muy organizadas.

7. Juan Mendive tiene un coche grande.

8. Amelia sabe mucho de computadoras.

g. ayudar a Jorge y traer los arreglos florales para las mesas

h. hacer panfletos con información sobre las necesidades y planes del equipo de fútbol

5-25 Lo que se debe y no se debe hacer. Usted es el entrenador del equipo de fútbol y desea que la reunión con las autoridades y los industriales de su ciudad sea exitosa. Túrnense para decirle a cada una de las siguientes personas qué es importante, bueno, malo, etc. que haga o no haga durante la reunión de acuerdo con los siguientes dibujos.

MODELO: Al capitán del equipo
Es importante que estés conmigo para saludar a todos los invitados.

1. A Jorge, el decorador

2. A la presidenta del Centro de alumnos

3. A las estudiantes de la Oficina de recepción

4. A Amelia, la experta en computadoras

5. A Paula y Lidia

5-26 ¿Apropiado o inapropiado? Marque si considera apropiado (**A**) o inapropiado (**I**) cada uno de los comportamientos siguientes. Después, comenten entre todos por qué.

1. _____ Poner los pies sobre la mesa frente a invitados adultos en su casa
2. _____ Empezar a comer antes que los invitados en una cena formal
3. _____ Poner los codos sobre la mesa durante una cena formal
4. _____ Levantarse de la mesa e irse sin dar explicaciones
5. _____ Pedir permiso o autorización para interrumpir la conversación entre dos personas
6. _____ Escuchar música estridente mientras otras personas conocidas leen el periódico
7. _____ Gritarle al entrenador porque a usted no le gustó lo que él dijo
8. _____ Lanzarles objetos a los hinchas del equipo contrario porque el equipo de usted está perdiendo el partido.

5-27 ¿Comportamiento correcto o incorrecto? Primera fase. Un amigo suyo/Una amiga suya va a ir a un curso de verano en un país hispano y quisiera saber más sobre el comportamiento adecuado en diferentes situaciones sociales. De acuerdo con lo que usted sabe sobre las reglas sociales del mundo hispano, clasifique los siguientes comportamientos.

Comportamiento	Correcto	Incorrecto
ponerse de pie cuando está de visita y llegan unas personas mayores		
tratar de tú a las personas desconocidas		
comer con los antebrazos (*forearms*) sobre la mesa		
ir a las tiendas de las ciudades con pantalones cortos y camiseta		
despedirse individualmente de todas las personas en reuniones pequeñas		
silbar en un partido cuando ocurre una buena jugada		
llevar una gorra dentro de un edificio		
poner los pies en una silla desocupada en clase		
dejar pasar a las personas mayores		

 Segunda fase. Compare sus respuestas con las de su compañero/a y digan qué le van a recomendar a su amigo/a.

MODELO: Quedarse conversando con las otras personas en la mesa después de comer

E1: Le voy a recomendar que se quede conversando un rato con las otras personas en la mesa después de comer.

E2: De acuerdo, y si no puede quedarse es importante que explique por qué.

Algo más

Equivalents of *to become*

The verb **ponerse** + *adjective* means *to become* when expressing a physical or emotional change.

Mi amigo Pedro **se puso triste** porque su equipo perdió contra el equipo de la ciudad vecina.	*My friend Pedro **became sad** because his team lost to the team of the neighboring town.*

Other Spanish verbs that express changes in conditions or states when followed by adjectives or nouns are also equivalents of *to become*.

● Use **volverse** + *adjective* when expressing a more sudden and/or violent change, which may be permanent in some cases.

A uno de mis amigos nunca le interesó el fútbol pero **se volvió fanático** del Real Madrid cuando vio al equipo jugar el año pasado.	*One of my friends was never interested in soccer but he **(suddenly) became a fan** of Real Madrid when he saw the team play last year.*
Después de ganar la Copa Mundial los jugadores **se volvieron más importantes** en su país.	*After winning the World Cup the players **(suddenly) became more important** in their country.*

● Use **convertirse en** + *noun* when expressing a change from what is considered the norm or routine.

El joven dice que dejó sus estudios para **convertirse en** un jugador profesional.	*The young man says that he left his studies **to become** a professional player **(to turn pro)**.*
Su amigo Jordi se unió al equipo de béisbol y **se convirtió** en capitán del equipo al cabo de unos años.	*His friend Jordi joined the baseball team and **became** its captain a few years later.*

● Use **hacerse** + *noun* or *adjective* or **llegar a ser** + *noun* when expressing a change that normally occurs through the person's efforts.

Al principio, el joven era un jugador desconocido, pero poco a poco **se hizo famoso**.	*At the beginning, the young man was an unknown player, but little by little he **became famous**.*
Uno de sus amigos **se hizo árbitro**.	*One of his friends **became a referee**.*
Otro participó en la Copa Mundial y **se hizo rico**.	*Another one played in the World Cup and **got rich**.*
Ahora todos los niños en su pueblo sueñan con **llegar a ser jugadores profesionales**.	*Now all of the children in his town dream about **becoming professional players**.*

5-28 El hijo deportista. Un hombre cuenta a una revista su experiencia como padre de un deportista profesional. Complete su narración con la forma correcta de los verbos **ponerse, volverse, convertirse** o **hacerse** para saber todo lo que le ocurrió.

Cuando mi hijo Fernando nos comunicó que quería jugar al tenis, mi esposa y yo (1) —————— muy contentos. Era un deporte que siempre habíamos practicado en la familia y pensamos que era un buen ejercicio y una bonita manera de pasar el tiempo. Cerca de donde vivíamos había un club con buenas instalaciones donde ofrecían clases de tenis por las tardes. Cuando mi hijo empezó a participar en campeonatos yo (2) —————— en su chófer, pues todos los fines de semana tenía que ir de un lado a otro. Mi vida consistía en acompañarlo y animarlo en todos sus torneos. Como es natural, me sentía nervioso antes de los partidos y (3) —————— muy triste cuando perdía, aunque trataba de disimularlo. Durante esos años mi hijo practicaba ocho horas diarias y con el tiempo (4) —————— profesional. Yo decidí dejar mi trabajo y (5) —————— en el empresario de mi hijo.

5-29 Mis reacciones. Primera fase. Marque (✓) en la columna adecuada la frecuencia con que usted reacciona en las diferentes situaciones.

Situaciones	siempre	casi siempre	a veces	nunca
Me pongo nervioso/a cuando tengo que hablar en público.				
Me pongo irritado/a cuando hablo y nadie me escucha.				
Me pongo enojado/a cuando alguien trata de tomar mi lugar en una cola.				
Me pongo contento/a cuando mi familia me llama por teléfono.				
Me pongo muy alegre cuando mi equipo gana.				
Me pongo molesto/a cuando critican a mis amigos.				
Me pongo furioso/a si alguien me deja plantado/a (*stands me up*).				
Me pongo nostálgico/a cuando no veo a mi familia por mucho tiempo.				

 Segunda fase. Ahora compare sus respuestas con las de un compañero/una compañera. Compartan **una** experiencia que cada uno de ustedes tuvo que muestra una reacción de la lista.

A escribir

Estrategias de redacción: La exposición

Este género discursivo se utiliza con varios propósitos y en una variedad de contextos para presentar un tema controvertido, un problema o un fenómeno. La exposición nos permite explicar, aclarar, analizar, definir o argumentar diferentes puntos de vista sobre un asunto, como se hace en la columna editorial de un periódico, por ejemplo.

Hay varios factores que determinan el éxito de un texto expositivo:

- Primeramente el escritor debe determinar su público y las características de éste: ¿A quién va destinado su mensaje? ¿Cuánto sabe su público sobre el tema: nada o mucho? Si no sabe mucho, ¿cómo puede informarse y captar su interés? Si su público es especializado, ¿cómo puede su ensayo (*essay*) aportar ideas nuevas sobre el tema?
- En segundo lugar, el escritor debe precisar el propósito de su mensaje: ¿Para qué lo escribe? ¿Para analizar un concepto, para ofrecer una propuesta de solución, para aclarar ideas complejas o mal interpretadas, para argumentar una postura personal, etc.?
- En tercer lugar, el escritor debe seleccionar los datos e información pertinentes y organizarlos clara y concisamente para comunicar mejor su mensaje.
- Además, es importante que el escritor despierte interés por el tema entre su público potencial. Una de las estrategias más usadas es crear un título llamativo (*appealing*) a través de una pregunta que genere interés o curiosidad.

La estructura básica de un texto expositivo tiene…

- una introducción, que presenta de manera atractiva el tema,
- un cuerpo, en el que se exponen y/o sustentan las ideas de los expertos o las del propio autor
- y una conclusión, que resume todas las ideas planteadas a través del ensayo.

En general, la exposición se caracteriza por la presentación enfocada y sustentada de información sobre un tema. Con este fin, algunos ensayistas prefieren despersonalizar el mensaje, haciéndolo más imparcial. Por eso,

- usan con frecuencia formas impersonales, como por ejemplo: **Se piensa…**, **Se dice…**, **Mucha gente cree que…**, **Es evidente/verdad/imprescindible…**, etc.
- seleccionan cuidadosamente el vocabulario para ser percibidos correctamente, según el propósito que tengan.

Algunas expresiones útiles para la exposición

Lengua impersonal
Es evidente/lógico/verdad que…
Se dice/piensa/cree que…

Algunos verbos para expresar una opinión
concluir que…
estar de acuerdo
estar en desacuerdo
opinar que…
proponer que…
sostener/afirmar/argumentar que…

Personas que participan en un debate o discusión
los partidarios
los opositores
los expertos/peritos/conocedores

Para expresar causa
a causa de…
debido a…
por…

Para expresar efecto
por consiguiente,…
por esa razón,…
por eso,…
por lo tanto,…

5-30 Análisis. Lea la siguiente carta al editor y, luego, indique (✓) lo siguiente.

1. El lector potencial de esta carta es alguien que…

_____ no practica deportes. _____ es experto en deportes. _____ practica deportes de mucho peligro.

2. El propósito de la autora de la carta es…

_____ criticar a los jóvenes que practican el patinaje en tabla.

_____ contribuir a la discusión sobre la práctica de deportes peligrosos.

_____ pedirle al gobierno que prohíba los deportes de alto riesgo.

3. La estructura de la carta.

La introducción:

_____ presenta el tema que se va a discutir en la carta. _____ informa al lector sobre el propósito de la carta.

El cuerpo:

_____ trata varios temas.   _____ desarrolla un tema central.

_____ presenta claramente la opinión de la autora. _____ no es clara la visión de la autora sobre el tema.

_____ expone solamente su opinión personal sobre el tema. _____ la autora sustenta su visión del tema presentando la opinión de los expertos.

 La conclusión:

_____ resume las ideas presentadas a través de la carta. _____ propone claramente una solución al problema.

_____ hace preguntas para que el lector piense sobre la solución que ella propone.

4. Las características de la lengua que utiliza la escritora

Usa un tono: _____ personal.   _____ impersonal.

Utiliza expresiones: _____ personales, según el tono.   _____ impersonales, según el tono.

Estimado señor editor:

Después de leer su artículo, ¿Deportes extremos o actos de locura? resulta imposible ignorar la preocupante realidad que viven nuestras comunidades hoy. No se necesita ser experto para darse cuenta de que el número de personas que practica los deportes de alto riesgo continúa aumentando. Tampoco es un secreto que los accidentes serios o fatales aumentan, muchos de ellos causados por la irresponsabilidad humana y por el deseo descontrolado de experimentar emociones fuertes. Además no es difícil ver que la necesidad de admiración y respeto motiva a muchos de estos jóvenes y les causa accidentes e incluso la muerte. Lo trágico es que nadie quiere asumir la responsabilidad de hacer cambios para evitar estos accidentes.

El patinaje en tabla es uno de los deportes de alto riesgo populares entre los adolescentes de las grandes ciudades. Sólo se requiere coraje, sacrificio, dedicación y una calle, escaleras o una plaza. Pocos piensan en la protección contra una mala caída. Con frecuencia se ve a los jóvenes haciendo piruetas y saltando en el aire como si fueran inmortales. Lo mismo ocurre con otros deportes extremos de gran aceptación entre el público de todas las edades como el salto a un precipicio o bungee, el rafting o descenso por bravas aguas, y las alas delta. Lo que atrae tanto a los deportistas como a los espectadores de estos deportes es el apetito incontrolable por el riesgo, la emoción, el desafío[1] a la muerte.

Los expertos concuerdan en que la seguridad en los deportes se logra con entrenamiento adecuado, independientemente del tipo de deporte y del

[1]challenge

lugar donde se practique. No importa cuán sofisticado sea el equipo, es el deportista quien usa y controla el equipo, incluidos su cuerpo y su fuerza física. El patinador dirige sus piruetas en la tabla, el deportista acuático maniobra su balsa; de la misma manera, la persona que salta al vacío (bungee) decide de qué plataforma va a saltar, cuándo y cómo. Entonces es razonable pensar que las reglas y los límites de una práctica deportiva deben ser establecidos por una organización humana responsable, como el Ministerio de Deportes y Recreación. No se puede permitir que la abundancia de adrenalina, provocada por la tensión propia de estos deportes, controle las acciones irresponsables de estos jóvenes.

Finalmente, termino preguntándole al lector: ¿qué se debe hacer para que las autoridades asuman su responsabilidad? ¿Y qué se puede hacer para incentivar una actitud preventiva entre los jóvenes o las personas que practican estos deportes de alto riesgo? Si no se hace nada, ¿cuántos jóvenes más sufrirán accidentes o morirán a causa del placer sin responsabilidad?

Atentamente,
Preocupada

5-31 Preparación. Vuelva a leer la carta de Preocupada y prepare información, datos o ideas que respondan a las tres preguntas en el último párrafo de su carta.

5-32 ¡A escribir! Ahora responda a la carta de Preocupada utilizando la información que recolectó en *Preparación*.

5-33 ¡A editar! Después de unas horas, lea su texto, pensando en Preocupada. Haga lo siguiente.

- **Revise la comunicación de ideas.** ¿Son claras o confusas las ideas? Afínelas y aclare las posibles confusiones. Use vocabulario preciso.
- **Mejore el estilo de su texto.** Varíe el vocabulario. Use sinónimos y antónimos.
- **Revise las estructuras gramaticales.** ¿Usó estructuras apropiadas para expresarse? Por ejemplo, para crear un tono más impersonal (si ése era su objetivo), utilizó 'se' o expresiones impersonales?
- **Revise la mecánica de su texto.** Revise la ortografía, los acentos, la puntuación, etc.

A explorar

5-34 Los deportes de riesgo. Primera fase. En **http://www.prenhall. com/identidades,** lea uno de los artículos que trata de algún aspecto de los deportes de riesgo y haga lo siguiente.

- Pase su marcador por la información importante en cada párrafo.
- Subraye las oraciones que representan información factual sobre el deporte y aquéllas que representan la opinión del autor del artículo.
- Escriba su opinión sobre el tema discutido.
- Haga una lista del vocabulario relacionado con el deporte.
- Seleccione y guarde (*keep*) material visual (fotos, dibujos, etc.) que lo/la ayude a recordar información clave sobre este deporte.

Segunda fase. Prepare un bosquejo para una presentación oral sobre este deporte para sus compañeros. Haga lo siguiente:

- Organice sus notas y el material visual en PowerPoint.
- Incluya palabras clave que lo/la ayudarán a exponer su opinión y a justificarla.
- Finalmente, escriba tres preguntas de opinión (provocativas, controvertidas) sobre algún aspecto de este deporte para su público (sus compañeros).

Tercera fase. Haga su presentación usando la información que usted preparó en la *Segunda fase*. Al final de la presentación, hágales sus tres preguntas a sus compañeros.

5-35 La mujer en los deportes. Primera fase. En **http://www.prenhall. com/identidades** encontrará algunos artículos sobre varios temas relacionados con la mujer en los deportes. Elija un artículo que se refiera a

- la discriminación femenina en los deportes o
- el sexismo en los videojuegos.

Segunda fase. Escriba un resumen para compartir con un compañero/una compañera teniendo en cuenta lo siguiente.

1. ¿Cuál es el tema del artículo?
2. ¿Cuál es la idea/Cuáles son las ideas más importante/s del artículo?
3. ¿Qué semejanzas ve usted entre lo que se expone en el artículo y lo que usted conoce?
4. ¿Qué diferencias encuentra?
5. Finalmente, dé su opinión sobre el tema del artículo. Fundaméntela.

Los deportes

el ala delta	hang-gliding
el árbitro	referee
el baloncesto	basketball
el boxeo	boxing
el campeón/la campeona	champion
el campeonato	championship
la cancha	court; field (sports)
el ciclismo	bicycling, cycling
el combate	fight
la competencia	competition
el/la deportista	sportsman, sportswoman, athlete
el entrenador/la entrenadora	trainer, coach
el equipo	team; equipment
el espectador/la espectadora	spectator
el fútbol	soccer
el/la hincha	fan
el juego	match, game
el jugador/la jugadora	player
la lesión	injury
el luchador/la luchadora	fighter
la manopla	mitt, protective glove
la natación	swimming
la pancarta	banner
el paracaidismo	parachuting
el partido	game, match
el patinador/la patinadora	skater
el patinaje	skating
la pelota	ball
el riesgo	risk
el tenis	tennis
el torneo	tournament
el voleibol	volleyball

La vestimenta

el atavío	attire
el cinturón	belt
la falda	skirt
la insignia	badge
la pluma	feather
el taparrabos	loincloth, trunks

El cuerpo humano

la cabeza	head
la cadera	hip
el codo	elbow
el cráneo	skull
el cuello	neck
la mano	hand
el muslo	thigh
la rodilla	knee

El ocio

el ajedrez	chess
la baraja	deck of cards
la carta	card; letter
el dominó	dominoes
el esparcimiento	recreation
el juego de cartas	card game
el juego de tablero	board game
el juego electrónico	video game
el naipe	playing card
el pasatiempo	pastime
la telenovela	soap opera
el tiempo libre	free time

Las condiciones sociales

la actividad de voluntariado	volunteer activity
la capacitación profesional	professional development
la jubilación	retirement
la pobreza	poverty
la solidaridad	solidarity, support

Características

arrodillado/a	kneeling
creciente	growing
descollante	outstanding
emplumado/a	plumed
placentero/a	pleasant
vencido/a	defeated

Verbos

disfrutar	to have fun; to enjoy
enterarse de	to find out about
ganar	to win
gastar	to spend
jubilarse	to retire
jugar (ue) a	to play
llevar	to wear
parrandear	to party
participar	to participate in; to play
perder (ie)	to lose
portar	to carry
sustentar	to support, defend
vestirse (i, i)	to get dressed

Palabras y expresiones útiles

a pesar de	in spite of
de hecho	in fact
estar de acuerdo	to agree
estar en desacuerdo	to disagree
evidentemente	obviously
la exigencia	demand
la luz	light
la muerte	death
la oscuridad	darkness
la vida	life

* For equivalents of *to become*, see page 159.
** For expressions to use in an essay, see page 162.

Objetivos comunicativos

- Giving and following instructions
- Avoiding repetition when reacting to and commenting on issues
  - Making polite requests

Contenido temático y cultural

- Variety of foods in the Spanish-speaking world
  - Origins of foods and food products
  - Work in food-related settings

6
La comida

VISTA PANORÁMICA

VISTA PANORÁMICA

En la cultura hispana las comidas suelen ser largas y copiosas. Para muchos la comida es el momento más importante del día porque es cuando se reúne toda la familia. ◄

En las ciudades hispanas suele haber muchos restaurantes y bares donde la gente se reúne para comer y relacionarse. También abundan las cafeterías, donde se puede tomar un chocolate caliente acompañado de dulces o bollería (*pastry*) mientras se habla de política, de libros o de otros temas menos intelectuales. ►

El ganado que se cría en las grandes llanuras (*plains*) de Argentina o Uruguay produce carne de gran calidad. ◄

La gastronomía española varía según las regiones. La cocina de la región catalana y la del país vasco tienen muy buena reputación, así como la comida valenciana con su variedad de platos de arroz. Los pescados fritos son muy apetecidos en Andalucía y los productos de cerdo en el resto de la península.
▼

▲ Los mercados de comida son lugares muy animados en todos los países del mundo hispano. En ellos hay cantinas o bares para comer y numerosos puestos (*market stalls*) que muestran una gran variedad de productos.

La cultura del vino está muy desarrollada en países como España, Chile y Argentina, donde hay una excelente producción que se exporta a todo el mundo.
◄

▲ En español hay muchas palabras que provienen del árabe. Algunas de las que se refieren a productos alimenticios son azúcar, alcachofa, zanahoria, azafrán, aceituna (*olive*), aceite, almendra.

Productos como la patata o papa, el tomate, el maíz o el chocolate no se conocían en Europa antes del siglo XV.
▶

A leer

Preparación

6-1 La comida como pasatiempo. *Primera fase.* Cocinar o comer en restaurantes constituye uno de los pasatiempos favoritos de muchas personas. ¿Cuánto sabe usted sobre los productos de su dieta? Escriba el número de la descripción al lado del grupo de comida correspondiente en la pirámide alimenticia.

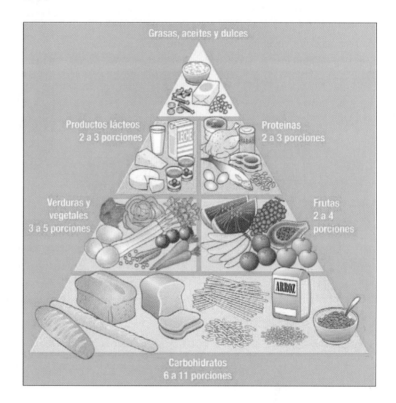

1. Diversos tipos de pan, cereal, arroz y pasta corresponden a este grupo. Son muy buenos para la salud, especialmente los de granos enteros.
2. Alimentos como el brócoli, los tomates, las zanahorias, las patatas o papas y la lechuga contienen importantes vitaminas en su dieta. Los médicos recomiendan que los comamos crudos (*raw*) o poco cocidos (*cooked*).
3. Los productos de este grupo son los más peligrosos para la salud. Sirven para endulzar o freír la comida o los postres. Se deben usar en cantidades pequeñas porque contienen mucha grasa y azúcar.
4. Este grupo lo constituyen las naranjas, manzanas, plátanos, uvas, mangos, etc. Contienen azúcar natural que se quema rápidamente en el cuerpo.

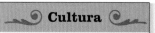

5. La leche, el queso, los yogures forman parte de este grupo. Son fundamentales tanto en la dieta de los niños como de los adultos.

6. Este grupo contiene una diversidad de carnes tales como carne de res, pollo, cerdo o puerco, cordero, pescados, mariscos, etc.

Segunda fase. Intercambien la siguiente información entre ustedes. Tomen notas para compartir la información con la clase.

1. ¿Es la cocina un pasatiempo para ustedes? ¿Les gusta cocinar?
2. Durante el año escolar, ¿qué productos o alimentos consumen ustedes para el desayuno, para el almuerzo y para la cena? ¿Generalmente cuántas porciones consumen por comida?
3. ¿Prefieren comer en restaurantes o en su casa? ¿Dónde comen mejor? ¿Por qué?
4. ¿Siguen ustedes las recomendaciones de los expertos en cuanto a las porciones y los tipos de alimentos que se deben comer todos los días? ¿Por qué?

6-2 ¡La comida entra por la vista! Primera fase. En las siguientes fotos de platos hispanos, usted observará y leerá sobre los ingredientes básicos con que estos se preparan. Escriba el nombre del plato y la letra que corresponde a su descripción bajo la foto apropiada.

ceviche	pastel de choclo
paella	quesadillas
parrillada	tamales

1. _____   2. _____

Cultura

El ser humano ha hecho que el acto de comer se haya convertido en algo mucho más sofisticado que una simple necesidad fisiológica que debemos satisfacer. La comida se asocia con manifestaciones culturales y con comportamientos sociales. En la cultura hispana, por ejemplo, la comida tiene mucha importancia porque en torno a ella la gente se relaciona y habla, se celebran acontecimientos, etc. Pero la cocina de cada país hispano varía según las influencias que ha recibido a lo largo de la historia y según las materias primas que se producen en él. En consecuencia, el vocabulario que se refiere a la comida también varía en función de los productos y las costumbres de cada país. Así pues, hay que tener cuidado al hablar de *Spanish food*, porque, a menudo, se tiene una idea algo limitada de lo que esto significa y se cae en el estereotipo de creer que la comida de España, de México o de cualquier otro país hispano es toda igual: nada más lejos de la realidad.

Para aprender más sobre la comida de varios países hispanos, vaya a **http://www.prenhall.com/ identidades**.

3. _____

4. _____

5. _____

6. _____

a. Este plato criollo picante se come en varios países tales como Perú, Chile y Ecuador. Se prepara con pescado y mariscos macerados (*marinated*) en limón y ají (*jalapeño pepper*). En Perú se sirve con patatas dulces y choclo (*corn*) cocido.

b. Este es un plato liviano (*light*) que se hace con una tortilla de harina (*flour*) de maíz o trigo y se rellena con queso o pollo. Muchos las comen con salsa picante. Se prepara de diferentes maneras y con diversas verduras, según el gusto individual.

c. Este es un plato popular en los países del norte de América Latina, Centroamérica y el Caribe. Se prepara con harina de maíz y varios ingredientes como carne molida (*ground meat*) y especias, y se envuelve en hojas de plátano. En algunos países agregan aceitunas y alcaparras (*capers*).

d. Los argentinos son famosos por esta delicia. En su preparación se utilizan varios tipos de carne y verduras, las cuales se asan (*are grilled*) en una parrilla.

e. Este es un plato que, según muchos, nació en Valencia, España. Se prepara en una cazuela o sartén (*frying pan*) enorme en la que se fríen los mariscos, el pescado y otros ingredientes. Se le agrega azafrán y caldo (*sopa*) de pescado.

f. Como otros platos típicos de América Latina, el maíz es el ingrediente básico de este plato. También se prepara con aceitunas negras, huevos cortados en rodajas, pollo, pasas (*raisins*) y otros condimentos. Se hornea (*it is baked*) y se sirve en un plato de arcilla.

Segunda fase. Respondan a las siguientes preguntas. Háganse preguntas adicionales para averiguar más sobre las experiencias culinarias de cada uno de ustedes.

1. ¿Alguna vez comiste alguno de los platos mostrados en la *Primera fase*? ¿Cuál? ¿Te gustó?
2. ¿Cuál de los platos no has probado nunca? ¿Te gustaría probarlo?
3. ¿Hay algún ingrediente o especia que a ti no te gusta o te cae mal? ¿Cuál?

6-3 ¡Matando el tiempo en la cocina! Primera fase. Piense en dos de sus platos favoritos. Luego, escriba una lista con los ingredientes básicos que se usan en su preparación.

Nombres de los platos	Ingredientes básicos

Segunda fase. Ahora marque (✓) la manera en que se preparan sus platos favoritos y comparta la información con su compañero/a.

Plato	Se fríe(n)	Se guisa(n)	Se macera(n)	Se asa(n)	Se rellena(n)

Estrategias de lectura

1. Use el título para anticipar el contenido del texto.
   a. Lea el título: "La variedad de la cocina hispana". En este texto, la palabra *cocina* significa *cooking* o *cuisine*; no significa *kitchen*. ¿A qué países se refiere la palabra *hispana*? Mencione cuatro o cinco.
   b. Por la palabra *variedades*, adivine el tema probable del texto. ¿Tratará de las diferencias entre la cocina de los países hispanos, o de las semejanzas entre países?

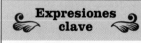

Expresiones clave

¿Comprende estas expresiones clave? Si tiene dudas, revise *Preparación* antes de leer el siguiente texto.

aceitunas	guisar
ají	harina
alcaparras	macerar
asar	maíz
azafrán	mariscos
carne	parrillada
ceviche	pescado
envolver	rellenar

2. Examine el texto antes de leerlo.

  a. Mire rápidamente el texto y pase su marcador por la primera frase de cada párrafo. Ahora lea las frases. En su conjunto, dan un resumen de los temas principales del texto.
  b. Lea otra vez las frases por las que pasó su marcador.

    i. ¿Qué países y regiones se mencionan en estas frases?
    ii. ¿Qué vegetales y qué granos se mencionan?

LECTURA

La variedad de la cocina hispana

Hasta hace muy poco la única comida de origen hispano que había alcanzado cierta popularidad en Estados Unidos era la mexicana. Los tacos, los burritos, las quesadillas eran conocidos de todos, e incluso proliferaban los restaurantes de comida rápida que ofrecían una versión de estos manjares[1] adaptada a los gustos estadounidenses. En los últimos años, la llegada masiva de inmigrantes 5 procedentes de otros países hispanos ha propiciado un mayor conocimiento de la extraordinaria diversidad de la comida hispana. En casi todas las grandes ciudades norteamericanas podemos encontrar hoy en día buenos restaurantes peruanos, venezolanos, colombianos, bolivianos, salvadoreños o puertorriqueños, entre otros. Además, en los supermercados se encuentra una impresionante 10 gama[2] de productos de diversa procedencia que permiten a los nativos de esos lugares mantener sus tradiciones gastronómicas y a los demás conocer esos productos.

Es difícil decir cuál es el país latinoamericano con mayor diversidad culinaria, pero seguro que Perú y México estarían entre los primeros. La rica cocina 15 peruana reúne una gran cantidad de influencias, empezando por su herencia incaica, la española, con su propia herencia árabe, y la criolla, y siguiendo con las tradiciones culinarias aportadas más recientemente por la inmigración africana, francesa, japonesa, italiana y chino-cantonesa. Además, se considera que Perú es el centro genético más grande del mundo, con sus cuatro mil variedades de papas, 20 dos mil especies de pescados e innumerables variedades de frutos y verduras.

La papa y el tomate, productos imprescindibles hoy en la cocina de todo el mundo, se originaron en Centroamérica y Sudamérica y, en el caso del tomate, en México también. Ambos fueron introducidos en Europa y el Medio Oriente por los españoles. Asimismo, el maíz y el chocolate, originarios de México, se 25 hicieron populares en Europa gracias a los españoles. Del cacao los españoles hacían una bebida tónica y vivificante que en tiempos de Moctezuma se mezclaba con miel y con una buena cantidad de especias.

Entre las delicias de la cocina peruana tenemos el ceviche, una refrescante combinación de pescados y mariscos macerados en jugo de limón, y la papa a la 30 huancaína, una especie de ensalada que se prepara con una salsa picante elaborada con queso fresco y ají amarillo.

[1]delicacies [2]range

Sidebar notes (left column):

Anticipe lo que va a leer. En este párrafo se habla de la comida hispana más conocida en Estados Unidos. ¿Cuál es? Luego se explica por qué hay más variedad ahora que antes.

¿Por qué hay más tipos de comida hispana en Estados Unidos ahora que en el pasado?

Anticipe lo que va a leer. Este párrafo trata de la comida de Perú. Al leer, fíjese en las muchas influencias en su cocina.

Use el contexto para comprender los términos nuevos. En la última frase del párrafo, se dice que Perú es el "centro genético más grande del mundo". ¿Qué significa *centro genético*? Lea otra vez la frase para ver el contexto.

En este párrafo se mencionan cuatro alimentos originarios de la América Latina que ahora se comen en todo el mundo. ¿Cuáles son?

Haga conexiones. En este párrafo se habla del ceviche de Perú. ¿Cuál es la conexión entre la geografía de Perú y la popularidad del ceviche? Mire un mapa de Sudamérica, y adivine en qué otros países los mariscos y el pescado son elementos principales de la cocina nacional.

Igual que en Perú, la variedad de la comida mexicana es impresionante tanto por sus productos como por las miles de maneras de prepararlos. La diversidad del
35 clima y de culturas se refleja en la cocina de este país con sus platos guisados en toda clase de chiles y especias, sus salsas, sus verduras y sus postres. Entre los platos más apreciados tenemos el pozole, que es un guiso (plato) de carne y maíz previamente cocinado en jugo de lima, el mole, una salsa hecha con cacao, y otras exquisiteces. La novela de la escritora mexicana Laura Esquivel, *Como agua para*
40 *chocolate*, muestra la importancia que tiene la comida en la vida de los mexicanos.

Una mirada a la historia mexicana nos indica que los tamales mexicanos datan del tiempo de los aztecas. Estos se hacen con masa de harina de maíz envuelta en hojas de plátano y se rellenan con un guiso muy sabroso de carne y verduras. Hay muchas variaciones de los tamales aun dentro de México y en otros países donde
45 se comen. En Venezuela, por ejemplo, las hallacas son semejantes a los tamales pero tienen un relleno en el que se mezclan pasas, aceitunas y alcaparras. El maíz también es el ingrediente más importante de las arepas, que encontramos principalmente en Venezuela y Colombia. Son unas tortitas³ de diversos tamaños, formas y sabores que suelen usarse para acompañar salsas en lugar del pan. En
50 Venezuela se rellenan con queso o con carne y se comen como un sándwich.

Contrariamente al maíz, el arroz no es un producto autóctono y, sin embargo, el arroz con frijoles es el plato más común de todo el Caribe y buena parte de Centroamérica. El arroz era una planta que crecía salvaje hasta que se domesticó paralelamente en algunos países de Asia, como China, Tailandia e India, hace
55 más de 6000 años. Hacia el año 800 aC se aclimató en el Medio Oriente y la Europa meridional. Los moros lo introdujeron en España hacia el siglo VIII de nuestra era y rápidamente se propagó por Italia y por Francia. Los europeos lo llevaron a África en la época de los Grandes Descubrimientos y a finales del siglo XVII llegó a Carolina del Norte, probablemente desde Madagascar. Los
60 españoles lo llevaron a Sudamérica a principios del XVIII. Hoy en día es el cereal que más se consume en el mundo después del trigo.

Al hablar de la comida hispana, no podemos olvidar la del Cono Sur que, aunque menos condimentada que la de otras partes de Hispanoamérica, se caracteriza por la calidad de sus carnes, pescados y mariscos. Las parrilladas argentinas, uruguayas
65 y brasileñas son notorias, así como las empanadas o pasteles de choclo chilenos.

Por último, hay que mencionar la comida española, una de las más variadas de Europa, con sus múltiples tradiciones regionales que reflejan el encuentro y la mezcla de tantas culturas. Posiblemente, el plato español más conocido sea la paella, típico de la región valenciana. Se cocina en una gran sartén del mismo
70 nombre, y tiene una base de arroz condimentado con azafrán y adornado con mariscos, carnes y verduras. Sin embargo, la cocina española no se limita a la zona mediterránea. En el norte encontramos zonas de gastronomía muy reputada con sus platos de pescado y mariscos. En el resto del país son notables los productos curados del cerdo, los asados de cordero, las múltiples formas de
75 preparar las verduras y legumbres y los postres de origen árabe, como el turrón. Una de las tradiciones culinarias más atractivas de España son las tapas, pequeñas muestras de platos cocinados o fríos que pueden probarse en casi todos los bares del país. Es una buena forma de disfrutar de la variedad y riqueza de la extraordinaria cocina española.

³*small cakes*

Descubra información nueva. En este párrafo se habla de dos platos mexicanos que posiblemente no conozca. Al leer, busque los nombres y los ingredientes de estos platos e imagínese los sabores.

Enfóquese en los detalles. En este párrafo se habla de los tamales, las hallacas y las arepas. Vuelva a leer el párrafo para comprender una diferencia entre los tres platos y una semejanza.

Trate de comprender la secuencia. Explique brevemente la historia del arroz y cómo y cuándo llegó a las Américas. Vuelva a leer el párrafo para fijarse en los detalles.

Anticipe el contenido. El párrafo trata de la comida española. Se mencionan muchos alimentos y platos diferentes. Al leer, fíjese en los platos que ya conoce, como la paella. Fíjese también en un plato previamente desconocido.

Mencione un dato nuevo sobre la comida española que aprendió al leer el párrafo.

Comprensión y ampliación

6-4 Por eliminación. Elimine el elemento o los elementos que según la lectura no se relacionan con cada uno de los siguientes conceptos y explique por qué.

1. La cocina mexicana: los tacos, el mole, las quesadillas, el pozole, el ceviche, la paella.
2. Las influencias en la cocina peruana: la incaica, la azteca, la española, la criolla, la árabe, la japonesa.
3. Los productos del continente americano introducidos por los españoles en Europa: el maíz, la patata, el cacao, el tomate, el arroz, el trigo.

6-5 Asocie, identifique y conecte. Primera fase. Asocie los siguientes platos hispanos mencionados en la lectura con su correspondiente descripción.

1. Arepa
2. Pozole
3. Papa a la huancaína
4. Mole

   a. salsa hecha con cacao y especias
   b. tortita de maíz
   c. guiso de carne y maíz cocinado en jugo de lima
   d. patatas preparadas con queso fresco y salsa picante

 Segunda fase. Ahora lean la siguiente receta y contesten las preguntas.

Tortilla de patatas

Ingredientes

4 huevos
½ kilo de patatas
1 vaso de aceite de oliva (¼ de litro)
1 cebolla
sal

Preparación

Lavar y pelar las patatas. Cortar en láminas finas. Pelar la cebolla y cortarla en rodajas finas. Poner el aceite a calentar en una sartén y freír la cebolla y las patatas a fuego lento hasta que están blandas y algo doradas. Añadir un poco de sal. Sacar de la sartén y poner en un plato sobre un papel absorbente para quitarles el aceite.

Batir los huevos con un poco de sal en un cuenco[1] grande. Añadirles las patatas y la cebolla. Mezclar[2] bien.

Echar la mezcla en otra sartén con un poco de aceite caliente. Mover agitando[3] la sartén para que no se pegue[4]. Cuando la tortilla cuaja,[5] poner una tapa a la sartén y darle la vuelta una o dos veces hasta que está dorada por los dos lados.

[1] bowl   [2] mix   [3] shaking   [4] it doesn't stick   [5] sets

1. ¿De qué país es típico este plato? Si no lo saben pregúntenle a su profesor o búsquenlo en Internet. ¿Conocen otro nombre para este plato? ¿Saben en qué ocasiones se come?
2. ¿Qué diferencia hay entre esta tortilla y la mexicana?
3. Para cada uno de los siguientes ingredientes hagan una lista de productos o platos que se elaboran con ellos y que ustedes conocen bien: patata, cebolla, huevo.

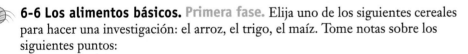

6-6 Los alimentos básicos. Primera fase. Elija uno de los siguientes cereales para hacer una investigación: el arroz, el trigo, el maíz. Tome notas sobre los siguientes puntos:

1. Dónde se originó
2. En qué parte/s del mundo se usa como alimento básico
3. Descripción de dos platos que se combinan con este cereal
4. Algún otro dato interesante sobre este producto o alguno relacionado

Segunda fase. Escriba una página describiendo el cereal elegido y los datos que ha aprendido como consecuencia de su investigación.

Aclaración y expansión
Direct and indirect object pronouns together

- As you know, direct and indirect object pronouns are used in both English and Spanish to avoid repetition. When two object pronouns are used in Spanish, the indirect object pronoun (i.o.) precedes the direct object pronoun (d.o.), and they are placed before the conjugated verb.

El camarero **me** sirvió **las arepas**.	*The waiter served **me the arepas**.*
El camarero **me las** sirvió.	*The waiter served **them to me**.*
i.o. d.o.	

- The indirect object pronouns **le** and **les** change to **se** before the direct object pronouns **lo, los, la,** and **las**. In other words, if both the indirect object and the direct object pronouns begin with **l**, the indirect object changes to **se**.

Mi amigo quería probar las arepas y yo **se las** pasé.	*My friend wanted to taste the arepas and I passed **them to him**.*

- In compound verb constructions, you may place double object pronouns either before the conjugated verb form or attach them to the accompanying infinitive or present participle.

Mi amigo quiere más arepas. El camarero **se las** va a traer en unos minutos. El camarero va a **traérselas** en unos minutos.	*My friend wants more arepas. The waiter is going to bring **them to him** in a few minutes.*
El cocinero **se las** está preparando ahora. El cocinero está preparándo**selas** ahora.	*The chef is preparing **them for him** now.*

Lengua

Remember that all object pronouns are always placed before the auxiliary **haber** and not after the past participle.

Le pedí a mi amigo las arepas, pero no **me las** ha dado todavía.

*I asked my friend for the arepas, but he has not given **them to me** yet.*

 6-7 Las preguntas del dueño/de la dueña. El dueño/La dueña del restaurante donde usted trabaja acaba de regresar de un viaje de negocios y quiere saber qué ocurrió mientras estuvo ausente. Túrnense para hacer el papel del dueño/de la dueña y contestar sus preguntas. Sigan el modelo y usen los pronombres de objeto directo e indirecto.

MODELO: Dar las solicitudes de trabajo al gerente
    E1: ¿Le dio las solicitudes de trabajo al gerente?
    E2: Sí, se las di./No, no se las di.

1. Entregar las recetas nuevas a la cocinera principal
2. Explicar los cambios en el menú a los camareros
3. Llevar el menú nuevo al diseñador gráfico
4. Enviar los cheques a todos los empleados
5. Mandar una carta con una oferta especial a unos clientes muy buenos
6. Dar los nuevos uniformes a los empleados
7. Comprar las frutas y verduras de la temporada al vendedor italiano
8. …

6-8 La nueva campaña de publicidad para el restaurante Delicias Peruanas. Túrnense para explicarle a su compañero/a lo que ocurre en esta reunión. Deben explicar qué hacen los personajes, por qué prestan atención, cuál es su reacción y qué creen que va a pasar después. Pueden usar las siguientes preguntas como guía.

MODELO: E1: ¿Qué les explica el jefe de ventas a los gerentes (*managers*) de Delicias Peruanas?

E2: El jefe de ventas les explica la nueva campaña de publicidad a los gerentes de Delicias Peruanas.

1. ¿Qué les explica sobre la nueva campaña el jefe de publicidad a los gerentes? ¿Cómo se lo explica?
2. ¿Qué le pregunta la mujer? ¿Qué le responde el jefe?
3. ¿Cómo se lo dice?
4. ¿Qué le dice un gerente a otro? ¿Por qué se lo dice?
5. ¿Qué le responden todos al jefe?

6-9 El nuevo chef. A usted lo/la acaban de contratar para trabajar de ayudante principal del chef en un restaurante. Hágale preguntas al/a la gerente (su compañero/a) sobre su funcionamiento. Él/Ella debe contestarle de manera económica, usando pronombres de objeto directo e indirecto. Después intercambien roles.

MODELO: E1: ¿Quién les sirve la comida a los clientes VIP del restaurante?

E2: Se la sirven cinco camareros con más experiencia.

1. ¿Quién nos pasa la orden de los clientes a los cocineros?
2. ¿Quién me compra los ingredientes frescos todos los días?
3. ¿Quién me pela las patatas?
4. ¿Quién me lava los platos y utensilios de cocina?
5. ¿Cuándo nos pagan el salario?
6. ¿Quién le prepara a usted el informe de los gastos del restaurante?
7. ¿A qué hora nos abren la cocina para comenzar a trabajar?
8. ¿Quién nos limpia la cocina por la noche?

6-10 Un correo electrónico. Primera fase. El dueño de un restaurante famoso le envió un correo electrónico para invitarlo a usted y a sus amigos a comer. Cuéntele a su compañero/a lo siguiente. Después intercambien roles.

1. Por qué cree usted que el dueño de ese restaurante le mandó el mensaje
2. A quién(es) se lo va a decir para que vayan a cenar con ustedes
3. Por qué se lo va a decir a esa(s) persona(s)

Segunda fase. Después de comer en el restaurante, ustedes escriben una tarjeta al dueño del restaurante para darle las gracias y explicarle su opinión sobre lo siguiente:

1. Su impresión de la decoración del restaurante
2. La calidad de la comida
3. La calidad del servicio

El maíz: un alimento de múltiples usos

Antes de ver

6-11 Comida y cultura. Marque (✓) las costumbres y prácticas culturales que usted asocia con el mundo hispano. (Hay más de una respuesta correcta.)

❶ _____ Las tapas

❷ _____ La comida rápida

❸ _____ Un desayuno ligero

❹ _____ Beber leche en el almuerzo

❺ _____ La siesta

Mientras ve

6-12 ¿Cierto o falso? Indique si las siguientes afirmaciones son ciertas (**C**) o falsas (**F**) según la información que aparece en el video. Si la respuesta es falsa, dé la información correcta.

❶ _____ El maíz es una planta originaria de España.

❷ _____ Con maíz se preparan tortillas, tamales, hayacas y quesadillas.

❸ _____ Con maíz se preparan muchas bebidas, como el atole y el tejate.

❹ _____ La arepa es un plato típico de Venezuela.

❺ _____ Para preparar arepas necesitamos muchos ingredientes.

Después de ver

6-13 ¿Recuerda usted cómo se preparan? Ordene cronológicamente (**a** primero, **f** finalmente) las siguientes instrucciones para preparar arepas según se indica en el video.

❶ _____ Forme bolitas medianas de aproximadamente 8 centímetros.

❷ _____ Caliente el horno a 350 grados y ponga las arepas a hornear.

❸ _____ Sírvalas inmediatamente.

❹ _____ Ponga una taza y media de agua en un tazón.

❺ _____ Coloque las arepas en una plancha.

❻ _____ Agregue una cucharadita de sal, aceite y dos tazas de harina de maíz.

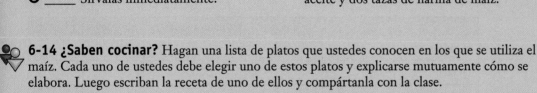

6-14 ¿Saben cocinar? Hagan una lista de platos que ustedes conocen en los que se utiliza el maíz. Cada uno de ustedes debe elegir uno de estos platos y explicarse mutuamente cómo se elabora. Luego escriban la receta de uno de ellos y compártanla con la clase.

A leer

Preparación

6-15 Adivina, adivinador. Primera fase. Los productos, condimentos o especias de nuestros platos vienen del continente americano o de otros. Marquen (✓) el origen de los siguientes productos, según ustedes. Si se equivocan, ¡no se preocupen!

1. _____ el chile	a. África
2. _____ el aguacate	b. América
3. _____ la pimienta negra	c. Asia
4. _____ el cacao	d. Australia
5. _____ el azafrán	
6. _____ la canela	
7. _____ el arroz	

Segunda fase. Ahora, respondan a las siguientes preguntas.

1. ¿Cuáles de los productos o condimentos de la *Primera fase* seguramente tienen ustedes en su casa?
2. ¿Saben ustedes cocinar algún plato con arroz, patatas o maíz? ¿Qué especias o condimentos incluidos en la caja usan en la preparación del plato?

ajo	azafrán	comino
alcaparras	canela	jengibre
almendras	chile	pimienta negra
anís	clavo	sésamo

6-16 Sabores. Primera fase. Clasifique los siguientes productos o platos según el sabor que tienen.

	dulce	salado/a (*salty*)	amargo/a	picante
el azúcar				
un taco				
el chocolate no procesado				
el helado de vainilla				
el ají o chile				
la miel				
la pimienta				

SEGUNDA PARTE

182

Segunda fase. Entreviste a su compañero/a para averiguar lo siguiente. Tome notas para recordar y compartir con la clase.

1. ¿Cuál es tu sabor preferido?
2. ¿Te gustan los platos salados? ¿Y los picantes? ¿Cuáles?
3. ¿Cuál es tu plato o postre preferido?
4. ¿Recuerdas alguna experiencia relacionada con un plato o postre que te gustó mucho? ¿Y con alguno que no te gustó? ¿Por qué no te gustó?

6-17 ¡Manjares de los dioses! A través de la historia, las actividades de ocio y el consumo de ciertos productos alimenticios han marcado el nivel económico y la jerarquía de los individuos en la sociedad. Pensando en la historia de América, indique si las siguientes afirmaciones son probables (**P**) o improbables (**I**), según lo que usted sabe. ¡No se preocupe si su respuesta es incorrecta!

1. _____ En las comunidades indígenas se les ofrecían a los dioses las comidas más caras y escasas (*rare*) que se producían.
2. _____ Los soldados que participaban en las guerras, o los guerreros, la nobleza, es decir, los monarcas, y los comerciantes eran las clases menos privilegiadas y consumían la comida de peor calidad.
3. _____ En las comunidades agrícolas indígenas precolombinas se valoraban mucho las semillas (*seeds*).
4. _____ Después de que los indígenas cosechaban los campos, los conquistadores españoles les pagaban con abundantes productos agrícolas.
5. _____ Las mercancías, o productos de intercambio, más valiosos durante la época de los imperios inca y azteca eran los metales preciosos como el oro y la plata.
6. _____ Para los europeos que llegaron al nuevo continente, América parecía el paraíso (*paradise*) por su paisaje, gente y comida.
7. _____ Los antiguos incas producían cacao y lo preparaban en sopas espumosas (*foamy*).

Estrategias de lectura

1. Use el título para anticipar el contenido del texto.
   a. Lea el título "Chocolate: una bebida para los dioses". Lea también los subtítulos. ¿Conoce todas las palabras? Si no, búsquelas en el diccionario.
   b. ¿Qué significa "bebida para los dioses" en este contexto? ¿Qué implica la frase acerca del sabor del chocolate? ¿Acerca del valor del chocolate?
2. Examine el texto antes de leerlo.
   a. Mire rápidamente el texto y pase su marcador por todas las fechas y por todas las palabras relacionadas con regiones geográficas.
   b. Basándose en la frecuencia de estas palabras en el texto, trate de adivinar cuál de los siguientes es el tema del texto.
      i. Los viajes de Cristóbal Colón a las Américas
      ii. La historia del chocolate en América y en Europa
      iii. El cultivo del cacao en el pasado y en el presente

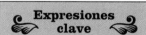

Expresiones clave

¿Comprende estas expresiones? Si tiene dudas, revise *Preparación* antes de leer el siguiente texto.

amargo/a	especias
anís	espumoso/a
cacao	miel
canela	picante
consumir	pimienta
dulce	semillas

El chocolate: una bebida para los dioses

Orígenes del chocolate

El comercio del cacao es anterior a la colonización de América. Los indígenas de la zona de Mesoamérica cultivaban la planta del cacao y transportaban la valiosa mercancía para venderla mucho antes de que los europeos descubrieran las virtudes del chocolate. En 1502, Cristóbal Colón encontró una canoa cargada de granos de cacao; posiblemente eran granos que 5 habían sido cosechados en Costa Rica y seguían la ruta comercial hacia México para su venta. 🗨

🗨 Anticipe el contenido. En este párrafo se cuenta cómo Cristóbal Colón encontró el cacao por primera vez. Al leer, fíjese en dónde, cuándo y cómo pasó.

🗨 ¿Qué encontró Colón en 1502?

Esta escena, pintada en un documento del siglo XVI, muestra la preparación ceremonial de la bebida del chocolate, que se presentaba a los dioses como ofrenda (*offering*).

🗨 Use las fotos para comprender mejor. Examine la foto de los mayas antes de leer el párrafo. ¿Qué representa la escena pintada? Al leer, piense en la conexión entre la pintura y lo que dice el texto.

🗨 Los restos arqueológicos indican que el consumo de cacao ya existía en épocas muy remotas; al menos se remonta[1] al año 1100 aC. Algunas esculturas y pinturas murales precolombinas muestran cómo se preparaba el chocolate y 10 cómo se consumía. 🗨

🗨 Anticipe el contenido del texto. En este párrafo se mencionan varias funciones del cacao. Al leer, pase su marcador por estas funciones. ¿Cuántas hay?

🗨 En este párrafo se describe la bebida de chocolate que tomaban los aztecas. ¿Qué diferencias nota usted entre la bebida azteca y el chocolate que se bebe hoy en día?

🗨 El valor que las culturas mesoamericanas antiguas le daban al cacao lo demuestra el hecho de que se usaban los granos de esta planta como moneda. El chocolate líquido que se preparaba a partir de ella era, además, una bebida ritual que se ofrecía a los dioses o a los muertos, como puede verse en las pinturas aztecas. Fueron sin 15 duda los aztecas los que alcanzaron un mayor nivel de sofisticación en el uso del chocolate. En la corte de Moctezuma, la bebida les estaba reservada a los nobles, los guerreros y los comerciantes. Preparaban un chocolate picante o amargo al que añadían miel o especias como pimienta, achiote o vainilla, y lo servían frío y espumoso. Tenía para ellos un valor religioso, pues compartían la creencia de que el 20 dios Quetzalcóatl, serpiente emplumada y jardinero del paraíso, les había traído los primeros granos de cacao y les había enseñado a cultivar la planta. 🗨

[1] *goes back*

Los europeos descubren el chocolate

Los primeros europeos que probaron el chocolate fueron los colonizadores españoles que llegaron con Hernán Cortés a la ciudad de Tenochtitlán, capital
25 del mundo azteca, situada en una isla en medio de la altiplanicie en la que hoy se encuentra la capital de México. Se cree que fue Hernán Cortés el primero que llevó semillas de la planta del cacao a España en su viaje de 1528. A partir de esa fecha, los españoles controlaron el comercio del cacao en Europa y mantuvieron en secreto su manufactura durante casi un siglo. Antes de que se introdujera
30 plenamente en Europa, el chocolate era consumido por los españoles en México, entre quienes se había convertido en un producto de lujo. Como los españoles cultivaban en México la caña de azúcar que habían traído de las Islas Canarias, pudieron beber chocolate dulce al añadirle azúcar, además de otros condimentos como canela, anís o vainilla. Fue este chocolate dulce el que tendrá, tiempo
35 después, un gran éxito en toda Europa.

Recuperar las técnicas antiguas de cultivo

En nuestros días, el mercado del chocolate está en expansión y sus técnicas de producción siguen mejorando y refinándose. La creciente demanda de este producto en todo el mundo ha conducido a una continua extensión de los terrenos de cultivo del cacao frente a las selvas tropicales. Por ello, los científicos
40 están ahora interesados en recuperar los antiguos métodos de cultivo del cacao, con el fin de producirlo de una manera menos agresiva para el medio ambiente[2]. Si durante miles de años se ha cultivado el cacao de una manera sostenible, es hora de adoptar este modelo para que podamos seguir cultivándolo durante mucho tiempo en el futuro.

[2]environment

❓ Los subtítulos señalan un cambio de tema o un contraste. En este caso se trata de un cambio de tema. Al leer el párrafo, piense en el cambio de tema que indica el subtítulo. ¿Cuál es?

❓ ¿Cómo cambiaron los españoles la bebida de chocolate azteca? Busque por lo menos dos cambios.

❓ Use el subtítulo para anticipar el contenido. El subtítulo menciona las técnicas antiguas de cultivar el cacao. ¿Por qué cree usted que es importante recuperar estas técnicas? Al leer el párrafo, trate de comprender el problema que las técnicas antiguas resolverán.

Comprensión y ampliación

6-18 ¿Cierto o falso? Indique si las siguientes afirmaciones son ciertas (**C**) o falsas (**F**) de acuerdo con la información de la lectura. Si son falsas, indique en qué línea(s) del texto está la respuesta correcta.

1. _____ El cacao tenía poco valor en la época de los aztecas.
2. _____ El chocolate se bebía frío y a veces se le añadían especias.
3. _____ El chocolate se introdujo en España en el siglo XVII.
4. _____ Para los aztecas la elaboración del chocolate era un secreto.
5. _____ Los españoles llevaron el azúcar al continente americano.
6. _____ El chocolate se consideraba un alimento básico en México y estaba subvencionado (*subsidized*).
7. _____ La demanda del chocolate es cada vez menor.
8. _____ Los medios de cultivo del cacao más antiguos son menos agresivos para el medio ambiente.

6-19 Usando la lógica. Conteste las siguientes preguntas basando sus respuestas en conclusiones lógicas derivadas de la lectura.

1. ¿Cuál era un modo de transporte comercial común en Mesoamérica a principios del siglo XVI?
2. ¿Por qué se piensa que el consumo del chocolate es muy antiguo en el continente americano?
3. ¿Por qué cree usted que se ofrendaba a los muertos el chocolate?
4. ¿Por qué en tiempos de Moctezuma se mezclaba el chocolate con miel?
5. ¿Por qué los españoles guardaban en secreto la forma de manufacturar el chocolate?
6. ¿Por qué está contribuyendo el chocolate a la desaparición de las selvas tropicales?

6-20 Más allá de la lectura. Primera fase. Lea la siguiente información sobre el consumo de chocolate en el mundo y, luego, tome apuntes de lo que usted aprendió en la lectura.

Consumo

A pesar de que el cacao se cultiva en los países en desarrollo, el chocolate se consume principalmente en los países desarrollados. Unas pocas compañías multinacionales dominan tanto la transformación como la producción de chocolate. El siguiente gráfico representa los principales consumidores de chocolate durante un periodo reciente.

Principales países consumidores de chocolate en 2004-2005

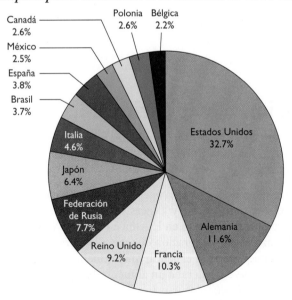

 Segunda fase. Usen sus notas para hacer conexiones con su propia experiencia y preparen una breve presentación sobre el chocolate para la clase que incluya lo siguiente:

1. Cuáles son los productos derivados del cacao que se pueden encontrar en los supermercados de su comunidad
2. Cuáles de estos productos se comen regularmente y cuáles son considerados productos de lujo
3. Cuáles de estos productos tienen siempre en sus casas

Aclaración y expansión

Formal commands

- Use formal commands when telling people you address as **usted** or **ustedes** to do something. These commands have the same form as the **usted/ustedes** forms of the present subjunctive.

Pruebe este ceviche.	*Taste this ceviche.*
Añada sal a su gusto.	*Add salt to taste.*
Disfrute el sabor fresco de los mariscos.	*Enjoy the fresh taste of the seafood.*

- The use of **usted** and **ustedes** with command forms is optional. When used, they normally follow the command.

Beba usted una copa de vino con el ceviche.	*Drink a glass of wine with the ceviche.*

- Object and reflexive pronouns are attached to the end of affirmative commands, but they precede negative commands.

Si tiene pastillas de chocolate, **córtelas** y luego **combínelas** con agua caliente. Si tiene canela en palo, **métala** en el chocolate. Si tiene solamente canela en polvo, **no la use.** No tiene el mismo sabor.	*If you have chocolate bars, **cut them** and **combine them** with hot water. If you have a cinnamon stick, **put it** in the chocolate. If you have only ground cinnamon, **do not use it.** It does not have the same flavor.*

Lengua

To soften a command and be more polite, Spanish speakers may add **por favor: Pruebe este ceviche, por favor.** To make a polite request, they may avoid command forms and instead use a question with **podría(n)** + *infinitive* or a statement with an impersonal expression + *infinitive*.

Podría probarlo antes de echarle más sal.

You could taste it before you add more salt.

Es mejor usar menos sal, porque la sal puede causar la hipertensión arterial.

It is better to use less salt, because salt can cause high blood pressure.

6-21 Consejos a un chef. Primera fase. Marque (✓) los consejos que usted considera útiles para el chef de un restaurante que quiere ganarse una buena reputación. Después añada dos consejos más.

1. _____ Vaya al mercado muy temprano por la mañana para elegir los productos más frescos.
2. _____ Use muchas veces el mismo aceite de freír.
3. _____ Ofrezca siempre pescado previamente congelado.
4. _____ Asegúrese de que la carne es de muy buena calidad.
5. _____ Ponga mucha sal y pimienta para que no se note el sabor de los platos.
6. _____ Sirva porciones pequeñas.
7. _____ Cobre precios muy caros por el vino.
8. _____ Elija siempre frutas y verduras de temporada.
9. …
10. …

Segunda fase. Comparen y discutan los consejos que escogieron y los que escribieron. Escojan los seis mejores consejos y compártanlos con la clase.

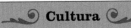
6-22 Consejos a los camareros. Primera fase. Imagínese que usted es el/la gerente de un restaurante famoso con un equipo de camareros muy profesionales. En la siguiente lista, marque (✓) las mejores ideas para darles consejos a los camareros y, luego, escriba consejos usando mandatos o una expresión más cortés.

1. _____ Sonreír siempre a los clientes
2. _____ Hablar claramente cuando les explican los ingredientes de un plato a los clientes
3. _____ No interrumpir las conversaciones de los clientes
4. _____ Interesarse por los problemas de los clientes y por sus ideas políticas
5. _____ Lavarse las manos siempre después de usar el baño
6. _____ Hablar con sus amigos por teléfono mientras sirven la comida
7. _____ Estar siempre atento/a por si los clientes llaman o por si necesitan algo
8. _____ Rellenar los vasos de bebida cuando están vacíos

 Segunda fase. Discutan sus respuestas de la *Primera fase* entre ustedes. Si uno de ustedes no está de acuerdo debe decir por qué.

MODELO: Retirar los platos vacíos inmediatamente
E1: Yo les recomiendo que retiren los platos vacíos inmediatamente. Es más agradable seguir hablando sin tener un plato sucio delante.
E2: Yo creo que es importante que retiren los platos, pero es más prudente que esperen hasta que todos terminen de comer.

 6-23 Disfrute de la comida saludable. Ustedes trabajan en un centro de nutrición. Preparen una lista de recomendaciones para compartir con sus clientes.

MODELO: Consumir alimentos con fibra
Consuma alimentos que tengan fibra, como el pan integral (*whole wheat*).

1. Reducir los carbohidratos
2. Hacer ejercicio
3. No comer alimentos que contienen azúcar
4. Comer poca cantidad de comida
5. Aumentar el consumo de verduras
6. Evitar las grasas
7. Beber seis o siete vasos de agua diariamente
8. Buscar productos orgánicos en el supermercado

Informal commands

● Use informal commands with people you address as **tú**. Like the **usted** and **ustedes** commands, the negative **tú** commands have present subjunctive forms. For the negative informal command, use the **tú** form of the present subjunctive.

No pruebes el chocolate todavía. Está muy caliente.

Don't taste the chocolate yet. It is very hot.

Esta vez, **no uses** tanta vainilla.

*This time, **don't use** so much vanilla.*

● Unlike other command forms, the affirmative **tú** commands are not present subjunctive forms. For the affirmative **tú** command, use the present indicative **tú** form without the final **-s**.

Prepara seis tazas de chocolate. *Prepare six cups of chocolate.*
Come toda la comida en tu plato. *Eat all the food on your plate.*

● Some **-er** and **-ir** verbs have shortened affirmative **tú** commands. Their negative commands use the subjunctive form like other verbs.

	Affirmative	Negative
decir	di	no digas
hacer	haz	no hagas
ir	ve	no vayas
poner	pon	no pongas
salir	sal	no salgas
ser	sé	no seas
tener	ten	no tengas
venir	ven	no vengas

● Placement of object and reflexive pronouns with **tú** commands is the same as with **usted** commands.

No te preocupes si no tienes canela. *Don't worry if you don't have cinnamon.*
Cómprala cuando vayas al mercado. *Buy it when you go to the market.*

● **6-24 Buscando soluciones.** Ustedes trabajan en un supermercado y tienen diferentes problemas. Cada uno/a de ustedes debe escoger una de las columnas que aparecen más abajo y decirle a su compañero/a cuáles son los problemas. Su compañero/a le debe ofrecer una solución.

MODELO: E1: Mi jefe me da cada día más trabajo y no me aumenta el sueldo.
E2: Habla con tu jefe y explícale la situación.

Empleado insatisfecho/Empleada insatisfecha 1

1. Uno de mis compañeros de trabajo me pide que lo ayude todo el tiempo.
2. Hace tres años que trabajo en la sección de verduras y gano el mismo sueldo.
3. En mi trabajo ascienden (*promote*) a las personas que hablan dos lenguas porque hay mucha clientela internacional.

Empleado insatisfecho/Empleada insatisfecha 2

1. Sé que uno de mis compañeros de trabajo habla mal de mí.
2. Mis compañeros de trabajo no me invitan cuando salen a tomar algo después de cerrar el supermercado.
3. No me gusta mi trabajo y a veces me siento deprimido/a (*depressed*).

Lengua

In Latin America, the plural of the **tú** command is the **ustedes** command: **prueba → prueben; no prepares → no preparen.** In most parts of Spain, the plural of the **tú** command is the **vosotros/as** command.

For the affirmative **vosotros/as** command, change the final **-r** of the infinitive to **-d: hablar → hablad, comer → comed, escribir → escribid.**

For the negative command, use the **vosotros/as** form of the present subjunctive: **no habléis, no comáis, no escribáis.**

For affirmative **vosotros/as** commands of reflexive verbs, drop the final **-d** and add the pronoun **-os: levantad + os = levantaos.** The verb **ir** is an exception: **idos.**

6-25 Consejos prácticos. Primera fase. Uno/a de sus compañeros/as está buscando trabajo en un restaurante y les pide consejo. Usando mandatos informales preparen una lista de las actividades que debe hacer su amigo/a. Después comparen su lista con otro la de otro grupo. Los verbos de la caja los/las pueden ayudar.

hablar	pedir
ir	probar
llamar	solicitar

MODELO: Lee los anuncios clasificados del periódico.

Segunda fase. A su compañero/a lo/la han llamado para una entrevista de trabajo en el restaurante México Lindo. Escríbanle ahora una carta, dándole más consejos para causar una buena impresión. Decidan qué consejos le van a dar pensando en lo siguiente.

1. Ropa que debe usar para la entrevista
2. Hora de llegada a la entrevista
3. Cómo debe sentarse y tratar al entrevistador
4. Cómo debe comportarse en la entrevista
5. Preguntas que debe hacer
6. Qué debe decir para despedirse

6-26 La primera visita. Primera fase. Su compañero/a de clase va a comer a la casa de su novio/a por primera vez. Ustedes deben hacerle unas recomendaciones para que cause una buena impresión. Usen mandatos informales con los verbos de la lista. Hagan recomendaciones interesantes, incorporando sus propias ideas.

ayudar	hablar
beber	regalar
comer	saludar
conversar	

MODELO: E1: ¿Qué puedo hacer para causar una buena impresión?
E2: Habla con los padres de tu novia. Escucha los cuentos de su padre con mucho interés.

Segunda fase. Ahora su compañero/a va a compartir con la clase las mejores sugerencias que recibió de su grupo. Ayúdenle a explicar por qué piensan ustedes que son buenas sugerencias.

MODELO: E1: X me dice que le compre un hermoso bouquet de flores a la madre de mi novio/a.
E2: Nos gusta la idea porque muestra respeto por la madre del novio/de la novia.

Algo más

Cognates and false cognates

In the previous reading selection you saw many Spanish words that are similar in form and meaning to English words, such as **chocolate, consumo, comercio, cultivar, vainilla,** and **condimentos**. These words are called *cognates*, and they help you to increase your understanding of Spanish, especially when reading. You should also be aware that some words appear to be cognates but do not have the same meaning in both languages. Below you will find some false cognates that are often used when talking about work.

1. **trabajar** *to work*   **funcionar** *to work, function*

Trabajar is used when referring to people's work. When referring to machines and gadgets, use **funcionar**.

Los cocineros **trabajan** mucho.	*The cooks **work** very hard.*
Las estufas son nuevas y **funcionan** muy bien.	*The stoves are new and they **work** very well.*

2. **darse cuenta de** *to realize*   **realizar** *to realize, accomplish*

Darse cuenta de is the equivalent of *to realize* in the sense of *to become aware of something*. **Realizar** is the equivalent of *to realize* only in the sense of *to accomplish something*.

Gastón Acurio, dueño de varios restaurantes en Lima, como Astrid y Gastón, es uno de los más renombrados cocineros de Perú. Cuando era joven, **se dio cuenta de** que quería estudiar la cocina y ser dueño de un restaurante. **Realizó** su sueño cuando abrió su primer restaurante en Lima.	*Gastón Acurio, the owner of several restaurants in Lima, like Astrid and Gastón, is one of the most famous chefs in Peru. When he was young, he **realized** that he wanted to study cooking and own a restaurant. He **realized** his dream when he opened his first restaurant in Lima.*

3. **solicitar** *to apply for; to ask for*   **aplicar** *to apply*
   la solicitud *application*   **la aplicación** *application*

Solicitar is the equivalent of *to apply* when referring to jobs, a university, or a school. The form or letter used in these cases is **la solicitud. Aplicar** is the equivalent of *to apply* in the sense of putting on (e.g., a coat of paint), or in the sense of using, putting into effect, or enforcing (e.g., a method or a law). **La aplicación** is the application of a method, theory, plan, etc.

Ernesto **solicitó** trabajo en Astrid y Gastón. Entregó la **solicitud** la semana pasada.	*Ernesto **applied** for a job at Astrid and Gastón. He turned in his **application** last week.*
En ese restaurante, **aplican** normas de higiene muy estrictas. Esta **aplicación** tan estricta evita la contaminación de la comida.	*In that restaurant, they **apply** very strict standards of cleanliness. This very strict **application** prevents contamination of the food.*

Gastón Acurio, dueño de varios restaurantes, como Astrid y Gastón en Lima, es uno de los más renombrados cocineros de Perú.

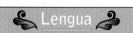

Lengua

As you know, when languages are in contact, as is the case of English and Spanish in the United States, borrowing and adaptation of words occur. Some Spanish speakers use the words **aplicar** and **aplicación** instead of **solicitar** and **solicitud.** The same occurs with terms associated with computers and the Internet, such as **el módem** and **el e-mail.**

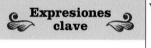

Expresiones clave

aplicar	se han dado
cuenta de	solicitan
funcionan	solicitud
realizan	trabajan

6-27 Una compañía excelente. El director de una empresa multinacional habla sobre su compañía y sus empleados. Escoja la expresión adecuada para completar la explicación del director.

Nuestra compañía está dividida en diferentes departamentos. Los empleados de cada departamento (1) _____ funciones específicas en un ambiente limpio y cómodo. Nuestros empleados (2) _____ ocho horas diarias, y si tienen que quedarse después de las seis, reciben un pago adicional por cada hora de trabajo. Además, todas nuestras maquinarias y equipos (3) _____ perfectamente, pues tenemos técnicos que las revisan periódicamente.

Muchos graduados universitarios (4) _____ que hay excelentes oportunidades en nuestra compañía y que aquí encuentran un ambiente ideal para (5) _____ lo que aprendieron en la universidad a los problemas de la sociedad actual. Por eso (6) _____ trabajo con nosotros. El proceso es muy simple: llenar una (7) _____ y entrevistarse con el Jefe de Personal.

Nosotros nos sentimos muy orgullosos de nuestros empleados y atribuimos nuestro éxito a la cooperación que recibimos de todos y de cada uno de ellos.

6-28 Solicitando un puesto. Usted acaba de graduarse con un título en hostelería (*hotel management*) y le interesa vivir un tiempo en el extranjero. Escoja uno de los siguientes puestos que se ofrecen. Su compañero/a le hará preguntas para averiguar lo siguiente:

1. El puesto que solicitó y el nombre de la compañía
2. La información que pedían en la solicitud
3. Las responsabilidades del puesto que solicitó
4. Los motivos por los que quiere trabajar en el extranjero

HOTEL RÚSTICO:

Chico/a bilingüe (castellano/alemán). Ayudar en la reformación de un hotel pequeño en la Selva Negra. Buscamos una persona activa, positiva, flexible, que tenga una actitud abierta hacia la comida vegetariana.

MESÓN LAS PALMAS:

Restaurante de lujo (****) busca camarero/a, especialista en vinos.

HOTEL CARIBE:

Relaciones públicas, buena presencia, no hace falta experiencia previa. Entrenamiento en el hotel. Recibir a los huéspedes, trabajar como jefe/a del comedor los fines de semana.

TAPAS BAR:

Cocineros y camareros, experiencia previa en restaurante. Trabajar noches y fines de semana.

A escribir

Estrategias de redacción: La exposición (continuación)

En el capítulo 5 usted leyó alguna información básica sobre un texto expositivo. En este capítulo se continúa la práctica de este tipo de redacción. A continuación se presenta una síntesis de lo que usted debe hacer antes de escribir su texto.

- Determine el público que leerá su mensaje (carta, ensayo, artículo).
- En segundo lugar, determine el propósito de su mensaje.
- Luego, seleccione los datos e información pertinentes y organícelos con claridad y concisión. No se olvide de darle a su texto cohesión y coherencia.
- Encuentre formas de atraer la atención de su público lector.

Para más detalles, vea la página 161.

6-29 Análisis. Lea el siguiente texto expositivo sobre el efecto de la inmigración en la comida. Luego, siga las instrucciones a continuación.

Marque (✔) la(s) respuesta(s) correcta(s).

1. El lector potencial de este ensayo es…

   _____ un público general.   _____ un público experto.

   _____ el público de una revista de negocios.
2. El propósito del texto es…
   _____ informar al público sobre los efectos de un aspecto de la globalización en los hábitos alimentarios de los países afectados.
   _____ explicar que los inmigrantes han modificado negativamente los hábitos alimentarios de los países donde se establecen.
   _____ afirmar que existe una influencia mutua positiva de costumbres alimenticias entre los inmigrantes y el país anfitrión (*host*).
3. Con respecto a la organización y la estructura del texto…
   _____ hay una introducción, un cuerpo y una conclusión.
   _____ hay una introducción y un cuerpo, pero no hay una conclusión.
   _____ el autor conecta bien las ideas dentro de cada párrafo y entre ellos.
   El autor usó ciertas expresiones para conectar las ideas entre los párrafos. Subráyelas.
4. Subraye las partes del texto en que el autor logra su propósito.
5. El autor utiliza esta(s) estrategia(s) para lograr el interés del lector. Márquela(s) (✔):
   _____ Organiza la información de manera coherente e interesante.
   _____ Presenta información y datos recolectados por una organización seria y confiable.
   _____ Da ejemplos que el lector puede conocer.

La inmigración y la cadena de alimentación

La inmigración, provocada por los enormes efectos de la globalización, es sin duda un factor fundamental en los cambios alimenticios básicos de los países afectados por este fenómeno. En primer lugar, una parte significativa de la mano de obra de muchas economías proviene de la inmigración. En muchos lugares los inmigrantes son indispensables específicamente en la agricultura, tanto en las cosechas de recolección manual como en los trabajos permanentes, en el transporte y en la venta de frutas y vegetales.

De la misma manera, los inmigrantes han comenzado a revitalizar algunas comunidades rurales que habían sufrido décadas de decadencia causada por el despoblamiento y envejecimiento de sus habitantes.

Aunque antes de llegar los inmigrantes había algunos productos exóticos en los supermercados, la creciente presencia de los inmigrantes y su dispersión geográfica han estimulado la distribución de estos productos por los territorios, incluso en pequeños pueblos, y han provocado cambios de hábitos alimenticios en la población. En consecuencia, estos nuevos hábitos alimenticios tanto en áreas urbanas como en rurales se han producido más rápidamente que en el pasado. Recientemente ha habido un aumento en el número de tiendas que venden comida y productos de otros países, un asunto importante para los nuevos grupos de la población. Así, en varias tiendas de comida ya se ven, por ejemplo, secciones especializadas en carnes para musulmanes, pescados y especias de Asia, frutas y verduras exóticas de América Latina y nuevas preparaciones de ciertos alimentos.

Es también notable el aumento de restaurantes especializados, tanto en comida barata como en los más caros y sofisticados alimentos tradicionales de los países de origen de los inmigrantes. Ciertamente, los restaurantes constituyen un mecanismo vital en la expansión de los alimentos étnicos. A estos restaurantes van cada vez más, además de los inmigrantes, ciudadanos del país anfitrión. Por otro lado, otros negocios relacionados con la comida, como las empresas de catering, por ejemplo, incorporan en su carta especialidades extranjeras y de esta manera ayudan a propagar las diversas culturas gastronómicas.

Estos negocios ayudan a los inmigrantes a establecerse económica y socialmente en el país donde se radican.

Este fenómeno altamente positivo está provocando una fusión de las culturas gastronómicas locales y las de los diversos países de origen de los inmigrantes. Es indudablemente uno de los efectos más afortunados de la "glocalización."[1]

6-30 Preparación. Primera fase. Lea los siguientes titulares (*headlines*) de un artículo periodístico relacionado con posibles temas alimentarios y seleccione uno que le interese a usted.

1. "¿Listos para nuevas aventuras gastronómicas?"
2. "Nuestra comida: una rica mezcla de lo autóctono y de la contribución de los inmigrantes"
3. "Cocina exótica y rica llega a nuestra ciudad"
4. "¡Adiós a los macarrones gratinados!"
5. "¿Podemos protegernos de la 'glocalización' alimentaria?"

 Segunda fase. Ahora respondan a las siguientes preguntas de la manera más detallada posible.

1. El titular que ustedes escogieron, ¿presentará una visión positiva o negativa de la influencia inmigrante en la comida autóctona? ¿Por qué?
2. ¿Qué ideas básicas deberá discutir este artículo?
3. ¿Pueden ustedes pensar en algunas preguntas centrales que este artículo deberá responder? Escríbanlas.

6-31 Más preparación. Ahora prepare un bosquejo que incluya por lo menos la siguiente información.

1. El titular de su artículo
2. El esqueleto de su artículo: número de párrafos y el contenido central de cada párrafo. Escriba palabras clave que incluirá en los párrafos de introducción, de desarrollo y de conclusión. Asegúrese que el contenido de su texto se refleja en el titular.
3. Haga una lista de expresiones que lo/la ayudarán a lograr cohesión o transición dentro y entre los párrafos.

6-32 ¡A escribir! Utilizando la información que usted recogió en las actividades **6-30** y **6-31,** escriba el artículo para los lectores de una revista.

6-33 ¡A editar! Ahora, lea su texto críticamente por lo menos una vez más y haga lo siguiente.

1. Analice el contenido: la cantidad y calidad de información para el lector/la lectora.
2. Revise la forma del texto.

   - La cohesión y coherencia de las ideas
   - Los aspectos formales del texto: la puntuación, acentuación, ortografía, mayúsculas, minúsculas, uso de la diéresis, etc.

3. Cambie lo que sea necesario para escribir una exposición que tenga el efecto deseado en el lector.

A explorar

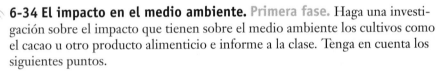

6-34 El impacto en el medio ambiente. Primera fase. Haga una investigación sobre el impacto que tienen sobre el medio ambiente los cultivos como el cacao u otro producto alimenticio e informe a la clase. Tenga en cuenta los siguientes puntos.

1. Condiciones naturales para el cultivo del producto
2. Técnicas de cultivo tradicionales
3. Técnicas modernas de cultivo
4. Demanda del producto en el mercado
5. Costos económicos y medioambientales relacionados con el cultivo
6. Posibles soluciones

Segunda fase. Primero haga un bosquejo para su presentación oral sobre el impacto del cultivo en el medioambiente. Luego, haga la presentación siguiendo el modelo en la página 165, "Los deportes de riesgo".

6-35 En su comunidad. Primera fase. Busque en la guía telefónica (*phone directory*), en algún periódico local o en Internet algún restaurante hispano que haya en su comunidad o cerca de ella. Averigüe los siguientes datos. Tal vez tenga que visitar el restaurante o llamar por teléfono.

1. País de origen de la comida que se ofrece en el restaurante
2. Una lista de sus especialidades
3. Descripción de dos de sus especialidades
4. Ingredientes más comunes en las recetas del restaurante

Segunda fase. Prepare una presentación sobre el restaurante, incluyendo localización, horarios, un menú y la información que averiguó para la *Primera fase.* Hable en detalle sobre la comida típica del país de origen del restaurante.

La comida

el aceite	oil
el cacao	cocoa plant
la cantina	snack bar
el carbohidrato	carbohydrate
el chocolate	chocolate
la fibra	fiber
la grasa	fat
el helado	ice cream
el huevo	egg
el manjar	delicacy
la miel	honey
el pastel	cake
el postre	dessert
el queso	cheese
el sabor	taste, flavor
la semilla	seed
el yogur	yogurt

Los cereales

el arroz	rice
el grano (integral)	(whole) grain
la harina	flour
el maíz	corn
el sésamo	sesame
el trigo	wheat

Los condimentos

el ají	(a type of) hot pepper
el ajo	garlic
el anís	aniseed
el azafrán	saffron
la canela	cinnamon
el cilantro	cilantro, coriander
el clavo	clove
el comino	cumin
la especia	spice
el jengibre	ginger
la pimienta	pepper
la sal	salt
la vainilla	vanilla

Las frutas y las verduras

la aceituna	olive
la alcachofa	artichoke
la alcaparra	caper
la almendra	almond
la cebolla	onion
la lechuga	lettuce
la lima	lime
el limón	lemon
la naranja	orange
la patata/la papa	potato
el plátano	banana
el tomate	tomato
la uva	grape
la zanahoria	carrot

Las carnes y los pescados

la carne (molida)	(ground) meat
el ceviche	marinated raw fish
el cordero	lamb
el ganado	cattle
los mariscos	seafood, shellfish
la parrillada	grilled meats
el pescado	fish
el pollo	chicken
el puerco/el cerdo	pork
la res	beef

Características

amargo/a	bitter
crudo/a	raw
dulce	sweet
escaso/a	rare
espumoso/a	foamy
fresco/a	fresh
frito/a	fried
liviano/a	light
picante	hot (spicy)
sabroso/a	savory, tasty
salado/a	salty

Verbos

asar	to roast
cocinar	to cook
consumir	to consume; to eat
cortar en rodajas	to slice, to cut into slices
cultivar	to grow, to cultivate
envolver (ue)	to wrap
freír (i, i)	to fry
guisar	to cook
hornear	to bake
macerar	to marinate
probar (ue)	to taste
rellenar	to fill; to stuff

* For cognates and false cognates, see page 191.

Objetivos comunicativos

- Analyzing and discussing human relations
- Describing and interpreting human behaviors
- Expressing opinions, doubts, and concerns about human relations

Contenido temático y cultural

- Family relationships
- Friendship
- Human behaviors in relation to social change

7
Las relaciones humanas

VISTA PANORÁMICA

En parte debido a la tradición, pero también al alto costo de la vivienda y a la dificultad de encontrar trabajo, los jóvenes hispanos suelen tardar más que los estadounidenses en independizarse. Por eso es frecuente encontrar distintas generaciones conviviendo bajo el mismo techo (*under the same roof*).

►

En algunos lugares de Latinoamérica se valora mucho la relación entre padrinos y ahijados. Muchas veces los padrinos y las madrinas son amigos fieles de los padres o familiares y los ayudan en la educación de sus hijos tanto afectiva como económicamente.

◄

Tradicionalmente, las mujeres hispanas tenían toda la responsabilidad de la casa y del cuidado de los hijos, pero con la incorporación de las mujeres al mundo profesional los roles están cambiando, sobre todo entre las parejas jóvenes.

◄

La inmigración desde zonas rurales a zonas más urbanas ha provocado cambios en las relaciones sociales y familiares. Alrededor de las grandes ciudades han proliferado barrios de desplazados en busca de trabajo y mejores oportunidades, pero las condiciones de vida en estos barrios no son siempre fáciles y sus habitantes, que a veces se encuentran lejos de sus familias, dependen de la solidaridad de sus vecinos y amigos. ▶

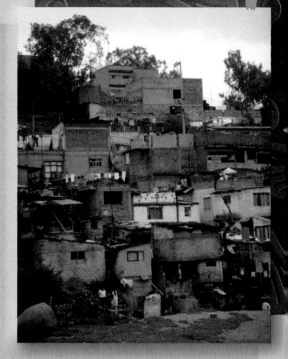

▲ El concepto de la amistad es muy importante entre los hispanos. En España, las *pandillas*, o *cuadrillas*, son grupos de amigos que a menudo mantienen su fidelidad y amistad por toda la vida.

Al igual que en otras culturas, las relaciones familiares entre los hispanos son fundamentales para la sociedad. En general, la familia de hoy tiende a ser más pequeña, especialmente en las grandes ciudades. Aunque ahora se observa más movilidad que antes en las familias, ya sea por estudios o mejores oportunidades de trabajo, se sigue manteniendo el cariño y la unidad familiar entre sus miembros. ▶

A leer

Preparación

7-1 Asociación. Primera fase. Los individuos reaccionan o se comportan (*behave*) de maneras diferentes frente a una experiencia. Asocie los siguientes comportamientos con la(s) característica(s) de personalidad de la columna de la derecha. Más de una respuesta es posible.

1. _____ Un padrastro no permite que sus hijastros miren televisión.
2. _____ Una persona se siente infeliz cuando otros tienen algo que ella no puede tener.
3. _____ Una madre castiga a su hijo porque él se porta (*behaves*) mal.
4. _____ Unos padres no aceptan a la pareja de su hijo.
5. _____ Alguien no tolera que su pareja converse con una persona del sexo opuesto.
6. _____ Usted se irritó cuando su mejor amigo expresó una opinión con la que usted no estaba de acuerdo.
7. _____ Una persona se pone furiosa cuando alguien de su grupo de amigos pospone algún plan del grupo para hacer algo solo.
8. _____ Una madre nunca disciplina a sus hijos.

a. intolerante
b. permisivo/a
c. celoso/a
d. exigente
e. estricto/a
f. controlador/a
g. envidioso/a
h. impulsivo/a

Segunda fase. Primero, escojan uno de los comportamientos o reacciones de los personajes citados en la *Primera fase*. Luego, escriban un breve guión para ser representado en la clase e indiquen quiénes dialogan (e.g., novios, padre e hijo). Finalmente, después de representar su escena, pídanles la opinión a sus compañeros(as) sobre la reacción de los personajes.

7-2 ¿A quién le pasa? Primera fase. Identifique a la(s) persona(s) que puede(n) tener las siguientes reacciones o comportamientos: una persona casada (**C**), una persona soltera y enamorada (**SE**), una persona soltera que no quiere ningún compromiso (*commitment*) (**SNC**). ¡Ojo! Puede haber más de una respuesta correcta.

1. _____ Cuestiona la posibilidad de establecer una relación de amistad con otras personas.
2. _____ Se preocupa si su relación con su pareja no funciona.
3. _____ Siente celos de las personas que se acercan a la persona con quien sale.
4. _____ Se siente desesperado/a porque la familia de su novio/a no lo/la acepta.
5. _____ Se pone nervioso/a porque la gente piensa que le gusta la vida sin las complicaciones de una relación con otra persona.
6. _____ Se irrita fácilmente cuando alguien le dice que es necesario comprometerse para ser feliz.
7. _____ Tiene dificultad para mantener relaciones sentimentales a largo plazo.
8. _____ Se desespera porque necesita su independencia emocional.
9. _____ Le molesta el individualismo excesivo de la persona a quien ama.
10. _____ Tiene problemas con su pareja porque quiere controlar la vida de su hijastro/a.

Segunda fase. Comparta una experiencia que usted tuvo con uno de los siguientes tipos de personas: un celoso/una celosa, un/a perfeccionista, una persona excesivamente individualista. Asegúrese de contestar las siguientes preguntas al contarle su experiencia a su compañero/a.

1. ¿Qué pasó?
2. ¿Qué hizo esta persona?
3. ¿Cómo reaccionó usted?

7-3 Cuestionario psicológico. *Primera fase.* Preparen un cuestionario que los/las ayude a determinar si en su clase hay personas con las siguientes características de personalidad: celosos, reservados, perfeccionistas excesivos, serviciales (*helpful*).

Segunda fase. Con el cuestionario que prepararon en la *Primera fase*, entrevisten a los miembros de otros grupos. Después hagan lo siguiente:

1. Analicen la información que recolectaron. Incluyan el número de personas entrevistadas y el porcentaje que respondió afirmativa o negativamente a cada pregunta.
2. Preparen sus conclusiones como grupo. ¿Qué porcentaje de los entrevistados es celoso, reservado, perfeccionista excesivo, servicial?

Si no hay personas con tales características, ¿a qué conclusión llegó el grupo?

Estrategias de lectura

1. Infórmese sobre el tema antes de leer.

   a. Examine el formato de los textos. ¿Qué tipo de textos son? ¿Cómo lo sabe?
   b. Lea el título y los subtítulos. ¿Puede adivinar de qué tratan estas cartas? Revíselas rápidamente para buscar algunas palabras que lo/la ayuden a decidir si se tratan de asuntos (la amistad, el amor, problemas en el trabajo) más bien de asuntos impersonales (problemas de la comunidad, la política).

2. Examine el texto antes de leerlo.

   a. ¿A quién se dirigen las cartas, a un hombre o a una mujer? ¿Cómo lo sabe?
   b. ¿Quién(es) escribe(n) las cartas? ¿Una persona o varias personas? ¿Son hombres, mujeres o ambos? ¿Cómo lo sabe?

3. Anticipe el contenido del texto.

   a. Lea el comienzo (1 ó 2 oraciones) de cada carta. Pase su marcador sobre estas oraciones y señale las palabras que están relacionadas con el tema de la carta o con alguna característica de la persona que escribe la carta.
   b. Ya que sabe algo acerca de las cartas, lea las siguientes afirmaciones y trate de adivinar si son ciertas (**C**) o falsas (**F**). Si no lo sabe, no se preocupe. Podrá averiguar las respuestas después de leer las cartas.

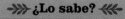

¿Lo sabe?

La **o** entre números lleva un acento ortográfico: **1 ó 2**. ¿Sabe usted por qué?

Carta 1:

1. _____ La autora de la carta tiene un problema matrimonial.
2. _____ La autora de la carta piensa que su marido es demasiado permisivo con la hija de ella.

Carta 2:

3. _____ El autor de la carta tiene problemas con sus padres.
4. _____ La familia de su esposa no lo quiere aceptar.

Carta 3:

5. _____ La autora de la carta es estudiante.
6. _____ Ella tiene problemas de convivencia con su compañera de cuarto.

Carta 4:

7. _____ El autor escribe sobre la amistad.
8. _____ Para el autor de la carta es difícil tener amigos y también mantener su independencia.

LECTURA

El rincón de Minerva

🍃 **Carta 1**

Querida Minerva:

Cuando me casé con mi segundo marido, él se comprometió a ocuparse de mi hija y a tratarla como si fuera su propia hija. Al principio su relación era buena. A él le gustaba enseñarle juegos nuevos y se interesaba por todo lo que ella hacía o decía. Sin embargo, esto fue cambiando poco a poco. Ahora él interviene cada vez que mi hija no se porta bien, y yo considero que sus castigos son demasiado duros y desproporcionados. Por ejemplo, si no termina su plato a la hora de

5

Anticipe el tema del texto. Pase su marcador por las dos primeras frases del texto. Fíjese en estas palabras clave: *segundo marido, mi hija, al principio, relación... buena*. Basándose en estas palabras y en la firma (*Una madre preocupada*) de la persona que escribe la carta, trate de adivinar el problema que tiene esta persona.

comer, le prohíbe ver la televisión durante una semana. Por supuesto, ella se rebela cada vez más y reacciona violentamente. Es más, creo que lo odia. Aunque mi hija tiene sólo nueve años, él es muy exigente y no tolera algunos
10 comportamientos propios de su edad. Él me acusa de ser demasiado permisiva y de estar maleducando a mi hija. Naturalmente, todo esto crea conflictos entre nosotros y nuestra relación se va deteriorando. Yo quiero salvar mi matrimonio, pero al mismo tiempo quiero que mi hija sea feliz. ¿Qué puedo hacer?

Una madre preocupada

¿Es demasiado permisivo o demasiado estricto el marido de la autora de la carta? ¿Qué cosas hace el marido?

Carta 2

Querida Minerva:

15 Hace tres años que estoy casado con una mujer excepcional a la que conocí en mi lugar de trabajo. Somos de razas y culturas diferentes, pero eso nunca fue un problema entre nosotros. Es más, hemos aprendido a respetar y a disfrutar las diferencias. Sin embargo, ella está muy unida a su familia, pero su familia no me acepta ni me ha aceptado nunca. Piensan que ella ha traicionado a su raza y a su
20 cultura y me tratan poco menos que como a un intruso. Yo sé que para ella es muy duro tener que soportar las críticas, pero para mí es humillante saber que me desprecian y que todos desearían verla con otro hombre. Para ella la familia es sagrada y por eso no puede ignorar sus opiniones. Yo deseo que se aleje de ellos o que por lo menos se haga respetar poniendo fin a sus críticas. Estoy
25 desesperado porque me da la impresión de que puede dejarse influir por ellos y abandonarme un día. Realmente no sé qué hacer y le agradezco cualquier consejo que usted pueda darme.

Un desesperado

Anticipe el tema del texto. Pase su marcador por las dos primeras frases del texto. Fíjese en estas palabras clave: *estoy casado, una mujer excepcional, razas y culturas diferentes*. Basándose en estas palabras y en la firma (*Un desesperado*) de la persona que escribe la carta, trate de adivinar el problema que tiene esta persona.

¿Qué opina usted de la situación descrita por el autor de esta carta? ¿Por qué los padres de su mujer no lo aceptan? En su opinión, ¿qué conflicto o problema tiene la mujer?

? Anticipe el tema del texto. Pase su marcador por las tres primeras frases del texto. Fíjese en estas palabras clave: *chica de 20 años, universidad, malas notas, mi novio me ha dejado por otra*. Basándose en estas palabras y en la firma (*Una celosa perdida*) de la persona que escribe la carta, trate de adivinar el problema que tiene esta persona.

? La autora de esta carta tiene dos problemas. En su opinión, ¿cuáles son?

Carta 3

Querida Minerva:

Soy una chica de 20 años. Estudio y vivo en una universidad de prestigio, pero este año me han ido muy mal los estudios, he faltado mucho a clase, y creo que voy a 30 recibir malas notas en varias asignaturas. La culpa de todo es que mi novio me ha dejado por otra. Cuando lo conocí, pensé inmediatamente que era el hombre de mi vida, y la verdad es que tuvimos una relación muy buena durante tres meses. Compartíamos gustos musicales, íbamos al cine, nos relacionábamos con otros amigos, etc. Pero un día me enteré —y no por él— de que había invitado a otra 35 chica a pasar un fin de semana en una cabaña que sus padres tienen junto al lago. A mí me dijo una mentira y me puse furiosa. Fue muy duro darme cuenta de su traición. Desde entonces todo fueron excusas y él se alejó de mí mientras yo me moría de los celos. Los celos me han hecho hacer cosas muy tontas, como pasarme la noche llorando y no poder ir a clase al día siguiente, y peor que eso: insultar a la 40 nueva novia de mi ex novio en la universidad, armando un escándalo considerable. Yo sé que uno pierde su dignidad cuando muestra públicamente su rabia y sus celos, pero yo no sé qué hacer para controlarme. Por favor, ayúdeme.

Una celosa perdida

⬤ Carta 4

Estimada Minerva:

45 Tengo ciertas ideas que quisiera compartir con usted y sus lectores, y que pongo a continuación. Supongo que todos nos hemos encontrado en más de una ocasión con una persona que asegura constantemente que es nuestro amigo, pero se comporta con una mentalidad individualista. Pues, eso es lo que más me molesta de los "amigos" de hoy. Tener amigos que sólo piensan en sus ideas, sus 50 planes y sus posibilidades en vez de las del grupo es como no tenerlos. Evidentemente la independencia y la iniciativa propia son importantes, pero no deben ser más que las del grupo. Es importante pensar en las personas que están alrededor de uno. Es más, los intereses y deseos personales se deben supeditar[1] a los del grupo, de lo contrario no tendríamos amigos.

55 Finalmente, quisiera comentar que hay ciertos individuos que confunden su independencia con desconsideración hacia los demás. Vivimos en un mundo con otros, no en una isla. No podemos vivir sin amigos y, para tenerlos, hay que elegir entre *yo* y *nosotros*. Estoy seguro de que la mayoría de las personas que tiene una mentalidad de grupo triunfará sobre la minoría inmadura y egoísta. 60 Ojalá que no olvidemos el significado de la palabra *amigo*.

Un verdadero amigo ⬤

[1]*yield*

❓ Anticipe el tema del texto. Pase su marcador por las dos primeras frases del texto. Fíjese en estas palabras clave: *ciertas ideas, amigo, mentalidad individualista*. Basándose en estas palabras y en la firma (*Un verdadero amigo*) de la persona que escribe la carta, trate de adivinar el problema que tiene esta persona. ¿Es diferente el tono de las primeras frases de esta carta del tono del principio de las otras cartas que ha leído?

❓ ¿Qué significa para el autor de esta carta ser un buen amigo? ¿Qué cosas hacen los que no son amigos de verdad?

Comprensión y ampliación

7-4 ¿Cuál es el problema? En sus propias palabras escriba una frase en la tabla a continuación que describa el tema o problema principal que se plantea en cada carta. Identifique dos consecuencias que se derivan del asunto o problema planteado e inclúyalas en la tabla.

Carta	Asunto/Problema	Consecuencia	Consecuencia
1			
2			
3			
4			

 7-5 Con otras palabras, en otros contextos. Primera fase. Expliquen con otras palabras las siguientes ideas que aparecen en las cartas.

Carta 1. Nuestra relación se va deteriorando.

Carta 2. Me tratan poco menos que como a un intruso.

Carta 3. Fue muy duro darme cuenta de su traición.

Carta 4. Los intereses y deseos personales se deben supeditar a los del grupo.

Segunda fase. Ahora piensen en otros contextos en que se podrían usar esas afirmaciones y compártanlos con la clase.

MODELO: Tengo 17 años y mis padres no me comprenden. Ya no tenemos nada en común. Ellos me prohíben salir por la noche, pero a veces yo salgo. Nuestra relación se va deteriorando.

 7-6 Ayudemos a Minerva. Primera fase. En su respuesta a *Una celosa perdida* (carta 3), Minerva quiere hacerle algunas recomendaciones. En su opinión, ¿cuál de las siguientes sugerencias debería incluir Minerva en su carta? Hablen de las ideas e intenten seleccionar la más apropiada. Si no les gusta ninguna, escriban una que les guste más.

1. _____ Es mejor que abandones tus estudios ahora, para no gastar el dinero de tus padres. ¿Por qué no buscas un trabajo? Con el tiempo, te sentirás mejor y podrás volver a la universidad el próximo semestre cuando tengas tu propio dinero.

2. _____ No dejes que los celos te consuman. Ve al Centro de Salud de tu universidad y pide cita con un psicólogo.

3. _____ La nueva pareja de tu ex novio es una víctima de este chico, igual que tú. Hazte amiga de ella y trata de convencerla de que lo deje.

4. _____ Otra idea: _____

Segunda fase. Ahora, escriban la respuesta de Minerva en un breve párrafo.

Aclaración y expansión

Reflexive verbs and pronouns

● True reflexive verbs are those that express what people do *to* or *for* themselves. The reflexive pronouns that accompany these verbs refer back to the subject, who is the doer and the receiver. In English, this is sometimes expressed by pronouns ending in *-self* or *-selves.*

Reflexive verbs

Cuando va a salir con su novia, mi hermano **se baña, se peina** y **se viste** rápidamente para no llegar tarde.	*When he is going out with his girlfriend, my brother **bathes, combs** his hair, and **gets dressed** quickly so he doesn't arrive late.*

Non-reflexive

Por la mañana, él **lava** el coche, lo **seca** y lo **limpia** por dentro.	*In the morning, he **washes** the car, **dries** it, and **cleans** it on the inside.*

Reflexive verbs and pronouns		
yo	**me lavo**	*I wash myself*
tú	**te lavas**	*you wash yourself*
Ud.	**se lava**	*you wash yourself*
él/ella	**se lava**	*he/she washes himself/herself*
nosotros/as	**nos lavamos**	*we wash ourselves*
vosotros/as	**os laváis**	*you wash yourselves*
Uds.	**se lavan**	*you wash yourselves*
ellos/ellas	**se lavan**	*they wash themselves*

● Reflexive pronouns, which follow the same rules of placement as object pronouns, are placed before the conjugated verb. When a conjugated verb is followed by an infinitive or a present participle, either place the reflexive pronoun before the conjugated verb or attach it to the accompanying infinitive or present participle.

Nuestros invitados **se van a levantar** temprano.	*Our guests **are going to get up** early.*
Nuestros invitados **van a levantarse** temprano.	
Alicia **se está maquillando** en el baño.	*Alicia **is putting on makeup** in the bathroom.*
Alicia **está maquillándose** en el baño.	

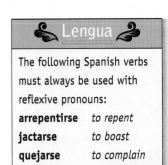

Lengua

The following Spanish verbs must always be used with reflexive pronouns:
arrepentirse   *to repent*
jactarse   *to boast*
quejarse   *to complain*

● When referring to parts of the body and articles of clothing, use the articles **el, la, los, las** instead of possessives (e.g., **mi, su**) with reflexive verbs.

> Mi hermano **se lavó las** manos, **se puso la** chaqueta nueva, y **se miró** en el espejo una vez más antes de salir para recoger a su novia.

> *My brother **washed his** hands, **put on his** new jacket, and **looked at himself** in the mirror one more time before leaving to pick up his girlfriend.*

● Other verbs in Spanish use reflexive pronouns in conveying mental and physical states. With these verbs, the reflexive pronouns do not necessarily convey the idea of doing something to or for oneself.

> **Me preocupo** por mi familia y **me sentí** muy triste cuando recibí la noticia de la enfermedad de mi tío.

> *I **worry** about my family and I **felt** very sad when I heard the news about my uncle's illness.*

> Según me dijeron, **se enfermó** la semana pasada.

> *According to what they told me, he **got sick** last week.*

● Some verbs change meaning when used with reflexive pronouns.

acostar (ue)	*to put to bed*	**acostarse (ue)**	*to go to bed, lie down*
bañar	*to bathe (someone)*	**bañarse**	*to take a bath*
despertar (ie)	*to wake someone up*	**despertarse (ie)**	*to wake up, awaken*
dormir (ue, u)	*to sleep*	**dormirse (ue, u)**	*to fall asleep*
ir	*to go*	**irse**	*to go away, leave*
levantar	*to raise, lift*	**levantarse**	*to get up; to stand up*
llamar	*to call*	**llamarse**	*to be called*
parecer (zc)	*to seem*	**parecerse (zc)**	*to look like*
quedar	*to be (located)*	**quedarse**	*to stay*
quitar	*to take away*	**quitarse**	*to remove, take off (one's clothing)*
sentar (ie)	*to seat*	**sentarse (ie)**	*to sit down*
vestir (i, i)	*to dress (someone)*	**vestirse (i, i)**	*to get dressed*

Reciprocal verbs

● Use the plural reflexive pronouns **nos, os,** and **se** to express reciprocal actions. In English, these actions are usually expressed by using the phrase *each other* or *one another.*

> Cuando **se saludan,** los hombres **se dan** la mano o **se abrazan;** las mujeres generalmente **se besan.**

> *When **greeting each other,** men **shake** hands or **embrace;** women generally **kiss each other.***

> Mis amigas y yo **nos llamamos** frecuentemente durante el día. **Nos mandamos** mensajes de texto también.

> *My friends and I **call each other** frequently during the day. We also **send each other** text messages.*

📖 Lengua 📖

It is usually clear from the context whether the speaker intends a reflexive or a reciprocal meaning. When clarification is needed, the expressions *a sí mismos* or *a nosotros mismos* are used to signal reflexive action, and expressions like *mutuamente* and *unos a otros* indicate reciprocal action.

Los filósofos se conocen **unos a otros.**

*The philosophers know **each other.***

Los filósofos se conocen **a sí mismos.**

*The philosophers know **themselves.***

Las relaciones humanas ■ 209

7-7 La rutina de una madre soltera. Una agencia del gobierno está realizando investigaciones sobre la calidad de vida de las madres solteras en los barrios hispanos de Estados Unidos. Para participar en la investigación, las madres deben escribir un texto que refleje sus actividades en un día típico. Para saber lo que esta madre soltera escribió, escoja el verbo adecuado según el contexto, y después use la forma correcta en la narración.

acostar	acostarse	lavar	lavarse
bañar	bañarse	quedar	quedarse
despertar	despertarse	sentar	sentarse
dormir	dormirse	vestir	vestirse

Por experiencia propia, sé que la vida de las madres solteras que trabajan fuera de la casa y que tienen hijos pequeños es muy complicada. Para mí, las relaciones con mi hija son muy importantes, pero mi trabajo también lo es y, hasta ahora, he podido combinar ambas cosas. Yo (1) _____ muy temprano, tan pronto suena el despertador. A mí no me gusta ducharme por la tarde, así que (2) _____ por la mañana. Después, busco la ropa que me voy a poner para ir a la oficina y (3) _____. Cuando estoy lista, preparo a Laurita. A ella le gusta (4) _____ hasta las nueve, pero entre semana esto no es posible porque yo tengo que llegar al trabajo a las nueve, así que la (5) _____ a las siete y media. Ella (6) _____ la cara y yo la (7) _____ porque Laurita sólo tiene tres años y, como es natural, no sabe hacerlo sola. Las dos desayunamos rápidamente, (8) _____ los dientes y salimos de la casa. Como yo la llevo a la guardería en auto, primero (9) _____ a Laurita en el asiento especial para niños de su edad. Después, yo (10) _____ frente al volante, manejo hasta la guardería, que (11) _____ cerca de donde vivimos, dejo a Laurita, y sigo a la oficina. Mi jefa es muy comprensiva y mi jornada de trabajo es muy corta, pues sólo (12) _____ en la oficina hasta las doce y media. El resto del trabajo lo hago en mi computadora en casa y lo envío electrónicamente.

A eso de la una recojo a Laurita en la guardería y regresamos a casa. Ella descansa, mira televisión un rato o juega en su cuarto. Mientras tanto, yo como algo ligero, trabajo en la computadora, leo mi correo electrónico, empiezo a preparar la cena, y algunos días (13) _____ la ropa. Después llevo a Laurita al parque. Allí ella juega con algunos de sus amiguitos y yo converso con otros padres. Antes de comer, (14) _____ a Laurita y así está limpia para la hora de la cena y para ir a la cama más tarde. Después de la cena, conversamos un rato, la (15) _____ en su cama y le leo un cuento. Luego yo voy a mi cuarto y (16) _____ también. Miro televisión o leo un rato, y después apago la luz y (17) _____ temprano para repetir la misma rutina al día siguiente. Los fines de semana son totalmente diferentes y las dos disfrutamos el cambio muchísimo.

7-8 Para conocerse mejor. Háganse preguntas para saber más sobre sus emociones y su personalidad, y así conocerse mejor.

MODELO: Sentirse triste
E1: ¿En qué momentos/Cuándo te sientes triste?
E2: Me siento triste cuando veo a una persona muy enferma. ¿Y tú?
E1: Pues yo me siento triste cuando tengo mucha tarea los fines de semana y no puedo salir con mis amigos.

1. Sentirse feliz
2. Sentirse frustrado/a
3. Preocuparse
4. Ponerse contento/a
5. Ponerse nervioso/a
6. Enfadarse

 7-9 Antes y ahora. Primera fase. Complete la siguiente tabla con las actividades y reacciones de usted y sus amigos cuando eran pequeños/as y ahora.

Actividades/Reacciones	cuando éramos pequeños/as	ahora
hora en que se despertaban durante la semana		
ropa que se ponían		
cómo se entretenían		
cosas por las que se preocupaban		
cuándo se enojaban		
de qué se quejaban con frecuencia		

 Segunda fase. Primero comparen la información a continuación y después, comenten entre ustedes cuáles son las áreas donde hay cambios y los motivos de estos cambios.

1. La manera en que se entretenían antes y ahora
2. Las cosas por las que se enojaban antes y hoy en día
3. Las cosas de que se quejaban antes y en la actualidad

 7-10 Termómetro de reciprocidad. Primera fase. Piensen en las relaciones entre buenos amigos/buenas amigas en general y digan si comúnmente hacen o no lo siguiente. Después comparen sus respuestas con las de su compañero/a.

MODELO: Saludarse con cariño
E1: En mi opinión/Para mí, los buenos amigos se saludan con cariño cuando se ven.
E2: Es verdad, y generalmente los hombres se abrazan y las mujeres se besan.

	Sí	No
1. Ayudarse en los momentos difíciles	_____	_____
2. Llamarse frecuentemente	_____	_____
3. Prestarse dinero en caso de necesidad	_____	_____
4. Criticarse a menudo	_____	_____
5. Darse consejos cuando los necesitan	_____	_____
6. Contarse detalladamente sus actividades diarias	_____	_____
7. Visitarse con frecuencia los fines de semana	_____	_____
8. Pelearse por cosas sin importancia	_____	_____
9. Felicitarse el día del cumpleaños	_____	_____
10. Mandarse mensajes electrónicos	_____	_____

Segunda fase. Ahora preparen una lista de las seis actitudes/comportamientos que ustedes consideran más importantes para mantener unas buenas relaciones entre amigos. Expliquen por qué. Después comparen su lista con las del resto de la clase.

7-11 Consejos para la felicidad de una pareja. ¿Qué consejos le darían ustedes a una pareja que comienza su relación y quiere mantenerse unida para siempre? Digan al menos dos cosas que deben hacer y dos que no deben hacer usando los verbos de la siguiente lista u otros que consideren adecuados.

apoyarse	comunicarse	gritarse	quererse
ayudarse	criticarse	pelearse	regalarse
comprenderse	demostrarse (ue)	preocuparse	respetarse

MODELO: decirse irse

E1: En mi opinión, deben decirse siempre la verdad. Las mentiras pueden destruir una relación.

E2: Tienes razón, nunca deben decirse mentiras. Y también deben irse de vacaciones solos de vez en cuando.

El compadrazgo

Antes de ver

7-12 El mundo de nuestras relaciones. Clasifique a las siguientes personas según la relación que tienen con usted. ¿Son parte de su mundo familiar (**F**), de su círculo de amigos (**A**), de su vida profesional (**P**) o de su comunidad (**C**)?

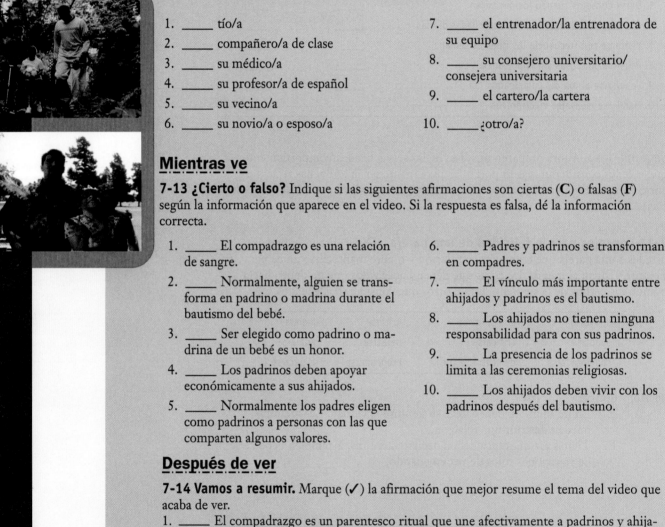

1. _____ tío/a
2. _____ compañero/a de clase
3. _____ su médico/a
4. _____ su profesor/a de español
5. _____ su vecino/a
6. _____ su novio/a o esposo/a

7. _____ el entrenador/la entrenadora de su equipo
8. _____ su consejero universitario/ consejera universitaria
9. _____ el cartero/la cartera
10. _____ ¿otro/a?

Mientras ve

7-13 ¿Cierto o falso? Indique si las siguientes afirmaciones son ciertas (**C**) o falsas (**F**) según la información que aparece en el video. Si la respuesta es falsa, dé la información correcta.

1. _____ El compadrazgo es una relación de sangre.
2. _____ Normalmente, alguien se transforma en padrino o madrina durante el bautismo del bebé.
3. _____ Ser elegido como padrino o madrina de un bebé es un honor.
4. _____ Los padrinos deben apoyar económicamente a sus ahijados.
5. _____ Normalmente los padres eligen como padrinos a personas con las que comparten algunos valores.

6. _____ Padres y padrinos se transforman en compadres.
7. _____ El vínculo más importante entre ahijados y padrinos es el bautismo.
8. _____ Los ahijados no tienen ninguna responsabilidad para con sus padrinos.
9. _____ La presencia de los padrinos se limita a las ceremonias religiosas.
10. _____ Los ahijados deben vivir con los padrinos después del bautismo.

Después de ver

7-14 Vamos a resumir. Marque (✔) la afirmación que mejor resume el tema del video que acaba de ver.

1. _____ El compadrazgo es un parentesco ritual que une afectivamente a padrinos y ahijados y genera entre ellos un vínculo de mutua responsabilidad.
2. _____ El compadrazgo es un vínculo entre padrinos y padres para protegerse mutuamente y colaborar económicamente entre sí.
3. _____ El compadrazgo es una relación especial entre miembros de una misma familia para ayudarse en todo lo que sea necesario.

7-15 Ventajas de tener padrinos. De acuerdo con lo que ustedes han aprendido en este video, hablen de las ventajas que tiene en la vida de los hispanos la presencia de los padrinos. ¿Tienen ustedes amigos o familiares que pueden ayudarlos/las en circunstancias semejantes? Den algunos ejemplos.

A leer

Preparación

7-16 Preparación. Primera fase. Marque (✓) los sentimientos y actividades que caracterizaban las relaciones con sus amigos durante su adolescencia.

1. _____ Pasábamos el tiempo juntos.
2. _____ Visitábamos a menudo a los amigos/las amigas comunes.
3. _____ Nos sentíamos acompañados/as.
4. _____ Hacíamos buenas migas (*got along well*) a pesar de las diferencias.
5. _____ Peleábamos por cosas sin importancia.
6. _____ Salíamos a ver películas juntos.
7. _____ Íbamos a fiestas juntos.
8. _____ Teníamos un relación inquebrantable (*unbreakable*).
9. _____ Salíamos a bailar a discotecas.
10. _____ ...

 Segunda fase. Ahora comparen las opciones que cada uno/a marcó en la *Primera fase*. Luego, analicen y discutan los aspectos siguientes:

- actividades que ustedes y sus amigos realizaban juntos
- actitud que ustedes tenían frente a las diferencias de opinión o gustos de sus amigos

Cuéntense una anécdota personal que se refiera a un aspecto de lo que le han dicho anteriormente.

7-17 ¿Qué representan mis amigos? Primera fase. Ponga en orden de importancia (1 = más importante, 8 = menos importante) las siguientes afirmaciones que se refieren a la relación con un amigo/una amiga.

a. _____ Son una parte esencial de mi vida.
b. _____ Somos inseparables.
c. _____ Nos queremos como hermanos/as.
d. _____ Nos enviamos correos electrónicos frecuentemente.
e. _____ Nos vemos solamente los fines de semana porque estamos muy ocupados.
f. _____ Somos muy compatibles.
g. _____ Salgo con mis amigos, pero también me gusta estar solo/a.
h. _____ Representan lazos (*ties*) fuertes con mi pasado, mi presente y mi futuro.

 Segunda fase. Piense en alguna(s) experiencia(s) que muestre(n) las buenas relaciones que usted tiene con sus amigos y compártala(s) con su compañero/a.

7-18 Reciprocidad. Marque (✓) cómo se demuestran reciprocidad usted y su mejor amigo/a. Después, compare sus respuestas con las de otro/a estudiante.

1. _____ Nos invitamos a salir.
2. _____ Nos preocupamos el uno/la una por el otro/la otra, especialmente en momentos difíciles.
3. _____ Nos perdonamos después de una discusión fuerte.
4. _____ Nos regalamos cosas con frecuencia.
5. _____ Nos dedicamos tiempo mutuamente.
6. _____ Nos visitamos aunque vivimos lejos.
7. _____ Nos toleramos las diferencias de gustos.
8. _____ Nos comunicamos de diversas maneras constantemente.

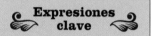 **7-19 Una amistad duradera.** Hablen de un amigo/una amiga que ustedes conocieron durante la escuela primaria o secundaria y cuya amistad han mantenido hasta el presente. Incluyan como mínimo la siguiente información:

1. Fecha en que se conocieron
2. Las circunstancias del encuentro
3. Las primeras impresiones que tuvieron el uno del otro/la una de la otra
4. Una experiencia que afianzó (*strengthened*) su amistad

Estrategias de lectura

1. Infórmese sobre el tema antes de leer.
   a. Lea la cita de Aristóteles (el epígrafe) y el título de la lectura en la página 215. ¿Está de acuerdo con la idea de que la amistad es lo más necesario para la vida? Si no está de acuerdo, ¿qué es para usted más importante que la amistad? ¿Por qué dice Aristóteles que los ricos y poderosos necesitan amigos más que nada?
   b. Piense en la amistad y en las etapas de la vida. Este texto trata de las amistades del narrador durante uno o dos años de su vida cuando estaba en la universidad. ¿Es más importante la amistad para los jóvenes que para los adultos? Hable con un compañero/una compañera sobre qué significan los buenos amigos para los jóvenes. ¿Qué es más importante, tener un buen grupo de amigos o tener novio/a?

2. Examine el texto antes de leerlo.
   a. ¿Se puede adivinar qué tipo de texto es? ¿Hay material gráfico (mapas, fotos, dibujos, etc.) que lo indique?
   b. ¿Quién habla en este texto? Examine el texto rápidamente para buscar los nombres de los personajes que se mencionan. Marque los siguientes nombres: Ana, Víctor, Tomás, Miriam, Silvia, Bea, Jordi. ¿Es el narrador del texto uno de ellos, o es otra persona cuyo nombre no aparece en la narración? ¿Cómo lo sabe?

3. Anticipe el contenido del texto. Lea las oraciones a continuación. Por lo que sabe acerca de los jóvenes y por lo que ha visto al examinar el texto, trate de adivinar si las afirmaciones son

Francisco Lapuerta, profesor y escritor español

ciertas (**C**) o falsas (**F**). Si no lo sabe, no se preocupe. Podrá averiguar las respuestas después de leer el texto.

a. _____ Ana es la novia del narrador.
b. _____ Ana es la ex novia del narrador.
c. _____ Víctor y Tomás son amigos del narrador.
d. _____ Silvia es la novia de Tomás.
e. _____ Al narrador le resultó imposible tener novia y amigos al mismo tiempo.

LECTURA

La amistad

Francisco Lapuerta

"La amistad es lo más necesario para la vida. En efecto, sin amigos nadie querría vivir, aunque tuviera todos los otros bienes; incluso los que poseen riquezas, autoridad o poder parece que necesitan sobre todo amigos."

Aristóteles

Hace unos años, cuando Ana y yo salíamos juntos, supe lo que era prescindir de los amigos porque al no tener la sensación de que los necesitaba dejé de frecuentarlos y acabé perdiéndolos casi por completo. Entonces a mí no me preocupaba lo más mínimo el tema. Si estaba bien con Anita, ¿para qué quería
5 otros compromisos? Me pasaba el tiempo con ella, y poco a poco nos fuimos distanciando de la gente del colegio, hasta llegar a saludarlos por la calle sin necesidad de pararnos para preguntarnos qué tal nos va la vida. Anita y yo formábamos una sociedad de amigos muy minoritaria, pues nunca hubo en ella más de dos miembros.

10 Sin embargo, la sociedad se vino abajo un día de septiembre, hace ya más de un año, y entonces me encontré perdido en la más triste de las soledades. No voy a relatar ahora lo que pasó. Tuve suerte porque al poco tiempo me matriculé en la universidad y abandoné para siempre la esclavitud de Mercacentro[1] para convertirme en un estudiante con deseos de rehacer su vida. Conocí a Víctor,
15 quien al principio me pareció un pedante, pero pronto hicimos buenas migas, y recuperé la amistad de un antiguo compañero de clase que estaba repitiendo curso en la modalidad de Ciencias. También apareció en la Facultad de Humanidades Tomás, un chico algo callado, muy buena persona, del que poco a poco me he ido haciendo inseparable, y trabamos[2] pronto amistad con Miriam,
20 Silvia y Bea. Al poco de comenzar las clases de 1°[3], Silvia se lio con[4] Jordi y

Cultura

Francisco Lapuerta (1962) es profesor de filosofía en un instituto de enseñanza media de Barcelona. Es autor del libro *Schopenhauer a la luz de las filosofías de Oriente* y de la novela *Diario de un joven aristotélico*, de donde se ha tomado el siguiente texto. En esta obra se analizan algunos conceptos básicos de la filosofía de Aristóteles desde el punto de vista de un estudiante que lee *Ética a Nicómaco* del famoso pensador griego.

En el primer párrafo el narrador habla de la etapa de su vida cuando él y Ana eran novios. Al leer, preste atención al efecto que tuvo su relación con Ana en su relación con sus amigos. ¿Salían mucho con los amigos, o se mantenían alejados?

En la última oración del primer párrafo el narrador se refiere a "una sociedad... de dos miembros". ¿Quiénes son los dos miembros?

Al principio del segundo párrafo, el narrador dice que su vida cambió completamente. Antes de leer el párrafo, trate de adivinar a qué se refiere. ¿Qué le pasó al narrador?

[1] nombre de un centro comercial ficticio de Barcelona   [2] hicimos   [3] primer año de la universidad   [4] se hizo novia de

❓ ¿Qué pasa en el segundo párrafo? Trate de adivinar las respuestas a las siguientes preguntas. Si no puede responder, debe leer el párrafo otra vez antes de continuar. ¿Qué hace el narrador después de romper con su novia? Los amigos que menciona, ¿son nuevos amigos, o amigos que conoce desde hace mucho tiempo? Según el narrador, ¿qué pasará el próximo año?

Lengua

The expression for *driver's license* varies according to the region of the Spanish-speaking world. In Spain, it is called **carnet** (or **carné) de conducir**, whereas in much of Latin America it is called **licencia de manejar.**

💬 Si no sabe unas palabras... En este párrafo el narrador menciona algunas de sus actividades con sus amigos. Lea otra vez la lista de actividades y pase su marcador por todas las palabras conocidas, por ejemplo vino, Coca-Cola, hacer fiesta. ¿Qué actividades comprende? ¿Qué idea se forma usted de la vida que llevan juntos el narrador y sus amigos?

ambos desaparecieron de este nuevo círculo de amigos para aparecer alguna vez en una fiesta o en una salida de discoteca, sobre todo desde que Jordi obtuvo el carnet de conducir[5] convirtiéndose en el transporte más habitual cuando salíamos de la ciudad. Así pues, mis amigos son lo bastante recientes como para que me preocupe todavía en afianzar lazos con ellos, y lo bastante antiguos (más 25 o menos, un año y tres meses) como para pensar que hay detrás mucha experiencia compartida. No puedo decir que sean relaciones inquebrantables las que tengo con ellos, pues todos sabemos que el año que viene podríamos dispersarnos al tomar otras clases; en cualquier caso, creo no ser el único que admitiría ahora mismo que este puñado de amigos son un componente 30 imprescindible en la vida. 💬

Unos jóvenes toman café en un bar al aire libre. En el Puerto de Barcelona hay muchos lugares para entretenerse, como cafés y pequeñas tiendas.

La nuestra es una amistad nueva, formada en el inicio del curso pasado, y que todos somos conscientes de este hecho lo demuestra el interés que desde entonces hemos puesto unos y otros en mantener la continuidad de estas pequeñas costumbres ya tan arraigadas como comprar los viernes vino y Coca- 35 Cola para llenar litronas de calimocho, quedar por las tardes en el *Santa-Sed*, ver partidos del Barça o hacer fiestas en casa de Víctor cuando sus padres se ausentan. Nos llamamos por teléfono y quedamos: vamos al cine a ver pelis de acción, a jugar con Óscar a las últimas novedades para CD-ROM, a la sierra de Collserola a rodar en bicicleta; o hacemos campanas para ir a las tiendas de 40 discos a curiosear, o a pasear por el Puerto y tomar algo en una bocatería. 💬

Mi vida cuando salía con Ana era mucho más limitada, quizás porque a ella le chiflaban[6] las películas de Walt Disney y me obligaba a verlas en el vídeo de su casa, sin que se le ocurriera otra cosa mejor. En la primavera dábamos paseos cogidos de la mano por el Parc Güell, yo la invitaba a palomitas[7], y el domingo por la tarde 45 solíamos ir a una discoteca a bailar, pero nunca nos vimos en la necesidad de coger un autobús nocturno. Nos gustaba la música de Nacho Cano[8].

[5]*driver's license*   [6]encantaban   [7]*popcorn*   [8]músico español muy popular entre los jóvenes

Cuando rompimos, después de que pasara lo que pasó, me di cuenta de que me había quedado sin amigos y sentí una cierta angustia; entonces comencé a
50 sospechar que no se puede tener amigos y novia a la vez. En cuanto volví a la universidad, me dio por cultivar lo primero y desechar la posibilidad de lo segundo. Ahora comprendo que Aristóteles tiene muchísima razón cuando dice que uno puede amar sin ser amado, pero no se puede ser amigo sin la *reciprocidad*.

El Parque Güell (Parc Güell en catalán), una de las obras más conocidas del arquitecto Antoni Gaudí, iba a ser originalmente un conjunto residencial privado, pero al fracasar el proyecto se abrió al público en 1922. Los caminos, algunos bajo columnas inclinadas, y los bancos ondulados que recuerdan el movimiento de una serpiente invitan a los visitantes a caminar o descansar mientras disfrutan de una vista panorámica de la ciudad de Barcelona. En 1984, la UNESCO lo declaró patrimonio de la humanidad.

> 💬 **Interprete al leer.** En este párrafo el narrador dice que su vida con Ana era más limitada de lo que es ahora su vida con sus amigos. Teniendo en cuenta las actividades del narrador y sus amigos, ¿por qué era más limitada su vida con Ana que su vida de ahora?

> ### ❧ Lengua ❧
> Both **vídeo** and **video** are used in Spanish. In Spain, **vídeo** is more common, but the preferred form is **video** in the rest of the Spanish-speaking world. Note that since "La amistad" was taken from a novel written by a Spanish author, the form **vídeo** is used.

Comprensión y ampliación

7-20 ¿Qué hacemos con los amigos? Primera fase. En el texto se contrastan dos experiencias diferentes de relaciones interpersonales: la relación amorosa y la relación entre amigos. Indique cuáles son las actividades que el narrador compartía con su pareja (**P**) y cuáles son las que compartía con su grupo de amigos (**G**).

1. _____ dar paseos por el Parque Güell
2. _____ quedar por las tardes en el Santa-Sed
3. _____ ir a la sierra a montar en bicicleta
4. _____ ir a bailar a una discoteca
5. _____ ir al cine a ver películas de acción
6. _____ ver videos de Walt Disney en casa
7. _____ pasear por el Puerto
8. _____ tomar algo en una bocatería

 Segunda fase. Indique en la tabla cuáles son las actividades que usted hace normalmente solo/a, con un amigo/una amiga, en pareja o en grupo. Después, añada dos actividades más y marque (✓) las columnas correspondientes. Finalmente, comparta la información con su compañero/a y explique por qué prefiere hacer algunas actividades solo/a, con un amigo/una amiga, en pareja o en grupo.

Actividades	solo/a	con un amigo/ una amiga	en pareja	en grupo
escuchar música				
ir a un bar				
comer en un restaurante				
hacer deporte				
ir al cine				
estudiar				
¿?				
¿?				

7-21 La amistad. Primera fase. En las siguientes citas del texto aparecen los conceptos de *amistad* y *amigo(s)*. Indique si se trata de conceptos abstractos (**CA**), o de alusiones a una experiencia personal (**EP**).

1. _____ La amistad es lo más necesario para la vida.
2. _____ Sin amigos nadie querría vivir.
3. _____ Formábamos una sociedad de amigos muy minoritaria, pues nunca hubo en ella más de dos miembros.
4. _____ Recuperé la amistad de un antiguo compañero de clase.
5. _____ La nuestra es una amistad nueva.
6. _____ Me di cuenta de que me había quedado sin amigos.
7. _____ No se puede tener amigos y novia a la vez.
8. _____ No se puede ser amigo sin la *reciprocidad*.

 Segunda fase. Ahora indiquen si han tenido ustedes alguna experiencia personal relacionada con los conceptos, alusiones o experiencias de la *Primera fase*. Cuéntenla.

Aclaración y expansión

Present subjunctive with expressions of doubt

- When the verb in the main clause expresses doubt or uncertainty, use a subjunctive verb form in the dependent clause.

  Dudo que Jordi me **llame** esta noche, porque iba a salir con Silvia.

  *I **doubt** that Jordi **will call** me tonight because he was going to go out with Silvia.*

- Normally, doubt is implied when the verbs **creer** and **pensar** are used in the negative in the main clause; therefore, the subjunctive is used in the dependent clause.

  No creo que **sea** buena idea romper las relaciones con los amigos si uno tiene novio/a.

  *I **don't believe** that **it is** a good idea to break off relations with friends when one has a boyfriend/girlfriend.*

- Use the subjunctive with impersonal expressions that denote doubt or uncertainty, such as **es dudoso que, es difícil que, es (im)posible que,** and **es (im)probable que.**

  Es difícil que una persona enamorada **mantenga** el contacto con los amigos.

  *It **is difficult** for a person in love to **maintain** contact with friends.*

- Use the indicative with impersonal expressions that denote certainty, such as **es cierto que, es verdad que, es obvio que, es seguro que** and **es indudable que** (*there is no doubt that*).

  Es obvio que necesitamos encontrar el equilibrio entre las relaciones románticas y las amistades.

  *It **is obvious that** we **need** to find a balance between our romantic relationships and our friendships.*

- The subjunctive is normally used with the expressions **tal vez** and **quizá(s)** since they convey uncertainty.

  Tal vez/Quizá Jordi **encuentre** este equilibrio.

  *Perhaps Jordi **will find** this balance.*

7-22 ¿Qué ocurre en una amistad? Primera fase. Marque(✓) en la columna correspondiente las actividades que usted cree que ocurren o no en una buena amistad. Después, túrnense para intercambiar opiniones con su compañero/a. Utilice algunas de las expresiones de la caja para reaccionar a la opinión de su compañero/a.

Para indicar acuerdo	Para demostrar desacuerdo
Es probable que…	(No) creo que…
Por supuesto, es evidente que…	Es difícil que…
Sí, es probable que…	Dudo que…
Tiene(s) razón, creo que…	No estoy de acuerdo, es improbable que…

MODELO: El buen amigo se preocupa por sus amigos.

E1: Yo creo/pienso que el buen amigo se preocupa por sus amigos.
E2: Estoy de acuerdo, pero dudo/no creo que deba tratar de controlarlos.

	Sí	No
1. Hay una confianza absoluta entre los amigos.	_____	_____
2. El buen amigo apoya todo lo que el amigo hace.	_____	_____
3. Los amigos pueden pedirse favores y ayuda de todo tipo.	_____	_____
4. El amigo da consejos solamente cuando sus amigos se los pidan.	_____	_____
5. El buen amigo está obligado a salir con sus amigos todos los fines de semana.	_____	_____
6. El buen amigo invita (*pays for*) a sus amigos cuando los amigos no tienen dinero.	_____	_____
7. Los buenos amigos se llaman o se ven todos los días.	_____	_____
8. El buen amigo conoce bien a la familia de sus amigos.	_____	_____

 Segunda fase. Ahora escriba una breve descripción de lo que significa para usted un buen amigo e intercámbiela con su compañero/a. ¿Están de acuerdo o no? ¿Por qué?

 7-23 Los cambios en la sociedad. Túrnense para opinar sobre los siguientes temas. Deben dar su opinión y justificarla.

MODELO: Las oportunidades de trabajo para el hombre y la mujer
E1: Yo creo que existen las mismas oportunidades de trabajo para el hombre y la mujer.
E2: No estoy de acuerdo contigo. No creo que las mujeres tengan las mismas oportunidades que los hombres. Por ejemplo, menos mujeres ocupan puestos importantes en la política y los negocios.

1. Los efectos de los teléfonos celulares en la comunicación entre amigos y familiares
2. La calidad de la atención médica hoy en día
3. Los efectos de la televisión y los videojuegos en la conducta de los jóvenes
4. Los efectos del calentamiento global
5. Las oportunidades de una educación universitaria para todos
6. La ayuda para las madres solteras

7-24 En el siglo XXI. Primera fase. En los últimos años, muchos adelantos científicos y tecnológicos han afectado a la vida y las relaciones humanas en nuestra sociedad. Las siguientes son algunas predicciones para la sociedad del siglo XXI. Clasifíquelas de acuerdo con el grado de certeza, posibilidad, probabilidad, etc., de que ocurran en el futuro, según usted.

Predicciones	seguro	probable	posible	dudoso	imposible
Vamos a usar robots para hacer todas las tareas domésticas.					
Las personas van a tener computadoras del tamaño de una tarjeta de crédito para comunicarse.					
Los periódicos y las revistas van a ser exclusivamente electrónicos.					
Las personas van a vivir hasta los 150 años.					
La ropa va a tener sensores especiales para adaptarse al clima.					
Las personas van a vivir en la misma casa durante toda la vida.					
Se va a erradicar la pobreza en el mundo.					
Va a haber paz entre todas las naciones.					
El euro va a ser la moneda mundial.					
No vamos a poder consumir productos del mar porque van a estar contaminados.					

Segunda fase. Comparen sus respuestas y discutan entre ustedes las predicciones. Si creen que van a ocurrir en ciertas fechas, inclúyanlas en sus respuestas.

MODELO: Vamos a usar robots para hacer todas las tareas domésticas.
E1: Es seguro que muy pronto muchas personas van a usar robots para las tareas domésticas. Ya hay un robot a la venta que hace el trabajo de una aspiradora (*vacuum cleaner*).
E2: No, no lo creo. No estoy de acuerdo contigo. Es imposible que los robots hagan todas las tareas domésticas. Las personas no van a permitir que un robot tome decisiones sobre, por ejemplo, qué ropa lavar en casa y qué ropa hay que llevar a la tintorería.

7-25 Los problemas en las relaciones sociales. Primera fase. Seleccionen entre las actitudes de la caja aquellas que perjudican (*harm*) las relaciones sociales.

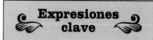

Expresiones clave

Actitudes

amor	envidia
avaricia	generosidad
cariño	individualismo
celos	odio
competencia	solidaridad
egoísmo	superioridad

Segunda fase. Analicen el efecto que puede tener **una** de esas actitudes en las relaciones interpersonales. Usen las siguientes preguntas como guía para su análisis.

1. ¿Qué deben hacer las personas cuando encuentran a individuos con la actitud que ustedes escogieron?
2. ¿Qué deben hacer los individuos cuando se dan cuenta de que ellos mismos tienen esta actitud?
3. ¿Qué es probable que hagan las personas que conviven con esta persona?
4. ¿Qué piensan ustedes que no pueden hacer las personas que conviven con esta persona?

Algo más

More uses of *se*

The pronoun **se** has several uses in Spanish. You have seen two of them in this chapter. **Se** serves as the third person reflexive pronoun with reflexive verbs and as the third person reciprocal pronoun with reciprocal verbs.

Mi amiga Vanesa **se preocupa** mucho por su apariencia física. Ella **se mira** constantemente en el espejo.	*My friend Vanesa **worries** about her physical appearance. She constantly **looks at herself** in the mirror.* (reflexive)
Mis amigos Gonzalo y María Laura están muy enamorados. Ellos **se escriben** mensajes de texto cuando están separados. Cuando están juntos, **se miran** constantemente.	*My friends Gonzalo and Maria Laura are very much in love. They **write** text messages **to each other** when they are apart. When they are together they **look at each other** constantly.* (reciprocal)

You have also seen **se** used to mean "one" or "people" in impersonal expressions (Chapter 4).

Se dice que las tiendas **se abren** a las diez, pero son las diez y cuarto y todas están cerradas todavía.	***They say** that the **stores open** at 10:00, but it is 10:15 and they are all still closed.* (impersonal)

You have also learned that in sentences with two object pronouns that start with l (**le, les, lo, la, los, las**), the indirect object pronoun changes from **le/les** to **se**.

Me encantan las tecnologías de comunicación instantánea, sobre todo los mensajes de texto. **Se los escribo** a mis amigos varias veces al día.	*I love technologies for real-time communication, especially text messages. I **send them to my friends** several times a day.* (indirect object pronoun)

7-26 Las reacciones en situaciones sociales. Las siguientes afirmaciones tratan de las reacciones de la gente en diferentes situaciones. Marque (✓) en la columna apropiada la función de *se* en cada oración.

	reflexivo	recíproco	impersonal	objeto indirecto
1. Algunas personas se ponen nerviosas cuando tienen que hablar en público.				
2. Los buenos amigos se compran regalos para los eventos importantes, como los cumpleaños y las graduaciones.				
3. No se sale con las mismas personas todos los días si se quiere tener un grupo grande de amigos.				
4. Los buenos amigos se ofrecen a escuchar los problemas de los amigos, aunque tome mucho tiempo.				
5. Cuando Martín necesita consejos, sus amigos siempre se los dan.				
6. Ana y sus amigas se llaman a todas horas para contarse los eventos del día.				
7. A Ana le encantan las canciones de Maná, y sus amigas las bajan del Internet y se las mandan.				
8. Ana se divierte más con las amigas que se interesan en las mismas actividades.				

7-27 Preocupaciones de los padres nuevos. Primera fase. Una madre habla con una amiga sobre los primeros meses después del nacimiento de su hijo. Complete su narración con la forma correcta de uno de los verbos entre paréntesis. ¡Cuidado con los tiempos verbales!

Cuando nació Carlos, nuestro primer hijo, nuestra vida (1) _____ (cambiar/cambiarse) totalmente. Cada vez que el niño (2) _____ (despertar/despertarse) y lloraba, mi marido o yo corríamos a cargarlo (*pick him up*). Mi marido (3) _____ (dormir/dormirse) poco, y él y su madre (4) _____ (hablar/hablarse) por teléfono cuatro o cinco veces al día. Mi marido le pedía consejos a su madre, y claro está, ella quería (5) _____ (darlos/dárselos). (6) _____ (Decir/Decirse) que las madres y sus hijas (7) _____ (comprender/comprenderse) más que las madres y sus hijos, pero en nuestra familia no es así. Todo lo que pasa en la vida de nuestro hijo, mi marido llama a su madre para (8) _____ (contarlo/contárselo). Me puse un poco celosa, porque mi marido hablaba más con su madre que conmigo. Pero ahora que nuestro hijo tiene un año, tenemos una rutina más establecida y una vida más tranquila.

 Segunda fase. Ahora compare sus respuestas con las de un compañero/una compañera. Compartan una etapa de su vida en la que cada uno de ustedes tuvo que adaptarse a una experiencia o una situación nueva y estresante.

A escribir

Estrategias de redacción: La exposición (continuación)

En los dos capítulos anteriores, usted tuvo la oportunidad de escribir un texto expositivo. En este capítulo se continúa la práctica de este tipo de redacción. Para leer una síntesis de lo que usted debe hacer antes de escribir su texto, vea la página 193.

7-28 Preparación. Primera fase. Lea una vez más las cartas de *Una madre preocupada*, *Un desesperado*, *Una celosa perdida* y *Un verdadero amigo* en "El rincón de Minerva" en las páginas 202 a 205. Seleccione una de las cartas que a usted le gustaría responder y prepare un bosquejo como sigue.

a. Identifique su lector potencial.

b. Determine su propósito al responder.

c. Haga una lista de los asuntos que usted discutirá en su respuesta.

 Segunda fase. Investigue en Internet sobre el tema del texto que usted escribirá. Busque la siguiente información.

1. El análisis o la descripción que hacen los expertos del tema (problema)
2. La opinión de los expertos sobre el tema
3. Algunos consejos, recomendaciones y/o advertencias de los expertos

Ahora haga lo siguiente:

1. Tome apuntes de algún ejemplo (su experiencia propia o la de otros) que usted quisiera incluir en su texto.
2. Escriba algunas de sus recomendaciones para la persona que escribió la carta.

Expresiones útiles para conectar ideas

Para conectar ideas semejantes

además
asimismo
de la misma manera

Para contrastar ideas

pero
no obstante (*nevertheless*)
por el contrario (*on the contrary*)
sin embargo

Para formular conclusiones

basándonos en (*based on*)…, podemos concluir/afirmar que…
en conclusión
finalmente, los expertos concluyen que…

7-29 ¡A escribir! Utilizando la información de la *Segunda fase* de la actividad **7-28**, escriba su texto. Recuerde seguir su bosquejo.

7-30 ¡A editar! Lea su texto críticamente una o dos veces. Evalúe lo siguiente:

● el contenido: la cantidad y la calidad de información para el lector/la lectora

● la forma del texto: la cohesión y la coherencia de las ideas

● la mecánica del texto: la puntuación, la acentuación, la ortografía, las mayúsculas y las minúsculas, el uso de la diéresis, etc.

Cambie lo que sea necesario para lograr el propósito de su exposición.

 A explorar

 7-31 Los amigos. Primera fase. Hagan una lista de las características que más aprecian ustedes en la amistad. Escriban su propio refrán sobre la amistad y léanlo a la clase.

 Segunda fase. Primero, en **http://www.prenhall.com/identidades,** busquen refranes que se refieran a las relaciones humanas. Luego, identifiquen algunas características de la lista en la *Primera fase* que se reflejan en los refranes que ustedes encontraron. Prepárense para compartir sus ideas con la clase.

 7-32 La mujer de hoy en el mundo hispano. En **http://www.prenhall.com/identidades** encontrará numerosos artículos sobre la mujer hispana. Elija un artículo sobre la mujer hispana que se refiera a:

● su trabajo

● sus hijos

● su pareja

Escriba un resumen para compartir en clase teniendo en cuenta lo siguiente.

1. ¿Cuál es la idea más importante del artículo?
2. ¿Qué semejanzas ve usted entre lo que se expone en el artículo y lo que usted conoce?
3. ¿Qué diferencias encuentra?

VOCABULARIO DEL CAPÍTULO

Las actitudes y los sentimientos

la amistad	*friendship*
el amor	*love*
la avaricia	*greed*
el cariño	*affection, love*
el castigo	*punishment*
los celos	*jealousy*
el comportamiento	*behavior*
la envidia	*envy*
el individualismo	*individualism*
el lazo	*bond, tie*
el odio	*hate*
la reciprocidad	*reciprocity*
el sentimiento	*feeling*

Las relaciones familiares

el ahijado/la ahijada	*godson/goddaughter*
el esposo/la esposa	*husband/wife*
la hija	*daughter*
el hijo	*son*
el hijastro/la hijastra	*stepson/stepdaughter*
la madrastra	*stepmother*
la madrina	*godmother*
el marido	*husband*
la mujer	*woman; wife*
el novio/la novia	*boyfriend, fiancé/ girlfriend, fiancée*
el padrastro	*stepfather*
el padrino	*godfather*

Características

callado/a	*quiet*
celoso/a	*jealous*
controlador/a	*controlling*
desesperado/a	*desperate, hopeless*
duro/a	*hard*
egoísta	*selfish*
enamorado/a	*in love*
envidioso/a	*envious*
exigente	*demanding*
furioso/a	*furious*
infeliz	*unhappy*
inquebrantable	*unshakable, unswerving*
inseparable	*inseparable*
intolerante	*intolerant*
perfeccionista	*perfectionist*
permisivo/a	*permissive*
reciente	*recent*
servicial	*helpful*
triste	*sad*
verdadero/a	*true*

Verbos

abrazar (c)	*to embrace*
aceptar	*to accept*
aconsejar	*to advise*
afianzar (c)	*to strengthen*
amar	*to love*
aparecer (zc)	*to appear; to come into view*
besar	*to kiss*
castigar	*to punish*
comportarse	*to behave*
comprometerse a	*to commit oneself; to promise*
disciplinar	*to discipline*
enfadarse	*to get angry*
enojarse	*to get angry*
entretener (g, ie)	*to entertain*
pelear	*to fight*
portarse	*to behave*
preocuparse por	*to worry about*
prohibir	*to prohibit, to forbid*
quejarse de	*to complain*
repetir (i, i)	*to repeat*
reunirse	*to get together*
romper	*to break (up)*
salir (g)	*to go out*
saludar	*to greet*
sentir(se) (ie, i)	*to be sorry; to feel*
tolerar	*to tolerate*

Palabras y expresiones útiles

a la vez	*at the same time*
a menudo	*often*
el compromiso	*commitment*
la convivencia	*living together*
dar un consejo	*to advise, to give advice*
dar un paseo	*to take a walk*
hacer buenas migas	*to get along well*
juntos/as	*together*
la mentira	*lie*
los demás	*the others, the rest*
pasar el tiempo	*to spend time*
poco a poco	*little by little*

* For verbs that change meaning when used reflexively, see page 208.
** For expressions used to connect ideas within paragraphs, see page 224.
*** For impersonal expressions, see page 219.
**** For expressions of agreement and disagreement, see page 219.
***** For expressions used to state conclusions, see page 225.

Objetivos comunicativos

- Analyzing past and present social conditions and political issues
- Reporting and discussing social changes
- Supporting and opposing a point of view about social and political issues

Contenido temático y cultural

- Political changes
- Human rights
- Social issues

8
Cambios sociales y políticos

VISTA PANORÁMICA

Evo Morales fue elegido presidente de Bolivia en 2005. Es el primer indígena que ostenta este puesto en su país desde la llegada de los españoles hace casi 500 años.

▼

Juan Manuel de Rosas

▲

Después de la independencia hasta nuestros días, las luchas internas y los problemas sociales en casi todos los pueblos hispanoamericanos han traído como consecuencia la presencia de dictadores en diferentes momentos históricos. Por ejemplo, en Argentina, Juan Manuel de Rosas gobernó despóticamente durante más de veinte años en el siglo XIX, y en la República Dominicana, Rafael Leónidas Trujillo gobernó desde 1930 hasta el atentado que le costó la vida en 1961.

La educación es fundamental para el progreso de los pueblos. Aunque algunos gobiernos han hecho grandes esfuerzos para mejorar el nivel educativo de las clases más pobres, los indígenas que viven en las zonas más remotas han quedado marginados.

◄

El narcotráfico es uno de los problemas más serios de la sociedad latinoamericana actual y, para evitarlo, se ha planteado la legalización de las drogas en algunos países. En Colombia, muchos campesinos se dedican al cultivo ilegal de la coca para sobrevivir en territorios controlados por la guerrilla.

▲ La Organización de Estados Americanos (OEA), establecida en 1890 bajo otro nombre, es la organización internacional más antigua del mundo. Con sede en Washington D.C., los objetivos de la OEA son promover y consolidar la democracia, ayudar al desarrollo económico, social y cultural, y erradicar la pobreza en los países americanos.

Michelle Bachelet fue elegida presidenta de Chile en 2006. Es la primera mujer en ocupar este puesto en la historia de su país y una de las pocas mujeres que han ejercido este puesto en América Latina. Sin embargo, tanto en España como en los países hispanoamericanos, cada vez hay más mujeres que ocupan puestos importantes en el mundo de los negocios y la política. También ejercen profesiones tradicionalmente masculinas, como las de policías, militares, bomberos y pilotos de aviación.

▼

Durante el período colonial, el gobierno de los pueblos americanos dependía de los españoles. Los criollos, nacidos de padres españoles en este continente, no tenían la oportunidad de participar en el gobierno y fueron los que lucharon para lograr la independencia en el siglo XIX. Simón Bolívar, conocido como el Libertador, fue uno de los grandes patriotas de ese siglo. ▼

PRIMERA PARTE

A leer

Preparación

8-1 Los esclavos o los indígenas. A través de la historia, la vida de los indígenas y la de los esclavos ha tenido mucho en común. Marque los hechos que se asocian con los esclavos negros (**E**), los indígenas (**I**) o ambos (**A**) en Hispanoamérica.

1. _____ Provenían de África.
2. _____ Vivían en el continente americano antes del descubrimiento de este por los europeos.
3. _____ Los europeos los conquistaron.
4. _____ Los conquistadores los vendían en mercados.
5. _____ Eran explotados por los europeos.
6. _____ Fueron excluidos y discriminados.
7. _____ Vivían en climas muy diferentes al de su lugar de origen.
8. _____ Eran vasallos (*vassals*) del rey.
9. _____ Realizaban los trabajos manuales más duros como, por ejemplo, la explotación de las minas.
10. _____ Tenían dueños.

 8-2 ¿Necesario/a o inaceptable? Primera fase. Discutan si los siguientes fenómenos son necesarios o inaceptables para la sociedad de su país. Luego indiquen con qué grupo(s) o comunidad(es) se puede asociar cada fenómeno.

Fenómenos	necesario/a	inaceptable	grupo o comunidad
la esclavitud			
la humillación			
la libertad			
la violación de los derechos humanos			
la explotación			
el castigo físico			
el maltrato			
la opresión			
la discriminación			
el respeto			

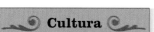

Cultura

El uso de las hojas de coca forma parte de la cultura indígena del altiplano. Estas hojas se usan en infusiones con fines medicinales para aliviar dolores de cabeza o de estómago, afecciones a la garganta, y también para el soroche o mal de altura, que normalmente afecta a las personas que visitan el altiplano. Además, los indígenas mascan las hojas de coca para tener la energía necesaria para realizar los duros trabajos que constituyen parte de su vida diaria. Para más información, visite **http://www.prenhall.com/identidades.**

Segunda fase. Discutan cuál de los fenómenos en la *Primera fase* es el peor para una comunidad civilizada y expliquen por qué.

8-3 Personas agraviadas (*offended*). Primera fase. Hagan una investigación sobre un personaje de la historia nacional o internacional que experimentó en carne propia uno de los siguientes sufrimientos: la esclavitud, la violación de sus derechos, la opresión, el castigo físico, la discriminación (e.g., Martin Luther King Jr., Rigoberta Menchú, Rosa Parks). Busquen en Internet o en libros la siguiente información.

- lugar de origen de la persona
- vejaciones o maltratos que sufrió la víctima
- término del sufrimiento o solución del problema
- momento en que la comunidad local o internacional se dio cuenta de este sufrimiento

¿Cómo se supo esta información?

Segunda fase. Compartan con la clase la información que tienen sobre este personaje. Pueden organizar su presentación con fotografías o con PowerPoint si es posible.

Estrategias de lectura

1. Infórmese sobre el tema antes de leer.
   a. Lea el título: "Los esclavos y los indígenas". Piense en la palabra *esclavos*. Haga una lista breve de nombres, fechas y otra información asociados con la esclavitud en América del Norte y América del Sur.
   b. Ahora considere la palabra *indígenas* en el título. Haga una lista breve de la información que usted asocia con esta palabra en el continente americano.
2. Examine el texto antes de leerlo.
   a. Examine el texto rápidamente y pase su marcador sobre los nombres propios (*proper nouns*). Clasifíquelos de acuerdo con el continente que representan: África, Europa, América del Sur, América del Norte.
   b. Basándose en las listas de palabras asociadas con la esclavitud que hizo para la estrategia anterior, ¿cree usted que el texto trata sobre los esclavos y América del Sur o los esclavos y América del Norte? ¿Por qué piensa así?
3. Anticipe el contenido del texto.
   a. Lea la primera oración de cada párrafo del texto. Pase su marcador por la idea principal de cada oración.
   b. Escriba en tres o cuatro oraciones sencillas el contenido que piensa encontrar al leer el texto completo.

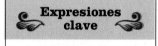

Expresiones clave

¿Comprende estas expresiones? Si tiene dudas, revise *Preparación* antes de leer el siguiente texto.

derechos humanos	maltrato
esclavitud	opresión
explotación	sufrimiento
humillación	vasallos
libertad	vejación
	violación

LECTURA

Los esclavos y los indígenas

Este detalle del mural de Diego Rivera *Dominación colonial* muestra a un esclavo africano siendo maltratado por dos europeos.

El primer párrafo generalmente introduce el texto y presenta la idea central. Al leer el párrafo, trate de identificar la idea central del texto.

Uno de los hechos más tristes y condenables en la historia de los pueblos americanos ha sido la esclavitud. La injusticia de privar de su libertad y mantener oprimidos a otros seres humanos, bajo el total poder de unos cuantos, resulta inadmisible. Sin embargo, en otras épocas esta era una práctica común y aceptable entre quienes sustentaban el poder, aunque siempre existieron voces 5 que se levantaron en contra de esta indiscutible violación de los derechos humanos.

¿Cuándo empezó el tráfico de esclavos africanos en el Nuevo Mundo? ¿Por qué empezó?

Los africanos, procedentes de países como Senegal, Congo o Angola, llegaron a las colonias españolas como esclavos desde principios de la conquista. Debido a la explotación, al abuso y a las enfermedades traídas por los europeos al Nuevo 10 Mundo, los indígenas morían por miles. Entonces, para compensar la pérdida de la mano de obra[1] indígena, los europeos se dedicaron al tráfico de mujeres y hombres africanos. Estos eran capturados por los mismos europeos o vendidos por sus propios caciques a los traficantes, conocidos entonces como negreros.

[1]labor

15 Las condiciones bajo las cuales transportaban a estos futuros esclavos en los barcos que atravesaban el océano eran inhumanas. Además, el viaje duraba muchos meses y, a veces, más de un año. Si lograban sobrevivir la penosa travesía, la situación de los futuros esclavos no mejoraba al llegar a tierras americanas, pues eran sometidos a castigos, malos tratos y humillaciones. Por
20 ejemplo, se separaba a los miembros de las familias y se les marcaba como al ganado para venderlos en los mercados de esclavos. ◖

◗ Al hablar de la esclavitud en Hispanoamérica, generalmente se piensa en la región del Caribe, donde la influencia de las diversas culturas africanas se manifiesta en muchas áreas. Pero es preciso recordar que la esclavitud también
25 existió en otras regiones. Sin importar el lugar donde residían, la vida diaria de estos esclavos era en general degradante y penosa. Tenían que cumplir rigurosas jornadas de trabajo descalzos y con escasa ropa, cargando grillos[2] y cadenas, y amenazados por el látigo[3] de sus opresores. Los que vivían en las sierras andinas, tenían que soportar temperaturas muy frías, a las que no estaban
30 acostumbrados.

Con la abolición de la esclavitud, a consecuencia de las guerras de independencia, sus condiciones de vida mejoraron algo. Sin embargo, a pesar del sufrimiento y la opresión de sus antepasados, se mantuvieron marginados y, en muchos casos, fueron víctimas de la exclusión y la discriminación. ◖

◗ La situación de los indígenas después de la llegada de los españoles a
35 América tiene muchas semejanzas con la de los esclavos. Aunque a los indígenas no se les consideraba esclavos, sino vasallos del rey de España, se les obligó a trabajar en las minas y en las haciendas, y sufrieron innumerables maltratos y vejaciones, a pesar de que muchos sacerdotes y personajes
40 importantes los defendieron. Por ejemplo, el testamento[4] de la reina Isabel la Católica dice claramente que se respete a los indígenas y sus propiedades y que "sean justamente tratados, y si algún agravio han recibido, lo remedien". Unos años después, su nieto, el rey Carlos V, prohibió enviar a los indígenas a las minas y aclaró que en los casos en que su labor era indispensable, debían
45 recibir pago por su trabajo. Sin embargo, la actitud de muchos de los conquistadores, unida a la distancia y la dificultad en las comunicaciones entre España y el Nuevo Mundo, no facilitaron el cumplimiento de estas órdenes.

[2]shackles [3]whip [4]will

Cultura

La mayoría de las guerras de independencia en América Latina tuvieron lugar entre 1804 y 1825. Cuba tardó muchos años más en conseguir su independencia, la cual obtuvo después de la Guerra Hispanoamericana. Puerto Rico pasó a ser territorio norteamericano y en la actualidad es un Estado Libre Asociado.

Ilustración de una crónica de la época colonial donde se muestra el tratamiento que recibían muchas mujeres indígenas.

A lo largo de los siglos, los descendientes de los pueblos africanos e indígenas han contribuido a fomentar la riqueza de los poderosos en las minas, las 50 plantaciones y las haciendas. Fueron, además, instrumentales en las luchas por la independencia y en las guerras internas de las nuevas naciones hispanoamericanas en el siglo XIX. A pesar de esta situación de subordinación, con su trabajo, sus creencias y sus manifestaciones culturales, ambos grupos han contribuido a la formación y el desarrollo de las naciones donde han vivido hasta nuestros días y, 55 aunque su situación ha mejorado a través de los años, todavía no han alcanzado el lugar que merecen en la sociedad contemporánea.

Comprensión y ampliación

8-4 ¿Cierto o falso? Indique si las siguientes oraciones son ciertas (**C**) o falsas (**F**) de acuerdo con la información que se ofrece en la lectura. Si son falsas, indique en qué línea(s) del texto está la respuesta correcta.

1. _____ Los europeos llevaron a los africanos como esclavos al continente americano para sustituir la mano de obra indígena.
2. _____ Los negreros eran los africanos que eran vendidos a los europeos por sus propios caciques.

3. _____ En los barcos los esclavos sufrían mucho.
4. _____ A muchos esclavos se les marcaba como al ganado.
5. _____ Los africanos se quedaron a vivir solamente en la región del Caribe.
6. _____ La discriminación de los africanos se acabó con la abolición de la esclavitud.
7. _____ Según las leyes españolas, los indígenas eran considerados esclavos.
8. _____ Las minas, la agricultura y el servicio doméstico eran los trabajos que más comúnmente se asignaban a los indígenas.
9. _____ Los africanos y los indígenas participaron en las luchas por la independencia de los países latinoamericanos.
10. _____ Hoy en día, la situación social de los africanos y de los indígenas en Latinoamérica es igual a la de los blancos.

8-5 Más allá de la expresión. Invente como mínimo dos contextos contemporáneos diferentes para cada una de las siguientes acciones o situaciones que aparecen en el texto.

MODELO: Privar de su libertad

CONTEXTO 1 El jurado (*jury*) decidió por unanimidad privar de su libertad al individuo que cometió el crimen en el barrio donde vivimos.

CONTEXTO 2 El artista dice que censurar su cuadro es privarlo de su libertad de expresión.

1. Morir por miles
2. Ser capturado/a
3. Exhibirse en los mercados
4. Soportar largos viajes
5. Conquistar
6. Recibir pago por su trabajo

8-6 Un testimonio. Rodrigo es uno de los esclavos de África que fue vendido en tiempos de la conquista de América. Escriba un testimonio de las experiencias de Rodrigo basándose en los detalles que usted leyó y en lo que sabe de la historia.

MODELO: Me llamo Rodrigo y tengo... años. Un día caluroso caminaba cerca de mi casa cuando...

1. Edad aproximada y circunstancias en que fue capturado
2. Su viaje en barco y las condiciones del viaje
3. Lo que sintió y lo que vio a su llegada al continente americano
4. Su traslado a un mercado público para ser vendido
5. Descripción de sus nuevos amos y del trabajo que lo obligaban a hacer
6. Las circunstancias de su liberación

Aclaración y expansión

Indefinite and negative expressions

Affirmative		Negative	
todo	*everything*	**nada**	*nothing*
algo	*something, anything*		
todos	*everybody, all*	**nadie**	*no one, nobody*
alguien	*someone, anyone*		
algún, alguno/a	*some, any*	**ningún, ninguno/a**	*no, not any, none*
algunos/as	*several*		
o... o	*either ... or*	**ni... ni**	*neither ... nor*
siempre	*always*	**nunca, jamás**	*never, (not) ever*
una vez	*once*		
alguna vez	*sometime*		
algunas veces	*sometimes*		
a veces	*at times*		
también	*also, too*	**tampoco**	*neither, not ... either*

Lengua

In Spanish, unlike English, you may use two or more negative words in the same sentence.

Nunca confía en nadie./ No confía en nadie nunca.

He never trusts anyone./ He doesn't ever trust anybody.

Lengua

In Spanish, only the singular forms **ningún, ninguno,** and **ninguna** are used, except for the rare plural words that do not have a singular form, such as **víveres** (*supplies, provisions*).

Ningún médico del hospital pide esas medicinas. Hoy no entregaron **ningunos** víveres en el hospital.

● Negative words may precede or follow the verb. When they follow the verb, use **no** before the verb.

Los profesores de historia en las escuelas secundarias casi **nunca** hablan del trato a las mujeres indígenas en la época colonial.

Los profesores de historia en las escuelas secundarias **no** hablan casi **nunca** del trato a las mujeres indígenas en la época colonial.

*High school history teachers almost **never** talk about the treatment of indigenous women during the colonial period.*

● When **alguno** and **ninguno** precede a masculine singular noun, they are shortened to **algún** and **ningún**.

¿Hay **algún** libro sobre este tema escrito para estudiantes de escuela secundaria?

*Is there **any** book on this topic written for high school students?*

No, **no** hay **ningún** libro sobre este tema escrito para ellos.

*No, there is **no** book on this topic written for them.*

- When **alguno/a/os/as** and **ninguno/a** refer to persons who are the direct object of the verb, use the personal **a.** Use it also with **alguien** and **nadie** since they always refer to people.

¿Conoces **a algunos** de los historiadores que estudian la esclavitud en la época colonial?	*Do you know **any** of the historians who study slavery of the colonial period?*
No, **no** conozco **a ninguno,** pero conozco **a alguien** que hizo una investigación sobre este tema para un curso de historia latinoamericana.	*No, I don't know **any,** but I know **someone** who did research on this topic for a Latin American history course.*

8-7 Algunos errores. Mientras ustedes revisan un artículo sobre la esclavitud que se publicará en el periódico de su universidad, encuentran algunos errores en la información que se presenta. Para corregir la información sólo tendrán que cambiar unas pocas palabras. Túrnense para cambiarlas, usando las expresiones indefinidas y negativas de *Aclaración y expansión.*

MODELO: Error: Los esclavos del Nuevo Mundo no vinieron de ningún país africano.
Corrección: Los esclavos del Nuevo Mundo *vinieron de algunos países africanos.*

1. En la época colonial, ningún esclavo vivía bajo condiciones intolerables.
2. Los esclavos no hacían los trabajos más duros y tampoco sufrían muchas enfermedades.
3. Los indígenas no tenían el apoyo de ninguna persona importante.
4. Las personas que transportaron a los esclavos de África al Nuevo Mundo siempre pensaron en el bienestar físico y mental de los esclavos.
5. No había esclavos en ninguna parte de América del Norte.

8-8 Una investigación. Ustedes están haciendo una investigación sobre la esclavitud en el Caribe para una presentación en su clase. Lean la siguiente conversación y complétenla con las palabras que aparecen abajo. Algunas palabras se pueden usar más de una vez.

algo	nada	nadie	ni	ningún, ninguno/a	nunca	también	tampoco

E1: ¿Has encontrado (1) _____ interesante?
E2: No, no he encontrado (2) _____ . Hojeé (*I paged through*) estos dos libros, pero no encontré información relevante (3) _____ a la época que nos interesa (4) _____ al Caribe. Y (5) _____ hay mucho sobre la esclavitud.

E1: ¡Qué raro! Los títulos de los libros parecían tan interesantes. Vamos a hacer una búsqueda en Internet.

E2: Mira, aquí hay un buen sitio que tiene mucha información. (6) _____ vamos a encontrar mejor información. No has encontrado (7) _____ tan bueno, ¿verdad?

E1: ¡Qué suerte! Con este artículo, vamos a tener la mejor presentación de la clase. (8) _____ va a sacar una mejor nota que nosotros.

E2: Prefiero no hablar con nuestros compañeros sobre nuestra investigación. No vamos a decirle (9) _____ a (10) _____. ¿De acuerdo? Pero debemos trabajar más y (11) _____ prepararnos bien para nuestra presentación en clase. Quizás encontremos otros buenos sitios en Internet.

E1: Es cierto. No queremos dejar pasar (12) _____ referencia interesante.

8-9 ¿Con qué frecuencia? Primera fase. Llene la siguiente tabla indicando la frecuencia con que usted hace o ha hecho las siguientes actividades y déle esa información a su compañero/a. Después, averigüe con qué frecuencia las hace él/ella.

MODELO: mirar películas en español
E1: A veces yo miro películas en español. ¿Y tú?
E2: Yo casi nunca miro películas en español porque mis amigos prefieren ver películas en inglés.

Actividades	siempre	a veces	casi nunca	nunca
buscar información para mis clases en Internet				
trabajar en un laboratorio de ciencias				
seguir cursos de humanidades en la universidad				
hacer trabajos de investigación para mis clases				
estudiar la historia de Latinoamérica				
ayudar a organizaciones que se dedican a los derechos humanos				

Segunda fase. Ahora hágale preguntas a su compañero/a para tratar de averiguar más detalles sobre sus actividades.

1. Dos o tres actividades que le gustan mucho
2. Cuándo las hace y con quién
3. Actividades que no le gustan nada
4. Si alguna vez tiene que hacer esas actividades o no
5. Algo que nunca ha hecho y que quiere hacer

Desafíos y cambios

Antes de ver

8-10 Cambios, cambios, cambios. Identifique por lo menos tres cambios importantes que han ocurrido en Estados Unidos y señale las consecuencias que ellos han tenido en la sociedad.

MODELO: La abolición de la esclavitud: Ha permitido mayor igualdad entre los miembros de la sociedad.

1. _____   3. _____
   _____   _____
   _____   _____

2. _____
   _____
   _____

Mientras ve

8-11 Hechos del mundo hispano. Empareje la información de la columna izquierda con los eventos o temas de la derecha.

_____ 1. El 11 de marzo de 2004

_____ 2. Evo Morales

_____ 3. Michelle Bachelet

_____ 4. La diversidad lingüística

_____ 5. La diversidad étnica

a. alcanzó la presidencia de Chile en 2006.

b. significa que no se habla solamente el español en países como México, Guatemala y España, por ejemplo.

c. es una riqueza y un desafío para muchas sociedades.

d. España sufrió el peor ataque terrorista de su historia.

e. fue elegido presidente de Bolivia en 2004.

Después de ver

8-12 Vamos a resumir. Marque (✓) la afirmación que mejor resume el tema del video que acaba de ver.

_____ 1. La política de España y América Latina está atravesando por uno de los momentos más críticos de su historia debido a las recientes elecciones presidenciales.

_____ 2. El ataque terrorista que sufrió la sociedad española en 2004 dejó profundas huellas sociales que han afectado su relación con América Latina.

_____ 3. Los desafíos que enfrentan muchos países del mundo de habla hispana están relacionados con la creciente diversidad de sus sociedades y las realidades políticas del siglo XXI.

8-13 ¿Diversidad o unidad? ¿Cree usted que el reconocimiento de la diversidad disminuye la integridad cultural de un país? ¿Por qué sí o no? Según usted, ¿cuál es la opinión del autor del video? ¿Puede usted citar un ejemplo que ilustre la posición del autor del video? ¿Está usted de acuerdo? Comparta sus conclusiones con su compañero/a.

SEGUNDA PARTE

A leer

Preparación

 8-14 La vida lejos de casa. Primera fase. Algunos jóvenes hispanos de familias acomodadas viven y estudian en internados (*boarding schools*) católicos. Usando la experiencia que ustedes tienen con las residencias estudiantiles y su imaginación, comparen la vida en un internado religioso para mujeres con la de las residencias en su campus. Consideren las siguientes variables.

Variables	Internado religioso de mujeres	Residencia estudiantil
la libertad personal		
las relaciones con amigos/as		
algunos sentimientos o emociones que experimentan los/las estudiantes		

Segunda fase. Compartan sus conclusiones con otra pareja. Según ustedes, ¿es la vida en un internado igual o diferente a la de una residencia estudiantil? Expliquen.

8-15 ¡Secretos de dos no son de Dios! (*Only God can keep a secret!*) Las adolescentes de esta foto viven en un dormitorio en el internado religioso donde estudian. Comparten circunstancias especiales: están lejos de sus padres y en un país con un gobierno dictatorial. Marque (✓) los posibles temas de conversación que estas chicas tienen antes de dormirse.

Un internado de niñas en la República Dominicana

1. _____ La familia
2. _____ Los amigos
3. _____ La comida que comen los militares
4. _____ La apariencia de algunas amigas
5. _____ El dictador
6. _____ Las religiosas de la escuela
7. _____ Los secretos de amor
8. _____ La política energética de los países hispanos
9. _____ Los horrores asociados con la vida bajo la dictadura (*dictatorship*)
10. _____ Los secretos de tener un bebé

8-16 A cada uno lo suyo. Primera fase. Imagínese la vida de dos chicas latinoamericanas en 1950: una viviendo en casa con su familia y la otra viviendo en un internado católico. Compare la vida de ambas escribiendo las expresiones de la lista bajo la columna apropiada.

aventuras   hermanos mayores
bizcocho de cumpleaños   mosquitero (*mosquito net*)
cuadro de Jesús   novenas (*Catholic prayers*)
delatar (*to betray*)   sollozos
enfermería   sor (*religious Sister*)
familia   tranquilidad

En casa	En un internado	En ambos lugares

Segunda fase. Escriba dos párrafos para comparar la vida de las alumnas internas en un convento latinoamericano con la vida de estudiante de usted durante la escuela secundaria. Use algunas de las expresiones de la *Primera fase* en su comparación.

Julia Alvarez

8-17 ¡Soy una tumba! Recuerde un secreto que alguien le confió en su adolescencia. Después, cuéntele esta experiencia a su compañero/a. Incluya la siguiente información.

- Identifique el tipo de secreto: de amor, de familia, de la escuela, etc.
- Diga dónde estaba cuando supo el secreto y describa el lugar.
- Describa los sentimientos de la persona que le contó el secreto y los de usted.
- Si es posible, cuente el secreto.
- Finalmente, diga cómo este secreto ha afectado a la relación entre usted y la persona que le confió el secreto.

Estrategias de lectura

1. Infórmese sobre el tema antes de leer.

   a. Este texto trata sobre una persona que se llama Sinita. Fíjese en su nombre. Considere el diminutivo **-ita.** ¿Para qué se usan los diminutivos en español? ¿Cree usted que Sinita es una niña o una persona adulta?
   b. En la página 241, lea la nota cultural sobre Julia Álvarez, la autora del texto. ¿De qué país es esta escritora? ¿Qué se dice en la nota sobre el título *En el tiempo de las mariposas*? El texto que va a leer está tomado de esa novela.

2. Examine el texto antes de leerlo.

   a. Examine el texto rápidamente y pase su marcador sobre los nombres propios. Son nombres de personas. Clasifíquelos de acuerdo con estas categorías: Amigas y familiares de Sinita, Figuras religiosas, Personajes políticos.
   b. Basándose en estas tres listas que hizo, trate de adivinar cuál es el tema del texto:
      i. Dos amigas hablan de un secreto.
      ii. Dos amigas rezan (*pray*) en una iglesia.
      iii. Un dictador prepara un complot (*conspiracy*) con sus consejeros.

3. Anticipe el contenido del texto.

   a. Pase su marcador por la primera oración de los dos primeros párrafos. Estas oraciones le dicen el tema del texto.
   b. Lea rápidamente (*Skim*) el texto (no pase más de tres minutos). Trate de encontrar las ideas principales. Luego, con un compañero/una compañera, escriban tres o cuatro oraciones sencillas sobre el contenido que piensan encontrar al leer el texto con cuidado.

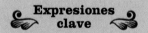
Expresiones clave

¿Comprende estas expresiones? Si tiene dudas, revise *Preparación* antes de leer el siguiente texto.

aventuras	enfermería
bizcocho de	mosquitero
cumpleaños	novenas
cuadro	sollozos
delatar	sor

LECTURA

En el tiempo de las mariposas

Julia Álvarez

Pasaron dos semanas antes de que Sinita me confiara su secreto. Yo ya me había olvidado, o lo había sepultado en el fondo de la mente, temerosa de lo que podía llegar a saber. Estábamos atareadas[1] con las clases, y haciendo nuevas amigas. Casi todas las noches alguna muchacha venía a visitarnos debajo del
5 mosquitero, o íbamos nosotras. Dos eran visitantes regulares, Lourdes y Elsa, y pronto las cuatro empezamos a hacer todas las cosas juntas. Al parecer, éramos algo distintas: Sinita era alumna de caridad y todas se daban cuenta; Lourdes era gorda, aunque nosotras, las amigas, le decíamos que sólo agradablemente amasadita, cuando nos preguntaba, y preguntaba todo el tiempo; Elsa era bonita,
10 como si necesitara convencer de ello a los demás; al parecer, no esperaba serlo, y ahora se veía obligada a demostrarlo. Y yo no podía mantener la boca cerrada cuando tenía algo que decir. 🗨

La noche en que Sinita me confió el secreto de Trujillo no pude dormir. Ese día no me había sentido bien, pero no le dije nada a sor Milagros por temor a que
15 me encerrara[2] en la enfermería y tuviera que quedarme en la cama, escuchando a sor Consuelo leer novenas para los enfermos y moribundos. Además, si se enteraba Papá, podía cambiar de idea y dejarme en casa, donde ya no habría aventuras.

Estaba de espaldas, mirando la carpa blanca del mosquitero y preguntándome
20 quién más estaría despierta. En la cama contigua, Sinita empezó a llorar despacio, como si no quisiera que nadie se diera cuenta. Esperé un poco, pero no paraba de llorar. Por fin, me acerqué a su cama y levanté el mosquitero.

—¿Qué te pasa? —le pregunté.

Tardó un segundo en tranquilizarse antes de contestar.

25 —Es por José Luis.

—¿Tu hermano? —Todas sabíamos que había muerto el verano pasado. Por eso Sinita vestía de negro ese primer día.

Su cuerpo se estremeció por los sollozos. Me subí a su cama y le acaricié el pelo, igual que me hacía Mamá cuando tenía fiebre.

30 —Cuéntamelo, Sinita, a lo mejor te hace bien.

—No puedo —susurró—. Pueden matarnos a todos. Es el secreto de Trujillo.

Pues todo lo que había que decirme era que no podía saber algo para que fuera absolutamente imprescindible que lo supiera.

—Vamos, Sinita. Yo te conté cómo nacen los bebés.

[1] ocupadas [2] *lock up*

El primer párrafo generalmente es como una introducción que presenta a los personajes y el ambiente del texto. Al leer el párrafo, conteste las siguientes preguntas. ¿Cuántos personajes se mencionan? ¿Dónde están? ¿Cuántos años tienen probablemente? Indique en el texto dónde encontró la información para contestar las preguntas.

Cada una de las cuatro amigas tiene un rasgo (*feature*) especial. ¿Cuáles son estos rasgos?

¿Qué tipo de colegio es? ¿Qué tipo de aventuras pueden tener las niñas en el colegio que no pueden tener en casa? Lea el párrafo y trate de contestar estas dos preguntas.

Adivine palabras desconocidas sin usar el diccionario. En esta sección del texto encontrará algunas palabras probablemente desconocidas, como **se estremeció** o **sollozos**. El contexto inmediato lo/la ayudará a comprenderlas. Por ejemplo, en el texto se dice que Sinita estaba llorando y que su cuerpo se estremeció por los sollozos. Es posible que usted no conozca esa expresión, pero Sinita está llorando porque está pensando en la muerte de su hermano. ¿Cómo se mueve el cuerpo cuando una persona llora muy fuerte?

Sinita menciona **el secreto de Trujillo.** ¿A qué secreto se refiere Sinita? ¿Qué pasó en la familia de Sinita? Al leer el resto del texto, preste atención al secreto que Sinita le cuenta a la narradora.

Necesité usar mi persuasión, pero al final empezó a hablar. Me dijo cosas acerca ₃₅ de ella que yo no sabía. Pensaba que siempre había sido pobre, pero resultó que su familia antes era rica e importante. Incluso tres de sus tíos, hasta eran amigos de Trujillo. Pero se volvieron contra él cuando vieron que estaba haciendo cosas malas.

—¿Cosas malas? —la interrumpí—. ¿Trujillo estaba haciendo cosas malas? ₄₀ —Era como si me hubiera enterado de que Jesús había golpeado[3] a un bebé o que Nuestra Santa Madre no hubiera concebido sin pecado. —No puede ser cierto —le dije, pero en el corazón empezaba a sentir un resquicio de duda.

—Espera —susurró Sinita, y sus dedos delgados encontraron mi boca en la oscuridad—. Déjame terminar. ₄₅

—Mis tíos tenían un plan para hacerle algo a Trujillo, pero alguien los delató, y los mataron en el acto. —Sinita inhaló hondo, como para apagar las velitas del bizcocho de cumpleaños de su abuela.

—Pero, ¿qué cosas malas hacía Trujillo para que ellos quisieran matarlo? —volví a preguntar. No podía dejarlo pasar. En casa, Trujillo colgaba de la pared junto al ₅₀ cuadro de Jesús Nuestro Señor rodeado de bellísimos corderos.

Sinita me contó todo lo que sabía. Para cuando terminó, yo estaba temblando.

[3]*hit*

La narradora está sorprendida al escuchar a Sinita. ¿Por qué? ¿Qué opinan los miembros de la familia de Sinita acerca de Trujillo?

¿Dónde está el cuadro de Trujillo en la casa de la narradora? ¿Cree usted que la familia de la narradora admira a Trujillo?

Comprensión y ampliación

8-18 ¿Qué pasó? Primera fase. Conteste las siguientes preguntas de comprensión y análisis.

1. ¿Dónde transcurre la acción? ¿Cómo se imagina usted el lugar?
2. En su opinión, ¿quién está narrando la acción?
3. ¿A cuántos personajes se mencionan en el texto? ¿Cómo se llaman? ¿Qué relación tienen entre ellos?
4. ¿Quiénes son sor Milagros y sor Consuelo?
5. ¿Por qué llora Sinita?
6. ¿Qué opinión tenía la narradora sobre Trujillo antes de conocer el secreto?
7. ¿Qué descubre la narradora en su conversación con Sinita?
8. Según usted, ¿qué cosas le contó Sinita a la narradora para que esta última (*the latter*) se quedara temblando?

Segunda fase. Ahora explique en un párrafo breve lo que ocurre en esta escena.

8-19 En otras palabras. Explique con sus propias palabras el significado de las siguientes palabras o expresiones en negrita del texto.

1. Pasaron dos semanas antes de que Sinita me **confiara su secreto**.
2. Estábamos **atareadas** con las clases.
3. Además, si se enteraba Papá, podía **cambiar de idea** y dejarme en casa.
4. Tardó un segundo en **tranquilizarse** antes de contestar.
5. Pensaba que siempre había sido **pobre**.
6. Su cuerpo se estremeció por los **sollozos**.
7. Necesité usar mi **persuasión**, pero al final empezó a hablar.
8. **Para cuando terminó,** yo estaba temblando.

8-20 Una mirada a la historia. Primera fase. Busque en Internet información sobre Rafael Leónidas Trujillo y la época en que fue dictador de la República Dominicana. Los siguientes puntos pueden servirle de guía.

1. Circunstancias en que llegó al poder
2. Su personalidad
3. Su vida familiar
4. Su política nacional
5. Sus relaciones internacionales
6. Los abusos de poder
7. Las circunstancias de su muerte

Segunda fase. Escriba una ficha (*index card*) informativa sobre este tema y compártala con la clase.

Aclaración y expansión

Indicative and subjunctive in adjective clauses

● An adjective clause is a dependent clause that is used as an adjective.

Adjective

Sinita tiene un secreto **doloroso**.

Adjective clause

Sinita tiene un secreto **que es doloroso**.

● Use the indicative in an adjective clause when referring to an antecedent (a person, place, or thing) that exists or is known.

La familia de Sinita tiene creencias políticas **que terminaron** en asesinatos.	*Sinita's family has political beliefs **that ended** in assassinations.*
Sinita le cuenta a su amiga unas cosas **que nunca le ha contado** a nadie.	*Sinita tells her friend some things **that she has never told** anyone.*

● Use the subjunctive in an adjective clause when referring to a person, place, or thing that does not exist or whose existence is unknown or uncertain.

No hay ningún movimiento revolucionario **que luche** contra el gobierno sin perder a muchos de sus miembros debido al asesinato o al exilio.	*There is no revolutionary movement **that fights** against the government without losing many members to assassination or exile.* [No such movement exists.]
Los revolucionarios quieren un gobierno **que permita** la libertad de expresión.	*The revolutionaries want a government **that allows** freedom of expression.* [We do not know if a government that allows freedom of expression exists or will exist for them.]

● In questions, you may use the indicative or subjunctive according to the degree of certainty you have about the matter.

¿Hay algún país **que tiene** elecciones libres? [I don't know, but I assume that there are.] ¿Hay algún país **que tenga** elecciones libres? [I don't know, but I doubt it.]	*Is there any country **that has** free elections?*

Lengua

When referring to a specific person who is the direct object in the main clause, use the personal **a** and the indicative in the adjective clause. If it is not a specific person, do not use the personal **a** and use the subjunctive in the adjective clause.

Buscan **a** la doctora **que habla** español. (*They have a specific doctor in mind.*)
Buscan una doctora **que hable** español. (*They indicate a willingness to see any Spanish-speaking doctor.*)

Alguien and **nadie** are always preceded by the personal **a** when they function as direct objects.

Necesitamos **a alguien** que **sea** bilingüe.
No conocemos **a nadie** que **hable** español, árabe y ruso.

8-21 ¡Cómo lo extraño! Un amigo colombiano/Una amiga colombiana acaba de mudarse a su comunidad y quiere saber dónde puede comprar productos de su país. Completen la siguiente conversación con la forma correcta de los verbos para saber qué producto quiere.

COLOMBIANO/A: ¡Cómo extraño el café por la mañana! No encuentro ningún mercado que (1) _____ (vender) café colombiano. ¿Sabes si hay alguna tienda o mercado cerca de aquí que (2) _____ (tener) productos colombianos?

USTED: Pues a dos cuadras hay un mercado pequeño que (3) _____ (vender) productos hispanos. Pero, oye, los supermercados de aquí (4) _____ (tener) café colombiano.

COLOMBIANO/A: ¡Qué va! No es igual. Importan el café, pero lo tuestan y lo preparan para el gusto americano. Yo busco un café que (5) _____ (ser) de veras colombiano, tostado y preparado en Colombia.

USTED: Pues ve a ese mercado a ver si tienes suerte.

(EN EL MERCADO)

EMPLEADO/A: ¿Le puedo servir en algo?

COLOMBIANO/A: Sí, se lo agradecería. Veo que tienen café mexicano y cubano, pero no veo ningún café que (6) _____ (ser) de Colombia.

EMPLEADO/A: Lo siento, no lo tenemos, pero se lo puedo conseguir. Yo tengo un cliente colombiano que siempre lo (7) _____ (pedir) y yo se lo consigo. Hay un almacén en Nueva York que lo (8) _____ (importar) directamente de Colombia. Ahora bien, el mínimo que venden es media docena de latas de 250 gramos.

COLOMBIANO/A: No importa, con tal de poder tomar el café que me gusta.

⋙ ¿Lo sabe? ⋘

En los países hispanos se usa el sistema métrico decimal. ¿Sabe usted si el equivalente de 250 gramos es aproximadamente una libra o media libra?

8-22 ¿Qué buscan los inmigrantes? Primera fase. Use las palabras y expresiones de las tres columnas para hacer oraciones que expresen cuáles son, en su opinión, las aspiraciones de los emigrantes o los exiliados políticos cuando van a vivir a otro país. Después compare sus oraciones con las de su compañero/a.

Buscan	un trabajo	reconocer su educación
Necesitan	(unas) personas	comprender sus problemas
Quieren	una comunidad	aceptar sus costumbres
Prefieren	un lugar	respetar sus derechos civiles
	(unas) escuelas	permitirles practicar su religión
	un país	educar a sus hijos
	(unos) políticos	ofrecerles atención médica
		apreciar su trabajo
		pagar un sueldo justo
		ayudarlos al principio
		no rechazarlos por ser extranjeros

MODELO: E1: Pienso/Creo/Opino que los exiliados prefieren un país que respete sus derechos civiles.

E2: Sí, y yo pienso que también quieren un país que les permita practicar su religión.

Segunda fase. Imagínense que ustedes están considerando la idea de emigrar a otro país. Conversen sobre los siguientes asuntos y después compartan sus ideas con otra pareja.

1. Motivos por los que van a emigrar
2. País adonde van a ir
3. Expectativas que ustedes tienen de ese país
4. Bienes, comodidades o algo más que ustedes van a buscar o tratar de encontrar allá

8-23 Una familia que necesita ayuda. Usted conoce a una familia de inmigrantes que necesita resolver ciertos problemas. Un miembro de esta familia lo/la llama a usted para pedirle información. Él/Ella le hará preguntas específicas sobre los asuntos que aparecen a continuación. Contéstele de acuerdo con la información del anuncio.

MODELO: E1: ¿Hay alguna organización que ayude al inmigrante?

E2: Sí, hay una agencia que ayuda y aconseja a los inmigrantes que llegan a este país.

Información que necesita la familia

1. Nombre de la organización que ofrece los servicios
2. Clases para las personas que no saben inglés
3. Abogados que aconsejan a los indocumentados
4. Ayuda para personas mayores que sufren de depresión
5. Orientación para las personas que buscan trabajo
6. Guarderías que sean económicas o gratis

Agencia Una Nueva Vida

Ayuda gratis a un costo mínimo a los inmigrantes
Equipo de voluntarios y profesionales
Clases nocturnas de inglés

Psicólogos entrenados para ayudar a los adolescentes
(depresión, drogadicción, bajo rendimiento académico)
Información sobre guarderías que ofrecen becas

 8-24 Unas oficinas nuevas. Usted trabaja para una compañía internacional que está buscando un local para sus nuevas oficinas en la Ciudad de México. Hable con un/a agente de bienes raíces (*real estate agent*) y explíquele lo que su compañía necesita. El/La agente debe hacerle preguntas para obtener más información. Incluyan los siguientes temas en su conversación.

Usted requiere	Agente pregunta
tamaño del local	zona que prefiere
número de despachos (*offices*)	edificio con/sin garaje
alquiler que quiere pagar	piso que desea
duración del contrato	fecha para mudarse

8-25 La historia en imágenes. Analice la famosa pintura *Guernica* de Pablo Picasso. Esta tiene imágenes que reflejan los horrores que vivieron los ciudadanos de la ciudad de Guernica durante la Guerra Civil española al ser bombardeada por la aviación alemana. Escriba por lo menos cinco preguntas sobre lo que ve, incluyendo las palabras a continuación. Siga el modelo.

animal	bebé	partes de cuerpos humanos
arma	caballo	soldado
avión	mujer	toro

MODELO: avión
¿Hay/Ves algún avión que está sobrevolando la ciudad?

Algo más

Relative pronouns

● To avoid unnecessary repetition, when two clauses or sentences repeat a noun or pronoun, both Spanish and English use relative pronouns to combine them.

En la década de los 70, muchos países latinoamericanos tuvieron **gobiernos totalitarios. Los gobiernos totalitarios** privaron al pueblo de su libertad de expresión.	*In the 1970s many Latin American countries had **totalitarian governments. The totalitarian governments** deprived the people of their freedom of expression.*
En la década de los 70, muchos países latinoamericanos tuvieron gobiernos totalitarios **que** privaron al pueblo de su libertad de expresión.	*In the 1970s many Latin American countries had totalitarian governments **that** deprived the people of their freedom of expression.*

● The most commonly used relative pronoun is **que.** It introduces a dependent clause and it may refer to persons or things.

La primera mujer **que** alcanzó el puesto de presidenta de un país latinoamericano fue Isabel Perón.	*The first woman **who** attained the office of president of a Latin American country was Isabel Perón.*
Durante su presidencia, **que** duró menos de dos años, Argentina sufrió muchos problemas económicos.	*During her presidency, **which** lasted less than two years, Argentina had many economic problems.*

Lengua

The relative pronoun **que** cannot be omitted as is possible with its English equivalent *that.*

● **Quien(es)** refers only to persons. It is used after prepositions (**a, con, de, por, para,** etc.). It is also used instead of **que,** usually in writing, in clauses that are set off by commas.

La única mujer indígena **a quien** le han dado el Premio Nobel de la Paz es Rigoberta Menchú.	*The only indigenous woman **to whom** the Nobel Prize has been given is Rigoberta Menchú.*
El dictador, **que/quien** murió a los 91 años, nunca respondió por sus crímenes.	*The dictator, **who** died at age 91, never answered for his crimes.*

● **Lo que** refers to a previously mentioned idea, action, or situation.

Muy pronto va a haber elecciones en muchos países, **lo que** mantendrá al resto del mundo muy atento.	*Very soon there are going to be elections in many countries, **which** will capture the attention of the rest of the world.*

8-26 El terrorismo internacional. El terrorismo internacional es un problema muy serio que ha obligado a muchos países a reforzar las medidas de seguridad. Lea el siguiente artículo y complételo con el pronombre relativo correcto: **que, quien(es)** o **lo que.**

Un problema (1) _____ preocupa mucho a los gobiernos es el terrorismo internacional. Debido a los ataques a las Torres Gemelas de Nueva York y a los trenes de Madrid, entre otros, se han adoptado en todo el mundo medidas de seguridad (2) _____ a veces hacen más incómodo el viajar de un lugar a otro. Por ejemplo, ahora es más difícil conseguir visas, (3) _____ reduce notablemente la posibilidad de viajar a otros países tanto para visitarlos como para trabajar en ellos.

Al mismo tiempo, los controles en las fronteras se han intensificado. Los pasajeros de los aviones a veces tienen que soportar largas colas (4) _____ añaden tiempo en los aeropuertos. Muchas personas para (5) _____ viajar era un placer ahora se quejan de esos controles (6) _____ exigen quitarse los zapatos y no llevar pasta de dientes o tijeras en su bolsa de mano. Los pasaportes se han digitalizado para que los ordenadores detecten rápidamente la información (7) _____ contienen y la comparen con los datos (8) _____ tiene la policía. Además, ahora hay máquinas sofisticadas (9) _____ almacenan las huellas dactilares de todos los viajeros (10) _____ pasan de un país a otro. Sin embargo, estas medidas no han resuelto definitivamente el problema del terrorismo internacional.

8-27 Los cambios sociales y políticos. Lea las siguientes afirmaciones sobre temas históricos y sociales y, luego, subraye los pronombres relativos en ellas. Después indique si **que** puede sustituirse por **quien** o **quienes.** En algunas frases hay más de una **que.**

1. Rafael Leónidas Trujillo, que fue dictador de la República Dominicana durante muchos años, murió asesinado.
2. La Revolución Industrial, que se inició en el siglo XVIII, permitió mejorar las técnicas de producción de cultivos.
3. El economista Thomas Malthus, que predijo que el mundo sufriría hambre en el futuro, nunca imaginó los avances tecnológicos que se iban a producir en las siguientes décadas.
4. Las mujeres, que antes tenían dificultades para acceder a la educación, ahora superan en número a los hombres en muchas carreras profesionales.
5. Las mujeres que se dedican a la política son pocas comparadas con las mujeres que se dedican a los negocios.
6. Los avances de la medicina, que han sido muchos en los últimos años, han alargado las expectativas de vida.
7. Los países desarrollados que no cumplen las normas internacionales de reducción de gases son los mayores responsables del calentamiento global.
8. Los políticos que defienden los derechos humanos y desean promover el progreso social y elevar el nivel de vida en todo el mundo apoyan a las Naciones Unidas.
9. Las personas que creen en la democracia como sistema político deben expresar sus ideas votando.
10. El calentamiento global que amenaza el planeta debe ser un tema prioritario en los debates políticos.

A escribir

Estrategias de redacción: La exposición (continuación)

El autor de un texto puede captar la atención de su público utilizando algunas estrategias como las que se presentan a continuación.

- El tema del escrito puede despertar el interés del lector. Mantenga en mente los intereses y el conocimiento del público que leerá su texto.

- El enfoque que le damos a un texto puede tener un efecto positivo o negativo en el lector. Presente datos, información y conceptos de la manera más atractiva posible. Esto se puede lograr dándole una orientación concreta, real y práctica al asunto.

- La selección y organización de ideas puede motivar o desmotivar a un lector. Con frecuencia, el párrafo introductorio juega un papel determinante en la lectura de un texto. Por eso, seleccione las ideas principales que apoyan su opinión y organícelas de manera que produzcan un impacto en sus lectores.

- El humor visual o verbal con frecuencia despierta el interés de los lectores. Cuando lo presente con palabras, utilice ideas y conceptos conocidos por el público lector.

- La ironía, el contraste o la sorpresa también sirven como elementos motivadores. Úselos para que sus lectores los disfruten.

- La selección cuidadosa de las palabras estimula al lector. Utilice verbos que le den vida a su texto. Por ejemplo, los verbos que denotan movimiento físico le dan agilidad a la acción. Además, use palabras que inciten al lector a reflexionar y reaccionar.

- Los títulos y subtítulos representan una ayuda visual. De hecho, muchos lectores los leen rápidamente para decidir si leerán o no el texto completo. Escriba títulos o subtítulos cortos, atractivos, provocativos, directos.

- Las opiniones de alguien conocido pueden llamar la atención del lector. Cuando sea pertinente, cite a un experto o a alguien famoso.

- El símil ayuda al lector a "visualizar" el tema de un texto. A través de la comparación, de la presentación verbal de imágenes vivas, el lector puede "ver" puntos de vista diferentes sobre el mismo tema.

8-28 Análisis. La carta a continuación apareció en un periódico universitario. Léala y siga las siguientes instrucciones:

1. Identifique (✓) al lector potencial de la carta.

_____ Es un público general. _____ Es un público particular. (Indique el público.)

2. Determine (✓) el propósito de la carta.

_____ entretener al público   _____ aconsejar a alguien
_____ informar a alguien sobre algo _____ convencer a alguien

3. Identifique las características de la organización y la estructura del texto.

_____ Hay una introducción, un cuerpo y una conclusión claros.
_____ No hay una introducción, un cuerpo y una conclusión claros. Explique.
_____ Las ideas se han conectado bien. Subraye algunas expresiones que
indican orden.

4. Identifique las características de la lengua que utilizó el escritor.

a. Pase su marcador por las secciones del texto donde el autor intenta lograr su propósito.

b. Subraye y escriba aquí las formas lingüísticas que el autor usa para...

• informar: _____

• expresar sus expectativas: _____

• expresar sus preocupaciones: _____

Estimados alumnos y comunidad universitaria:

Después de muchísima reflexión y discusión con el profesorado y la administración de la universidad, deseo informarles de algunos hechos que nos preocupan y de algunas decisiones que hemos tomado sobre dos problemas serios que nos afectan a todos.

En primer lugar, desde hace varios meses y en repetidas ocasiones, los alumnos de esta universidad han demostrado su preocupación y malestar relacionados con el aumento del precio de la matrícula. Las manifestaciones y protestas, que han llegado a la violencia en algunos casos, son hechos que una universidad como la nuestra, que tradicionalmente ha defendido el diálogo respetuoso y la libre expresión de opinión entre sus miembros, lamenta profundamente. Es indudable que la violación de las normas de respeto de nuestro recinto universitario ha afectado nuestra convivencia, lo que no podemos tolerar.

En segundo lugar, en los dos últimos meses, tantos los alumnos como el personal administrativo se han quejado de la comida poco saludable de las cafeterías. De hecho, una gran mayoría de los alumnos ha decidido no consumir ningún producto en las cafeterías de las diferentes sedes[1].

Históricamente, la administración de la universidad se ha preocupado por la salud de sus miembros, y esta vez no haremos una excepción. Esperamos que tanto los alumnos como el personal administrativo no duden del compromiso que la administración de la universidad tiene con cada uno de ustedes.

Por lo anteriormente expuesto, la universidad cumple con la obligación de informarles sobre las siguientes medidas que esperamos solucionen los problemas indicados.

Con respecto a las protestas violentas que han sido causadas por el alza de las matrículas, la universidad ha decidido prohibirlas. Es necesario que las diferencias de opiniones se canalicen de manera constructiva y pacífica, como lo indican los reglamentos. En relación con la calidad de la comida de las cafeterías, se ha formado una comisión para estudiar la situación. La universidad espera que los estudiantes presenten sus quejas a este organismo. Nos interesa que tanto los estudiantes como los trabajadores reciban una alimentación sana.

Finalmente, esperamos que estas nuevas medidas nos ayuden a recuperar las condiciones de armonía y convivencia entre nosotros.

Joaquín Barceló
Rector

[1] campuses

8-29 Preparación. *Primera fase.* Hagan una lista de los problemas que afectan a su sede universitaria o a la comunidad donde está su universidad. Los siguientes constituyen ejemplos.

- robos
- aumento de la drogadicción
- deserción estudiantil
- accidentes de tráfico
- ¿ ?

Seleccionen los dos problemas más serios y respondan a estas preguntas:

1. ¿Conocen ustedes algún lugar donde no existan problemas semejantes?
2. ¿Dónde y bajo qué circunstancias han ocurrido estos hechos?
3. ¿Hay algunos individuos o comunidades a quienes estos hechos han afectado más sistemáticamente?
4. ¿Por qué han sucedido estos problemas?
5. ¿Ustedes o las autoridades han podido encontrar algunas soluciones que resuelvan estos problemas? Expliquen.

Segunda fase. Hagan una investigación más profunda sobre uno de los problemas o tendencias serios que discutieron en la *Primera fase*. Preparen algunas preguntas útiles para cubrir el tema con mayor objetividad. Luego hagan una lista de sus dudas y preocupaciones.

8-30 ¡A escribir! Utilizando la información que usted recogió en la *Segunda fase* de la actividad **8-29**, escriba un texto (una carta, un ensayo, un editorial, una circular, etc.) para un medio de comunicación de su comunidad (su universidad, su vecindario, una compañía, etc.). Antes de escribir, revise las estrategias para captar la atención de su lector en la página 252.

- Identifique el problema que usted discutirá en su texto y el efecto de este en los miembros de la comunidad.
- Informe a su público sobre los hechos relacionados con el problema.
- Organice sus datos lógica y coherentemente.
- Presente sus dudas y preocupaciones dando datos o argumentos convincentes.
- Haga recomendaciones a su comunidad o a un grupo en particular.

8-31 ¡A editar! Lea su texto críticamente. Analice el contenido (cantidad, calidad de información, grado de interés para el lector/la lectora), forma del texto (cohesión y coherencia de las ideas) y la mecánica del texto (puntuación, acentuación, ortografía, mayúsculas, minúsculas, etc.). Haga los cambios necesarios para lograr el efecto deseado.

A explorar

8-32 A resolver problemas. *Primera fase.* La vida moderna ha creado problemas sociales que deben solucionarse para el beneficio de todos. Primero escojan uno de los siguientes temas.

- el hambre en el mundo
- la superpoblación
- las enfermedades pandémicas, como el SIDA

Ahora hagan lo siguiente:

1. Busquen información en **http://www.prenhall.com/identidades**.
2. Preparen una lista de palabras clave que les permitan hablar sobre el tema.
3. Anoten algunos efectos provocados por este problema.
4. Escriban algunos argumentos para explicar por qué es importante resolver este problema.

Segunda fase. Usando la información de la *Primera fase*, preparen una breve presentación que cubra lo siguiente.

1. La situación actual del problema
2. Las consecuencias futuras si no se toman medidas urgentes
3. Maneras de solucionar el problema desde un punto de vista político, científico o tecnológico

8-33 Más vale prevenir. *Primera fase.* En **http://www.prenhall.com/ identidades** puede encontrar información sobre campañas de prevención del consumo de drogas en los países hispanos. Elija uno de estos sitios de Internet y prepare un pequeño informe que incluya los siguientes datos.

1. ¿A quién está dirigido el sitio?
2. ¿Qué tipo de información contiene?
3. ¿Cuál es el apoyo visual del sitio: colores, imágenes, videos, gráficos, etc.?
4. ¿Qué mensaje, consejos o medidas de prevención se ofrecen?

Segunda fase. Prepare su propia campaña de prevención del consumo de drogas entre los jóvenes incluyendo los siguientes elementos.

1. Un lema
2. Una imagen/unas imágenes
3. Una lista de consejos

8-34 La historia se vive. *Primera fase.* Visiten **http://www.prenhall.com/ identidades** y lean un artículo sobre un acontecimiento social, nacional o internacional, de interés común para ustedes. Tomen nota de los hechos.

Segunda fase. Preparen una encuesta para averiguar la opinión de sus compañeros sobre el artículo que leyeron en la *Primera fase*. Luego, pasen la encuesta y compartan los resultados con la clase. Pueden usar el siguiente esquema para su presentación.

1. Expongan los hechos que leyeron en la *Primera fase*.
2. Discutan las preguntas y los resultados de su encuesta.

En la sociedad

la aventura	*adventure*
la democracia	*democracy*
los derechos humanos	*human rights*
el desarrollo	*development*
la deserción estudiantil	*dropping out of school*
la dictadura	*dictatorship*
la discriminación	*discrimination*
la droga	*drug*
el exilio	*exile*
el gobierno	*government*
la independencia	*independence*
la libertad de expresión	*freedom of expression*
la lucha	*fight, struggle*
el narcotráfico	*drug traffic*
el negocio	*business*
el poder	*power*
la política	*politics*
el puesto	*position*

La esclavitud

el barco	*ship*
la esclavitud	*slavery*
la explotación	*exploitation*
la humillación	*humiliation*
el maltrato	*mistreatment*
la mano de obra	*labor, manpower*
la opresión	*oppression*
el sufrimiento	*suffering*
el vasallo	*vassal*
la vejación	*abuse*
la violación	*violation*

Personas

el campesino/la campesina	*peasant*
el dictador/la dictadora	*dictator*
el esclavo/la esclava	*slave*
el refugiado/la refugiada	*refugee*
el/la traficante	*dealer*

Características

indocumentado/a	*undocumented, not having proof of legal status*
marginado/a	*outcast, marginalized*
oprimido/a	*oppressed*
político/a	*political*

Verbos

atravesar (ie)	*to cross*
contar (ue)	*to tell; to count*
delatar	*to betray*
empezar (ie, c)	*to begin*
estremecerse (zc)	*to tremble; to shudder*
levantarse en contra de	*to rise up against; to protest*
llorar	*to cry*
luchar	*to fight*
matar	*to kill*
privar	*to deprive*
resolver (ue)	*to solve*
soportar	*to bear, to tolerate*
terminar	*to finish*
tranquilizarse (c)	*to calm down*

Palabras y expresiones útiles

de acuerdo con	*according to*
el bizcocho de cumpleaños	*birthday cake*
el cuadro	*picture*
la enfermería	*infirmary*
el hecho	*fact*
el mensaje	*message*
el mosquitero	*mosquito netting*
la noticia	*news*
las novenas	*novenas (Catholic prayers)*
el sollozo	*sob*
la sor	*sister (religion)*

* For negative and indefinite expressions, see page 236.
** For relative pronouns not presented in this chapter, see the appendix.

Objetivos comunicativos

- Reporting on geography and the environment
- Discussing causes and effects of current environmental problems
- Expressing purpose and conjecture
- Talking about future consequences of current situations

Contenido temático y cultural

- Natural resources and their preservation
- Natural phenomena
- Pollution and other environmental problems

VISTA PANORÁMICA

9
Nuestro entorno físico

VISTA PANORÁMICA

La selva amazónica ocupa cerca del 60% del territorio peruano. El contraste climático entre la costa y la selva es extraordinario. En la selva llueve gran parte del año y su densa vegetación ayuda a purificar el aire, por lo que es conocida como el pulmón del planeta. Todo lo contrario es el litoral (*coast*) peruano, una de las zonas más áridas del mundo, al igual que el norte de Chile, donde se encuentra el desierto de Atacama.

◀

La zona más característica de la topografía de España es la Meseta Central, la cual ocupa un poco más de la tercera parte del país y tiene una elevación que varía entre los 600 y los 900 metros. En la Meseta Central hay muchos castillos, entre ellos este del siglo XII, que pertenecía a la Orden de Calatrava. Madrid, situada en esta meseta, es la capital más alta de Europa. El clima de esta zona es frío en invierno, muy caluroso en verano y más bien seco, ya que rara vez llueve. Hay pocos árboles, pero se destaca el cultivo de los cereales y también de la uva para hacer vino.

▶

La pampa, una enorme extensión de tierra llana y fértil donde se cultivan cereales y se cría un ganado de excelente calidad, forma la base económica de Argentina. Domingo Faustino Sarmiento, uno de los escritores argentinos más conocidos, la describe como "la imagen del mar en la tierra".

◀

Los paisajes de la Patagonia, en el sur de Chile y Argentina, son espectaculares. Los glaciares, las colonias de pingüinos y los parques nacionales le ofrecen al viajero la oportunidad de disfrutar plenamente de la naturaleza. En invierno, los vientos helados, las temperaturas bajo cero y la niebla dificultan mucho los viajes a esta zona.

◄

El altiplano boliviano tiene una altura media de 3.500 metros. Allí se encuentra La Paz, la capital más alta del mundo. Al este del altiplano, se encuentran los valles y los llanos del Oriente. Los llanos ocupan un 70% del territorio nacional y se unen a las selvas de Brasil al este y a la región semiárida del Chaco al sureste.

►

▲ Millones de árboles se cortan cada día en la selva amazónica para dar lugar a nuevas zonas agrícolas y carreteras.

Muchas de las tierras del norte de México, como el desierto de Sonoma, son áridas y secas, igual que una gran parte de la zona suroeste de Estados Unidos. ►

A leer

Preparación

9-1 Asociación. *Primera fase.* Nuestro entorno físico tiene características particulares. Escoja la característica geográfica que usted asocia con cada uno de los siguientes entornos.

1. _____ Yucatán
2. _____ Cuba
3. _____ Mediterráneo
4. _____ Los Andes
5. _____ Atacama
6. _____ Titicaca
7. _____ Amazonas
8. _____ Silicon

a. cordillera, montaña
b. valle
c. desierto
d. río
e. península
f. mar, costa
g. lago
h. isla

Segunda fase. Descríbale el entorno físico del lugar donde usted nació a su compañero/a.

MODELO: *Nací en…* (nombre de su ciudad, pueblo, villa).
En… hay montañas/ríos/costa, etc.
… es un lugar… y… (Use dos palabras que describen su lugar de nacimiento.)

9-2 ¿El clima se está volviendo loco? En cada rincón de nuestro planeta ocurren fenómenos climáticos que afectan a la población humana, la flora y la fauna. Marquen (✔) las afirmaciones sobre el clima con las que ustedes están de acuerdo. Expliquen por qué.

1. _____ El calentamiento (*warming*) de la tierra es evidente en todo el planeta.
2. _____ Las abundantes y prolongadas lluvias provocan inundaciones en muchas regiones del mundo.
3. _____ En algunas regiones de África, Europa y Asia, hay sequía, es decir, no llueve. La sequía provoca hambre y enfermedades también.
4. _____ Los efectos de los fenómenos del Niño y de la Niña son idénticos.
5. _____ En algunas regiones del mundo, se está produciendo desertización. Donde antes había tierra fértil, hoy hay tierra árida y desértica que no produce vegetación.
6. _____ Los expertos afirman que el número de huracanes en Norteamérica disminuye cada año.

9-3 ¿Qué pasa? *Primera fase.* Las siguientes fotos muestran los efectos de la intervención del ser humano en la destrucción del entorno y también los esfuerzos de algunos gobiernos por buscar fuentes alternativas de energía. Obsérvenlas y expliquen qué ocurre. Usen las expresiones de la caja u otras.

amenazas	desierto	gases
contaminación	despedir (emitir)	hielo
contención del mar	fábrica	inundación
desaparecer	fundirse (*to melt*)	planta de energía eólica

1. El glaciar Upsala en la Patagonia argentina, pasado y presente

2. Planta de energía eólica en Tilarán, Guanacaste, Costa Rica

3. La desertización es uno de los problemas más graves que sufren actualmente algunas zonas del mundo.

4. Refinería de azúcar en Tepic, México

5. Crisis en Nueva Orleáns

<table>
<tr><td>

Expresiones clave

¿Comprende estas expresiones? Si tiene dudas, revise *Preparación* antes de leer el siguiente texto.

amenaza	fundirse
calentamiento	hielo
contaminación	inundaciones
costas	sequía
desierto	valle
energía eólica	

</td></tr>
</table>

❓ El primer párrafo generalmente introduce el texto y presenta la idea central. Al leer el párrafo, trate de identificar la idea central del texto.

❓ Fíjese en las causas y efectos. Lea otra vez el primer párrafo. Una frase explica la causa del cambio climático y otra frase describe los efectos. Identifique las dos frases.

❓ En este párrafo se explica por qué suben las temperaturas atmosféricas. Al leer, piense en cómo Ud. lo explicaría en sus propias palabras.

❓ ¿Qué ha comprendido? Sin mirar el párrafo, explique en sus propias palabras el efecto invernadero y cómo funciona para que suban las temperaturas atmosféricas.

❓ Use la primera frase del párrafo para organizarse mentalmente. La primera frase presenta una declaración. Muchas veces, después de una declaración vienen ejemplos que la ilustran. Marque tres ejemplos que se presentan.

❓ Busque los conectores. En este párrafo, dos frases que explican las consecuencias del aumento de las temperaturas atmosféricas comienzan con frases o palabras que dan coherencia al argumento. ¿Cuáles son? Márquelas.

Segunda fase. Ahora digan cuál de las fotos de la *Primera fase* les impactó más. Expliquen por qué.

Estrategias de lectura

1. Infórmese sobre el tema antes de leer.
   a. Fíjese en el título: "Cambios climáticos: ¿consecuencias desastrosas para nuestro planeta?" ¿Qué cambios climáticos conoce Ud.? Vuelva a las actividades de la sección de *Preparación* y anote el vocabulario asociado con este tema.
   b. Piense en lo que ya sabe. ¿Qué sabe usted acerca de los cambios climáticos? Haga una lista breve de la información más importante que Ud. conoce bien.
2. Use la primera oración de cada párrafo para anticipar el contenido.

Pase su marcador por la primera oración de cada párrafo. Luego, lea las oraciones para tener una idea del texto en su totalidad.

LECTURA

Cambios climáticos: ¿consecuencias desastrosas para nuestro planeta?

En los últimos años hemos visto cambios radicales en el clima. Los inviernos son más cálidos, los veranos más calurosos, los períodos sin lluvia son más largos y los huracanes más frecuentes. Según los científicos, esto se debe a un calentamiento global del planeta provocado por el aumento de concentraciones de los llamados "gases de efecto invernadero", como el dióxido de carbono, 5 entre otros. 💬

La energía solar, formada por ondas de frecuencia alta por proceder de un cuerpo de temperatura muy elevada, traspasa fácilmente la atmósfera y llega a la Tierra. En condiciones normales, al entrar en contacto con la Tierra, que es un cuerpo mucho más frío, esta energía se transforma en ondas de frecuencias más 10 bajas y la Tierra la despide hacia el exterior. Pero los gases de efecto invernadero absorben y retienen esa energía; en consecuencia, las temperaturas de la atmósfera suben. 💬

Las consecuencias de este aumento de las temperaturas pueden ser desastrosas. Es posible que la mitad de los glaciares del mundo y el hielo del Polo Norte y del 15 Polo Sur se fundan en los próximos años inundando las costas y los valles y haciendo desaparecer ciudades enteras bajo el agua. Por otro lado, la humedad y la lluvia serán más escasas y aumentarán las zonas desérticas, lo cual será muy grave para aquellos lugares que ya sufren escasez de agua. También es probable que zonas agrícolas se conviertan en desiertos y que muchas especies de animales 20 y plantas desaparezcan como consecuencia del cambio climático. 💬

De hecho, estos cambios en los ecosistemas terrestres ya están afectando a todo el mundo. En Oriente Medio, en África y en la cuenca[1] del Mediterráneo el proceso de desertización es alarmante, pero también en Estados Unidos hay
25 regiones de California, Arizona, Nevada y Texas que sufren de sequías cada vez mayores. Mientras tanto, los bosques[2] del norte de Estados Unidos y de Canadá están desapareciendo por la contaminación, y los huracanes del Caribe son cada vez más frecuentes y afectan a zonas más grandes debido en parte a que la evaporación del agua de los océanos es mayor por las altas temperaturas. En
30 Latinoamérica, al derretirse progresivamente los glaciares de los Andes debido también al aumento de las temperaturas, se producen más inundaciones, lo cual provoca un aumento de las enfermedades tropicales transmitidas por los mosquitos.

Es posible que en poco tiempo nuestros gobiernos tengan que enfrentar duras
35 obras de contención del mar para evitar que ocurra una experiencia semejante a la de Nueva Orleáns en Manhattan, San Francisco, Valparaíso (en Chile) y en otras ciudades costeras del planeta. Además, no es exagerado agregar a la lista de desastres la desertización y la pérdida de los cultivos y otros recursos, los cuales pueden provocar emigraciones masivas que afectarán a todo el planeta.

40 Los científicos coinciden en que la concienciación social y los cambios en los comportamientos individuales pueden mitigar el efecto invernadero, pero son necesarias medidas más drásticas a niveles institucional y político. En los últimos años hemos visto muchos progresos técnicos para reducir las emisiones de gases de efecto invernadero que mejoran la eficiencia energética de las construcciones,
45 del transporte y de las fábricas. Por otro lado, se están explorando energías alternativas, como la energía eólica. La utilización del viento para producir este tipo de energía tiene muchas ventajas: es limpia y de bajo costo, no genera emisiones de carbono y no produce contaminación atmosférica. En España y en Latinoamérica se está invirtiendo fuertemente en la producción de esta fuente
50 de energía.

Muchos gobiernos de todo el mundo están tomándose muy en serio las amenazas del cambio climático y están buscando formas de reducir sus efectos. En 1997 se firmó el Protocolo de Kyoto que obliga a 35 países industrializados a reducir sus emisiones de gases en un 5% para 2012. Desgraciadamente, algunos
55 de estos países, como Australia y Estados Unidos, se han desligado[3] de este tratado porque piensan que esta reducción tendría consecuencias negativas en su economía. Sin embargo, otros países industrializados, como los de la Unión Europea, están tomando medidas aun más drásticas para reducir los gases para el año 2020, en al menos un 20% respecto a los niveles de 1990.

60 En cualquier caso, la velocidad a la que se está produciendo el cambio climático ha puesto en alerta no sólo a los científicos sino también a los políticos y a la sociedad en general. Sin duda, en los próximos años oiremos hablar mucho de este problema y de sus posibles soluciones.

En este párrafo se habla de varias consecuencias en los ecosistemas de la Tierra. Vuelva a leer el párrafo y marque un problema que no conocía antes de leer este texto.

Piense lógicamente. En este párrafo se habla de "emigraciones masivas" de personas de todo el planeta. ¿Por qué habrá tanto movimiento de gente?

Anticipe el contenido. En la primera frase del párrafo se alude a acciones que pueden mejorar la situación. Al leer, busque la iniciativa que propone el autor.

Trate de comprender palabras nuevas. En la línea 46 del texto se usa la frase "energía eólica". Se explica el significado en la frase siguiente. Vuelva a leer esta parte del párrafo. ¿Comprende el significado de energía eólica?

Anticipe el contenido. En la primera frase del párrafo se alude a acciones que han tomado los gobiernos para mejorar la situación. Al leer, busque dos acciones y márquelas.

[1]basin [2]forests [3]dissociated themselves

Comprensión y ampliación

9-4 A resumir. Primera fase. Vuelva a leer los tres primeros párrafos de la lectura y resuma en sus propias palabras la idea principal que contienen.

Segunda fase. Utilizando la técnica del resumen, conteste ahora por escrito las siguientes preguntas basándose en la lectura:

1. ¿Cuáles son las principales causas de los cambios climáticos?
2. ¿Cuáles son los principales efectos de estos cambios?
3. ¿Qué medidas están tomando los gobiernos?

 Tercera fase. Lean varias veces sus respuestas individualmente y luego reúnanse para intercambiar oralmente sus resúmenes sin leerlos.

9-5 Diga lo que sabe. Primera fase. Basándose en la información del texto y en sus propios conocimientos, escriba una lista de problemas relacionados con el medio ambiente.

 Segunda fase. Seleccionen los cinco problemas más interesantes de las listas que cada uno de ustedes ha hecho individualmente y preparen una lista grupal. Luego, propongan soluciones fundamentadas para cada uno de los problemas:

MODELO: la extinción del atún (*tuna*)

E1: Es mejor prohibir la pesca del atún.
E2: Quizá no sea bueno prohibir la pesca sino los métodos de extracción masiva.

 9-6 Mas allá de la lectura. Primera fase. En **http://www.prenhall.com/ identidades** busquen información sobre el Protocolo de Kyoto. Utilicen las siguientes preguntas como guía.

1. ¿Qué es el Protocolo de Kyoto?
2. ¿Cuáles son los puntos más importantes de este tratado?
3. ¿Cuáles son los puntos controvertidos?
4. ¿Cuándo entró en vigor?
5. ¿Qué países firmaron el tratado?
6. ¿Qué países no lo ratificaron? ¿Por qué?

Segunda fase. Preparen una presentación para la clase.

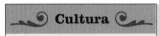

Cultura

El río Amazonas es el más caudaloso (*carries the greatest amount of water*) del mundo y el segundo en longitud, después del Nilo. Nace en los Andes del Perú y cruza el continente de oeste a este. Cuenta con más de mil afluentes (*tributaries*) y en algunos lugares tiene unos seis kilómetros de ancho. Las tierras de esta región constituyen la Amazonía, la mayor selva tropical del mundo.

Para más información, visite **http://www. prenhall.com/identidades**.

Aclaración y expansión

The future tense

● In addition to the present tense of **ir + a +** *infinitive* to express the future, Spanish also uses the future tense.

Vamos a ver los glaciares mañana.	*We are going to see the glaciers tomorrow.*
Veremos los glaciares mañana.	*We'll see the glaciers tomorrow.*

● The Spanish future tense can also be used to express probability or conjecture. English normally uses expressions like *probably, may, might,* and *I/we wonder.*

—¿Dónde **estará** el guía?	*I wonder where the guide is./Where could the guide be?*
—**Estará** en el autobús.	*He's probably on the bus./He must be on the bus.*

● The future tense is formed by adding the endings **-é, -ás, -á, -emos, -éis, -án** to the infinitive of **-ar, -er,** and **-ir** verbs.

Future tense

	hablar	comer	vivir
yo	hablar**é**	comer**é**	vivir**é**
tú	hablar**ás**	comer**ás**	vivir**ás**
Ud., él, ella	hablar**á**	comer**á**	vivir**á**
nosotros/as	hablar**emos**	comer**emos**	vivir**emos**
vosotros/as	hablar**éis**	comer**éis**	vivir**éis**
Uds., ellos/as	hablar**án**	comer**án**	vivir**án**

● The following verbs are irregular in the future tense. These verbs have irregular stems, but the endings are the same as those of the regular verbs.

infinitive	new stem	future forms
caber	**cabr-**	cabr**é**, cabr**ás**, cabr**á**, cabr**emos**, cabr**éis**, cabr**án**
poder	**podr-**	podr**é**, podr**ás**, podr**á**, podr**emos**, podr**éis**, podr**án**
querer	**querr-**	querr**é**, querr**ás**, querr**á**, querr**emos**, querr**éis**, querr**án**
saber	**sabr-**	sabr**é**, sabr**ás**, sabr**á**, sabr**emos**, sabr**éis**, sabr**án**
poner	**pondr-**	pondr**é**, pondr**ás**, pondr**á**, pondr**emos**, pondr**éis**, pondr**án**
tener	**tendr-**	tendr**é**, tendr**ás**, tendr**á**, tendr**emos**, tendr**éis**, tendr**án**
valer	**valdr-**	valdr**é**, valdr**ás**, valdr**á**, valdr**emos**, valdr**éis**, valdr**án**
salir	**saldr-**	saldr**é**, saldr**ás**, saldr**á**, saldr**emos**, saldr**éis**, saldr**án**
venir	**vendr-**	vendr**é**, vendr**ás**, vendr**á**, vendr**emos**, vendr**éis**, vendr**án**
decir	**dir-**	dir**é**, dir**ás**, dir**á**, dir**emos**, dir**éis**, dir**án**
hacer	**har-**	har**é**, har**ás**, har**á**, har**emos**, har**éis**, har**án**

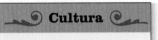

Lengua

Remember that the future form of **hay** is **habrá** (*there will be*) and that it is invariable: **Habrá una inundación debido a las lluvias. Habrá muchas tierras inundadas debido a las lluvias.**

Cultura

El cerro Santa Lucía fue el lugar donde se fundó la ciudad de Santiago en 1541. El Palacio de la Moneda es la residencia oficial del Presidente de Chile. Con el fin de descentralizar, hace algunos años el congreso chileno se mudó al puerto de Valparaíso.

9-7 ¡A cruzar la cordillera! Usted y un grupo de amigos desean visitar Chile y cruzar la cordillera de los Andes para visitar Argentina. Usted está hablando con un/a agente de viajes para planear la excursión. Hágale preguntas para averiguar la información que aparece en la columna de la izquierda. Su compañero/a hará el papel del/de la agente y le contestará con la información de la columna de la derecha, mostrándole los lugares en el mapa a continuación.

Preguntas	Respuestas
1. Línea aérea en la que van a viajar	Lan Chile
2. Duración del vuelo	unas doce horas
3. Número de días en Santiago	dos días y medio
4. Lugares que van a visitar	el cerro Santa Lucía, el Palacio de la Moneda, la ciudad de Valparaíso y otros lugares
5. Día y hora de salida para Puerto Montt	24 de enero, 4:15 p.m.
6. Fecha del comienzo del cruce de los Andes	25 de enero, 8:00 a.m.
7. Lugares que van a ver ese día	el volcán Osorno, los saltos de Petrohué y el lago Todos los Santos
8. Medios de transporte que van a usar	autobús y barco
9. Lugar donde van a pasar la noche	un hotel cerca del lago
10. Hora de llegada a Bariloche	26 de enero, 6:30 p.m., en barco

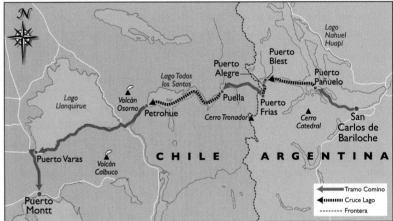

MODELO: fecha de salida de Los Ángeles   21 de enero, 11:15 p.m.

E1: ¿Qué día/Cuándo saldremos de Los Ángeles?
E2: Saldrán el 21 de enero a las 11:15 de la noche.

9-8 La opinión de los científicos. En el artículo "Cambios climáticos: ¿consecuencias desastrosas para nuestro planeta?" se mencionan algunas medidas para mitigar el efecto invernadero. Basándose en el artículo y en su conocimiento del tema, indiquen las acciones que pueden tomar las personas y los gobiernos en el futuro para enfrentar el problema. Los verbos en la caja los pueden ayudar.

ahorrar	plantar
conservar	proteger
evitar	reciclar
firmar	

MODELO: Los cambios a niveles institucional y político

E1: Los gobiernos harán cambios en su política para mejorar la situación ambiental.
E2: Los individuos colaborarán también al practicar el reciclaje y la conservación.

1. Las emisiones de gases de efecto invernadero
2. Las energías alternativas
3. El transporte
4. La eficiencia energética
5. Los tratados internacionales
6. El uso de productos no contaminantes

9-9 ¡Qué desastre! Primera fase. Observen las siguientes escenas y túrnense para conjeturar sobre lo que la gente del lugar probablemente ha hecho, según ustedes, para causar lo que ven. Su compañero/a debe dar su opinión.

MODELO: E1: El agua de esta playa estará contaminada, ¿verdad?
E2: Es probable. La contaminación vendrá de los barcos petroleros que vemos allá lejos.

o

No lo creo./No estoy de acuerdo contigo. Los peces mueren por muchas razones, además de la contaminación.

Segunda fase. Ahora sugieran qué se debe hacer para resolver cada problema.

9-10 ¿Qué ocurrirá en nuestro planeta? Primera fase. Lean el siguiente artículo tomado de la revista *Muy interesante* y, según la gravedad del problema, pongan en orden de prioridad (1 a 5) los diferentes problemas que se mencionan.

¿Qué va a suceder en nuestro planeta Tierra?

Los investigadores han estimado que el aumento de 1,4 a 5,8° C en las temperaturas tendrá estas consecuencias:

⊛ _____ Subirá el nivel del mar de 0,009 a 0,88 metros hasta el año 2100, amenazando a millones de personas que habitan las zonas costeras y al turismo que verá que algunas playas han desaparecido y que nieva menos. En América del Norte, por ejemplo, esa crecida intensificará la erosión en la costa.

⊛ _____ Empeorará en algunas partes de África la desertificación como respuesta a la escasez de lluvias y suelos húmedos.

⊛ _____ Disminuirá en muchos países asiáticos la producción agrícola y, por extensión, la seguridad alimentaria.

⊛ _____ Menguará en Australia y Nueva Zelanda la barrera de coral y sus habitantes tendrán problemas con la subida del nivel del mar.

⊛ _____ Aumentará la posibilidad de inundaciones en Europa. En Sudamérica, las inundaciones y las sequías serán frecuentes.

Segunda fase. Comparen el orden de prioridad de los problemas con el resto de la clase para llegar a un consenso sobre cuáles son los tres más graves.

Tercera fase. Discutan los temas de mayor interés entre ustedes y ofrezcan algunas soluciones.

The conditional

● The use of the conditional in Spanish is similar to the use of the construction *would + verb* in English when expressing what one would do or what would happen in a hypothetical situation.

Yo **leería** más sobre el problema para entenderlo mejor.	*I **would read** more about the problem to understand it better.*

● Spanish also uses the conditional to express probability in the past.

Sería la década de los ochenta cuando la concienciación social empezó a aumentar.	*It was probably/It must have been the 1980s when social consciousness started to increase.*

● When English *would* implies *used to*, Spanish uses the imperfect.

Cuando éramos chicos, **reciclábamos** todo el plástico que **comprábamos**.	*When we were young, we **would (used to) recycle** all of the plastic that we **bought**.*

Conditional			
	hablar	**comer**	**vivir**
yo	hablar**ía**	comer**ía**	vivir**ía**
tú	hablar**ías**	comer**ías**	vivir**ías**
Ud., él, ella	hablar**ía**	comer**ía**	vivir**ía**
nosotros/as	hablar**íamos**	comer**íamos**	vivir**íamos**
vosotros/as	hablar**íais**	comer**íais**	vivir**íais**
Uds., ellos/as	hablar**ían**	comer**ían**	vivir**ían**

● Verbs that have an irregular stem in the future have the same irregular stem in the conditional.

Lengua

The conditional of some verbs, such as **deber, poder, querer, preferir, desear,** and **gustar,** is used to express a polite request or to soften suggestions and statements.

¿**Podría** decirme más sobre el calentamiento de las regiones polares?
Could you tell me more about the warming of the polar regions?
Me **gustaría** saber más sobre este tema.
I would like to know more about this topic.

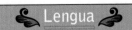

Lengua

The conditional form of **hay** is **habría** (*there would be*) and it is invariable.

No pensó que **habría** tanto esmog en el valle.

*He didn't think **there would be** so much smog in the valley.*

infinitive	new stem	conditional forms
caber	**cabr-**	cabría, cabrías, cabría, cabríamos, cabríais, cabrían
poder	**podr-**	podría, podrías, podría, podríamos, podríais, podrían
querer	**querr-**	querría, querrías, querría, querríamos, querríais, querrían
saber	**sabr-**	sabría, sabrías, sabría, sabríamos, sabríais, sabrían
poner	**pondr-**	pondría, pondrías, pondría, pondríamos, pondríais, pondrían
tener	**tendr-**	tendría, tendrías, tendría, tendríamos, tendríais, tendrían
valer	**valdr-**	valdría, valdrías, valdría, valdríamos, valdríais, valdrían
salir	**saldr-**	saldría, saldrías, saldría, saldríamos, saldríais, saldrían
venir	**vendr-**	vendría, vendrías, vendría, vendríamos, vendríais, vendrían
decir	**dir-**	diría, dirías, diría, diríamos, diríais, dirían
hacer	**har-**	haría, harías, haría, haríamos, haríais, harían

9-11 ¿Qué haría usted en esta situación? Primera fase. Imagínese que usted está paseando por un parque y que pasan algunas cosas. Lea las siguientes situaciones y escoja la oración que expresa lo que usted haría, o dé su propia respuesta.

1. Durante su paseo usted ve a una persona que tira una lata de refresco vacía en el césped.

    a. Le diría que no es bueno tirar basura en el parque.
    b. Continuaría mi paseo sin decir nada.
    c. …

2. Usted tira el envoltorio (*wrapping*) de un chocolate que acaba de comer en el césped y una persona lo/la ve.

    a. Me iría del lugar rápidamente.
    b. Le explicaría a la persona por qué tiré el envoltorio.
    c. …

3. Un perro, que corre por el parque sin su dueño, quiere estar con usted y lo/la sigue por el parque.

    a. Trataría de caminar más rápido.
    b. Buscaría un policía o un empleado del parque para explicarle la situación.
    c. …

4. Usted se da cuenta de que cinco perros lo/la siguen ahora, y que muchas personas los miran a usted y los perros con mucha curiosidad.

    a. Les explicaría que los animales no son míos.
    b. Les diría que yo no sé por qué me siguen.
    c. …

5. De repente los perros empiezan a atacarse unos a otros.

  a. Me iría corriendo del parque para escapar de la situación.
  b. Trataría de separarlos para que no se hicieran daño.
  c. …

Segunda fase. Primero, compare sus respuestas con las de su compañero/a, y luego, entre los dos, decidan cuál debería ser el final de esta situación. Después comparen su final con el de otra pareja y seleccionen el mejor.

9-12 Un oso (*bear*) en el vecindario. Primera fase. En las últimas noches, algunos vecinos han visto un oso en los jardines de su vecindario. Todos están muy preocupados y habrá una reunión con el alcalde y otros funcionarios de la comunidad para discutir las medidas que se deben tomar. Marque (✓) las medidas que usted considera más importantes o lógicas para resolver este problema y añada una.

1. _____ Mantener todas las puertas y ventanas cerradas de noche.
2. _____ No dejar ningún depósito de basura con comida fuera de la casa.
3. _____ Dejar comida con veneno (*poison*) en algunos lugares estratégicos.
4. _____ Tener tiradores (*marksmen*) expertos para lanzarle tranquilizantes desde lejos.
5. _____ Prohibir todo tipo de reunión en el vecindario por las noches.
6. _____ Pasear a los perros y otras mascotas después de la cena.
7. _____ Llamar a la policía para vigilar (*watch*) el vecindario durante la noche.
8. …

Segunda fase. Hable con su compañero/a sobre lo que usted haría o no haría basándose en las medidas de la *Primera fase*. Su compañero/a debe hacerle preguntas para obtener más detalles.

MODELO: E1: Yo no llamaría a la policía para vigilar el vecindario.
  E2: Pero es importante que la policía vigile el vecindario durante la noche. ¿A quién llamarías entonces?
  E1: No llamaría a nadie porque creo que todos debemos vigilar el vecindario. Yo sólo llamaría a la policía en caso de una emergencia.

9-13 Para proteger el medio ambiente. Primera fase. Una organización estudiantil se ha formado para crear más conciencia sobre la crisis ambiental. Usted ha creado la siguiente lista de medidas para luchar contra esta crisis. Pregúnteles a varios compañeros/as cuáles de estas medidas ellos tomarían y cuáles no. Averigüe por qué.

MODELO: E1: Cuáles de estas medidas tomarías tú?
  E2: Yo reciclaría las botellas de vidrio, pero no usaría el transporte público porque no es cómodo.

1. Reciclar periódicos y otros tipos de papel
2. Usar transporte público; usar lo menos posible los autos privados
3. Llevar sus propias bolsas a las tiendas en vez de usar las bolsas de la tienda
4. Reciclar las botellas de plástico o de vidrio cuando se compran refrescos o agua
5. Mantener la casa/el apartamento un poco más frío en el invierno
6. Proteger las ventanas con plástico para ahorrar energía
7. Escribir cartas a los representantes del Congreso a favor de las medidas que protejan el medio ambiente
8. Recoger fondos para plantar árboles en la ciudad
9. Participar en las campañas de limpieza en los lagos, ríos y bosques cerca de su universidad
10. Ducharse con agua fría

Segunda fase. Hagan una lista de las cinco cosas más importantes que cada persona debería hacer para cuidar el medio ambiente. Luego, comparen su lista con la de otros grupos en la clase. En caso de discrepancias, defiendan su opinión.

 9-14 Una donación. Primera fase. Su organización ha recibido una donación de cinco mil dólares para tratar de resolver un problema específico del medio ambiente en su localidad. Intercambien ideas y escriban por lo menos tres propuestas para utilizar el dinero.

MODELO: Usaríamos la donación para crear un programa de reciclaje de plástico en todos los edificios de la universidad.

 Segunda fase. Compartan sus ideas con otras dos parejas. Después escojan la propuesta más interesante y añadan más detalles. Compártanla con el resto de la clase.

VENTANAS AL MUNDO HISPANO

Nuestros recursos naturales

Antes de ver

9-15 Recursos naturales. Primera fase. Haga una lista de por lo menos tres importantes recursos naturales.

❶ _____ ❷ _____ ❸ _____

Segunda fase. Compartan su lista y respondan a las siguientes preguntas.

❶ ¿Han coincidido en alguno de estos recursos? ¿En cuál(es)?

❷ ¿Qué beneficios para el país tiene uno de los recursos en el que ustedes coincidieron?

Mientras ve

9-16 ¿Cierto o falso? Indique si las siguientes afirmaciones son ciertas (**C**) o falsas (**F**) según la información que aparece en el video. Si la respuesta es falsa, dé la información correcta.

Sobre el agua:

❶ _____ Los recursos naturales de América Latina son limitados.

❷ _____ Los ríos Orinoco, Amazonas, Paraná y de la Plata transportan más o menos el 30% del agua dulce del mundo.

❸ _____ La demanda de agua está en directa proporción al crecimiento de la población.

Sobre los bosques:

❹ _____ En 1980, América Latina contaba con más del 20% del total de bosques del planeta.

❺ _____ Hoy en día, el total de bosques de América Latina ha aumentado.

❻ _____ La deforestación está relacionada con el creciente valor de las importaciones de productos forestales.

❼ _____ El Protocolo de Kyoto es un acuerdo internacional para contrarrestar las tendencias mundiales de deforestación.

Después de ver

9-17 El Protocolo de Kyoto. En este video se señalan tres medidas acordadas por los países de América Latina en el Protocolo de Kyoto para contrarrestar los efectos de los problemas medioambientales. Marque (✓) las que corresponden.

_____ 1. Promoverán las exportaciones de productos forestales para activar las economías nacionales.

_____ 2. Promoverán la forestación y reforestación.

_____ 3. Reducirán las emisiones de los gases de efecto invernadero.

_____ 4. Presentarán planes para usar más eficazmente el agua y los otros recursos naturales.

 **A leer**

Preparación

9-18 ¡Son problemas de todos! Primera fase. En diversos lugares de nuestro planeta existen problemas ambientales que nos afectan a todos. Lea cada una de las definiciones y conéctela con el problema que esta describe.

1. _____ La deforestación o tala
2. _____ La degradación
3. _____ La contaminación
4. _____ La extinción
5. _____ La supresión

a. Es el hacer que algo cese o desaparezca.
b. Es la desaparición gradual de algo.
c. Es el proceso de cortar árboles o arbustos y no plantar otros.
d. Significa alterar negativamente la pureza o las condiciones normales de algo usando agentes químicos o físicos.
e. Representa la pérdida de la capacidad productiva de la Tierra a causa de la sobre explotación o mala utilización de ella.

 Segunda fase. Observen las siguientes escenas y discutan lo que ocurrió en cada una de ellas.

1.

2.

3.

9-19 ¿Problema o solución? Primera fase. Indiquen si los siguientes son problemas (**P**) o soluciones a problemas (**S**) relacionados con el medio ambiente.

1. _____ la extinción de algunas especies de algunos pájaros y otros animales
2. _____ la limpieza de los vertidos (*spills*) de petróleo
3. _____ la desaparición de la selva como consecuencia de la construcción de carreteras

4. ____ la reforestación de los bosques y la selva
5. ____ una política coordinada para la tala de árboles a nivel nacional e internacional
6. ____ la aplicación de planes de conservación y recuperación de especies amenazadas
7. ____ el cultivo ilimitado de pasto para alimentar al ganado
8. ____ la protección de las áreas fluviales, es decir, de los ríos

Segunda fase. Ahora determinen cuál de los problemas mencionados en la *Primera fase* se debe resolver con más urgencia. ¿Por qué?

9-20 ¿Qué se debe hacer? Primera fase. El Ministerio de Industria y Comercio de su país ha organizado un concurso para concienciar a la población sobre los problemas medioambientales. A continuación se encuentran dos problemas que requieren solución urgente. Escojan uno de los problemas y expliquen qué plan implementarían ustedes para resolverlo. El/Los concursante(s) que presente(n) la mejor propuesta ganará(n) un viaje a la Amazonía con todos los gastos pagados.

Problemas:

1. Los agricultores han plantado sus terrenos sin ninguna planificación. Por eso, la tierra está degradada a niveles peligrosos.
2. El cultivo de soja (*soy*) ha provocado deforestación, a causa de la construcción de carreteras.

Segunda fase. Presenten su propuesta a la clase. Discutan las ventajas y posibles desventajas y la manera en que su plan resolvería el problema.

Estrategias de lectura

1. Infórmese sobre el tema antes de leer.

   a. El título del texto, "El 40% de la Amazonía podría desaparecer en los próximos 50 años", ayuda a anticipar el contenido. ¿Qué asocia con el título?¿Qué tipo de región es la Amazonía? ¿Qué tipos de animales y plantas viven allí? Entre todos, hagan una lluvia de ideas (*brainstorm*), escribiendo todas las asociaciones que puedan hacer.
   b. Piense en lo que ya sabe. Si el texto trata de los problemas ambientales relacionados con la Amazonía, ¿de qué tipo de problemas se va a hablar en el texto? Escriba una lista de ellos.

2. Mire el formato del texto y examínelo rápidamente. ¿Qué formato tiene? Lea lo que viene después del título. ¿De dónde viene este texto?

Al norte de Brasil la deforestación ha alcanzado proporciones espectaculares.

Expresiones clave

¿Comprende estas expresiones? Si tiene dudas, revise *Preparación* antes de leer el siguiente texto.

carreteras	ganado
conservación	pasto
deforestación	protección
degradar	selva
especies	soja
fluvial	

LECTURA

El 40% de la Amazonía podría desaparecer en los próximos 50 años

Según un informe, el tamaño de este ecosistema se reducirá de 5,3 a 3,2 millones de kilómetros cuadrados

EFE — Londres

ELPAIS.es — Sociedad — 22-03-2006

Según un informe que publica este miércoles la prestigiosa revista británica *Nature*, hasta el 40% de la selva amazónica podría desaparecer antes de 2050 de no aplicarse medidas para la conservación de este ecosistema.

5 El documento, elaborado por el científico brasileño Britaldo Silveira Soares-Filho, de la Universidad de Minas Gerais (Belo Horizonte, sur de Brasil), también subraya que la Amazonía ha sufrido la destrucción de importantes hábitats naturales. Esa degradación se debe a la deforestación acaecida[1] como consecuencia de las actividades humanas para crear espacios destinados al pasto del ganado y al cultivo de soja.

[1]*ocurrida*

El primer párrafo de un artículo periodístico generalmente resume la idea central. Al leer el párrafo, trate de identificar la idea central del texto.

En este párrafo se explica la causa del problema en la Amazonía. Al leer, fíjese en ella.

¿Qué ha aprendido? ¿Cuál es el motivo por la deforestación? Vuelva a leer el párrafo si no lo comprendió la primera vez.

Reducción de más de 2 millones de kilómetros cuadrados

Los subtítulos facilitan mucho la comprensión, porque indican el tema de las secciones del texto. ¿A qué se refiere el subtítulo de esta sección? Al leer, trate de responder a esta pregunta.

En este párrafo se explica que algo va a sufrir una reducción de más de 2 millones de kilómetros cuadrados. ¿Qué es?

Aquí se introduce otro problema relacionado con la deforestación. Al leer, fíjese en este problema, que se menciona por primera vez en este párrafo.

Según Soares-Filho, la cuenca del río Amazonas "ha entrado en una nueva era debido a que los crecientes beneficios que generan la ganadería y la producción de soja aumentan la deforestación y contribuyen a la expansión de la red de carreteras hasta el centro de esa región". 10

Si no cambia el actual uso humano de la selva y se refuerza su protección, el experto de la Universidad de Minas Gerais calcula que el tamaño de la Amazonía se reducirá de 5,3 a 3,2 millones de kilómetros cuadrados antes del año 2050. 15

En opinión del científico, los ganaderos y agricultores de soja "podrían cumplir más la ley medioambiental de Brasil, que contempla la protección de la vegetación del río (Amazonas) y las reservas forestales" si la utilización adecuada de esa tierra fuera un requisito para "acceder a los lucrativos mercados internacionales". Asimismo, el informe advierte de que la deforestación amazónica podría afectar al calentamiento global de la Tierra, dado que la supresión de los árboles implicaría la emisión de miles de millones de toneladas de dióxido de carbono que contaminarían la atmósfera. 20

Un regulador del clima

El subtítulo introduce el tema de la sección que sigue. ¿Qué sirve como un regulador del clima? Si no lo sabe, fíjese en la respuesta a esta pregunta al leer el párrafo.

¿Qué ha comprendido? El experto brasileño propone una solución al problema que se explica en este párrafo. ¿Cuál es su propuesta?

Y es que la cuenca del Amazonas regula el clima de casi toda América del Sur y sus árboles son los grandes procesadores de dióxido de carbono y suministradores[2] de oxígeno. Como "muchos de los beneficios de la conservación de la Amazonía repercutirían en la humanidad", Britaldo Silveira Soares-Filho insta[3] a los países ricos a financiar programas de protección medioambiental en la región. 25

30

Considerada la cuenca fluvial más grande del mundo, la región amazónica es un gigantesco ecosistema de selvas tropicales que se extiende sobre un área de siete millones de kilómetros cuadrados. Los expertos consideran a esa zona como la reserva biológica más rica del mundo, con varios millones de especies de insectos, plantas, pájaros y otras formas de vida, muchas de las cuales todavía no han sido catalogadas por la ciencia. 35

[2]*suppliers*   [3]*demands*

Comprensión y ampliación

9-21 ¿Cierto o falso? Indique si las siguientes afirmaciones son ciertas (**C**) o falsas (**F**) de acuerdo con la información de la lectura. Si son falsas, indique en qué línea(s) del texto está la respuesta correcta.

1. _____ Parte de la selva amazónica puede desaparecer en unos años.
2. _____ Los árboles del Amazonas se talan para favorecer los cultivos y el pasto del ganado.
3. _____ Actualmente la selva es una zona muy protegida.
4. _____ La deforestación y el calentamiento global están relacionados.
5. _____ Los árboles producen dióxido de carbono.

6. _____ La conservación de la Amazonía es algo bueno para toda la humanidad.
7. _____ Los expertos quieren que los países ricos financien la conservación de la Amazonía.
8. _____ Muchas especies de animales y plantas del Amazonas son aún desconocidas.

9-22 A comentar. Primera fase. Conteste con sus propias palabras las siguientes preguntas según la información del artículo.

1. ¿Cómo se puede evitar la desaparición de la selva amazónica?
2. ¿Por qué los ganaderos y agricultores contribuyen a la deforestación de la Amazonía?
3. ¿Cuál es la opinión de los científicos sobre este problema?
4. ¿Cómo puede afectar la deforestación al calentamiento global?
5. ¿Qué otras consecuencias tiene la deforestación para el planeta?
6. ¿Por qué es importante la cuenca del Amazonas?

Segunda fase. En parejas o grupos hagan una lista de los problemas ecológicos más importantes que sufre actualmente el lugar donde usted vive. Comenten estos problemas con el resto de la clase.

9-23 Más allá de la lectura. Identifique alguno de los problemas indicados en la *Segunda fase* de la actividad **9-22** y escriba un breve párrafo sobre el problema cubriendo lo siguiente:

1. Descripción del problema
2. Causas y consecuencias del problema
3. Posibles soluciones

Aclaración y expansión

Indicative and subjunctive in adverbial clauses

In previous chapters you have used the present subjunctive in dependent clauses following verbs that express wishes, emotions, advice, and doubt: **Deseo/Me gusta/Recomiendo/No creo que ellos se** *preocupen* **del medio ambiente.** You have also used the present subjunctive in adjective clauses when referring to a person, place, or thing that does not exist or whose existence is unknown or uncertain: **No conozco un estado que** *tenga* **leyes para proteger la limpieza de los ríos.** Now you are going to practice the use of the subjunctive in adverbial clauses.

- The adverbial conjunctions below always require the subjunctive when followed by a dependent clause.

a menos que	*unless*
antes (de) que	*before*
con tal (de) que	*provided that*
en caso (de) que	*in case that*
para que	*so that, in order that*
sin que	*without*

- Note that after **para que,** the subjunctive clause expresses a purpose; with the other expressions, the subjunctive clause expresses a hypothetical situation or a condition that may or may not be fulfilled.

Los ingenieros han diseñado autos **para que** las personas **gasten** menos dinero en gasolina.	*Engineers have designed cars **so that** people **spend** less money on gasoline.*
Estos autos son mejores para el medio ambiente **con tal de que** los chóferes los **usen** para viajes largos.	*These cars are better for the environment **provided that** drivers **use** them for long trips.*
Los autos cambian de gasolina a electricidad automáticamente **sin que** nadie **tenga** que programarlos.	*The cars change from gasoline to electricity automatically, **without** anyone **having** to program them.*

There is another group of adverbial conjunctions that can be followed by the subjunctive or the indicative. With these conjunctions, the use of the indicative or the subjunctive results in a different meaning.

- The expressions below may be followed either by the indicative or the subjunctive when introducing a dependent clause.

aunque	*although, even though, even if*
como	*as; how, however*
cuando	*when*
después (de) que	*after*
donde	*where, wherever*
en cuanto	*as soon as*
hasta que	*until*
mientras	*while*
según	*according to; as*
tan pronto (como)	*as soon as*

🌿 Lengua 🌿

When there is only one subject in the sentence, an infinitive is used after **para, antes de,** and **sin,** instead of a subjunctive clause introduced by **que.**

Ellos hacen investigaciones **para predecir** los cambios climáticos.

Ellos hacen investigaciones **para que** los científicos **predigan** los cambios climáticos.

Prueban los autos eléctricos **antes de ponerlos** a la venta.

Prueban los autos eléctricos **antes de que** las compañías los **vendan.**

◉ When the main clause and the dependent clause refer to actions or events that have taken place or usually take place, use the indicative in the dependent clause.

El oficial anunció el acuerdo **tan pronto (como)** lo **firmó**.

*The official announced the agreement **as soon as** he **signed** it.*

Él responde a las preguntas de los periodistas **cuando se reúne** con ellos.

*He answers the journalists' questions **when** he **meets** with them.*

◉ When the main clause indicates that the action or event will take place in the future, use the subjunctive in the dependent clause.

El oficial anunciará el acuerdo **tan pronto (como)** lo **firme**.

*The official will announce the agreement **as as soon as** he **signs** it.*

Él va a responder a las preguntas de los periodistas **cuando se reúna** con ellos.

*He is going to answer the journalists' questions **when** he **meets** with them.*

◉ When **como, donde,** and **según** refer to something definite or known, use the indicative. If they refer to something indefinite or unknown, use the subjunctive.

Van a reunirse para firmar el acuerdo **donde** el oficial **quiere**.

*They are going to meet to sign the agreement **where** the official **wishes**.*

Van a reunirse para firmar el acuerdo **donde** el oficial **quiera**.

*They are going to meet to sign the agreement **wherever** the official **may wish**.*

◉ **Aunque** requires the subjunctive when it introduces a condition not regarded as a fact.

Van a limpiar los ríos de la ciudad **aunque es** caro.

*They are going to clean up the rivers of the city **although** it **is** expensive. (a fact)*

Van a limpiar los ríos de la ciudad **aunque sea** caro.

*They are going to clean up the rivers of the city **although** it **may be** expensive.*

9-24 El sueño de un inventor. El científico Carlos Cernuda ha diseñado un pequeño aparato que mantiene la temperatura ideal dentro de los hogares con un consumo mínimo de electricidad y sin calentar ni dañar el medio ambiente. Hoy se reúne con una compañía multinacional que le ha hecho una oferta por su invento. Llene los espacios en blanco con la forma correcta del verbo entre paréntesis para saber qué sucedió.

El invento de Carlos Cernuda es un pequeño aparato que mantiene la temperatura ideal en cada una de las diferentes partes de la casa para que las personas (1) _____ (sentirse) cómodas. Además, este aparato funciona sin (2) _____ (hacer) ruido. Por lo tanto, puede estar al lado de cualquier lugar de la casa sin que las personas (3) _____ (oír) nada. Hoy Carlos Cernuda tiene una reunión con una compañía multinacional que le ha hecho una oferta por su invento, así que antes de (4) _____ (salir) de su casa, lee las cartas que le enviaron para (5) _____ (estar) seguro de que entiende todos los detalles de la propuesta que le han hecho.

Carlos Cernuda llega temprano a la cita con el director, y la secretaria le pide que espere un momento antes de (6) _____ (pasar) al salón de conferencias. Entonces, él aprovecha ese tiempo y revisa sus notas cuidadosamente una vez más antes de que la secretaria le (7) _____ (decir) que puede pasar. Aunque le han ofrecido un buen porcentaje sobre las ventas, él quiere recibir un porcentaje mayor; sin embargo, está dispuesto a hacer algunas concesiones con tal de que la compañía (8) _____ (comenzar) la producción antes de un año. También él espera que la compañía prepare una buena campaña de publicidad para que el público (9) _____ (saber) cuáles son las ventajas de su invento, pues las ventas no serán buenas a menos que el público (10) _____ (comprender) la comodidad que este aparato les va a proporcionar a todos los miembros de la familia.

9-25 ¿Cómo será nuestra vida en el futuro? Primera fase. Túrnense para leer la primera parte de cada oración de la columna de la izquierda y después completen las oraciones con el final que les corresponde a la derecha. Deben fijarse en el contexto y también en la forma verbal correcta.

1. _____ Las personas podrán programar los robots para que…
2. _____ Las personas vivirán muchos más años a menos que…
3. _____ Todos podremos ver las condiciones del tráfico en las minicomputadoras antes de…
4. _____ Las computadoras estarán en todas partes para…
5. _____ Podremos hacer casi todas nuestras compras desde la casa sin…
6. _____ Habrá más oportunidades de trabajo para que…
7. _____ Casi todos los cursos se ofrecerán en Internet sin que…
8. _____ La contaminación ambiental continuará a menos que…

a. facilitarles la vida a las personas.
b. los alumnos tengan que ir a la universidad.
c. hagan el trabajo de la casa.
d. salir para el trabajo.
e. tener que ir a las tiendas.
f. sufran un accidente grave.
g. los padres puedan mantener a su familia.
h. las industrias decidan cuidar el medio ambiente.

Segunda fase. Ahora escojan cuatro de las oraciones de la columna de la izquierda y complétenlas de acuerdo con sus propias ideas. Después comparen sus oraciones con las de otra pareja.

9-26 El apartamento ecológico de nuestros amigos. Primera fase. Dos de sus compañeros van a alquilar un apartamento. Túrnense para leer la primera parte de cada oración de la columna de la izquierda y después completen las oraciones con el final que les corresponde a la derecha.

1. _____ Vieron el anuncio cuando…
2. _____ Llamaron al teléfono del anuncio tan pronto como…
3. _____ Fueron a ver el apartamento después de que…
4. _____ Uno de ellos revisó el apartamento con cuidado mientras…
5. _____ El apartamento es pequeño, pero según el dueño…
6. _____ Les encantó la distribución del apartamento aunque…
7. _____ No pagarán el depósito hasta que…
8. _____ Les darán la llave cuando…
9. _____ Se mudarán al apartamento dos días después de que…
10. _____ Se ocuparán de la decoración después de que…

a. estén instalados.
b. leyeron el periódico *Medio ambiente*.
c. no es grande.
d. se muden los inquilinos (*tenants*).
e. el otro examinaba el aislamiento (*insulation*) térmico de las paredes.
f. llegaron a la residencia de estudiantes.
g. es cómodo y se ahorra mucha energía.
h. el dueño arregle una gotera (*leak*) en el baño.
i. termine este semestre.
j. el dueño les dijo que se calentaba con energía solar.

Segunda fase. Su compañero/a y usted han decidido mudarse juntos/as a un apartamento muy moderno. Primero, describan el apartamento.

MODELO: El apartamento es… /tiene…

Ahora hablen de sus planes completando las siguientes oraciones. Finalmente, compartan sus planes con otra pareja.

1. Vamos a pintar el apartamento tan pronto como…
2. Nos mudaremos después que…
3. Queremos comprar algunos muebles cuando…
4. Vamos a invitar a nuestros amigos en cuanto…

9-27 Las casas del futuro. Muchos arquitectos van a presentar sus proyectos en el concurso El hogar del futuro. Complete los siguientes párrafos con la forma correcta de los verbos para saber qué ha hecho uno de los concursantes.

Ayer la arquitecta Rosa Fuentes estuvo trabajando todo el día en el diseño de la casa que va a presentar en el concurso. Revisó la maqueta y los planos hasta que (1) _____ (sentirse) completamente satisfecha con lo que tenía. Estaba muy cansada y decidió irse a su casa. Cuando (2) _____ (llegar), descansó un rato y después comió algo ligero, miró su programa favorito de televisión, y tan pronto como (3) _____ (terminar) el programa, se acostó y se puso a pensar en todo lo que tenía que hacer al día siguiente y en el diseño que había preparado.

"Tendré que levantarme en cuanto (4) _____ (sonar) el despertador, y bañarme rápidamente. En cuanto (5) _____ (poder), saldré para la oficina y allí tomaré un café. Tan pronto (6) _____ (llegar) mi asistente, llevaremos la maqueta al salón de exhibición. Dentro de una semana se sabrá el resultado. A todos en la oficina les gusta mucho mi proyecto, y según (7) _____ (decir) ellos, mi casa del futuro va a ser todo un éxito. Como es natural, me gustaría ganar, pero aunque no (8) _____ (ganar) ningún premio, me siento muy contenta con lo que he hecho. Ahora sé que en el futuro voy a diseñar casas para que (9) _____ (ser) ecológicamente más eficientes. Además, tengo nuevas ideas que voy a incorporar en mis diseños tan pronto como (10) _____ (terminar) este concurso".

Algo más

Verbs followed by an infinitive

● Some Spanish verbs, such as **gustar, deber, querer, necesitar, poder,** and **preferir,** are followed directly by an infinitive.

Muchas personas **quieren mejorar** el medio ambiente.	*Many people **want to improve** the environment.*
Les **gusta reciclar** metales y plástico y **reusar** el papel y las bolsas.	*They **like to recycle** metal and plastic and **reuse** paper and bags.*

● With other verbs, a preposition is required before the infinitive. There are no general rules regarding which preposition is needed, except for verbs of motion (**entrar, ir, salir, venir,** etc.) and verbs that express beginning (**empezar/comenzar/ponerse**), which require **a** before the infinitive.

Camila, una joven colombiana, **vino a hacer** sus estudios de posgrado en ingeniería a este país.	*Camila, a young Colombian woman, **came to do** her graduate work in engineering in this country.*
Después de graduarse, **empezó a trabajar** en nuestra oficina y nos hicimos amigas.	*After she graduated, she **started to work** in our office and we became friends.*

● Here are some other Spanish verbs that need a preposition before an infinitive. Note that English uses an infinitive or a present participle and, in some cases, a preposition.

invitar a		*to invite*
acordarse de		*to remember*
dejar de		*to stop/to quit* (doing something)
encargarse de		*to take charge*
olvidarse de		*to forget*
preocuparse de/por	*+ infinitive*	*to worry about*
tratar de		*to try*
soñar con		*to dream about*
insistir en		*to insist on*
quedar en		*to agree on* (e.g., a meeting)

En mis conversaciones con Camila, **trato de hablar** español con ella y he aprendido mucho sobre su país.

*In my conversations with Camila, I **try to speak** Spanish with her, and I have learned a lot about her country.*

Camila me **invita a cenar** en su casa para probar sus platos colombianos favoritos.

*Camila **invites** me **to have dinner** at her house to taste her favorite Colombian dishes.*

Ella **sueña con volver** a Colombia para trabajar allí. Nunca **deja de pensar** en sus familiares y amigos allí, y está en contacto frecuente con ellos.

*She **dreams about returning** to Colombia to work there. She never **stops thinking** about her family and friends, and she is in frequent contact with them.*

9-28 ¡Cuánto ha cambiado todo! El abuelo de una familia de emigrantes le describe a su familia los cambios que encontró en su pueblo de origen cuando lo visitó después de muchos años. Inserte la preposición adecuada para completar esta descripción. De no ser necesaria una preposición, deje el espacio en blanco.

Cuando salí de mi pueblo hace cuarenta años este era un lugar tranquilo de la costa donde la gente trataba (1) _____ sobrevivir dedicándose a la pesca. Los hombres salían muy temprano (2) _____ pescar en unos botes de madera donde transportaban unas pequeñas redes. Cuando los hombres volvían del mar las mujeres vendían el pescado en los mercados cercanos para poder (3) _____ alimentar a sus familias. A veces necesitaban (4) _____ secarlo o salarlo para conservarlo mejor. Hoy todo ha cambiado. Los botes de madera fueron sustituidos por grandes barcos de compañías internacionales que pescan masivamente y congelan los peces en alta mar. Nadie se preocupó (5) _____ pensar que de este modo iba a acabar con la pesca local. Por eso, ahora los jóvenes prefieren (6) _____ ir a trabajar a las grandes ciudades o emigrar a otros países. Cuando volví al pueblo recientemente mis antiguos amigos y yo quedamos (7) _____ encontrarnos allí para recordar, pero todo estaba deteriorado y abandonado. Ahora no dejo (8) _____ pensar en aquellos tiempos en que, aunque éramos pobres, vivíamos bastante bien y soñábamos (9) _____ vivir mejor.

9-29 Ecologista ilusionado/a. La organización *Amigos de la Tierra* tiene un proyecto muy importante en la cuenca del Amazonas. Usted va a encargarse de establecer un programa de recuperación de la zona. En el papel de reportero/a su compañero/a lo/la va a entrevistar a usted utilizando las preguntas a continuación y otras adicionales.

1. ¿Por qué decidió encargarse de establecer este programa?
2. ¿A qué país de la cuenca amazónica va a ir y dónde va a vivir?
3. ¿Qué sueña con realizar allí los primeros meses?
4. ¿Qué tratará de hacer cuando conozca los detalles sobre los problemas de la zona?
5. ¿Qué va usted a necesitar para poner en marcha sus planes?
6. ¿?

A escribir

Estrategias de redacción: La argumentación

¿Alguna vez usted ha participado en una discusión en la que tuvo que defender su opinión? ¿Alguna vez alguien le ha pedido que pruebe con datos una afirmación que usted hizo? Si lo ha hecho, usted ha utilizado algunas estrategias de la argumentación.

Argumentar es simplemente defender con razones y hechos, una idea que se quiere probar. Para convencer al lector, el autor de un texto argumentativo expone cuidadosamente sus opiniones y las defiende con datos y hechos comprobados, siguiendo, por lo general, una organización como la siguiente:

1. Primero presenta una tesis breve y clara que representa su opinión sobre el tema.
2. Luego, presenta argumentos para fortalecer la tesis, utilizando razones, datos, estadísticas y hechos. Separa de manera apropiada sus opiniones de los hechos.
3. Finalmente, resume el contenido del ensayo y reafirma la tesis defendida a lo largo del texto.

El ensayo argumentativo requiere de una planificación meticulosa para probar eficientemente una tesis. Por eso, el argumentador selecciona cuidadosamente tanto el vocabulario como las formas lingüísticas para diferenciar los hechos de las opiniones.

Para expresar una opinión el autor primero expone los hechos de la manera más objetiva posible. Para presentar datos y hechos, el escritor usa un lenguaje directo e impersonal que le permite ser objetivo. Usa el modo indicativo, expresiones impersonales, etc. Para exponer una opinión a favor o en contra de un tema, el autor usa formas lingüísticas que lo/la ayudan a expresar los sentimientos, la seguridad, la duda, el malestar, las expectativas, etc., de las partes (*parties*) involucradas. Para separar las opiniones propias de las de otros, el autor utiliza expresiones como *según…*, *para…*, *en la opinión de…*, etc. También usa tiempos verbales (presente, pasado, futuro), modos (indicativo y subjuntivo), y expresiones que reflejan la visión de los participantes. Las opiniones divergentes se contrastan y así se le da la oportunidad al lector de asumir su propia posición en la discusión.

En resumen, dependiendo de su objetivo, el escritor de un texto argumentativo trata de presentarle al lector los diversos argumentos de las partes que opinan sobre el tema y de exponer hábilmente (*skillfully*) sus propios argumentos. Al presentar todos los puntos de vista, el autor trata de convencer al lector de que los argumentos o razonamientos de uno de los dos lados son superiores a los del otro. Así, el lector puede adoptar una posición ayudado por los argumentos sólidos y convincentes que se le presentaron.

9-30 Análisis. El siguiente texto discute el tema del medio ambiente. Léalo y luego determine (✓) lo siguiente.

1. El lector potencial de esta carta es…

_____ un público especializado en temas ambientales.
_____ un lector general.

2. La autora de la carta tiene el/los siguiente(s) propósito(s):

_____ Quiere despertar el interés por el medio ambiente entre el público en general.
_____ Critica la actitud pasiva del público frente a la destrucción del medio ambiente.
_____ Trata de convencer al lector de que es imposible salvar el medio ambiente.

3. El artículo tiene la siguiente estructura:

_____ Hay una introducción, un cuerpo y una conclusión.
_____ Hay una introducción y un cuerpo, pero no hay una conclusión.
_____ Los argumentos se exponen en un orden lógico.

4. La lengua que utiliza la escritora para lograr su propósito tiene las siguientes características:

_____ Utiliza un lenguaje más íntimo, de amigo para lograr la confianza de los lectores.
_____ Usa preguntas provocativas para hacer pensar a los lectores.
_____ Ejemplifica para sustentar su visión del problema.
_____ Usa el indicativo para fundamentar los hechos.
_____ Propone soluciones al problema de la destrucción del medio ambiente.

Estimado señor editor:

Después de leer su artículo "¿Y a usted le importa el medio ambiente?" resulta imposible ignorar la preocupante realidad que se vive en nuestro planeta. Por eso, escribirle era la opción más sensata para continuar el diálogo con usted y sus lectores sobre las actitudes y los comportamientos de los ciudadanos comunes frente al medio ambiente.

No se necesita ser experto para darse cuenta de que el planeta Tierra, al igual que sus habitantes, su flora y fauna, tiene serios problemas. Tampoco es un secreto que el hambre, la extinción de muchas especies animales y vegetales, el agujero de la capa de ozono, la contaminación del aire, los mares y ríos, etc. han sido causados por el desinterés, la apatía e irresponsabilidad del ser humano a través de los siglos. Lo trágico es que nadie quiere admitir su culpa ni tampoco hacer cambios para tratar de salvar un planeta ya casi destruido. Todo parece girar en un círculo vicioso.

La tierra no produce como antes porque se abusó de ella y se continúa haciéndolo. Por consiguiente, la falta de comida en el mundo causa hambre y desnutrición. Si se está desnutrido, las defensas del cuerpo disminuyen tanto que este es más susceptible de contraer enfermedades. Si se está enfermo de gravedad, no se puede trabajar; por lo tanto, los niveles nacionales de producción bajan. Si no se produce, las economías no crecen y, en algunos casos, colapsan. ¿Se puede hacer algo o ya no hay nada que hacer? ¿Moriremos todos de cáncer de la piel, de sida o de hambre? ¿Cómo se puede romper este círculo de destrucción para garantizarles a los niños por lo menos una vida tan larga como la que usted y yo hemos vivido?

Finalmente, termino preguntándole: ¿Qué se debe hacer para salvar el planeta? ¿Y qué se puede hacer para despertar interés e incentivar una actitud proteccionista del medio ambiente? Si no se hace nada, ¿qué otros problemas veremos?

Atentamente,
Preocupada

9-31 Preparación. Vuelva a leer la carta de *Preocupada* y prepárese para responder a las tres preguntas en el último párrafo. Los siguientes pasos le serán útiles.

1. Determine el público potencial del texto que usted escribirá.
2. Decida el tipo de texto que redactará: una carta al periódico local, un artículo para una revista científica, un ensayo para su clase de Medio ambiente, etc.
3. Indique su objetivo al escribir este texto.
4. Dependiendo de su público lector, seleccione la información que incluirá en su texto.
5. Planifique algunas estrategias para captar el interés de sus lectores: dándole un título provocativo a su texto, haciendo preguntas, incitando a la reflexión, etc.

9-32 ¡A escribir! Ahora responda a las preguntas de *Preocupada* utilizando la información que recogió en la actividad **9-31**.

9-33 ¡A editar! Después de unas horas, lea su escrito, pensando en su lector. Haga lo siguiente.

- Afine sus ideas.
- Asegúrese que ha hecho la distinción entre las opiniones y los hechos.
- Aclare aquellos puntos confusos y asegúrese de que el vocabulario sea preciso.
- Mejore el estilo de su texto. Varíe el vocabulario. Use sinónimos y antónimos.
- Verifique la precisión de las estructuras gramaticales que usó.
- Revise la ortografía, los acentos, la puntuación, etc.

A explorar

9-34 Productos alternativos. Primera fase. Elija dos productos ecológicos que se venden en su comunidad. Haga una investigación sobre ellos y escriba un informe que responda a las siguientes preguntas.

1. ¿Qué tipo de producto es?
2. ¿Por qué se considera ecológico comparado con otros productos similares?
3. ¿Cuál es la diferencia de precio?

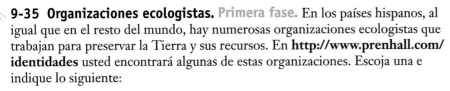

Segunda fase. Preparen una presentación para la clase sobre lo que investigaron en la *Primera fase*.

9-35 Organizaciones ecologistas. Primera fase. En los países hispanos, al igual que en el resto del mundo, hay numerosas organizaciones ecologistas que trabajan para preservar la Tierra y sus recursos. En **http://www.prenhall.com/ identidades** usted encontrará algunas de estas organizaciones. Escoja una e indique lo siguiente:

1. Localización de la organización
2. Los objetivos de la organización
3. Una o dos acciones para resolver o protestar por algún problema ecológico
4. Su opinión (a favor o en contra) de la misión de esta organización y sus estrategias de trabajo

Segunda fase. Comparta con la clase la información que recogió en la *Primera fase* y su opinión personal sobre la misión de esta organización y sus estrategias de trabajo.

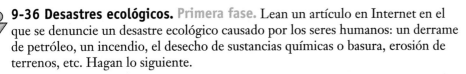

9-36 Desastres ecológicos. Primera fase. Lean un artículo en Internet en el que se denuncie un desastre ecológico causado por los seres humanos: un derrame de petróleo, un incendio, el desecho de sustancias químicas o basura, erosión de terrenos, etc. Hagan lo siguiente.

1. Identifiquen el tipo de desastre y los responsables de este.
2. Digan dónde y cómo ocurrió.

Segunda fase. Preparen una hoja informativa que le enseñe a la población del lugar a prevenir un desastre ecológico semejante al de la *Primera fase*. La hoja informativa debe incluir los siguientes datos:

1. El tipo de desastre
2. Una enumeración de las acciones irresponsables de los ciudadanos o las compañías
3. Una descripción de los efectos de esta conducta en el medio ambiente
4. Algunas recomendaciones para resolver el problema o eliminar el peligro para la vida humana/animal/vegetal

La geografía

el altiplano	highland; plateau
la altura	height
la Amazonía	Amazon region
el bosque	forest, woods
el campo	countryside
la cordillera	mountain range
la costa	coast
el desierto	desert
el litoral	coast
el llano	plain
la meseta	plateau
el pasto	pasture
la selva	jungle
el valle	valley

El medio ambiente

la amenaza	threat
la atmósfera	atmosphere
la basura	garbage, waste
el calentamiento	warming
la calidad del aire	air quality
el cambio climático	climate change
la conservación	conservation
la contaminación	pollution
la deforestación	deforestation
la degradación	deterioration
el derrame	spill
la desertización	desertification
el dióxido de carbono	carbon dioxide
el efecto invernadero	greenhouse effect
la eficiencia energética	energy efficiency
la emisión	emission
la energía eólica	wind power
la escasez	scarcity
la especie	species
la extinción	extinction
la fábrica	factory
el hielo	ice
la inundación	flood
la protección	protection
el reciclaje	recycling

la sequía	drought
la tala	cutting, felling (trees)
el vertido	spill

Características

alto/a	high, tall
árido/a	arid
caluroso/a	hot
fluvial	fluvial, pertaining to a river
helado/a	frozen
húmedo/a	humid
medioambiental	environmental
montañoso/a	mountainous
seco/a	dry
variado/a	varied

Verbos

contaminar	to pollute, to contaminate
criar	to raise
degradar	to degrade
derretirse (i, i)	to melt
evitar	to avoid
fundirse	to melt
llover (ue)	to rain
multar	to fine
ocupar	to occupy
pescar (q)	to fish
preservar	to preserve
proteger (j)	to protect
recoger (j)	to gather
tirar	to throw away, to dispose of

Palabras y expresiones útiles

a lo largo de	along, all through
la carretera	road
de repente	suddenly
el ganado	cattle
el peligro	danger
tomar medidas	to take steps, measures
la pérdida	loss
la soja	soy, soybean

Objetivos comunicativos

- Talking about current issues and values
- Giving opinions on controversial issues

Contenido temático y cultural

- Globalization and multinational corporations
- Advantages and disadvantages of technology

VISTA PANORÁMICA

10
Nuestro
futuro

VISTA PANORÁMICA

La globalización ha traído como consecuencia un mayor contacto entre los pueblos y culturas. Además, los precios de ciertos productos han bajado, pero a veces esto ocurre a cambio de la explotación de los trabajadores. En algunos países hispanos se puede ver a los desempleados participando en manifestaciones para expresar su oposición a las medidas económicas del gobierno y de las empresas.
◄

Muchas compañías hoy en día no se limitan a hacer negocios en su propio país. Ese es el caso de CEMEX, fundada en 1906 en Monterrey, México, uno de los fabricantes de cemento más importantes del mundo. La red de distribución y producción de esta compañía global se extiende a través de cuatro continentes.
►

Debido a los adelantos en las comunicaciones y a los avances tecnológicos, el transporte de los productos de un país a otro se puede hacer en corto tiempo. Antes resultaba imposible consumir frutas típicas del verano durante el invierno. Hoy en día, con la rapidez del transporte aéreo, es posible, en pleno invierno en el hemisferio norte, consumir frutas que se recogen en el verano del hemisferio sur.
◄

En el futuro, aunque haga mal tiempo fuera, las personas podrán caminar en el lugar que elijan sin tener que salir de la casa. La tecnología permitirá detectar los movimientos del usuario e integrarlos en las imágenes que se proyectan en la pantalla. De esa manera la persona se podrá imaginar y sentir caminando en su paisaje predilecto.
◀

En la cocina del futuro habrá pantallas conectadas a Internet que respondan a la voz del usuario. En ellas podremos consultar recetas y hacer nuestras compras accediendo directamente al supermercado.
▶

▲ En casa habrá unas pizarras electrónicas donde podremos dejar mensajes verbales con imágenes visuales para otros miembros de la familia. Estas pizarras también servirán de agendas que nos recordarán las citas que hemos hecho, las llamadas que debemos hacer, o las cosas que tenemos que comprar.

Las caídas y los accidentes provocados por la oscuridad serán cuestión del pasado. En las casas del futuro los suelos se iluminarán ligeramente cuando una persona camine sobre ellos, lo que le permitirá ir a la cocina, al baño, o responder al llanto de un bebé sin temor de tropezar.
▶

A leer

Preparación

 10-1 Asociaciones globales. Primera fase. ¿Sabe usted lo que significa *globalización*? Vaya a **http://www.prenhall.com/identidades** si necesita más información. ¿Cree usted que hay una conexión entre los conceptos de la lista a continuación y la globalización? Marque (✓) los que usted asocia con el tema de la globalización. Luego, compare sus respuestas con las de un compañero/una compañera y justifique las suyas cuando sea necesario.

1. _____ Libre comercio
2. _____ Exportación de bienes (*goods*)
3. _____ Problemas sociales
4. _____ Problemas financieros
5. _____ Movimiento de capitales a corto plazo (*short-term*)
6. _____ Prohibición de inversión extranjera
7. _____ Prosperidad económica
8. _____ Pobreza
9. _____ Reducción migratoria
10. _____ Desarrollo

Segunda fase. Compartan sus respuestas con el resto de la clase y explíquenlas.

10-2 ¿Ventaja o desventaja? Primera fase. Indique si los siguientes fenómenos representan una ventaja (**V**) o una desventaja (**D**) para los países.

1. _____ La reducción de los salarios reales
2. _____ El progreso económico de todos
3. _____ La pérdida de puestos de trabajo
4. _____ La disminución del empleo en los países industriales
5. _____ La creación de pequeñas industrias
6. _____ La marginación social
7. _____ El aumento del turismo
8. _____ El empleo infantil
9. _____ La lucha por los derechos de las mujeres en sociedades más tradicionales
10. _____ La inmigración

 Segunda fase. Escriban una lista de por lo menos cuatro efectos de la globalización en su comunidad o país. Den ejemplos. Finalmente, determinen cuál de los efectos de la globalización de su lista es el más serio, según ustedes. Digan por qué.

🌀 Cultura 🌀

Los adelantos e inventos del siglo XV permitieron la navegación en los océanos. Esto trajo como consecuencia el descubrimiento de otras tierras y el intercambio de culturas. En los siglos XVIII y XIX, las máquinas de vapor revolucionaron el transporte por tierra y por mar. Hoy en día, el uso de la tecnología y las nuevas formas de energía, como la atómica o la solar, facilitan el transporte y el comercio entre los pueblos.

PRIMERA PARTE

10-3 ¿Qué valoramos (*value*)? Observen las siguientes imágenes y hagan lo siguiente:

1. Describan el entorno de cada foto o imagen y a las personas en él.
2. Indiquen qué aspecto relacionado con la globalización presenta cada foto. También determinen si este fenómeno existe en su comunidad o país.
3. Den su opinión (a favor o en contra) del tema de cada foto y propongan una solución al problema presentado en cada foto.

1. _____

2. _____

3. _____

Estrategias de lectura

1. Use el título para anticipar el contenido.

   Lea el título: "La globalización, ventajas e inconvenientes". ¿Conoce la palabra *inconvenientes*? Es un cognado falso; no significa *inconveniences* en el sentido de "incomodidades". Si no conoce la palabra, búsquela en el diccionario.

2. Puesto que el texto trata de oposiciones (ventajas e inconvenientes), el autor presenta dos perspectivas sobre cada tema. ¿Qué tipo de texto presenta perspectivas opuestas sobre un tema: un reportaje de un evento o un ensayo sobre un tema social?

3. Use la primera oración de cada párrafo para anticipar el contenido.

   Pase su marcador por la primera oración de cada párrafo. Luego, lea las oraciones para tener una idea del texto en su totalidad.

LECTURA

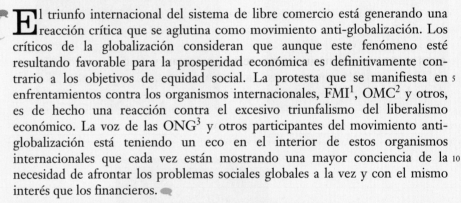

La globalización, ventajas e inconvenientes

El triunfo internacional del sistema de libre comercio está generando una reacción crítica que se aglutina como movimiento anti-globalización. Los críticos de la globalización consideran que aunque este fenómeno esté resultando favorable para la prosperidad económica es definitivamente contrario a los objetivos de equidad social. La protesta que se manifiesta en 5 enfrentamientos contra los organismos internacionales, FMI[1], OMC[2] y otros, es de hecho una reacción contra el excesivo triunfalismo del liberalismo económico. La voz de las ONG[3] y otros participantes del movimiento anti-globalización está teniendo un eco en el interior de estos organismos internacionales que cada vez están mostrando una mayor conciencia de la 10 necesidad de afrontar los problemas sociales globales a la vez y con el mismo interés que los financieros.

Para juzgar las ventajas y los inconvenientes de la globalización es necesario distinguir entre las diversas formas que adopta. Algunas formas pueden conducir a resultados positivos y otras a resultados negativos. El fenómeno de la 15 globalización engloba al libre comercio internacional, al movimiento de capitales a corto plazo, a la inversión extranjera directa, a los fenómenos migratorios, al desarrollo de las tecnologías de la comunicación y a su efecto cultural.

Por ejemplo, la liberalización de los movimientos de capital a corto plazo ha 20 provocado ya graves crisis en diversas regiones de desarrollo medio: sudeste asiático, México, Turquía, Argentina… Estas crisis han generado una gran hostilidad a la globalización en las zonas afectadas. Sin embargo, sería absurdo renegar[4] de los flujos internacionales del capital que son imprescindibles para el desarrollo. 25

---

[1]Fondo Monetario Internacional   [2]Organización Mundial del Comercio (*World Trade Organization*)
[3]Organización No Gubernamental (*Non-Governmental Organization*)   [4]*to complain*

En general, el comercio internacional es positivo para el progreso económico de todos y para los objetivos sociales de eliminación de la pobreza y la marginación social. Sin embargo, la liberalización comercial, aunque beneficiosa para el conjunto del país afectado, provoca crisis en algunos sectores, lo que requiere la
30 intervención del estado. Si se quiere que los avances de la globalización no disminuyan el bienestar de nadie, es necesaria la intervención de los gobiernos y los organismos internacionales para redistribuir los beneficios y compensar a los perjudicados[5]. ▰

▰ En cualquier caso, aunque el progreso global facilite la consecución[6] a largo
35 plazo de objetivos sociales, la especial gravedad de algunos problemas requiere una actuación decidida, sin esperas. Por otra parte, es posible que los críticos anti-globalización no sean conscientes de los efectos sociales positivos de esta. Consideremos por ejemplo el efecto que está teniendo la globalización cultural, el turismo y los movimientos migratorios sobre el papel de la mujer y los
40 derechos de los niños en las sociedades más tradicionales.

▰ Una crítica que suele plantearse en los países avanzados es que la globalización reduce los salarios reales y provoca la pérdida de puestos de trabajo. Los críticos sostienen que la oleada[7] de los productos que requieren mucha mano de obra generados en países en desarrollo de salarios bajos destruye el empleo en los
45 países industriales. Este argumento se suele utilizar para restringir[8] las importaciones de los países en desarrollo. En realidad el tema es bastante más complejo. En las últimas décadas, primero un grupo de países y luego otro han comenzado a abrir su economía y a beneficiarse del comercio. A medida que estos países prosperan, sus salarios reales aumentan, y dejan de ser competitivos
50 en una producción que requiere un uso intensivo de mano de obra. No sólo dejan de ser una amenaza para los trabajadores de los países industriales sino que además se convierten ellos mismos en importadores de bienes que requieren mucha mano de obra. Este proceso se observó en Japón en los años setenta, Asia oriental en los ochenta y China en los noventa. ▰

55 Los beneficios de la globalización casi siempre superan a los perjuicios[9], pero hay perjuicios y, para contrarrestarlos, se necesitan instituciones adecuadas. Cuando las empresas de capital extranjero causan contaminación en los países en desarrollo, la solución no es impedir la inversión extranjera o cerrar esas empresas, sino diseñar soluciones puntuales y sobre todo organizar la sociedad, con mi-
60 nisterios, normas medioambientales y un aparato judicial eficaz que las imponga.

El reforzamiento de las instituciones debe producirse también a nivel internacional. El FMI debe diseñar medidas de previsión[10] y control de los perjuicios causados por los movimientos espasmódicos[11] de capital a corto plazo. Además, deben actuar de forma más coherente. Por ejemplo, si la OMC fomenta
65 el libre comercio, no debe aceptar barreras comerciales justificadas por razones sociales. La lucha contra el trabajo infantil, por ejemplo, no debe basarse en represalias[12] comerciales sino en un mayor intervencionismo de la Organización Internacional del Trabajo o la Organización Internacional de la Salud.

Fuente: Juan Carlos Martínez Coll, "Comercio internacional y globalización", La Economía de Mercado (2001), **http://www.eumed.net/cursecon/15/index.htm**, *edición del 28 de agosto de 2007. Used by permission.*

[5]*those who are affected adversely* [6]*achievement* [7]*wave* [8]*restrict* [9]daños [10]anticipation
[11]uneven [12]retaliation

Según lo que dice el autor en este párrafo, ¿cuál es un inconveniente serio de la globalización? ¿Cómo pueden ayudar los gobiernos de los países?

En este párrafo (líneas 36 a 40) se mencionan algunas consecuencias positivas de la globalización. Al leer el párrafo, márquelas.

¿Cuál es el tema de este párrafo (líneas 41 a 54)? Lea la primera frase. Al leer el párrafo, trate de comprender la lógica de la perspectiva que el autor presenta.

¿Qué ha comprendido (líneas 47 a 54)? Resuma en sus propias palabras la secuencia de eventos que, según el autor, pasó en Japón, Asia oriental y China.

En los últimos dos párrafos, se presentan las soluciones que el autor propone a los problemas de la globalización. Al leer, pase su marcador sobre estas soluciones. Apúntelas en un papel para referirse a ellas al hacer las actividades de comprensión.

Comprensión y ampliación

10-4 ¿Cierto o falso? Indique si las siguientes oraciones son ciertas (**C**) o falsas (**F**) de acuerdo con la información que se ofrece en la lectura. Si son falsas, indique en qué línea(s) del texto está la respuesta correcta.

1. _____ Los que critican la globalización piensan que promueve la desigualdad social.
2. _____ El liberalismo económico está en contra de la globalización.
3. _____ La Organización Mundial del Comercio quiere que los problemas sociales sean considerados tan importantes como los económicos.
4. _____ La globalización no tiene nada que ver con el fenómeno de la emigración.
5. _____ El flujo de capital internacional es muy importante para el desarrollo de ciertos aíses.
6. _____ La intervención de los gobiernos y organismos internacionales no es necesaria para redistribuir los beneficios.
7. _____ La globalización beneficia a las mujeres y los niños en las sociedades tradicionales.
8. _____ Algunos críticos de la globalización piensan que esta provoca la pérdida de puestos de trabajo.

10-5 Explicando conceptos. Primera fase. Encuentren las explicaciones más adecuadas para los siguientes conceptos que se mencionan en el texto.

1. _____ el sistema de libre comercio
2. _____ los fenómenos migratorios
3. _____ la marginación social
4. _____ la mano de obra
5. _____ las normas medioambientales
6. _____ el aparato judicial

a. las personas que trabajan
b. las leyes que protegen la naturaleza
c. Se refiere a la pobreza y aislamiento que sufren los que no se benefician de la globalización.
d. Es un sistema de mercado internacional donde se eliminan ciertos impuestos y permisos para permitir la compra y venta de productos.
e. Es el flujo de personas de un país a otro generalmente por motivos de trabajo.
f. el sistema de leyes de un país

Segunda fase. Hagan una investigación sobre el Tratado de Libre Comercio (*North American Free Trade Agreement* o *NAFTA*) o algún otro ejemplo de globalización y discutan de qué manera puede un tratado como este influir en algunos de los conceptos citados en la *Primera fase*.

MODELO: El Tratado de Libre Comercio facilita la importación de productos entre los distintos países.

10-6 Mire sus notas. Primera fase. Al leer el texto usted subrayó y anotó algunas de las ventajas e inconvenientes de la globalización, según el autor. Complete el siguiente cuadro con sus propias notas. También puede añadir otras ideas.

Ventajas	Inconvenientes
Es buena para la economía.	Puede fomentar la desigualdad social.
Promueve el desarrollo de la tecnología.	Provoca crisis en algunos sectores.

 Segunda fase. Comparen sus notas y escriban un breve resumen del artículo incluyendo las siguientes ideas.

1. Una definición de la globalización
2. Las ventajas y desventajas de la globalización
3. La solución para algunos problemas provocados por la globalización

Aclaración y expansión

The imperfect subjunctive

In previous chapters you have used the present subjunctive. Now you will start using the imperfect subjunctive, which is also called the past subjunctive. While the present subjunctive is oriented to the present or the future, the imperfect subjunctive normally focuses on the past.

Present or future → Present subjunctive

Para evaluar el impacto de la globalización, **es necesario** que **comprendamos** sus muchas facetas.	*To evaluate the impact of globalization, **it is necessary** that we **understand** its many facets.*
Se publicará el informe cuando **se termine** la conferencia.	*The report **will be published** when the conference **ends**.*

Preterit, imperfect, conditional → Imperfect subjunctive

Sugirió que la conferencia sobre la globalización **no fuera** muy técnica.	*She **suggested** that the lecture on globalization **not be** very technical.*
Dudaba que los estudiantes **comprendieran** los análisis económicos detallados.	*I **doubted** that the students **would understand** the detailed economic analyses.*
La conferencia **sería** más clara si la presentadora **usara** imágenes visuales.	*The lecture **would be** clearer if the presenter **used** visual images.*

● In general, the same rules that apply to the use of the present subjunctive also apply to the use of the imperfect subjunctive.

1. Expressing wishes, hope, emotions, advice, and doubts.

El economista esperaba que su público **hiciera** preguntas después de su presentación.	*The economist hoped that the audience **would ask** questions after his presentation.*

2. Referring to unknown or nonexistent antecedents.

No había nadie que **conociera** el tema mejor que él.	*There was no one who **understood** the topic better than he did.*

3. After expressions that require the subjunctive: **a menos que, sin que, para que**, etc.

La profesora hizo los arreglos para que los estudiantes **tuvieran** la oportunidad de hablar con el economista informalmente.	*The professor made arrangements so that the students **would have** the opportunity to talk with the economist informally.*

● Use the imperfect subjunctive after the expression **como si** (*as if, as though*). The verb in the main clause may be in the present or in the past.

El público reaccionó como si la globalización no nos **afectara** a todos.	*The audience reacted as though globalization **did not affect** us all.*

All regular and irregular imperfect subjunctive verb forms are based on the **ustedes, ellos/as** form of the preterit. Drop the **-on** preterit ending and add the past subjunctive endings. Note the written accent in the **nosotros/as** form.

	hablar	comer	vivir	estar
	(hablar~~on~~)	(comier~~on~~)	(vivier~~on~~)	(estuvier~~on~~)
yo	hablar**a**	comier**a**	vivier**a**	estuvier**a**
tú	hablar**as**	comier**as**	vivier**as**	estuvier**as**
Ud., él, ella	hablar**a**	comier**a**	vivier**a**	estuvier**a**
nosotros/as	hablár**amos**	comiér**amos**	viviér**amos**	estuviér**amos**
vosotros/as	hablar**ais**	comier**ais**	vivier**ais**	estuvier**ais**
Uds., ellos/as	hablar**an**	comier**an**	vivier**an**	estuvier**an**

● The imperfect subjunctive has another conjugation ending in **-se: hablase, hablases, hablase, hablásemos, hablaseis, hablasen; comiese, comieses…; viviese, vivieses…; estuviese, estuvieses…** Of the two forms, the **-a** form is more commonly used.

10-7 La fábrica que no pudo modernizarse. Una fábrica afectada por la globalización cerrará. Su dueño habla con uno de sus administradores. Complete el siguiente texto con el imperfecto de subjuntivo del verbo entre paréntesis para saber lo que ocurrió.

DUEÑO: Era necesario que nosotros (1) _____ (empezar) el proceso de modernización hace cinco años, pero no lo hicimos. Yo le insistía que usted (2) _____ (analizar) la situación, pero no lo hizo. Ahora hemos perdido todo.

ADMINISTRADOR: Desgraciadamente, usted tiene razón, señor. Yo dudaba que el problema (3) _____ (ser) tan grave. No me gustaba que usted (4) _____ (repetir) las mismas preocupaciones todas las semanas. Pero tenía razón. Era esencial que yo (5) _____ (estudiar) el mercado para que nosotros (6) _____ (hacer) una nueva estrategia. Yo acepto la responsabilidad por la situación.

DUEÑO: Yo tambien debería aceptar una gran parte de la responsabilidad. Yo quería que usted (7) _____ (encargarse) de todos los aspectos de la producción y del presupuesto. Le pedí que (8) _____ (asumir) demasiada responsabilidad.

ADMINISTRADOR: No hablemos más de culpa y responsabilidad. ¿Qué hacemos para mejorar la situación?

DUEÑO: Me reuní ayer con mi abogado. Me aconsejó que yo (9) _____ (vender) la fábrica. También me sugirió que yo (10) _____ (contratar: *to hire*) a unos especialistas en recursos humanos (*human resources*), para que ellos nos (11) _____ (ayudar) a buscarles trabajo a los empleados.

ADMINISTRADOR: Puede contar con toda mi ayuda y apoyo, señor. Ojalá (12) _____ (poder) revertir la situación.

Lengua

Ojalá (que), which you learned about in Chapter 5, is followed by the imperfect subjunctive when you want to express a desire that something in the present or future could be different from how it is: **Ojalá que no tuviera que estudiar todo el fin de semana** (*I wish I didn't have to study all weekend*); **ojalá que hiciera mejor tiempo hoy** (*I wish the weather were better today*).

10-8 La comunicación en nuestra era tecnológica. Primera fase. El aumento de los medios de comunicación personal y comercial caracteriza la vida moderna. Hoy los amigos y los familiares pueden comunicarse a través de mensajes de texto, *chat* y sitios de Internet; en consecuencia, el contacto personal es cada vez menor. Señale (✔) las actividades que, según usted, pueden incentivar la comunicación directa, sin la tecnología, entre las personas. Después, añada dos actividades más.

1. _____ Llamar a los amigos por teléfono
2. _____ Mandarse mensajes por correo electrónico
3. _____ Buscar actividades para disfrutar juntos
4. _____ Salir con un amigo diferente todas las semanas
5. _____ Invitar a los amigos a formar parte de su comunidad de amigos en *Facebook*
6. _____ Hacer actividades solitarias en su tiempo libre, como leer, escribir poesía o caminar en las montañas
7. …
8. …

 Segunda fase. Ahora comparta sus respuestas con su compañero/a. Después, escojan las cuatro actividades que, según ustedes, son los más importantes, e intercambien ideas con otra pareja.

MODELO: E1: Yo les aconsejaría que hablaran más entre ellos.
         E2: Me parece muy bien. Y yo les aconsejaría que…

 10-9 Efectos de la globalización. La globalización tiene un impacto en muchos aspectos de la sociedad. Túrnense para comentar lo que ustedes preferirían/querrían o les gustaría que pasara en la sociedad donde ustedes viven con respecto a los temas a continuación. Su compañero/a debe añadir un comentario relacionado.

MODELO: Los trabajadores agrícolas
         E1: Me gustaría que los trabajadores agrícolas tuvieran mejores condiciones de trabajo.
         E2: De acuerdo. También sería bueno que ganaran más dinero.

1. Los desempleados
2. Los inmigrantes
3. Los niños/el trabajo infantil
4. Los vinos chilenos
5. Los coches japoneses
6. Los productos agrícolas nacionales
7. …

10-10 ¿Cómo ha afectado a mi comunidad la globalización? Primera fase. Escriba dos efectos positivos y dos negativos de la globalización en su comunidad (país, región o ciudad).

Efectos positivos	Efectos negativos
1.	1.
2.	2.

Segunda fase. Ahora escriba dos párrafos sobre la globalización. Haga lo siguiente:

1. En el primer párrafo, exponga sus argumentos sobre lo positivo de la globalización.
2. En el segundo, exponga sus argumentos sobre lo negativo de esta.

10-11 La tecnología: ¿beneficio o perjuicio? Primera fase. Los aparatos a continuación probablemente forman parte de su vida actual. Para cada aparato que tiene, explique como afecta a las siguientes áreas de su vida.

1. Sus relaciones familiares: _____
2. Sus relaciones con sus amigos o pareja (*significant other*): _____
3. Sus estudios y/o trabajo: _____

Teléfono celular

iPod

Computadora portátil

DVD

Segunda fase. Comparta su experiencia personal con la tecnología con su compañero/a. Indique qué aspectos o funciones de cada aparato quisiera que fueran diferentes.

MODELO: Tengo un teléfono celular. Lo uso frecuentemente para hablar con mi familia, amigos o colegas de trabajo. Mi teléfono no muestra imágenes. Quisiera que me permitiera ver a la persona con quien hablo.

La inmigración

<u>Antes de ver</u>

10-12 Definiciones. Primera fase. Dé una definición para las siguientes palabras:

1. Emigrar es _____.
2. Inmigrar significa _____.

Segunda fase. ¿Qué razones o causas motivan la emigración? Mencione por lo menos cuatro causas.

Tercera fase. Finalmente, mencione algunas de las principales contribuciones que han hecho los distintos grupos de inmigrantes a su país.

<u>Mientras ve</u>

10-13 ¿Cierto o falso? Indique si las siguientes afirmaciones son ciertas (**C**) o falsas (**F**) según la información que aparece en el video. Si la respuesta es falsa, dé la información correcta.

❶ _____ Todos los seres humanos aspiran a vivir en otro país.

❷ _____ La presencia de distintos grupos étnicos en España es un fenómeno nuevo.

❸ _____ En la actualidad, se estima que el 10% de la población española está compuesto por extranjeros.

❹ _____ Los inmigrantes que llegan a España son todos latinoamericanos.

❺ _____ El grupo más numeroso de inmigrantes latinoamericanos en España es el de los guatemaltecos.

❻ _____ Todos los latinoamericanos tienen automáticamente ciudadanía española.

<u>Después de ver</u>

10-14 Ahora le toca a usted. Primera fase. Escriba 1 ó 2 oraciones que resuman el tema del video que acaba de ver.

Segunda fase. Intercambien su resumen y luego escriban uno juntos/as utilizando la información de los/las dos.

10-15 Responsabilidades. Algunas personas creen que España tiene una responsabilidad histórica y cultural de ayudar a los ciudadanos latinoamericanos. ¿Están ustedes de acuerdo con esa afirmación? ¿Por qué? Discutan su punto de vista.

A leer

Preparación

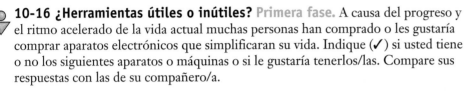

10-16 ¿Herramientas útiles o inútiles? *Primera fase.* A causa del progreso y el ritmo acelerado de la vida actual muchas personas han comprado o les gustaría comprar aparatos electrónicos que simplificaran su vida. Indique (✓) si usted tiene o no los siguientes aparatos o máquinas o si le gustaría tenerlos/las. Compare sus respuestas con las de su compañero/a.

	Lo/La tengo.	No lo/la tengo.	Me gustaría tenerlo/la.
un buscapersonas			
una lavadora de ropa			
un lavaplatos			
una secadora de ropa			
un horno microondas			
una cámara digital			
una consola (*video game console*)			
una computadora portátil			
un teclado inalámbrico (*wireless keyboard*)			
un teléfono celular			

Segunda fase. Mire una vez más su lista de la *Primera fase* y escoja los dos aparatos que, según usted, son los más útiles. Compare su selección con la de su compañero/a. Explíquele por qué los aparatos que usted escogió son los más útiles. Prepárese para compartir la información con la clase.

10-17 ¿Nos afecta o no la tecnología? *Primera fase.* Indiquen si están de acuerdo o no con las siguientes afirmaciones relacionadas con el efecto de la tecnología en las personas. Expliquen por qué.

	Sí	No
1. La mayoría de la gente se alegra cuando compra un aparato electrónico.	_____	_____
2. Todas las personas se sienten cómodas usando máquinas.	_____	_____
3. Los adolescentes siempre se muestran irritados con las máquinas.	_____	_____
4. Las personas mayores se disgustan cuando una máquina se descompone.	_____	_____
5. Las personas se ponen contentas de que las máquinas les faciliten el trabajo doméstico.	_____	_____
6. La mayoría de la gente se esfuerza por aprender a usar las máquinas.	_____	_____
7. Muchas personas sufren estrés cuando tienen que hacer funcionar un aparato electrónico.	_____	_____
8. La mayoría de la gente sufre de insomnio a causa de la tecnología.	_____	_____
9. Algunas personas se sienten impotentes frente a la tecnología y rehúsan usarla.	_____	_____
10. Ciertas personas se quejan de sobrecarga mental provocada por la tensión que les causa usar las máquinas.	_____	_____

Segunda fase. Escriba uno o dos párrafos en el que usted explica el efecto de la tecnología en usted. No firme su texto porque alguien en la clase lo leerá y adivinará quién lo escribió. Incluya la siguiente información.

1. Nombre de los aparatos eléctricos o electrónicos que usted tiene
2. Frecuencia con que usted los usa y para qué
3. Un aparato eléctrico o electrónico que usted usa que lo/la afecta positivamente y uno que lo/la afecta negativamente. Explique el efecto que ambos tienen en usted.

 10-18 ¡Qué fácil nos hacen la vida! Primera fase. Digan para qué sirve cada una de las siguientes máquinas o aparatos electrodomésticos.

MODELO: El abrelatas
Se utiliza/Se usa/Sirve para abrir latas de comida (*canned food*).

1. El horno microondas
2. El lavaplatos
3. La computadora

4. El aparato de DVD
5. La batidora
6. El contestador automático

Segunda fase. Escoja los dos aparatos o máquinas de la *Primera fase* que, según usted, crean más dependencia en los usuarios. Explíquele a su compañero/a por qué las personas generalmente dependen más de ellos.

 10-19 ¿En qué ocuparíamos el tiempo libre? En preparación para la lectura, conjeturen sobre la siguiente situación hipotética.

Si alguien de su familia les comprara una casa automatizada, ¿qué características quisieran que tuviera la casa? Consideren lo siguiente:

1. La ubicación: en el campo, la ciudad, en los barrios residenciales, en la playa u otro lugar
2. El tamaño: metros cuadrados construidos, número de plantas (pisos), número de cuartos
3. El exterior: estilo arquitectónico, la fachada, jardines, iluminación, color
4. El interior: distribución y tamaño de los cuartos, número de cuartos de baño, aparatos eléctricos/electrónicos

Estrategias de lectura

1. Lea el título. ¿Qué significa "Mi casa en un chip"? Sin leer el texto, piense en las posibilidades y apúntelas en una lista breve.
2. Lea los subtítulos. A veces los subtítulos dan casi un bosquejo del texto. Lea cada uno de los subtítulos y también la primera oración de cada sección. ¿Lo/La ayudan a anticipar el contenido de cada sección?
3. Anticipe el tono del texto.
   a. Lea la primera oración del texto. Trata sobre la tecnología en nuestros hogares. ¿Cree usted que la frase "ha llegado a unos extremos inverosímiles (*improbable*, *unlikely*) en muy pocos años" indica una actitud positiva o negativa sobre los avances tecnológicos en las casas?
   b. Si no lo sabe, lea la primera oración del segundo párrafo. ¿Cree usted que es positivo o negativo el gran número de nuevos inventos tecnológicos que aparecen continuamente? ¿A qué se debe la frustración que sienten algunos usuarios?

L E C T U R A

Mi casa en un chip: tecnología para los hogares del siglo XXI

Javier Bolufer

La almohada despertador. Diseñada por una alumna, se enciende suavemente y despierta sin sobresaltos a quien duerme sobre ella. El secreto es su tela, que contiene unos pequeños reflectores luminosos que pueden ser programados para que se enciendan a una hora determinada o, incluso, cuando se reciba una llamada telefónica.

Las cortinas de baño musicales. Hay muchos aficionados al "bel canto" que dan rienda suelta a su garganta debajo de la ducha. Con este prototipo, el usuario puede utilizar el teléfono del agua para barrer[1] los códigos de barras impresos en la cortina y seleccionar canciones MP3 o conectar con la radio. El sonido surge de unos altavoces planos integrados en las cortinas.

❓ En el primer párrafo se presenta una contradicción entre (a) lo que prometen los avances tecnológicos y (b) el resultado de estos avances. Al leer el párrafo, busque lo que dice el texto sobre este tema.

❓ ¿Qué aparato se usa como ejemplo de la tecnología en el segundo párrafo? Explique en sus propias palabras la idea que el autor quiere expresar.

❓ Trate de comprender el vocabulario importante. En la primera oración del tercer párrafo, un psicólogo dice que la "dependencia tecnológica ha inundado nuestras vidas". ¿Comprende la frase "ha inundado nuestras vidas"? Si no conoce "ha inundado", busque el verbo "inundar" en su diccionario. Preste atención al significado figurado, además del sentido literal. Luego, al leer el párrafo, decida si está de acuerdo con la opinión del psicólogo.

L a tecnología, especialmente la que utilizamos en nuestro espacio doméstico, ha llegado a unos extremos inverosímiles en muy pocos años. En las últimas décadas los avances se han ido sucediendo, prometiéndonos una vida más cómoda, aunque todavía están por verse las consecuencias. Y es que en muchos casos lo que han hecho es permitirnos hacer más cosas en el mismo tiempo. 5

Por otra parte, el ritmo con el que aparecen novedades en el mercado nos impide digerirlas, lo cual nos lleva a correr el riesgo de caer en un sentimiento de frustración por nuestra incapacidad de dominar cada nueva máquina. En este caso, la tecnología se ha adelantado a la sociedad, cada vez más supeditada y dependiente de su eficacia y funcionalidad. El ejemplo más claro lo tenemos 10 en la calculadora, herramienta tan incuestionable (¡nadie revisa una operación hecha por una caja registradora!)—como imprescindible a la hora de hacer operaciones aritméticas simples—multiplicaciones o divisiones—que hace unos años habríamos hecho mentalmente o a mano. 🗨

🗨 Esta dependencia tecnológica "ha inundado nuestras vidas", opina Larry Rosen, 15 psicólogo y autor del libro *TechnoStress*. Rosen cree que "la gente se siente acelerada, irritada, frustrada, como si se estuviera unos pasos por detrás de la tecnología. La mayoría se esfuerza por mantenerse, pero pierde la batalla. El resultado es demasiado estrés y problemas de sueño, enfermedades psíquicas y sobrecarga mental". 20

[1]*read*

Dependencia tecnológica

De alguna manera nos convertimos en presas[2] hipnóticas de una espiral de innovaciones que se solapan[3] unas a otras, incluso en aparatos muy próximos a la población en general, en la que desde tiempo atrás se han creado estrechas relaciones de dependencia: lavadoras, secadoras, hornos microondas, batidoras.
25 "Los equipos domésticos serán nuestros mayordomos[4], cocineros, niñeras[5] y ayudantes que se amoldarán a los gustos de cada uno, produciendo en nosotros cierto tipo de sentimientos", afirma Stefano Marzano, director de Philips Design. 🔊

Y no tardarán en llegar. El 70% de los aparatos que equipará nuestras viviendas
30 del futuro ya está a la venta. Lo que ocurre es que existe la creencia de que, si ya es caro comprarse un piso[6], el precio de una vivienda equipada de esta manera es desorbitado. Sin embargo, Rodrigo Echenique, presidente del grupo Vallehermoso, impulsor de la Casa Internet, opina que apenas puede encarecer su coste[7] total en un 1%. Y aun saldrá más barata cuando "baje la demanda de
35 pisos y el constructor se dé cuenta de que se debe introducir elementos de mayor valor añadido", explica José Carlos Toledano, del departamento de Marketing de Iberdrola. 🔊

Necesidades del usuario

🔊 Por otra parte, un reciente estudio de Expert, elaborado con la participación del sociólogo Amando de Miguel, concluye que los usuarios piensan que antes los
40 electrodomésticos se estropeaban[8] menos. Además, se plantea la incógnita de que, una vez que las máquinas hagan el trabajo sucio, ¿en qué ocuparemos el tiempo libre? Asimismo, muchos se preguntan si necesitaremos hacer uso de toda esa tecnología, si se sabrá para qué sirven esos aparatos o simplemente se llegará a sacarle partido a sus prestaciones[9]. De hecho, hoy, sólo el 24,8% de los usuarios
45 utiliza todas las funciones, según el *1 Estudio de Calidad de Vida en el Hogar*.

🔊 Las respuestas a estas incógnitas se intuyen poco tecnológicas. El sociólogo Santiago Lorente, de la Escuela de Ingenieros de Telecomunicación de Madrid y autor del libro *La casa inteligente*, lamenta "la falta de imaginación de algunos fabricantes para averiguar qué necesita el usuario capaz de aceptar un
50 determinado coste". Una solución sería una innovación tecnológica pausada, que se adaptara a nosotros, y no al revés.

En cualquier caso, la entrada de la informática de alto nivel en el universo privado del hogar da pulso firme a los futurólogos para esbozar[10] una vivienda en la que habremos perdido el protagonismo como anfitriones y las máquinas
55 obedecerán las instrucciones que le lleguen a través del la red[11]. Miquel Barceló, profesor de Historia de la Informática en la Universidad de Barcelona, está convencido de que tarde o temprano, y por medio de chips, se conseguirán ordenadores emocionales que lleguen a entender nuestras órdenes y comprendan nuestros sentimientos, percibiendo el contexto de la situación que
60 establecemos con ellos. Tal vez, además de depender de las máquinas desde un punto de vista práctico, también nos sometamos[12] a ellas emocionalmente.

---

[2]*prisoners* [3]*overlap* [4]*butler* [5]*nannies, babysitters* [6]apartamento (en España) [7]*costo* [8]*broke down*
[9]beneficiarse de sus funciones [10]*to sketch out, design* [11]*the Web* [12]*subject ourselves*

🔊 ¿Qué ha comprendido? Lea la cita de Stefano Marzano (líneas 25 a 27) sobre la relación personal que tenemos con nuestros aparatos domésticos. ¿A qué tipo de relación y sentimientos se refiere? ¿Está usted de acuerdo?

🔊 Este párrafo (líneas 29 a 37) trata del alto costo de una vivienda con muchos aparatos tecnológicos. Sin embargo, ¿cuál es la opinión de José Carlos Toledano sobre este tema?

🔊 Use las preguntas en el texto para aumentar la comprensión. El autor incorpora una pregunta en este párrafo. Primero, lea la pregunta. ¿Cuál es? Luego, al leer el párrafo, trate de contestarla.

🔊 En estos últimos párrafos del texto, se presenta una hipótesis del autor sobre el futuro de la tecnología doméstica. Al leer hasta el final, busque la frase que contiene esta hipótesis.

Comprensión y ampliación

 10-20 ¡Cuidado con la tecnología! Indique si, en su opinión, las siguientes afirmaciones sobre la tecnología que se citan en el artículo son positivas (**P**) o negativas (**N**) y comente con un compañero/una compañera sus respuestas.

1. _____ La tecnología nos permite hacer más cosas al mismo tiempo.
2. _____ La sociedad depende cada vez más de la eficacia y funcionalidad de la tecnología.
3. _____ Nadie revisa una operación aritmética hecha por una calculadora o por una caja registradora.
4. _____ La mayoría de la gente se esfuerza por estar al día en cuestiones tecnológicas, pero esto produce frustraciones.
5. _____ Nos dejamos seducir por el atractivo de las innovaciones tecnológicas.
6. _____ La tecnología debe adaptarse a nuestras necesidades.
7. _____ Las máquinas obedecerán instrucciones a través de Internet.
8. _____ En el futuro habrá ordenadores emocionales que comprendan nuestros sentimientos.

 10-21 Entrevista. Primera fase. Preparen un informe para la clase sobre la influencia de la tecnología en la vida de los estudiantes. En grupo, elaboren una serie de preguntas para entrevistar a compañeros de otros grupos. Utilicen las siguientes ideas como guía.

1. Medio de transporte que utiliza regularmente el entrevistado/la entrevistada.
2. Los aparatos eléctricos o electrónicos que tiene en su habitación.
3. Los electrodomésticos que usa con más frecuencia.
4. El tiempo que pasa utilizando una computadora o una consola de videojuegos.
5. Los programas de televisión o radio que ve o escucha.
6. La influencia de la tecnología en su vida social
7. El uso de la tecnología en sus clases
8. …

Segunda fase. Después de entrevistar a varios compañeros preparen su informe para presentar en la clase. A partir de este informe y el de otros compañeros escriban un posible artículo en español sobre el tema para el periódico de su universidad.

10-22 ¿Vale la pena la tecnología? Discutan las siguientes ideas extraídas del artículo basándose en el impacto de la tecnología en sus propias vidas.

1. En el futuro, los electrodomésticos serán tan sofisticados e imprescindibles en nuestras vidas que dependeremos de ellos emocionalmente.
2. Los avances tecnológicos nos quitan trabajo, pero al mismo tiempo ocupan gran parte de nuestro tiempo libre.
3. La gente se siente acelerada y frustrada por el ritmo de vida que les impone la tecnología.
4. Los usuarios de hoy piensan que antes los electrodomésticos se estropeaban menos.
5. Algunos se preguntan si tanta tecnología es necesaria en nuestras vidas.

Aclaración y expansión

Hypothetical conditions using imperfect subjunctive and conditional

● To express that something will not happen or is unlikely to happen under a certain condition, use the imperfect subjunctive in the *if* clause and the conditional in the main clause.

Si yo **fuera** inventor, **inventaría** robots para hacer todo el trabajo doméstico.	*If I were an inventor, **I would invent** robots to do all of the household work.*
Los robots **cocinarían** si **estuvieran** programados para preparar nuestros platos favoritos.	*The robots **would cook** if they **were** programmed to prepare our favorite dishes.*

10-23 ¿Cuál sería su reacción? Primero, lea las siguientes situaciones y escoja la respuesta que usted considera apropiada en cada caso, o dé su propia respuesta. Después, compare sus respuestas con las de su compañero/a.

1. Si entrara en un almacén y viera un robot que hiciera el trabajo doméstico...

   a. lo compraría en seguida.
   b. pediría información sobre su funcionamiento.
   c. me rehusaría a comprarlo porque disfruto haciendo el trabajo doméstico.
   d. ...

2. Si el robot limpiara la casa...

   a. resistiría la tentación de comprarlo, porque limpiar la casa es buen ejercicio.
   b. no lo pensaría dos veces y lo compraría porque podría usar mi tiempo en actividades más productivas.
   c. no lo compraría porque dudo que un aparato pueda limpiar tan bien como yo.
   d. ...

3. Si un día mis aparatos electrodomésticos dejaran de funcionar...

   a. estaría muy estresado/a.
   b. querría saber qué les pasaba.
   c. me sentiría más tranquilo/a.
   d. ...

4. Si algún día en el futuro no se pudieran arreglar los aparatos rotos...

   a. sería agradable comprar aparatos nuevos todo el tiempo.
   b. se produciría una crisis por exceso de basura en el mundo.
   c. algunas personas tendrían que aprender a repararlos.
   d. ...

5. Si las casas fueran computarizadas y funcionaran solas…

   a. tendríamos más tiempo libre.
   b. no nos gustaría la falta de control sobre nuestras vidas.
   c. las computadoras se convertirían en nuestros dueños.
   d. …

 10-24 ¿Qué haría en estos casos? Use su imaginación para completar las siguientes ideas y después compártalas con un compañero/una compañera. Él/Ella le hará preguntas para obtener más detalles.

1. Si tuviera el dinero para comprar un aparato tecnológicamente avanzado…
2. Iría a vivir a otro país si…
3. Si viviera cien años más…
4. Ayudaría más a las personas necesitadas si…
5. Si pudiera cambiar algo en mi vida…
6. Si tuviera que decidir entre tener una vida sencilla y feliz o ser una persona muy importante pero con pocos amigos…

10-25 Un problema. Primera fase. Piense en un problema (social, medioambiental, político, etc.) que puede afectar seriamente al mundo del futuro. Tome notas cubriendo los puntos que aparecen a continuación.

1. La naturaleza del problema
2. Efectos que tiene en la vida diaria de la persona común y corriente (*average*)
3. Si ha habido (*there have been*) iniciativas sociales para arreglarlo

 Segunda fase. Explíquele el problema a su compañero/a y después pregúntele qué haría él/ella si tuviera el poder necesario para arreglarlo.

Lengua

Vamos by itself means *let's go*. The negative *let's not go* is **no vayamos,** the **nosotros/as** form of the present subjunctive.

Vamos a la conferencia sobre tecnología.
Let's go to the lecture on technology.
No vayamos a la conferencia sobre tecnología.
Let's not go to the lecture on technology.

Algo más

The equivalents of English *let's*

● There are two ways to express English *let's + verb* in Spanish: **vamos a +** *infinitive* and the **nosotros/as** form of the present subjunctive.

Vamos a ver el programa sobre la vida en el futuro.
Veamos el programa sobre la vida en el futuro.
}
Let's watch the program about life in the future.

● When the **nosotros/as** form of the subjunctive is used as an equivalent of *let's + verb*, placement of object and reflexive pronouns is the same as with commands.

Compremos ese libro electrónico. → **Comprémoslo.**   *Let's buy it.*

No compremos ese libro electrónico. → **No lo compremos.**   *Let's not buy it.*

● In affirmative sentences, reflexive verbs drop the final **-s** of the **nosotros/as** form of the subjunctive when the pronoun **nos** is attached.

Modernicemos + nos → **Modernicémonos.**   *Let's modernize.*

10-26 Nuestros planes para vivir más años. Con los nuevos progresos de la medicina y lo que se sabe sobre la alimentación, se espera que muchos seres humanos puedan llegar a vivir 100 años. Intercambie ideas con su compañero/a sobre lo que ustedes harán o no para llegar a esa edad con buena salud. Para formular sus planes, refiéranse a las siguientes áreas y a otra de su elección. Después intercambien sus planes con otra pareja.

MODELO: Para mantener la salud
        E1: Comamos vegetales y frutas todos los días.
        E2: Y no comamos comidas pesadas. Son difíciles de digerir.

1. Para mantener activa la memoria
2. Para tener energía
3. Para ser felices
4. Para vivir con independencia
5. …

10-27 Modernicemos la universidad. Con el fin de estar preparados para los adelantos tecnológicos del siglo XXI, las instituciones tienen que cambiar de acuerdo con los nuevos descubrimientos. Escojan dos de los siguientes temas y discutan entre ustedes los cambios que deben ocurrir para que su universidad esté preparada para el futuro. Después, preséntenle sus ideas a la clase. Utilicen el equivalente de la expresión *let's* cuando sea posible.

MODELO: E1: Las residencias estudiantiles no tienen cocinas y no se puede calentar la comida.
        E2: Sí, los estudiantes siempre tienen que ir a la cafetería.
        E3: Tengo una idea: compremos hornos microondas para poner en las habitaciones.

1. Residencias estudiantiles
2. Laboratorios
3. Deportes
4. Programas y profesores
5. Atención a los estudiantes

A escribir

Estrategias de redacción: El ensayo argumentativo

En este capítulo usted tendrá la oportunidad de practicar una vez más la argumentación. Al escribir un texto argumentativo, recuerde lo siguiente.

- Piense en su público lector y en estrategias para captar su atención.
- Infórmese detalladamente sobre el tema, consultando una variedad de fuentes (libros, revistas, expertos, etc.).
- Distinga los hechos de las opiniones y sepárelos adecuadamente.
- Presente clara y coherentemente los argumentos o razonamientos contrarios de las partes que opinan sobre el tema; incorpore también sus propios argumentos, si es necesario.
- Trate de convencer al lector de que los argumentos o razonamientos de uno de los dos lados son superiores.
- Al final de su ensayo, resuma el contenido de este, manteniendo en mente la tesis defendida a lo largo del texto.

10-28 Análisis. El autor del siguiente artículo discute los efectos de la tecnología en la vida contemporánea. Léalo y, luego, marque (✓) la alternativa adecuada.

1. Este es un ensayo _____ expositivo _____ argumentativo.

2. El lector potencial de este ensayo es…

_____ un lector especializado en asuntos del futuro. _____ un público general.

3. Este ensayo se escribió para…

_____ hacer que el público lector reflexione sobre el trágico futuro del planeta.

_____ convencer al público de que las predicciones sobre el futuro del planeta son especulativas y resprentan intereses económicos de quienes las hacen.

_____ convencer al lector de que todas las predicciones del futuro son ciertas y comprobables.

4. Con respecto a su estructura, este ensayo…

_____ tiene una introducción.

_____ presenta una tesis defendida por el autor a lo largo del texto.

_____ presenta una conclusión clara.

_____ le plantea una pregunta al lector para que piense y la resuelva por su cuenta (*on his/her own*).

5. El autor del ensayo utiliza las siguientes estrategias discursivas a través del ensayo.

_____ el análisis
_____ la aclaración
_____ la comparación
_____ el contraste
_____ la ejemplificación
_____ la presentación de datos que sustentan su tesis
_____ la explicación

Predicciones del futuro del planeta

Según los expertos, el futuro de la humanidad se ve oscuro.

¿Qué piensa usted? ¿Lo ve peligroso? Las predicciones y especulaciones apocalípticas sobre el planeta abundan: calentamiento global, conflictos, desastres, colapso económico y más.

Sin embargo hay expertos e instituciones que han realizado estudios rigurosos sobre este tema. Utilizando métodos de análisis sofisticados, decenas de universidades se preparan para prevenir los riesgos del futuro, a través de escenarios basados en las ciencias naturales, las matemáticas, la economía, la sociología y la psicología. Es así como predecir el futuro se ha convertido en un gran negocio para más de 60.000 expertos en todo el mundo. Ellos se ganan la vida describiendo el cambio futuro.

Las previsiones a continuación representan el trabajo de algunos de los más importantes centros mundiales, comisionados por instituciones como la Unión Europea y el Gobierno de Estados Unidos. Los datos y conclusiones a las que estos han llegado describen un futuro devastador cuyos efectos preocupan a muchos.

Según ellos, para 2020, el esfuerzo de los países ricos por asegurarse un bienestar económico alto provocará guerras y consecuentemente grandes migraciones. Esta teoría es reforzada por el informe "Mapping the Global Future" del Gobierno de Estados Unidos al afirmar que el aumento del consumo en Occidente provocará el caos. Sin embargo, el Banco Mundial sostiene que el desarrollo del planeta puede ser sostenible, si se guía por reglas claras y la mano invisible del mercado.

Además, para 2030, los expertos afirman que se desencadenará la crisis del petróleo. La producción bajará a un tercio y el precio del crudo se elevará por encima de los 500 dólares por barril, según datos confirmados por la Unión Europea. No obstante, los expertos de la Agencia Internacional de la Energía predicen que el aumento de las fuentes alternativas de energía ayudará a aliviar el doloroso agotamiento del petróleo.

Asimismo el año 2047 marcará una nueva era en las comunicaciones: se eliminarán los periódicos en papel. Algunos expertos coinciden con esta visión, reafirmando la importancia futura de la Red. No obstante, según otros, la Red es y será una de varias alternativas para informarse y hacer publicidad, lo cual garantizará la existencia de los periódicos.

Con respecto al clima, algunos científicos predicen drásticos cambios para el 2050: grandes porciones de la tierra estarán sumergidas bajo el agua, habrá huracanes y sequías, todos ellos consecuencias del efecto invernadero y el calentamiento global. Los más pesimistas hablan del deterioro inevitable de nuestro planeta, mientras otros alegan que los científicos no saben suficiente para predecir el clima a largo plazo.

A nivel económico, 2070 señala una crisis mundial a causa de las guerras por los recursos y los grandes cambios climáticos, como lo indican los análisis de riesgo de la compañía de seguros Swiss RE. Sin embargo, este escenario es dudoso para algunos quienes aseguran que organizaciones mundiales como las Naciones Unidas aplicarán nuevas reglas sobre los intercambios económicos.

En 2080, las economías de las grandes potencias, como Estados Unidos y la Unión Europea, y las de los países con un acelerado crecimiento, tales como India y China, terminarán con los recursos energéticos en su acelerado intento por crecer. Esto lo reafirman, entre otros, las asociaciones para la protección del medio ambiente. Pero, Estados Unidos refuta estas predicciones, arguyendo que las nuevas tecnologías continuarán permitiendo un crecimiento ilimitado.

Partiendo de la predicción de que el clima tendrá cambios drásticos, algunas organizaciones gubernamentales prevén[1] serios efectos económicos, sociales y políticos tales como migraciones, conflictos de diversa índole y recesión económica a nivel mundial.

Si se parte de un análisis del crecimiento económico de los países asiáticos, China e India, es posible predecir que el efecto del crecimiento combinado de los dos países tendrá un impacto significativo en el consumo energético regional y mundial: crecerá un 50% en veinte años. Este aumento de consumo no podrá ser satisfecho por la oferta global de energía (incluida la energía alternativa), lo cual tendrá consecuencias inimaginables.

Asimismo, el agotamiento del petróleo afectará no sólo a la economía global sino también a la tecnología. Se ha pensado en carburantes alternativos para los coches, las casas y la industria, pero se ha olvidado el transporte aéreo.

Cuando se trata de predicciones, los científicos están divididos. Algunos ven el futuro de la tecnología y sus usos con pesimismo y otros, con más optimismo. Estos últimos proponen el uso de la nanotecnología como la salvación de la humanidad, pero los primeros la responsabilizan de la desaparición de la humanidad.

Sea cual sea la predicción de los expertos, todo está sujeto a la demostración. La pregunta es si usted y yo estaremos vivos para comprobarla.

 10-29 Preparación. Primera fase. Seleccione un tema de esta lista o proponga otro relacionado con la ciencia o la tecnología que le interese y sobre el cual le gustaría escribir.

1. El futuro de la biosfera
2. La globalización y el futuro de la educación
3. El futuro del español en un mundo globalizado
4. Conflictos presentes y futuros
5. La clonación
6. ¿?

 Segunda fase. En **http://www.prenhall.com/identidades** usted encontrará ensayos relacionados con algunos aspectos de la vida del futuro. Lea el ensayo sobre el tema que seleccionó o propuso en la *Primera fase*. Si escogió un tema diferente a los propuestos en la *Primera fase*, busque su propio artículo en Internet. Ahora haga lo siguiente.

[1]*predict*

1. Identifique el propósito del ensayo.
2. Analice la estructura del texto.

- ¿Hay una tesis? Si es así, subráyela. ¿Qué argumentos sustentan la tesis?
- Si no hay una tesis, ¿cómo presenta y desarrolla sus ideas sobre el tema el autor? ¿Presenta varios puntos de vista sobre el tema o solamente el suyo?
- Observe la conclusión. ¿Resume el contenido del texto o presenta una pregunta para que el lector reflexione?

3. Tome notas del contenido del ensayo y resúmalo en sus propias palabras.

10-30 Planificación. Prepárese holísticamente para escribir su ensayo.

1. Haga un bosquejo.

- Determine y conozca a su lector. Recuerde que la cantidad y el tipo de información que usted provea en su ensayo serán fundamentales para que su lector comprenda su mensaje.
- Establezca su propósito al escribir este ensayo.
- Plantee una tesis clara. Consulte suficientes fuentes (libros, revistas, periódicos, enciclopedias, Internet, etc.) para recopilar datos, información y opiniones de expertos que le permitan sustentar la tesis. Verifique que su tesis se refleje en el título de su ensayo. Cite sus fuentes siguiendo las convenciones de investigación.
- Organice la información que recogió para lograr su propósito.

2. Prepare el vocabulario.
Escriba las palabras clave sobre su tema.

- Haga una lista de sinónimos o antónimos que lo/la ayuden a expresar sus ideas. Varíe su vocabulario para mantener un buen estilo y para captar el interés del lector.
- Haga una lista de expresiones de transición que lo/la ayudarán a darle cohesión a su ensayo.

3. Planifique las estructuras gramaticales que necesitará.
Seleccione los modos y tiempos que usará para argumentar, presentar datos o información factual, especular, convencer a alguien, etc.
4. Revise su bosquejo.
Verifique la cantidad, calidad y organización de la información o datos que presentará.

10-31 ¡A escribir! Escriba un ensayo argumentativo sobre el tema que leyó en la *Segunda fase* de la actividad **10-29**, siguiendo la planificación que acaba de hacer. Use los datos o la información recolectada.

10-32 ¡A editar! Lea su ensayo críticamente tantas veces como sea necesario. Examine mínimamente lo siguiente:

- El contenido: la cantidad y la claridad de la información para su público lector
- La forma: la cohesión y coherencia de las ideas, la división de los párrafos, las transiciones lógicas dentro y entre los párrafos, etc.
- La mecánica: la puntuación, acentuación, ortografía, mayúsculas, minúsculas, uso de la diéresis, etc.

Finalmente, haga los cambios necesarios que lo/la ayuden a lograr su propósito.

Lengua

Las siguientes expresiones lo/la ayudarán a hacer transiciones lógicas dentro y entre los párrafos de su ensayo:

Para indicar…

causa: **ya que…, puesto que…, dado que…, debido a…, a causa de…**

efecto: **como consecuencia (de)…, entonces, por eso, como resultado (de)…, por tal razón, por lo tanto…,** etc.

certeza: **por supuesto, sin duda, indudablemente, obviamente, claro que, evidentemente**

incertidumbre: **a lo mejor, quizá(s), al parecer, pareciera que….**

contradicción: **al contrario, sino, sino que, sin embargo, no obstante, pero**

condición: **en caso (de) que…, con tal (de) que…, a menos que…, a condición (de) que…**

introducción del tema: **con respecto a…, con motivo de…, en lo tocante a.**

A explorar

10-33 El futuro. Primera fase. Lean los siguientes párrafos sobre diversos aspectos del futuro, y asócienlos con una o más de las siguientes categorías.

> educación genética medicina nutrición botánica electrónica tecnología

1. La nanotecnología es una ciencia del futuro que se propone construir máquinas minúsculas de precisión atómica que puedan intervenir en procesos que mejoren la calidad de vida. Estas máquinas casi invisibles podrán construir edificios, erradicar enfermedades, producir alimentos, etc. _____

2. En la Conferencia sobre el sida que tuvo lugar en Barcelona en 2002, el director del Programa Conjunto de las Naciones Unidas para el VIH-sida (ONUSIDA), el belga Peter Piot, afirmó que anualmente hacen falta muchos millones de dólares más para responder a la epidemia del sida. En el futuro habrá que dedicar muchos recursos para investigar sobre enfermedades y epidemias ya conocidas y otras todavía desconocidas. _____

3. El diagnóstico por medio de marcadores genéticos permitirá detectar las enfermedades antes de que los pacientes de riesgo las contraigan. Conocida como medicina predictiva, esta ciencia tiene indudable valor terapéutico ya que todos aquellos que vivan con la angustia de sufrir una determinada enfermedad podrán obtener esta información y prevenir o tratar los síntomas. _____

4. En un futuro no muy lejano es posible que podamos hablar de universidades sin aulas. Cada vez se desarrollan más los cursos a través de Internet, las teleconferencias, la educación a distancia y otros medios de aprendizaje individual. Ya no es necesario estar en el mismo espacio físico para compartir un mismo aprendizaje. Las charlas y discusiones en Internet, además de intercambiar ideas, hacen suponer un futuro diferente para la educación.

Segunda fase. Seleccionen el tema de la *Primera fase* que más les interese. En **http://www.prenhall.com/identidades** encontrarán enlaces útiles para investigar sobre estos temas. Preparen un póster o presentación para la clase que incluya los siguientes puntos.

1. Identificación y descripción del tema
2. Fotos, datos (estadísticas) o cualquier otro apoyo visual para explicar el efecto del tema seleccionado en el futuro
3. Una opinión personal o grupal sobre el tema descrito o presentado

10-34 De controversia. Primera fase. Algunos de los temas en la *Primera fase* de la actividad anterior pueden prestarse a controversia. Por ejemplo, en el texto número 2, la discusión puede centrarse en cómo distribuir los fondos para combatir algunas enfermedades o epidemias. ¿A qué se le debe dar más dinero, al tratamiento del SIDA o al de ASRS (*SARS*), por ejemplo? Sobre el texto número 4 se puede defender la educación tradicional o la educación fuera de las aulas. Elijan uno de estos temas y preparen listas que cubran lo siguiente:

1. Argumentos a favor
2. Argumentos en contra
3. Preguntas sobre el tema

Segunda fase. Cada estudiante del grupo debe elegir un papel (*role*) para simular un debate televisivo: uno/a será el moderador/la moderadora y los demás representarán una postura, a favor o en contra. Ensayen bien sus papeles y argumentos antes de presentar el debate ante la clase.

10-35 Las incertidumbres del futuro. *Primera fase.* El futuro es un tema que preocupa a muchos. Discutan qué tres aspectos del futuro de los seres humanos les preocupan más a ustedes: el medio ambiente, el uso de la tecnología, las aplicaciones de la ciencia, el estilo de vida humana, la salud, la alimentación o el transporte. Expliquen a la clase por qué les preocupan estos temas.

Segunda fase. Ahora seleccionen una de las áreas sobre las cuales discutieron en la *Primera fase* que, según ustedes, requiere atención urgente. Busquen en **http://www.prenhall.com/identidades** algún ensayo que tenga relación con ella. Luego, presenten el problema a la clase cubriendo lo siguiente.

1. Indiquen el tema del artículo.
2. Resuman el contenido del ensayo y justifiquen la importancia (seriedad, gravedad) del tema para la vida humana.
3. Finalmente indiquen qué debe hacer la sociedad y cada individuo para enfrentar el problema o situación. ¿Qué medidas se deben tomar? ¿Cuándo se deben implementar estas medidas? ¿Qué ocurrirá si no se hace nada?

10-36 El futuro ideal. *Primera fase.* Utilice uno de los modelos para hacer un diagrama sobre su futuro ideal. Tenga en cuenta los siguientes puntos:

1. El país, la región o la ciudad donde va a vivir
2. Tipo de trabajo que va a realizar, salario que va a ganar, etc.
3. Aficiones que va a desarrollar
4. Lugares que va a visitar
5. Problemas que va a solucionar
6. Otro…

Segunda fase. Prepárese para compartir esta información con alguien en la clase. En su conversación, explíquele a su compañero/a cuáles son sus prioridades y cuáles son las condiciones que deben darse para que se cumplan sus deseos.

El futuro

la esperanza de vida	*life expectancy*
la incertidumbre	*uncertainty*
el estrés	*stress*

La tecnología

el aparato	*apparatus; appliance*
el aprendizaje	*learning*
la batidora	*blender*
el buscapersonas	*pager, beeper*
la calculadora	*calculator*
la cámara digital	*digital camera*
la computadora portátil	*laptop*
la consola	*video game console*
el contestador automático	*answering machine*
el correo electrónico	*e-mail*
la eficacia	*efficiency, effectiveness*
el horno microondas	*microwave oven*
la máquina	*machine*
la pantalla	*screen*
la red	*network; Web (usually cap.)*
la sobrecarga	*overload*
el teclado inalámbrico	*wireless keyboard*
el teléfono celular	*cell phone*
el aparato de DVD	*DVD player*
el usuario/la usuaria	*user*

Los negocios

el aumento	*increase*
el beneficio	*benefit*
los bienes	*goods*
el desempleado/la desempleada	*unemployed person*
en desarrollo	*developing*
el empleo	*job, employment*
la empresa	*company, corporation*
la exportación	*export; exportation*
la globalización	*globalization*
la importación	*importation*
la inversión	*investment*
el libre comercio	*free trade*
la marginación	*marginalization*
la mercancía	*merchandise*
la prosperidad	*prosperity*
el salario	*salary, wage*
el trabajo infantil	*child labor*

Características

cómodo/a	*comfortable*
espantoso/a	*horrible*
extranjero/a	*foreign*
financiero/a	*financial*
irritado/a	*irritated*
último/a	*last*

Verbos

aprovechar	*to take advantage*
aumentar	*to increase*
beneficiar	*to benefit*
elegir (i, i, j)	*to choose, to select*
entrevistar	*to interview*
crecer (zc)	*to grow*
esforzarse (ue, c)	*to try hard*
extrañar	*to miss*
fabricar (q)	*to make, to produce*
facilitar	*to make easier; to facilitate*
invertir (ie, i)	*to invest*
obedecer (zc)	*to obey*
olvidar(se) (de)	*to forget*
predecir (i, g)	*to predict*
provocar (q)	*to cause; to bring about*
revisar	*to check, to review*
seguir (i, i)	*to follow; to continue*

Palabras y expresiones útiles

a corto plazo	*short-term*
al principio	*at the beginning*
la crisis	*crisis*
en contra de	*against*
el inconveniente	*disadvantage, drawback*
mismo/a	*same*
no obstante	*nevertheless*
el papel	*role*
la desaparición	*disappearance*
la manera	*way, manner*
por lo menos	*at least*

* For expressions of transition, cause and effect, certainty and uncertainty, contradiction, condition, introduction to a topic, and order in discourse, see page 317.

Guía gramatical

Descriptive adjectives

1. In Spanish, descriptive adjectives agree in gender and number with the noun they modify. Normally the adjective follows the noun. Most Spanish adjectives end in **-o** in the masculine singular and **-a** in the feminine singular. They form the plural by adding **-s**.

el/un teatro roman**o**	los/unos teatros roman**os**
la/una ciudad grieg**a**	las/unas ciudades grieg**as**

2. The following adjectives have the same form for both masculine and feminine. They add **-s** to form the plural.

- Adjectives ending in **-e**

el/un caso interesant**e**	los/unos casos interesant**es**
la/una ciudad interesant**e**	las/unas ciudades interesant**es**

- Adjectives ending in **-ista**

el/un gobierno social**ista**	los/unos gobiernos social**istas**
la/una clase social**ista**	las/unas clases social**istas**

- Adjectives of nationality ending in **-a**

el/un científico israel**ita**	los/unos científicos israel**itas**
la/una ciudad may**a**	las/unas ciudades may**as**

3. Adjectives of nationality ending in a consonant in the masculine singular add **-a** to form the feminine. To form the plural, they add **-es** and **-s**, respectively.

el ciudadano español	los ciudadanos español**es**
una ciudad español**a**	unas ciudades español**as**

4. Other adjectives ending in a consonant have the same form for both masculine and feminine, except those ending in **-dor**. To form the plural, they add **-es** and **-s**, respectively.

el grupo liberal	los grupos liberal**es**
una persona liberal	unas personas liberal**es**
un señor trabaja**dor**	unos señores trabaja**dores**
una señora trabaja**dora**	unas señoras trabaja**doras**

5. If an adjective modifies two or more nouns, and one of them is masculine, the masculine plural form is used. From a stylistic point of view, it is best to make the masculine noun the last one.

Hay murallas y templos **romanos**.

Adjectives that change meaning depending on their position

1. The following adjectives have different meanings when placed before or after a noun.

Adjectives	Before the noun	After the noun
antiguo	*former*	*ancient*
cierto	*certain, some*	*certain, sure*
mismo	*same*	*the person or thing itself*
nuevo	*another, different*	*brand new*
pobre	*pitiful*	*destitute*
viejo	*former, long standing*	*old, aged*

Ayer vi a mi **antiguo** jefe en una exposición de pinturas **antiguas**.   *Yesterday I saw my **former** boss at an exhibit of **old** paintings.*

Adjectives that have a shortened form

1. The adjectives **bueno** and **malo** drop the final **-o** before all masculine singular nouns.

el hombre buen**o**/el **buen** hombre   un momento mal**o**/un **mal** momento

2. Grande shortens to **gran** when it precedes any singular noun. Note the change in meaning.

Es una casa **grande**.   *It's a **big** house.*
Es una **gran** casa.   *It's a **great** house.*

Demonstrative adjectives

Demonstrative adjectives agree in gender and number with the noun they modify. English has two sets of demonstrative adjectives (*this, these* and *that, those*), but Spanish has three sets.

this	**este** escritorio		*these*	**estos** escritorios
	esta mesa			**estas** mesas
that	**ese** diccionario		*those*	**esos** diccionarios
	esa señora			**esas** señoras
that (over there)	**aquel** edificio		*those* (over there)	**aquellos** edificios
	aquella casa			**aquellas** casas

1. Use **este, esta, estos,** and **estas** when referring to people or things that are close to you in space or time.

Este auto es nuevo. Lo compré **esta** semana.   *This car is new. I bought it this week.*

2. Use **ese, esa, esos,** and **esas** when referring to people or things that are not relatively close to you. Sometimes they are close to the person you are addressing.

Esa silla es muy cómoda.   *That chair is very comfortable.*

3. Use **aquel, aquella, aquellos,** and **aquellas** when referring to people or things that are far away from the speaker and the person addressed.

Aquellos niños deben estar aquí.   *Those children (over there) should be here.*

Demonstrative pronouns

1. Demonstratives can be used as pronouns. A written accent may be placed on the stressed vowel to distinguish demonstrative pronouns from demonstrative adjectives. The use of the written accent is no longer required.

> Voy a comprar esta blusa y **ésa**.   *I'm going to buy this blouse and **that one**.*

2. To refer to a general idea or concept, or to ask for the identification of an object, use **esto, eso,** or **aquello**.

> Estudian mucho y **esto** es   *They study a lot and **this** is*
>   muy bueno.   *very good.*
> ¿Qué es **eso**?   *What's **that**?*
> Es un regalo para Alicia.   *It's a present for Alicia.*

Possessive adjectives

Unstressed possessive adjectives

mi(s)	*my*
tu(s)	*your (familiar)*
su(s)	*your (formal), his, her, its, their*
nuestro(s), nuestra(s)	*our*
vuestro(s), vuestra(s)	*your (familiar plural)*

1. Unstressed possessive adjectives precede the noun they modify. They change number to agree with the object or objects possessed, not the possessor. **Nuestro(s), nuestra(s), vuestro(s),** and **vuestra(s)** are the only forms that change gender to agree with what is possessed.

mi hermano	**mi** hermana	**mis** hermanos	**mis** hermanas
nuestro hermano	**nuestra** hermana	**nuestros** hermanos	**nuestras** hermanas

2. **Su** and **sus** have multiple meanings. To ensure clarity, you may use **de** + name of the possessor or the appropriate pronoun.

	de él (la familia de Pablo)
	de ella (la familia de Silvia)
su familia = la familia	**de usted**
	de ustedes
	de ellos (la familia de Pablo y Berta)
	de ellas (la familia de Berta y Olga)

Stressed possessive adjectives

SINGULAR		PLURAL		
masculine	feminine	masculine	feminine	
mío	mía	míos	mías	*my, (of) mine*
tuyo	tuya	tuyos	tuyas	*your, (familiar), (of) yours*
suyo	suya	suyos	suyas	*your (formal), his, her, its, their, (of) yours, his, hers, theirs*
nuestro	nuestra	nuestros	nuestras	*our, (of) ours*
vuestro	vuestra	vuestros	vuestras	*your (familiar), (of) yours*

1. Stressed possessive adjectives follow the noun they modify. These adjectives agree in gender and number with the object or objects possessed.

El **escritorio mío** es muy pequeño.   *My desk is very small.*
Las **blusas tuyas** están allí.   *Your blouses are there.*

2. Use the stressed possessives to emphasize the possessor rather than the thing possessed.

Prefiero ir en el **auto mío.**   *I prefer to go in **MY** car.*
Los **amigos tuyos** no llegaron   ***YOUR** friends did not arrive early.*
temprano.

Possessive pronouns

	SINGULAR				PLURAL		
	masculine		**feminine**		**masculine**		**feminine**
	mío		mía		míos		mías
	tuyo		tuya		tuyos		tuyas
el	suyo	**la**	suya	**los**	suyos	**las**	suyas
	nuestro		nuestra		nuestros		nuestras
	vuestro		vuestra		vuestros		vuestras

1. Possessive pronouns have the same form as stressed possessive adjectives.

2. The definite article precedes the possessive pronoun, and they both agree in gender and number with the noun they refer to.

Tengo el libro **tuyo.** (possessive adjective)/Tengo **el tuyo.** (possessive pronoun) *I have your book. I have yours.*

3. Since **el/la suyo/a** and **los/las suyos/as** have multiple meanings, to be clearer and more specific you may us use **de** + name of the possessor or the appropriate pronoun.

	la de él	*his*
	la de ella	*hers*
la familia suya/la suya *or*	**la de usted**	*yours* (singular)
	la de ustedes	*yours* (plural)
	la de ellos	*theirs* (masculine, plural)
	la de ellas	*theirs* (feminine, plural)

Uses and omissions of subject pronouns

1. Because Spanish verb forms have different endings for each grammatical person (except in some tenses), the subject pronouns are generally omitted.

Converso con mis amigos en la cafetería.   *I talk to my friends in the cafeteria.*
Nunca trabajamos los sábados.   *We never work on Saturdays.*

2. Subject pronouns are used in the following cases:

■ To avoid ambiguity when the verb endings are the same for the **yo, usted, él,** and **ella** verb forms (imperfect indicative, the conditional, and all subjunctive tenses).

Yo quería ir al cine hoy, pero **ella** no   *I wanted to go to the movies*
podía.   *today, but **she** couldn't.*
Espero que **él** pueda venir mañana.   *I hope that **he** can come tomorrow.*

- To emphasize or contrast the subject(s).

  Yo he dicho eso muchas veces.   *I have said that many times.*
  Usted se queda y **ellos** se van.   *You stay and **they** go.*

Present indicative[1]

1. Spanish and English use the present tense:

- to express repeated or habitual actions.

  Siempre **hablan** español con sus hijos.   *They always **speak** Spanish with their children.*

- to describe states or conditions that last for short or long periods of time.

  La Mezquita de Córdoba **es** un ejemplo excelente de la arquitectura árabe en España.   *The Great Mosque of Cordoba **is** an excellent example of Muslim architecture in Spain.*

2. Spanish also uses the present tense:

- to express ongoing actions.

  Marta **habla** con su amiga por teléfono.   *Marta **is talking** to her friend on the phone.*

- to express future action.

  Marta y su amiga **salen** esta noche.   *Marta and her friend **are going out** tonight.*

More relative pronouns

el cual forms	
el cual	los cuales
la cual	las cuales

1. These relative pronouns are used in clauses set off by commas to identify precisely the person or thing referred to. They are preferred in both formal writing and speech.

Los productos que exportan esas compañías, **los cuales** son excelentes, han tenido mucho éxito en el extranjero.   *The products that those companies export, which are excellent, have been very successful abroad.* (the products are excellent)

Los productos que exportan esas compañías, **las cuales** son excelentes, han tenido mucho éxito en el extranjero.   *The products that those companies export, which are excellent, have been very successful abroad.* (the companies are excellent)

---

[1] For the conjugation of regular and irregular verbs in the present indicative, see pages 154–155. For the use of the present tense with **hace** + time expressions, see page 60.

Passive voice

1. The passive voice in Spanish is formed with the verb **ser** + past participle. The preposition **por** indicates who or what performs the action.

El acueducto de Segovia **fue construido por** los romanos.	*The aqueduct in Segovia **was built by** the Romans.*

2. The past participle functions as an adjective and therefore agrees in gender and number with the subject.

El templo **fue destruido** por el huracán.	*The temple **was destroyed** by the hurricane.*
Las casas **fueron destruidas** por el huracán.	*The houses **were destroyed** by the hurricane.*

3. The passive voice is most often found in written Spanish, especially in newspapers and formal writing. In conversation, Spanish speakers normally use a third person plural verb or a **se** + verb construction.

Construyeron un acueducto en Segovia.	*They built an aqueduct in Segovia.*
Se construyó un acueducto en Segovia.	*An aqueduct was built in Segovia.*

Cardinal numbers

0	cero	40	cuarenta
1	uno	50	cincuenta
2	dos	60	sesenta
3	tres	70	setenta
4	cuatro	80	ochenta
5	cinco	90	noventa
6	seis	100	cien
7	siete	101	ciento uno…
8	ocho	400	cuatrocientos/as
9	nueve	500	quinientos/as
10	diez	600	seiscientos/as
11	once	700	setecientos/as
12	doce	800	ochocientos/as
13	trece	900	novecientos/as
14	catorce	1.000	mil
15	quince	1.001	mil uno…
16	dieciséis, diez y seis	2.000	dos mil
17	diecisiete, diez y siete	100.000	cien mil
18	dieciocho, diez y ocho	101.000	ciento un mil
19	diecinueve, diez y nueve	200.000	doscientos mi…
20	veinte	1.000.000	un millón (de)
21	veintiuno, veinte y uno…	2.000.000	dos millones (de)
30	treinta	1.000.000.000	un millardo, mil millones (de)
31	treinta y uno…		

1. Numbers from 16 to 19 and from 21 to 29 may be written as one word or three words.

2. Use **cien** for 100 used alone or followed by a noun, and **ciento** for numbers from 101 to 199.

100 anuncios **cien** anuncios	120 anuncios **ciento veinte** anuncios

3. In many Spanish-speaking countries, a period is used to separate thousands, and a comma to separate decimals ($1.000, $19,50), but some countries use the same system as in the United States.

4. Use **mil** for *one thousand*. **Un mil** is only used if it forms part of the previous number: 201.000 (**doscientos un mil**).

5. If a noun follows **millón/millones,** use **de** before the noun: 1.000.000 (**un millón**), 1.000.000 personas (**un millón de personas**).

Ordinal numbers

1°	primero	6°	sexto
2°	segundo	7°	séptimo
3°	tercero	8°	octavo
4°	cuarto	9°	noveno
5°	quinto	10°	décimo

1. Ordinal numbers are adjectives and agree with the noun they modify.

    el **cuarto** edificio   la **segunda** casa.

2. The ordinal numbers **primero** and **tercero** drop the final **o** before a masculine singular noun.

    el **primer** edificio   el **tercer** piso

Syllable stress and the written accent in Spanish

In Spanish, normal word stress falls on the next-to-last syllable of words ending in a vowel, **-n,** or **-s,** and on the last syllable of words ending in other consonants.

a**mi**ga	**cla**se	**vi**no	**li**bros	e**xa**men
co**mer**	ver**dad**	espa**ñol**	come**dor**	liber**tad**

When a word does not follow this pattern, a written accent is used to signal the stressed syllable as shown below.

1. If the stress is on the next-to-last syllable of words ending in a consonant other than **-n** or **-s.**

árbol	**lá**piz	di**fí**cil	**mó**dem	a**zú**car

2. If the stress is on the last syllable of words ending in a vowel, **-n,** or **-s.**

ha**bló**	co**mí**	es**tán**	in**glés**	sal**dré**

3. If the stress is on the third-to-last syllable.

sábado	**fí**sica	sim**pá**tico	**tí**pico	**nú**mero

4. If the stress is on the fourth-to-last syllable. This only occurs when two object pronouns are attached to a present participle.

    ¿Está dándole el dinero? Sí, está **dán**doselo.

Diphthongs

A diphthong is the combination of an unstressed **i** or **u** with another vowel that forms a single syllable. When the diphthong is on the stressed syllable of a word and a written accent is required, it is written over the other vowel, not over the **i** or **u**.

Dios   a**diós**   bien   tam**bién**   seis   dieci**séis**

The combination of **i** and **u** also forms a diphthong. If the diphthong is on the stressed syllable and a written accent is required, it is written over the second vowel.

cuídate   lin**güís**tica

The combination of a stressed **i** or **u** with another vowel does not form a diphthong. The vowels form two separate syllables. A written accent is required over the **í** or **ú**.

pa**ís**   cafete**rí**a   **mí**o   le**ís**te   conti**núa**

Interrogative and exclamatory words

Interrogative and exclamatory words always require a written accent.

¿**Cómo** te llamas?   ¡**Qué** día!
¿**Dónde** vives?   ¡**Cuánto** trabajo!

Monosyllabic words

Words that have only one syllable do not carry an accent mark, except those that have to be distinguished from other words with the same spelling but a different meaning and grammatical function.

dé	*give* (formal command)	**de**	*of*
él	*he*	**el**	*the*
más	*more*	**mas**	*but*
mí	*me*	**mi**	*my*
sé	*I know*, *be* (informal command)	**se**	*him/herself, (to) him/her/them*
sí	*yes*	**si**	*if*
té	*tea*	**te**	*(to) you*
tú	*you*	**tu**	*your*

Punctuation

Spanish and English punctuation are similar, except in the following cases:

1. All questions start with an upside-down question mark.

¿Cuándo empieza la clase?

2. All exclamations begin with an upside-down exclamation point.

¡Cuánto siento que no puedas venir!

3. When quoting what a person has said or written, use a colon before the quotation and a period after the quotation. If the quotation is by itself, the period is placed before the final quotation mark.

José Martí dijo: "Yo abrazo a todos los que saben amar".
"Yo abrazo a todos los que saben amar." Estas palabras muestran los sentimientos de José Martí.

Peer Editing or Self-Assessment Editorial Checklist*

The following Editorial Checklist is by no means exhaustive. It has been designed to guide students through the process of editing either their own text or that of a peer.

I. Intended Audience

____ An expert on the subject
____ A general audience
____ A student
____ A professor

II. Purpose of Text

Mark all that apply.

1. The writer's purpose or intent is
____ to inform
____ to convey an opinion
____ to amuse, entertain
____ to provoke discussion
____ to convince readers
____ to persuade readers to change their mind/behavior
____ to persuade readers to take action
____ to make readers feel ....
____ Other: _____

2. Achievement of paper's purpose
____ The text (narrative, essay, etc.) fulfilled its purpose.
____ The text partially fulfilled its purpose.
____ The text failed to fulfill its purpose.

3. If it did not fulfill its purpose, why? How can the writer achieve the desired effect?

III. Organization

4. Is the text well organized?

____ Yes   ____ No

Reasons: Mark all that apply.

____ Text has an attractive title. It motivates the audience to read.
____ Author introduces the topic with an attention getter (a provoking idea, a question, a new idea, etc.).
____ Introduction states purpose.

*Instructors may edit this document to tailor it to their students' needs.

____ Body of text is logically arranged.
____ Text has good transitions. Ideas are connected smoothly between and within paragraphs.
____ Text has an appropriate conclusion. All arguments are tied together, all questions are answered.
____ There are too many questions or doubts unanswered.
____ The end is too abrupt.
____ Other _____

IV. Topic Handling†. Make a check mark next to the appropriate response.

5. Has the writer focused/narrowed down the topic?

____ Yes   ____ No

Reasons:

____ Subject is discussed from a very specific angle.
____ All paragraphs center around the main topic/issue.
____ Every paragraph contributes to support the main idea (thesis/hypothesis) of the whole text.
____ Content can be covered well within the length of the text.
____ Other _____

6. Has the topic been presented interestingly?

____ Yes   ____ No

Reasons: Mark all that apply

____ Idea (thesis/hypothesis/discussion, etc.) is original.
____ Topic is discussed from a new perspective or angle.
____ Author presents new information about topic (findings, data, polls, statistics, etc.).
____ Author asks questions to arise interest.
____ Author uses thought-provoking ideas/arguments.
____ Author uses humor.
____ Other: _____

7. What suggestion(s) can you make? _____

V. Development of Ideas

8. Does the author provide the audience with enough information about the topic?

____ Yes   ____ No

Reasons:

____ Author answers the vast majority of fundamental questions of potential audience.
____ Some fundamental questions have not been addressed by author.

†Sections IV, V, and VI apply to essay writing.

____ Author leaves reader with many doubts or unanswered questions.
____ Other: _____

9. Is there one well-developed idea?

____ Yes   ____ No

Reasons:

____ After reading the text, the main idea may be easily stated in one sentence.
____ The main idea was not sufficiently developed. It lacks details, examples.
____ There is more than one main idea/thesis/hypothesis. Text is confusing, hard to follow.
____ Other: _____

VI. Research/Analysis (where applicable)

Degree of completeness of research

10. Was the topic/subject/issue covered comprehensibly?

____ Yes   ____ No

Reasons:

____ Investigation covers all points/angles/positions, etc. necessary.
____ Investigation is incomplete. Some relevant aspects/issues/arguments, etc. were disregarded.
____ No evidence author did the research that was required.
____ Other: _____

VII. Language

11. Did author accommodate the language to his/her intended audience?

____ Yes   ____ No

Reasons: Mark all answers that apply.

____ Language was clear and direct.
____ Author used appropriate tone.[‡]
____ Author used language that is too abstract.
____ Author did not vary vocabulary words (did not use synonyms, antonyms, etc.).
____ Author used too many empty words (things, stuff, etc.).
____ Author used vivid words.
____ Other: _____

VIII. Accuracy/Grammar

12. Is the text grammatically accurate?

____ Yes   ____ No

[‡]Possible tones: ___sarcastic ___angry ___serious ___(un)friendly ___formal ___informal ___Other?

13. Did errors interfere with comprehension of text?

_____ Yes _____ No

Reasons:

There are problems with specific grammar features:
_____ agreement (gender, number, subject-verb, noun-adjective, etc.)
_____ wrong tense (present-past/future, preterit-imperfect, etc.)
_____ wrong mode (indicative-subjunctive)
_____ omission (missing parts of speech: articles, prepositions, conjunctions, etc.)
_____ misuse (inappropriate use of rules, parts of speech, lexicon, etc.)
_____ wrong word order
_____ wrong sentence structure
_____ other(s): _____

IX. Mechanics of Writing

14. In general, did the author adhere to the formalities of writing in Spanish?

_____ Yes _____ No

Reasons:

_____ There are serious spelling problems that distract the reader's attention to content.
_____ Few or no spelling errors.
_____ Punctuation is flawless.
_____ Many punctuation problems (e.g. missing or inappropriately used commas, periods, etc.).
_____ Author did not quote sources correctly (did not use quotation marks appropriately).
_____ Author quoted and documented all sources consulted.
_____ Other: _____

Verb Charts

REGULAR VERBS: SIMPLE TENSES

Infinitive Present Participle Past Participle	INDICATIVE					SUBJUNCTIVE		IMPERATIVE
	Present	Imperfect	Preterit	Future	Conditional	Present	Imperfect	
hablar hablando hablado	hablo hablas habla hablamos habláis hablan	hablaba hablabas hablaba hablábamos hablabais hablaban	hablé hablaste habló hablamos hablasteis hablaron	hablaré hablarás hablará hablaremos hablaréis hablarán	hablaría hablarías hablaría hablaríamos hablaríais hablarían	hable hables hable hablemos habléis hablen	hablara hablaras hablara habláramos hablarais hablaran	habla tú, no hables hable usted hablemos hablen Uds.
comer comiendo comido	como comes come comemos coméis comen	comía comías comía comíamos comíais comían	comí comiste comió comimos comisteis comieron	comeré comerás comerá comeremos comeréis comerán	comería comerías comería comeríamos comeríais comerían	coma comas coma comamos comáis coman	comiera comieras comiera comiéramos comierais comieran	come tú, no comas coma usted comamos coman Uds.
vivir viviendo vivido	vivo vives vive vivimos vivís viven	vivía vivías vivía vivíamos vivíais vivían	viví viviste vivió vivimos vivisteis vivieron	viviré vivirás vivirá viviremos viviréis vivirán	viviría vivirías viviría viviríamos viviríais vivirían	viva vivas viva vivamos viváis vivan	viviera vivieras viviera viviéramos vivierais vivieran	vive tú, no vivas viva usted vivamos vivan Uds.

Vosotros Commands

hablar	hablad, no habléis	comer	comed, no comáis	vivir	vivid, no viváis

REGULAR VERBS: PERFECT TENSES

		INDICATIVE									SUBJUNCTIVE			
Present Perfect		**Past Perfect**		**Preterit Perfect**		**Future Perfect**		**Conditional Perfect**		**Present Perfect**		**Past Perfect**	
he	hablado	había	hablado	hube	hablado	habré	hablado	habría	hablado	haya	hablado	hubiera	hablado
has	comido	habías	comido	hubiste	comido	habrás	comido	habrías	comido	hayas	comido	hubieras	comido
ha	vivido	había	vivido	hubo	vivido	habrá	vivido	habría	vivido	haya	vivido	hubiera	vivido
hemos		habíamos		hubimos		habremos		habríamos		hayamos		hubiéramos	
habéis		habíais		hubisteis		habréis		habríais		hayáis		hubierais	
han		habían		hubieron		habrán		habrían		hayan		hubieran	

IRREGULAR VERBS

Infinitive Present Participle Past Participle	INDICATIVE					SUBJUNCTIVE		IMPERATIVE
	Present	**Imperfect**	**Preterit**	**Future**	**Conditional**	**Present**	**Imperfect**	
andar andando andado	ando andas anda andamos andáis andan	andaba andabas andaba andábamos andabais andaban	anduve anduviste anduvo anduvimos anduvisteis anduvieron	andaré andarás andará andaremos andaréis andarán	andaría andarías andaría andaríamos andaríais andarían	ande andes ande andemos andéis anden	anduviera anduvieras anduviera anduviéramos anduvierais anduvieran	anda tú, no andes ande usted andemos anden Uds.
caer cayendo caído	caigo caes cae caemos caéis caen	caía caías caía caíamos caíais caían	caí caíste cayó caímos caísteis cayeron	caeré caerás caerá caeremos caeréis caerán	caería caerías caería caeríamos caeríais caerían	caiga caigas caiga caigamos caigáis caigan	cayera cayeras cayera cayéramos cayerais cayeran	cae tú, no caigas caiga usted caigamos caigan Uds.
dar dando dado	doy das da damos dais dan	daba dabas daba dábamos dabais daban	di diste dio dimos disteis dieron	daré darás dará daremos daréis darán	daría darías daría daríamos daríais darían	dé des dé demos deis den	diera dieras diera diéramos dierais dieran	da tú, no des dé usted demos den Uds.

IRREGULAR VERBS (CONTINUED)

Infinitive / Present Participle / Past Participle	INDICATIVE					SUBJUNCTIVE		IMPERATIVE
	Present	Imperfect	Preterit	Future	Conditional	Present	Imperfect	
decir diciendo dicho	digo dices dice decimos decís dicen	decía decías decía decíamos decíais decían	dije dijiste dijo dijimos dijisteis dijeron	diré dirás dirá diremos diréis dirán	diría dirías diría diríamos diríais dirían	diga digas diga digamos digáis digan	dijera dijeras dijera dijéramos dijerais dijeran	di tú, no digas diga usted digamos decid vosotros, no digáis digan Uds.
estar estando estado	estoy estás está estamos estáis están	estaba estabas estaba estábamos estabais estaban	estuve estuviste estuvo estuvimos estuvisteis estuvieron	estaré estarás estará estaremos estaréis estarán	estaría estarías estaría estaríamos estaríais estarían	esté estés esté estemos estéis estén	estuviera estuvieras estuviera estuviéramos estuvierais estuvieran	está tú, no estés esté usted estemos estad vosotros, no estéis estén Uds.
haber habiendo habido	he has ha hemos habéis han	había habías había habíamos habíais habían	hube hubiste hubo hubimos hubisteis hubieron	habré habrás habrá habremos habréis habrán	habría habrías habría habríamos habríais habrían	haya hayas haya hayamos hayáis hayan	hubiera hubieras hubiera hubiéramos hubierais hubieran	
hacer haciendo hecho	hago haces hace hacemos hacéis hacen	hacía hacías hacía hacíamos hacíais hacían	hice hiciste hizo hicimos hicisteis hicieron	haré harás hará haremos haréis harán	haría harías haría haríamos haríais harían	haga hagas haga hagamos hagáis hagan	hiciera hicieras hiciera hiciéramos hicierais hicieran	haz tú, no hagas haga usted hagamos haced vosotros, no hagáis hagan Uds.
ir yendo ido	voy vas va vamos vais van	iba ibas iba íbamos ibais iban	fui fuiste fue fuimos fuisteis fueron	iré irás irá iremos iréis irán	iría irías iría iríamos iríais irían	vaya vayas vaya vayamos vayáis vayan	fuera fueras fuera fuéramos fuerais fueran	ve tú, no vayas vaya usted vamos, no vayamos id vosotros, no vayáis vayan Uds.

IRREGULAR VERBS (CONTINUED)

Infinitive / Present Participle / Past Participle	INDICATIVE					SUBJUNCTIVE		IMPERATIVE
	Present	Imperfect	Preterit	Future	Conditional	Present	Imperfect	
oír / oyendo / oído	oigo / oyes / oye / oímos / oís / oyen	oía / oías / oía / oíamos / oíais / oían	oí / oíste / oyó / oímos / oísteis / oyeron	oiré / oirás / oirá / oiremos / oiréis / oirán	oiría / oirías / oiría / oiríamos / oiríais / oirían	oiga / oigas / oiga / oigamos / oigáis / oigan	oyera / oyeras / oyera / oyéramos / oyerais / oyeran	oye tú, no oigas / oiga usted / oigamos / oigan Uds.
poder / pudiendo / podido	puedo / puedes / puede / podemos / podéis / pueden	podía / podías / podía / podíamos / podíais / podían	pude / pudiste / pudo / pudimos / pudisteis / pudieron	podré / podrás / podrá / podremos / podréis / podrán	podría / podrías / podría / podríamos / podríais / podrían	pueda / puedas / pueda / podamos / podáis / puedan	pudiera / pudieras / pudiera / pudiéramos / pudierais / pudieran	
poner / poniendo / puesto	pongo / pones / pone / ponemos / ponéis / ponen	ponía / ponías / ponía / poníamos / poníais / ponían	puse / pusiste / puso / pusimos / pusisteis / pusieron	pondré / pondrás / pondrá / pondremos / pondréis / pondrán	pondría / pondrías / pondría / pondríamos / pondríais / pondrían	ponga / pongas / ponga / pongamos / pongáis / pongan	pusiera / pusieras / pusiera / pusiéramos / pusierais / pusieran	pon tú, no pongas / ponga usted / pongamos / pongan Uds.
querer / queriendo / querido	quiero / quieres / quiere / queremos / queréis / quieren	quería / querías / quería / queríamos / queríais / querían	quise / quisiste / quiso / quisimos / quisisteis / quisieron	querré / querrás / querrá / querremos / querréis / querrán	querría / querrías / querría / querríamos / querríais / querrían	quiera / quieras / quiera / queramos / queráis / quieran	quisiera / quisieras / quisiera / quisiéramos / quisierais / quisieran	quiere tú, no quieras / quiera usted / queramos / quieran Uds.
saber / sabiendo / sabido	sé / sabes / sabe / sabemos / sabéis / saben	sabía / sabías / sabía / sabíamos / sabíais / sabían	supe / supiste / supo / supimos / supisteis / supieron	sabré / sabrás / sabrá / sabremos / sabréis / sabrán	sabría / sabrías / sabría / sabríamos / sabríais / sabrían	sepa / sepas / sepa / sepamos / sepáis / sepan	supiera / supieras / supiera / supiéramos / supierais / supieran	sabe tú, no sepas / sepa usted / sepamos / sepan Uds.
salir / saliendo / salido	salgo / sales / sale / salimos / salís / salen	salía / salías / salía / salíamos / salíais / salían	salí / saliste / salió / salimos / salisteis / salieron	saldré / saldrás / saldrá / saldremos / saldréis / saldrán	saldría / saldrías / saldría / saldríamos / saldríais / saldrían	salga / salgas / salga / salgamos / salgáis / salgan	saliera / salieras / saliera / saliéramos / salierais / salieran	sal tú, no salgas / salga usted / salgamos / salgan Uds.

IRREGULAR VERBS (CONTINUED)

Infinitive Present Participle Past Participle	INDICATIVE					SUBJUNCTIVE		IMPERATIVE
	Present	Imperfect	Preterit	Future	Conditional	Present	Imperfect	
ser siendo sido	soy eres es somos sois son	era eras era éramos erais eran	fui fuiste fue fuimos fuisteis fueron	seré serás será seremos seréis serán	sería serías sería seríamos seríais serían	sea seas sea seamos seáis sean	fuera fueras fuera fuéramos fuerais fueran	sé tú, no seas sea usted seamos sed vosotros, no seáis sean Uds.
tener teniendo tenido	tengo tienes tiene tenemos tenéis tienen	tenía tenías tenía teníamos teníais tenían	tuve tuviste tuvo tuvimos tuvisteis tuvieron	tendré tendrás tendrá tendremos tendréis tendrán	tendría tendrías tendría tendríamos tendríais tendrían	tenga tengas tenga tengamos tengáis tengan	tuviera tuvieras tuviera tuviéramos tuvierais tuvieran	ten tú, no tengas tenga usted tengamos tened vosotros, no tengáis tengan Uds.
traer trayendo traído	traigo traes trae traemos traéis traen	traía traías traía traíamos traíais traían	traje trajiste trajo trajimos trajisteis trajeron	traeré traerás traerá traeremos traeréis traerán	traería traerías traería traeríamos traeríais traerían	traiga traigas traiga traigamos traigáis traigan	trajera trajeras trajera trajéramos trajerais trajeran	trae tú, no traigas traiga usted traigamos traed vosotros, no traigáis traigan Uds.
venir viniendo venido	vengo vienes viene venimos venís vienen	venía venías venía veníamos veníais venían	vine viniste vino vinimos vinisteis vinieron	vendré vendrás vendrá vendremos vendréis vendrán	vendría vendrías vendría vendríamos vendríais vendrían	venga vengas venga vengamos vengáis vengan	viniera vinieras viniera viniéramos vinierais vinieran	ven tú, no vengas venga usted vengamos venid vosotros, no vengáis vengan Uds.
ver viendo visto	veo ves ve vemos véis ven	veía veías veía veíamos veíais veían	vi viste vio vimos visteis vieron	veré verás verá veremos veréis verán	vería verías vería veríamos veríais verían	vea veas vea veamos veáis vean	viera vieras viera viéramos vierais vieran	ve tú, no veas vea usted veamos ved vosotros, no veáis vean Uds.

STEM-CHANGING AND ORTHOGRAPHIC-CHANGING VERBS

Infinitive Present Participle Past Participle	INDICATIVE Present	Imperfect	Preterit	Future	Conditional	SUBJUNCTIVE Present	Imperfect	IMPERATIVE
dormir (ue, u) durmiendo dormido	duermo duermes duerme dormimos dormís duermen	dormía dormías dormía dormíamos dormíais dormían	dormí dormiste durmió dormimos dormisteis durmieron	dormiré dormirás dormirá dormiremos dormiréis dormirán	dormiría dormirías dormiría dormiríamos dormiríais dormirían	duerma duermas duerma durmamos durmáis duerman	durmiera durmieras durmiera durmiéramos durmierais durmieran	duerme tú, no duermas duerma usted durmamos dormid vosotros, no durmáis duerman Uds.
incluir (y) incluyendo incluido	incluyo incluyes incluye incluimos incluís incluyen	incluía incluías incluía incluíamos incluíais incluían	incluí incluiste incluyó incluimos incluisteis incluyeron	incluiré incluirás incluirá incluiremos incluiréis incluirán	incluiría incluirías incluiría incluiríamos incluiríais incluirían	incluya incluyas incluya incluyamos incluyáis incluyan	incluyera incluyeras incluyera incluyéramos incluyerais incluyeran	incluye tú, no incluyas incluya usted incluyamos incluid vosotros, no incluyáis incluyan Uds.
pedir (i, i) pidiendo pedido	pido pides pide pedimos pedís piden	pedía pedías pedía pedíamos pedíais pedían	pedí pediste pidió pedimos pedisteis pidieron	pediré pedirás pedirá pediremos pediréis pedirán	pediría pedirías pediría pediríamos pediríais pedirían	pida pidas pida pidamos pidáis pidan	pidiera pidieras pidiera pidiéramos pidierais pidieran	pide tú, no pidas pida usted pidamos pedid vosotros, no pidáis pidan Uds.
pensar (ie) pensando pensado	pienso piensas piensa pensamos pensáis piensan	pensaba pensabas pensaba pensábamos pensabais pensaban	pensé pensaste pensó pensamos pensasteis pensaron	pensaré pensarás pensará pensaremos pensaréis pensarán	pensaría pensarías pensaría pensaríamos pensaríais pensarían	piense pienses piense pensemos penséis piensen	pensara pensaras pensara pensáramos pensarais pensaran	piensa tú, no pienses piense usted pensemos pensad vosotros, no penséis piensen Uds.

STEM-CHANGING AND ORTHOGRAPHIC-CHANGING VERBS (CONTINUED)

Infinitive / Present Participle / Past Participle	INDICATIVE Present	Imperfect	Preterit	Future	Conditional	SUBJUNCTIVE Present	Imperfect	IMPERATIVE
producir (zc) produciendo producido	produzco produces produce producimos producís producen	producía producías producía producíamos producíais producían	produje produjiste produjo produjimos produjisteis produjeron	produciré producirás producirá produciremos produciréis producirán	produciría producirías produciría produciríamos produciríais producirían	produzca produzcas produzca produzcamos produzcáis produzcan	produjera produjeras produjera produjéramos produjerais produjeran	produce tú, no produzcas produzca usted produzcamos pruducid vosotros, no produzcáis produzcan Uds.
reír (i, i) riendo reído	río ríes ríe reímos reís ríen	reía reías reía reíamos reíais reían	reí reíste rio reímos reísteis rieron	reiré reirás reirá reiremos reiréis reirán	reiría reirías reiría reiríamos reiríais reirían	ría rías ría riamos riáis rían	riera rieras riera riéramos rierais rieran	ríe tú, no rías ría usted riamos reíd vosotros, no riáis rían Uds.
seguir (i, i) (ga) siguiendo seguido	sigo sigues sigue seguimos seguís siguen	seguía seguías seguía seguíamos seguíais seguían	seguí seguiste siguió seguimos seguisteis siguieron	seguiré seguirás seguirá seguiremos seguiréis seguirán	seguiría seguirías seguiría seguiríamos seguiríais seguirían	siga sigas siga sigamos sigáis sigan	siguiera siguieras siguiera siguiéramos siguierais siguieran	sigue tú, no sigas siga usted sigamos seguid vosotros, no sigáis sigan Uds.
sentir (ie, i) sintiendo sentido	siento sientes siente sentimos sentís sienten	sentía sentías sentía sentíamos sentíais sentían	sentí sentiste sintió sentimos sentisteis sintieron	sentiré sentirás sentirá sentiremos sentiréis sentirán	sentiría sentirías sentiría sentiríamos sentiríais sentirían	sienta sientas sienta sintamos sintáis sientan	sintiera sintieras sintiera sintiéramos sintierais sintieran	siente tú, no sientas sienta usted sintamos sentid vosotros, no sintáis sientan Uds.
volver (ue) volviendo vuelto	vuelvo vuelves vuelve volvemos volvéis vuelven	volvía volvías volvía volvíamos volvíais volvían	volví volviste volvió volvimos volvisteis volvieron	volveré volverás volverá volveremos volveréis volverán	volvería volverías volvería volveríamos volveríais volverían	vuelva vuelvas vuelva volvamos volváis vuelvan	volviera volvieras volviera volviéramos volvierais volvieran	vuelve tú, no vuelvas vuelva usted volvamos volved vosotros, no volváis vuelvan Uds.

Spanish-English Glossary

NOTE: Numbers indicate the chapters where the vocabulary words and phrases appear.

A

a corto plazo *short-term* 10
a la vez *at the same time* 7
a lo largo de *along, all through* 9
a menudo *often* 7
a pesar de *in spite of* 5
a través de *through* 2
abrazar (c) *to embrace* 7
aceite, el *oil* 6
aceituna, la *olive* 6
aceptar *to accept* 7
aconsejar *to advise* 7
actividad de voluntariado, la *volunteer activity* 5
acueducto, el *aqueduct* 3
adelanto, el *advance* 3
adobe, el *adobe, mud brick* 4
adorar *to worship* 1
adornado/a *adorned, decorated* 3
adorno, el *adornment, decoration* 4
afianzar (c) *to strengthen* 7
agradecer (zc) *to thank, to be grateful for* 3
agradecido/a *grateful* 3
agricultor/a, el/la *farmer* 4
ahijada, la *goddaughter* 7
ahijado, el *godson* 7
aimara, el/la *Aymara* 1
ajedrez, el *chess* 5
ají, el *(a type of) hot pepper* 6
ajo, el *garlic* 6
al alcance *within reach* 1
al principio *at the beginning* 10
ala delta, el *hang-gliding* 5
alcachofa, la *artichoke* 6
alcaparra, la *caper* 6
alfarería, la *pottery* 4
almendra, la *almond* 6
altiplano, el *highland; plateau* 9
alto/a *high, tall* 9
altura, la *height* 9
amar *to love* 7
amargo/a *bitter* 6
Amazonía, la *Amazon region* 9
ambiente, el *atmosphere* 2
amenaza, la *threat* 9
amistad, la *friendship* 7
amor, el *love* 7
anís, el *aniseed* 6
antecedentes, los *background* 1
antes *before* 1
anuncio, el *advertisement* 2
aparato de DVD, el *DVD player* 10
aparato, el *apparatus; appliance* 10
aparecer (zc) *to appear; to come into view* 7
apreciar *to appreciate* 4
aprendizaje, el *learning* 10
aprovechar *to take advantage* 10
árabe, el *Arabic* 2
árbitro, el *referee* 5
arcilla, la *clay* 4

arco, el *arch* 4
arena, la *sand* 3
árido/a *arid* 9
aritmética, la *arithmetic* 3
arqueólogo/a, el/la *archeologist* 4
arquitecto/a, el/la *architect* 4
arrastrar *to pull, to drag* 4
arrodillado/a *kneeling* 5
arroz, el *rice* 6
artefacto, el *object* 1
artesanía, la *handicrafts* 4
artístico/a *artistic* 4
asar *to roast* 6
así *so, in this way, thus* 3
asociar *to associate* 2
astronomía, la *astronomy* 3
atavío, el *attire* 5
atender (ie) *to help* 3
atmósfera, la *atmosphere* 9
atravesar (ie) *to cross* 8
aumentar *to increase* 10
aumento, el *increase* 10
autodidacta, el/la *self-taught person* 1
autor/a, el/la *author* 2
auxilio, el *help* 2
avanzado/a *advanced* 3
avaricia, la *greed* 7
aventura, la *adventure* 8
azafrán, el *saffron* 6
azteca, el/la *Aztec* 1

B

baloncesto, el *basketball* 5
balsa, la *raft* 3
bandido/a, el/la *bandit, thief* 3
baraja, la *deck of cards* 5
barco, el *ship* 8
barro, el *clay* 4
basura, la *garbage, waste* 9
batidora, la *blender* 10
beneficiar *to benefit* 10
beneficio, el *benefit* 10
besar *to kiss* 7
bien, el *good* 3
bienes, los *goods* 10
bienestar, el *well-being, welfare* 1
billete, el *paper currency; ticket* 1
borrador, el *draft* 2
bosque, el *forest, woods* 9
bosquejo, el *outline* 2
boxeo, el *boxing* 5
buscapersonas, el *pager; beeper* 10

C

cabeza, la *head* 5
cacao, el *cocoa plant* 6
cacique, el *chief, boss* 3

cadáver, el *corpse* 3
cadera, la *hip* 5
calculadora, la *calculator* 10
calendario, el *calendar* 4
calentamiento, el *warming* 9
calidad del aire, la *air quality* 9
callado/a *quiet* 7
caluroso/a *hot* 9
cámara digital, la *digital camera* 10
cambiar de código lingüístico *to code-switch* 2
cambio climático, el *climate change* 9
campeón, el *champion* 5
campeona, la *champion* 5
campeonato, el *championship* 5
campesino/a, el/la *peasant* 8
campo, el *countryside* 9
cancha, la *court; field (sports)* 5
canela, la *cinnamon* 6
cantante, el/la *singer* 1
cantina, la *snack bar* 6
capacitación profesional, la *professional development* 5
capaz *capable* 2
carbohidrato, el *carbohydrate* 6
cariño, el *affection, love* 7
carnaval, el *carnival* 3
carne (molida), la *(ground) meat* 6
carrera, la *profession* 1
carreta, la *cart* 4
carretera, la *road* 9
carta, la *card; letter* 5
castellano, el *Spanish* 2
castigar *to punish* 7
castigo, el *punishment* 7
castillo, el *castle* 4
cataclismo, el *cataclysm, catastrophe* 3
cebolla, la *onion* 6
celebrar *to celebrate* 3
celos, los *jealousy* 7
celoso/a *jealous* 3
celta, el *Celtic* 2
ceniza, la *ash* 2
centro nocturno, el *nightclub* 1
cerámica, la *ceramics, pottery* 4
cerdo, el *pork* 6
ceviche, el *marinated raw fish* 6
challas, las *ancient ritual in the Carnaval de Oruro* 3
chocolate, el *chocolate* 6
ciclismo, el *bicycling, cycling* 5
cilantro, el *cilantro, coriander* 6
cinturón, el *belt* 5
clavo, el *clove* 6
cobre, el *copper* 4
cocinar *to cook* 6
códice, el *codex* 4
codo, el *elbow* 5
cofradía, la *religious brotherhood* 3
colina, la *hill* 3
combate, el *fight* 5

comenzar (c, ie) *to begin* 4
comino, el *cumin* 6
cómodo/a *comfortable* 10
comparar *to compare* 1
compartir *to share* 1
competencia, la *competition* 5
complejo/a *complex* 4
comportamiento, el *behavior* 7
comportarse *to behave* 7
compositor/a, el/la *composer* 1
comprobar (ue) *to check; to verify* 4
comprometerse a *to commit oneself;
    to promise* 7
compromiso, el *commitment* 7
computadora portátil, la *laptop* 10
comunidad lingüística, la *linguistic
    community* 2
concierto, el *concert* 4
concurso, el *contest, competition* 1
conllevar *to entail, to imply* 2
conquista, la *conquest* 3
conquistar *to conquer* 3
conseguir (i, i) *to get, to obtain* 2
conservación, la *conservation* 9
consola, la *video game console* 10
construir (y) *to build* 4
consumir *to consume; to eat* 6
contaminación, la *pollution* 9
contaminar *to pollute, to contaminate* 9
contar (ue) *to tell; to count* 8
contestador automático, el *answering
    machine* 10
controlador/a *controlling* 7
convite, el *roving dancers announcing
    festivities* 3
convivencia, la *living together* 7
cordero, el *lamb* 6
cordillera, la *mountain range* 9
correo electrónico, el *e-mail* 10
cortar en rodajas *to slice, to cut into slices* 6
cosecha, la *harvest* 4
cosmopolita *cosmopolitan* 2
costa, la *coast* 9
costumbre, la *custom* 1
cráneo, el *skull* 5
crecer (zc) *to grow* 10
creciente *growing* 5
criar *to raise* 9
crisis, la *crisis* 10
criticar (q) *to critique; to criticize* 4
crudo/a *raw* 6
cruzar (c) *to cross* 4
cuadro, el *picture* 8
cualquier/a *any* 3
cuello, el *neck* 5
cultivar *to grow, to cultivate* 6

D

danzarín, el *dancer* 3
danzarina, la *dancer* 3
dar un consejo *to advise, to give advice* 7
dar un paseo *to take a walk* 7
dato, el *fact, piece of information* 3
de acuerdo con *according to* 8
de hecho *in fact* 5
de repente *suddenly* 9
deforestación, la *deforestation* 9

degradación, la *deterioration* 9
degradar *to degrade* 9
delatar *to betray* 8
demás, los *the others, the rest* 7
democracia, la *democracy* 8
deportista, el/la *sportsman, sportswoman,
    athlete* 5
derechos humanos, los *human rights* 8
derrame, el *spill* 9
derretirse (i, i) *to melt* 9
desahogar *to give vent to, to express* 3
desaparecer (zc) *to disappear* 3
desaparición, la *disappearance* 10
desarrollo, el *development* 8
descollante *outstanding* 1
desempleado/a, el/la *unemployed person* 10
desenlace, el *outcome, ending* 2
deserción estudiantil, la *dropping out
    of school* 8
desertización, la *desertification* 9
desesperado/a *desperate, hopeless* 7
desfile, el *parade* 3
desierto, el *desert* 9
destacar (q) *to emphasize* 1
destruir (y) *to destroy* 3
diablo, el *devil* 3
dialecto, el *dialect* 2
dibujar *to draw* 4
dibujo, el *drawing* 4
dictador/a, el/la *dictator* 8
dictadura, la *dictatorship* 8
dios/a, el/la *god* 3
dióxido de carbono, el *carbon dioxide* 9
disciplinar *to discipline* 7
discriminación, la *discrimination* 8
diseñar *to design* 4
diseño, el *design* 4
disfrutar *to have fun; to enjoy* 5
distinto/a *different* 2
diversidad, la *diversity* 1
dominó, el *dominoes* 5
dotes, las *gift, talent* 1
droga, la *drug* 8
dulce *sweet* 6
duro/a *hard* 7

E

efecto invernadero, el *greenhouse effect* 9
eficacia, la *efficiency, effectiveness* 10
eficiencia energética, la *energy efficiency* 9
egoísta *selfish* 7
el bizcocho de cumpleaños *birthday
    cake* 8
elegir (i, i, j) *to choose, to select* 10
emisión, la *emission* 9
emperador, el *emperor* 3
emperatriz, la *empress* 3
empezar (ie, c) *to begin* 8
empleo, el *job, employment* 10
emplumado/a *plumed* 5
empresa, la *company, corporation* 10
en contra de *against* 10
en desarrollo *developing* 10
enamorado/a *in love* 7
encontrar (ue) *to find* 1
energía eólica, la *wind power* 9
enfadarse *to get angry* 7

enfermería, la *infirmary* 8
enojarse *to get angry* 7
ensayar *to rehearse* 3
ensayo *essay; rehearsal* 2
entenderse (ie) *to communicate,
    to understand each other* 2
enterarse *de to find out about* 5
entrenador/a, el/la *trainer, coach* 5
entretener (g, ie) *to entertain* 7
entrevista, la *interview* 2
entrevistar *to interview* 10
envidia, la *envy* 7
envidioso/a *envious* 7
envolver (ue) *to wrap* 6
equipo, el *team; equipment* 5
erupción, la *eruption* 3
escasez, la *scarcity* 9
escaso/a *rare* 6
esclavitud, la *slavery* 8
esclavo/a, el/la *slave* 8
escoger (j) *to choose* 1
escritor/a, el/la *writer* 2
escudo nacional, el *coat of arms* 1
escultor/a, el/la *sculptor* 4
escultura, la *sculpture* 3
esforzarse (ue, c) *to try hard* 10
espanglish, el *Spanglish* 2
español, el *Spanish (language)* 1
español/a, el/la *Spaniard* 1
espantoso/a *horrible* 10
esparcimiento, el *recreation* 5
especia, la *spice* 6
especie, la *species* 9
espectador/a, el/la *spectator* 5
esperanza de vida, la *life expectancy* 10
esposa, la *wife* 7
esposo, el *husband* 7
espumoso/a *foamy* 6
establecer (zc) *to establish, to settle* 2
estar de acuerdo *to agree* 5
estar en desacuerdo *to disagree* 5
estético/a *aesthetic* 4
estrella, la *star* 1
estremecerse (zc) *to tremble; to
    shudder* 8
estrés, el *stress* 10
estridente *strident, sharp* 1
evidentemente *obviously* 5
evitar *to avoid* 9
evolucionar *to evolve* 2
exigencia, la *demand* 5
exigente *demanding* 7
exilio, el *exile* 8
explicar (q) *to explain* 1
explotación, la *exploitation* 8
exportación, la *export; exportation* 10
exposición de arte, la *art show* 4
extinción, la *extinction* 9
extranjero/a *foreign* 2
extrañar *to miss* 10

F

fábrica, la *factory* 9
fabricar (q) *to make, to produce* 10
fábula, la *fable, tale* 2
facilitar *to make easier, to facilitate* 10
falda, la *skirt* 5

fibra, la *fiber* 4
financiero/a *financial* 10
física, la *physics* 3
fluvial *fluvial, pertaining to a river* 9
folleto, el *brochure* 2
formulario, el *form* 2
francés, el *French* 2
freír (i, i) *to fry* 6
fresco/a *fresh* 6
frito/a *fried* 6
frontera, la *border* 1
fundirse *to melt* 9
furioso/a *furious* 7
fútbol, el *soccer* 5

G

galardón, el *award, prize* 1
ganado, el *cattle* 6
ganador/a, el/la *winner* 1
ganar *to win* 5
gastar *to spend* 5
genio, el *genius; spirit* 2
gesto, el *gesture* 2
globalización, la *globalization* 10
gobierno, el *government* 8
godo, el *Gothic* 2
gramática, la *grammar* 2
grano (integral), el *(whole) grain* 6
grasa, la *fat* 6
griego, el *Greek* 2
guaraní, el *Guarani* 2
guerra, la *war* 2
guerrero/a *warlike* 3
guerrero/a, el/la *warrior* 3
guisar *to cook* 6

H

habitante, el/la *inhabitant* 3
hablante, el/la *speaker* 2
hacer buenas migas *to get along well* 7
harina, la *flour* 6
hazaña, la *deed; achievement* 2
hebreo, el *Hebrew* 2
hecho, el *fact* 8
helado, el *ice cream* 6
helado/a *frozen* 6
herencia, la *heritage* 1
herramienta, la *tool* 4
heterogéneo/a *heterogeneous* 1
hidráulica, la *hydraulics* 3
hielo, el *ice* 9
hierro, el *iron* 4
hija, la *daughter* 7
hijastra, la *stepdaughter* 7
hijastro, el *stepson* 7
hijo, el *son* 7
hincha, el/la *fan* 5
hispano/a, el/la *Hispanic* 1
homogéneo/a *homogeneous* 1
hornear *to bake* 6
horno microondas, el *microwave oven* 10
hoy en día *nowadays* 3
huella, la *trace, mark* 1
hueso, el *bone* 4
huevo, el *egg* 6

húmedo/a *humid* 9
humillación, la *humiliation* 8
huracán, el *hurricane* 2

I

idioma, el *language* 2
imborrable *unforgettable* 3
imperio, el *empire* 3
importación, la *importation* 10
imprudente *unwise* 2
inca, el/la *Inca* 1
incendio, el *fire* 2
incertidumbre, la *uncertainty* 10
inclinado/a *inclined, sloping* 4
inconveniente, el *disadvantage, drawback* 10
independencia, la *independence* 8
indígena, el/la *indigenous person* 1
individualismo, el *individualism* 7
indocumentado/a *undocumented, without proof of legal status* 8
infeliz *unhappy* 7
influenciar *to influence* 4
inglés, el *English* 2
inquebrantable *unshakable, unswerving* 7
inseparable *inseparable* 7
insignia, la *badge* 5
intercambiar *to exchange* 1
interesar *to interest* 4
intolerante *intolerant* 7
inundación, la *flood* 9
inversión, la *investment* 10
invertir (ie, i) *to invest* 10
irritado/a *irritated* 10

J

jengibre, el *ginger* 6
joya, la *jewel; piece of jewelry* 4
jubilación, la *retirement* 5
jubilarse *to retire* 5
juego de cartas, el *card game* 5
juego de tablero, el *board game* 5
juego electrónico, el *video game* 5
juego, el *match, game* 5
jugador/a, el/la *player* 5
jugar (ue) *to play* 5
junco, el *rush (straw-like plant)* 4
juntos/as *together* 7

L

ladrillo, el *brick* 4
ladrón, el *thief, robber* 3
ladrona, la *thief, robber* 3
lana, la *wool* 4
lanzamiento, el *launching; promotion* 1
lanzar (c) *to launch* 1
latín, el *Latin (language)* 1
latino/a, el/la *Latino/a* 1
lazo, el *bond, tie* 7
lechuga, la *lettuce* 6
lengua, la *language* 1
lengua franca, la *lingua franca* 2
lesión, la *injury* 5

levantarse en contra de *to rise up against; to protest* 8
libertad de expresión, la *freedom of expression* 8
libre comercio, el *free trade* 10
lima, la *lime* 6
limón, el *lemon* 6
litoral, el *coast* 6
liviano/a *light* 6
llano, el *plain* 9
llegar *to arrive, to reach* 2
llevar *to wear* 5
llorar *to cry* 8
llover (ue) *to rain* 9
lluvia, la *rain* 2
logro, el *achievement, accomplishment* 1
lucha, la *fight, struggle* 8
luchador/a, el/la *fighter* 5
luchar *to fight* 8
luz, la *light* 5

M

macerar *to marinate* 6
madera, la *wood* 4
madrastra, la *stepmother* 7
madrina, la *godmother* 7
maestro/a, el/la *master* 4
maíz, el *corn* 6
majestuoso/a *majestic* 1
mal, el *evil* 3
malherido/a *badly wounded* 3
maltrato, el *mistreatment* 8
manera, la *way, manner* 10
manjar, el *delicacy* 6
mano, la *hand* 5
mano de obra, la *labor, manpower* 8
manopla, la *mitt, protective glove* 5
manta, la *poncho; blanket* 1
mantener (ie, g) *to maintain* 1
maqueta, la *scale model* 4
máquina, la *machine* 10
mar, el *sea* 3
marginación, la *marginalization* 10
marginado/a *outcast, marginalized* 8
marido, el *husband* 7
mariscos, los *seafood, shellfish* 6
matar *to kill* 8
maya, el/la *Maya* 2
mecánica, la *mechanics* 3
medioambiental *environmental* 9
medios de comunicación, los *media* 2
melódico/a *melodious, harmonious* 1
mensaje, el *message* 8
mentir (ie, i) *to lie* 3
mentira, la *lie* 7
mentiroso/a *lying* 3
mercancía, la *merchandise* 10
meseta, la *plateau* 9
mestizo/a el/la *person of mixed race* 1
metal, el *metal* 3
metalistería, la *metalwork* 4
miel, la *honey* 6
mina, la *mine* 3
mismo/a *same* 10
mito, el *myth* 3
modismo, el *idiomatic expression* 2
monasterio, el *monastery* 4

monolito, el *monolith* 3
montañoso/a *mountainous* 9
morir (ue, u) *to die* 3
mosquitero, el *mosquito netting* 8
mostrar (ue) *to show* 4
muerte, la *death* 5
mujer, la *woman; wife* 7
mulato/a, el/la *mulatto* 1
multar *to fine* 9
muralista, el/la *muralist* 4
museo, el *museum* 4
músico/a, el/la *musician* 4
muslo, el *thigh* 5

N

nacer (zc) *to be born* 1
nación, la *nation* 2
náhuatl, el *Nahautl* 2
naipe, el *playing card* 5
naranja, la *orange* 6
narcotráfico, el *drug traffic* 8
natación, la *swimming* 5
negocio, el *business* 8
no obstante *nevertheless* 10
noticia, la *news* 8
novela, la *novel* 2
novenas, las *novenas (Catholic prayers)* 8
novia, la *girlfriend, fiancée* 7
novio, el *boyfriend, fiancé* 7

O

obedecer (zc) *to obey* 10
objeto de arte, el *piece of art* 1
obra, la *work (of art)* 4
océano, el *ocean* 3
ocupar *to occupy* 9
ocurrir *to occur* 2
odio, el *hate* 7
ofrecerse (zc) *to offer oneself;
  to volunteer* 3
olvidar(se) (de) *to forget* 10
opresión, la *oppression* 8
oprimido/a *oppressed* 8
optar por *to choose* 2
orfebrería, la *goldsmithing* 3
oro, el *gold* 3
oscuridad, la *darkness* 5
ovalado/a *oval* 1

P

padrastro, el *stepfather* 7
padrino, el *godfather* 7
paisaje, el *landscape (painting)* 4
paja, la *straw* 3
palacio, el *palace* 4
pancarta, la *banner* 5
pantalla, la *screen* 10
papa, la *potato* 6
papel, el *role* 10
paracaidismo, el *parachuting* 5
parecer (zc) *to seem* 4
pared, la *wall* 4
parrandear *to party* 5

parrillada, la *grilled meats* 6
participar *to participate in; to play* 5
partido, el *game, match* 5
pasar el tiempo *to spend time* 7
pasarlo bien *to have a good time* 2
pasatiempo, el *pastime* 5
pastel, el *cake* 6
pasto, el *pasture* 9
patata, la *potato* 6
patinador/a, el/la *skater* 5
patinaje, el *skating* 5
peldaño, el *step, stair* 4
pelear *to fight* 7
peligro, el *danger* 9
pelota, la *ball* 5
perdedor/a, el/la *loser* 1
perder (ie) *to lose* 5
pérdida, la *loss* 9
perecedero/a *perishable* 4
perfeccionista *perfectionist* 7
permisivo/a *permissive* 7
personaje, el *character (in a story)* 3
peruano/a, el/la *Peruvian* 1
pescado, el *fish* 6
pescar (q) *to fish* 9
picante *hot (spicy)* 6
piedra, la *stone* 3
pimienta, la *pepper* 6
pintar *to paint* 4
pintor/a, el/la *painter* 4
pirámide, la *pyramid* 4
placentero/a *pleasant* 5
plano, el *map, plan* 4
plátano, el *banana* 6
plaza de toros, la *bullfighting ring* 4
pluma, la *feather* 3
pobladores, los *dwellers, inhabitants* 3
pobreza, la *poverty* 5
poco a poco *little by little* 7
poder, el *power* 8
poesía, la *poetry* 2
polifacético/a *multifaceted* 4
política, la *politics* 8
político/a *political* 8
pollo, el *chicken* 6
poncho, el *poncho* 4
por lo menos *at least* 10
portal, el *vestibule, entrance hall* 2
portar *to carry* 5
portarse *to behave* 7
portugués, el *Portuguese* 1
portuguesa, la *Portuguese* 1
postre, el *dessert* 6
pozo, el *mine shaft* 3
precavido/a *cautious* 2
predecir (i, g) *to predict* 10
premio, el *award, prize* 1
preocuparse por *to worry about* 7
preservar *to preserve* 9
préstamo, el *loan* 2
prestar *to lend* 4
privar *to deprive* 8
probar (ue) *to taste* 6
procesión, la *procession* 3
prohibir *to prohibit, to forbid* 7
propiedad, la *ownership* 2
propio/a *own* 1
prosperidad, la *prosperity* 10
protección, la *protection* 9

proteger (j) *to protect* 9
provocar (q) *to cause; to bring about* 10
prueba, la *proof; sign* 3
pueblo, el *people; town* 2
puente, el *bridge* 4
puerco, el *pork* 6
puerto, el *port, harbor* 1
puesto, el *position* 8

Q

quechua, el/la *Quechua* 1
quedar *to remain, to be left(over); to fit
  (clothing)* 4
quejarse de *to complain* 7
queso, el *cheese* 6

R

realizar (c) *to carry out, to execute* 4
reciclaje, el *recycling* 9
reciente *recent* 7
reciprocidad, la *reciprocity* 7
recoger (j) *to gather* 9
red, la *network; Web (usually cap.)* 10
redondo/a *round* 1
refugiado/a, el/la *refugee* 8
regalar *to give as a gift* 4
regla, la *rule* 2
regresar *to return* 2
relatar *to tell, to report* 2
relato, el *story* 3
rellenar *to fill; to stuff* 6
repetir (i, i) *to repeat* 7
representar *to represent* 3
res, la *beef* 6
resolver (ue) *to solve* 8
respirar *to breathe* 2
restos, los *remains* 1
retrato, el *portrait* 4
reunirse *to get together* 7
revelación, la *sensation* 1
revisar *to check, to review* 10
riesgo, el *risk* 5
rodilla, la *knee* 5
romper *to break (up)* 7
rueda, la *wheel* 4
ruinas, las *ruins* 1

S

sabor, el *taste, flavor* 6
sabroso/a *savory, tasty* 6
sacrificio, el *sacrifice* 3
sal, la *salt* 6
salado/a *salty* 6
salario, el *salary, wage* 10
salir (g) *to go out* 7
saludable *healthy* 1
saludar *to greet* 7
sangre, la *blood* 1
seco/a *dry* 9
seguir (i, i) *to follow; to continue* 10
sello postal, el *postage stamp* 1
selva, la *jungle* 9
semejante *similar* 2

semejanza, la *similarity* 1
semilla, la *seed* 6
sentimiento, el *feeling* 7
sentir(se) (ie, i) *to be sorry; to feel* 7
sentirse (ie, i) *to feel* 2
sequía, la *drought* 9
servicial *helpful* 7
sésamo, el *sesame* 6
significado, el *meaning* 1
sin duda *no doubt* 1
sobrecarga, la *overload* 10
sobreviviente, el/la *survivor* 2
socavón, el *shaft, tunnel* 3
soja, la *soy, soybean* 9
soler (ue) *to be accustomed to, to have the habit of* 2
solidaridad, la *solidarity, support* 5
sollozo, el *sob* 8
soportar *to bear, to tolerate* 8
sor, la *sister (religion)* 8
sufrimiento, el *suffering* 8
sustentar *to support, defend* 5

T

tala, la *cutting, felling (trees)* 9
taller, el *workshop; studio* 4
taparrabos, el *loincloth, trunks* 5
tardar *to take a certain amount of time to do something* 2
teatro, el *theater* 3
techo, el *roof* 4
teclado inalámbrico, el *wireless keyboard* 10
teja, la *(roof) tile* 4

tejido, el *weaving* 4
teléfono celular, el *cell phone* 10
telenovela, la *soap opera* 5
temblor de tierra, el *earth tremor* 3
temer *to fear, to be afraid* 3
templo, el *temple* 3
tenis, el *tennis* 5
terminar *to finish* 8
terremoto, el *earthquake* 3
territorio, el *territory* 2
tiempo libre, el *free time* 5
tirar *to throw away, to dispose of* 9
tocar (q) (un instrumento) *to play (an instrument)* 4
tolerar *to tolerate* 7
tomar medidas *to take steps, measures* 9
tomate, el *tomato* 6
torneo, el *tournament* 5
trabajo infantil, el *child labor* 10
traer (g) *to bring* 2
traficante, el/la *dealer* 8
trama, la *plot* 3
tranquilizarse (c) *to calm down* 8
tratar *to be about; to handle* 2
trenzado/a *intertwined; braided* 4
trigo, el *wheat* 6
triste *sad* 7
triunfador/a *triumphant, victorious* 1

U

último/a *last* 10
uso, el *use* 2
usuario/a, el/la *user* 10
uva, la *grape* 6

V

vainilla, la *vanilla* 6
valle, el *valley* 9
valor/valores, el/los *(moral) value/values* 1
variación, la *variation* 2
variado/a *varied* 9
variar *to vary* 2
variedad, la *variety* 2
vasallo, el *vassal* 8
vasija, la *vessel, pot (container)* 4
vejación, la *abuse* 8
vencido/a *defeated* 5
ventanal, el *large window* 2
verbena, la *night festival* 3
verdadero/a *true* 7
vertido, el *spill* 9
vestirse (i, i) *to get dressed* 5
vida, la *life* 5
violación, la *violation* 8
vislumbrar/vislumbrarse *to glimpse; to project oneself; to become visible* 1
vivienda, la *dwelling place* 4
volcán, el *volcano* 3
voleibol, el *volleyball* 5

Y

yogur, el *yogurt* 6

Z

zanahoria, la *carrot* 6

Index

Credits

Text credits

Photo Credits

Mar Caribe

OCÉANO
ATLÁNTICO

Barranquilla
Cartagena
Maracaibo   Caracas
Barquisimeto
Río Orinoco
VENEZUELA
Medellín
Georgetown
Paramaribo
GUYANA
Cayenne
Manizales
SURINAM
GUAYANA
FRANCESA
(Francia)
Bogotá
Cali
COLOMBIA
Salto
Ángel
Quito
ECUADOR
Ecuador
Guayaquil
Cuenca
Iquitos
Río Amazonas
Belém
Islas
Galápagos
(Ec.)
Manaus
Fortaleza
Cajamarca
Río Branco
Río Madeira
B R A S I L
Trujillo
PERÚ
Recife
Lima
Machu
Picchu
Ayacucho   Cuzco
BOLIVIA
Lago
Titicaca
La Paz
Salvador
Arequipa
Cochabamba   Santa Cruz
Brasília
Arica
Sucre
Iquique   Potosí
Belo
Horizonte
OCÉANO
PACÍFICO
I. Pinta
I. Fernandina   I. Marchena
I. San Salvador
Santa Cruz
I. Santa Cruz
I. Isabela
Puerto
Ayora   I. San
Cristóbal
Puerto
Villamil
Puerto
Baquerizo
Moreno
Desierto de Atacama
PARAGUAY
São Paulo
Río de Janeiro
Antofagasta
Salta
Asunción
Santos
Trópico de Capricornio
Salto
Iguazú
ISLAS GALÁPAGOS
(ECUADOR)
CHILE
San Miguel
de Tucumán
ARGENTINA
Río Paraná
Río Uruguay
Pôrto Alegre
OCÉANO
PACÍFICO
Cabo Norte
Volcán
Katiki
Cabo
Cumming
Hanga Roa
Mataveri
Coquimbo
Córdoba
Rosario
Rivera
URUGUAY
Valparaíso
Mendoza
Santiago
Buenos Aires
Montevideo
CORDILLERA DE LOS ANDES
ISLA DE PASCUA
(CHILE)
La Plata
Río de la Plata
OCÉANO
ATLÁNTICO
Concepción
Bahía Blanca
Puerto Montt
OCÉANO
PACÍFICO
Estrecho de
Magallanes
Islas
Malvinas
(Br.)
Punta Arenas
TIERRA DEL FUEGO
Cabo de Hornos

América del Sur

CORDILLERA DE LOS ANDES